전라북도 방언 연구

전라북도 방언 연구

전라북도 방언 연구

이 태 영

역락

이 저서는 2010년도 전북대학교 저술장려연구비 지원에 의하여 연구되었음.

머리말

대학에서 방언학을 배울 때, 선생님과 함께 수시로 방언조사를 다녔다. 학과에서 일 년에 한두 번 정기적으로 학술조사를 할 때에도 방언 어휘를 조사하였다. 필자가 대학원에 다닐 때 석사논문을 쓰기 위해 전라북도 완주군, 임실군을 찾아서 방언 조사를 한 바 있다. 녹음된 자료를 전사하면서 표준어 문법과 다른 점을 많이 발견하고 크게 놀랐다. 그 때부터 방언의 문법과 어휘를 연구하기 위해 장터를 다니고 양로원에 다니면서 조사하였다. 국어사와 전라방언을 함께 연구하면서 그 상관성을 찾아보려고 노력하였다. 그러한 결과를 모은 이 책은 전라북도 방언을 중심으로 일상어적 특징과 문법 현상 그리고 어휘를 연구한 내용이다.

필자는 이 책의 제목을 '일상어와 문화'로 정하려고 하였다. 방언은 일상어의 하위 범주이며 국어학적 분석 대상이기도 하지만, 크게 보면 지역의 중요한 문화유산이기 때문에 방언의 음운과 문법, 어휘를 다루는 것 자체가 그 지역의 문화를 다루는 것이라 생각하였기 때문이다.

방언은 단순히 국어학을 위한 분석대상이 아니다. 방언은 지역의 문화다. 방언을 통해서 지역민들의 정서를 이해할 수 있다. 방언을 통하여 그 지역의 역사와 문화, 전통은 물론, 한국어의 역사를 이해할 수 있다. 방언을 통하여 마을과 도시의 공동체 문화를 이해할 수 있는 것이다.

필자는 이 책의 제목을 '전라북도 방언 연구'로 정하였다. 이 글의 내용 대부분이 전라북도 방언에 관한 것이고, 필자의 고향인 전라북도의 말을 연구하였다는 점과 아직 학계에 전라북도 방언에 대한 연구서가 없다는 점도 이 제목을 선택하게 하였다. 전라북도는 삼국시대부터 농경문화의 중심지이며, 음식문화와 가옥 문화, 기록문화가 잘 발달한 곳으로 전통문화를 잘 보존하고 있다. 이러한 문화에는 반드시 이 지역의 언어가 함께 하고 있다.

필자는 문법을 전공하는 연구자로 주로 전라방언의 문법 현상을 연구하였다. 격조사, 경어법, 접속어미, 융합형, 특수조사, 대명사 등에 관심을 가지고 연구하였다. 그러다가 21세기 세종계획에 참여하면서 방언의 정보화에 관심을 갖고 방언 자료의 전산화와 정보 검색을 주로 연구하였다. 최근에는 문학 작품에 나타나는 방언의 기능에 관심을 갖고 있다. 또한 전북 방언 기초 어휘의 변화과정을 살피고 있다. 앞으로도 이런 방향에서 방언을 주로 연구하고자 한다.

이 책을 만들면서 필자에게 학문을 길을 가르쳐주신 은사님의 은혜를 생각한다. 방언과 국어사에 관심을 갖도록 지도해주신 홍윤표 교수님, 이광호 교수님, 최전승 교수님께 깊이 감사드린다. 선생님들께서는 모두 정년을 하셔서도 열심히 연구에 몰두하고 계신다. 늘 건강하시기를 기원한다.

같은 길을 가면서 항상 위로를 해주는 친구 유종국 교수, 방언 연구를 오래토록 함께 해온 소강춘, 김규남 교수와 이길재 선생에게 감사한다. 문학에 관심을 갖도록 늘 격려해 주시는 전정구 교수님을 비롯한 많은 동료, 선후배 선생님들께 감사드린다. 곁에서 늘 함께 해준 서형국 선생과, 황용주 선생에게 고마운 마음을 전한다. 책을 만들 수 있도록 지원해 주신 전북대학교와 배려해 주신 국어국문학과 동료 교수님들께 감사드린다.

연구자의 예민한 태도를 이해하고 기도해준 아내 박명숙(보나) 씨와 그간 잘 자라준 우리 딸 현경이(실비아)와 우리 아들 주한이(요한), 주찬이(요셉)에게 고마움을 전한다.

　게으른 연구자에게 와서 책을 내도록 항상 재촉해주시는 역락의 이대
현 사장님과 편집을 잘 해주셔서 좋은 책을 만들어 주신 이소희 대리님
께 깊이 감사드린다.

2011. 2.
이태영 씀

차례

제2부 방언 자료와 활용

제5부 방언과 문법

공통어와 일상어

1. 서론

최근 정보화 시대, 문화의 시대를 맞이하여 지방자치단체에서는 지역의 독특한 문화를 개발하여 문화의 다양성을 선양하는 사업을 적극적으로 펼치고 있다. 국제적으로도 지역의 문화를 인정하여 세계문화유산을 다양하게 지정하고 있으며, 소수민족의 삶의 모습과 언어를 인류의 다양성의 한 모습으로 이해하려고 노력하고 있다.

남북의 인구가 무려 7,000만 명이 넘었고, 해외동포의 수는 500만 명에 이르고 있다. 외국인들의 한국어에 대한 관심과 수요는 최근 각 대학과 한국어 교육기관에서 공부하는 외국인들이 증가하는 것을 보면 알 수 있다.

한국의 표준어 정책은 1933년 '한글 마춤법 통일안'의 '표준어 사정 원칙'에서 시작하여 1988년 제정한 '표준어 규정'으로 시행하고 있다. 이제 남과 북이 만나 통일을 의논하고 있고, 세계에 퍼져 있는 한민족 언어공동체를 대변하기 위해서도 표준어 정책을 시대에 맞게 새롭게 검토할 시

점에 온 것이다.[1]

  한국의 표준어 정책은 단수표준어 중심으로 되어 있어 기본적으로 다른 지역의 언어를 배제하고 있다. 단수표준어의 고집은 언어의 다양성을 무시하게 되었고, 그 결과 많은 언중들은 자기들이 표현하고자 하는 의미와 개념을 쉽게 표현하지 못하게 되었다. 이러고 있는 사이에 외래어, 외국어를 남용하면서 우리 민족의 문화유산인 고유어 중심의 지역어는 설 자리를 잃게 되었다.

  한국 사회는 민주화가 잘 진행되어 이제는 비교적 여러 분야에서 인간의 기본적인 권리가 존중되고 있다. 그러나 유난히 표준어 정책에서만은 예외인데 그것은 서울 중심의 언어정책이 강조되면서 다른 지역 주민들의 언어는 여전히 갇혀 있다는 점이다. 하루 빨리 지역 언어가 해방되어 표준어와 동등한 대우를 받는 민주적인 언어생활이 실현되어야 할 것이다.

  이 글에서는 국어 사용의 현실을 진단하고, 표준어의 한계를 지적하며, 방언의 중요성을 통하여 공통어 중심의 언어 정책에 대한 견해를 밝히고자 한다.

---

1) 최근 국립국어원은 언어 정책의 변화를 예고했다. 국립국어원의 사업소개에 나타난 내용을 일부 제시하면 다음과 같다.

  "'표준어사정심의위원회'는 일상생활에서 널리 쓰이는 말을 복수표준어로 폭넓게 받아들이는 것을 심의의 기본 방향으로 정했다. 특히, 국어의 소중한 문화유산인 방언과의 연계성을 강화한다는 세부 목표를 설정하였다. 그동안 '표준어'에 불편한 점이 있었던 것도 이처럼 조사가 충분하지 않았던 데에서 비롯한다. 따라서 '표준어사정심의위원회'에서는 언어 현실을 폭넓게 조사하여 널리 쓰이면서 국어를 풍요롭게 하는 말들을 찾아냄으로써 '표준어'가 권위 있고 엄격한 말이 아닌, 편하고 풍요로운 말이 되도록 할 생각이다."

2. 문제의 제기

1) 한국인의 언어 현실

사람들이 사용하는 언어는 두 가지다. 글을 쓸 때는 학교에서 배우는 표준어를 사용하고 말을 할 때는 일상어를 사용한다. 공식적인 자리에서는 표준어를 구사하고, 일상생활에서는 일상어를 사용하는 이중 언어생활을 하는 것이다.

막연히 말과 글에서 반드시 표준어를 사용해야 한다는 강박관념에 사로잡혀서 자기가 하고자 하는 표현을 제대로 하지 못하는 것이 우리의 언어 현실이다. '내 말이 맞았나? 내 말이 틀렸나?' 우리가 사용하는 언어가 맞고 틀린 것이 있을 수 있는가? 표준어는 맞고 방언은 틀렸다고 생각하도록 만든 것은 단수표준어 정책 때문이다.

글보다 더 중요한 것이 말이다. 말은 생존을 위해서 하는 일차적인 의사소통의 수단이다. 말은 태어나면서부터 하는 것이기 때문에 아주 쉽고 익숙한 일상생활어를 사용한다. 일상어에는 지역어, 고유어, 민속어, 유행어, 비어와 속어, 관용표현과 속담 등 아주 다양하다. 우리는 일상어가 어떠한 역할을 하며, 어떤 종류가 있는지를 자세히 연구하지 못하였다. 그 결과 구어체에 대한 연구가 거의 없는 상태에서 표준어만을 강조하는 언어정책을 펼치고 있다. 표준어라는 막연한 허상에 사로잡혀 구어와 일상어를 연구하지 않고 있는 것이다.

일상어의 일종인 지역어(또는 방언)는 특정 지역 사람들이 자주 쓰는 말이기 때문에 한 지역의 고유한 성향을 포함하는 중요한 문화 자료이다. 그러나 국어학에서 다루는 방언은 주로 방언의 역사와 국어학적인 현상을 해석하는 자료일 뿐이다. 방언을 문화로 보는 시각을 제대로 갖추지 못하고 연구하고 있다. 문화의 시대인 21세기에 이미 많은 국민들은 지역어를 아주 독특한 지역의 문화로 이해하고 존중하고 있다. 많은 언론과 방송에서 이미 방언이 큰 몫을 차지하고 있음을 볼 수 있다.

사전을 편찬하면서 문학 작품에서 어휘와 용례를 뽑는 경우가 많다. 이럴 경우 그 어휘가 해당 지역의 방언인지 아니면 전국적으로 쓰이는 어휘인지를 확인하지 않고 기준이 없이 올림말을 선정하고 있는 실정이다. 실제로 작품을 검토해 보면, 전국적인 분포를 가지고 쓰이는 많은 어휘를 표준어에서 다루지 않고 있다. 전국적인 분포를 가진 어휘의 경우 상당한 수가 역사성을 강하게 가지고 있다. 그간 표준어에서 다루지 않은 이유는 전적으로 어휘에 대한 종합적인 연구가 부족한 탓이다.

2) 외래어, 외국어에 밀리는 표준어

단수표준어 정책을 펼치는 가운데 우리의 말과 글은 외래어와 외국어(특히 영어)에 상당히 잠식되었다. 실제로 국민들의 언어생활에서 이제 외래어와 외국어를 모르거나 구사하지 않고는 의사소통이 어렵게 되었다.

관공서의 각종 문서와 구호에 외국어가 들어가지 않는 경우가 거의 없다. 심지어 한국의 문화를 선양하자는 구호에도 '한스타일, 한브랜드, 컨셉, 아이템'과 같은 용어를 사용하고 있다. 각 지방 정부가 표방하는 구호도 대부분이 영어이고 정부 산하기관의 각종 구호가 대부분 영어로 되어 있다.[2]

왜 국민들의 의식 속에 이처럼 외래어와 외국어를 선호하는 경향이 심

---

2) 예를 들면 다음과 같다.
   Hi Seoul(서울시), Global Inspiration(경기도), Feel Gyeongnam(경남), Ubiquitous Gyeongbuk(경북), Buy Chungbuk(충북), Heart of Korea(충남).

해지는가? 그 이유 중의 하나는 단수표준어만을 고집하는 국가의 언어 정책에 있다. 단수표준어로는 다양성을 선호하는 국민들의 정서를 감당하기 어렵다. 날로 복잡해지는 문화와 과학의 발달 속에서 새로운 표현을 위한 어휘가 있어야 하는데 우리말로는 오직 하나의 표준어만을 쓰라고 하니까 더 이상 표현을 하지 못하고 외래어나 외국어를 마구 쓰는 현상이 생긴 것이다.

우리가 일찍이 복수표준어를 지향하여 문어체와 구어체를 확립하고, 일상어와, 독특하고 다양한 지역어를 가지고 단선적인 언어관을 극복했더라면 외래어와 외국어를 무차별적으로 쓰는 현상이 이렇게까지 심하지는 않았을 것이다.

민족적인 정서가 잘 반영되어 있는 고유어를 쓰지 않고 한자어나 외국어를 쓰도록 권유하는 언어생활은, 이미 가르치고 선도하는 입장에 있는 사람들의 대부분이 한자어나 외국어에 익숙해져 있기 때문이다. 이러한 태도로 남북의 언어 통일, 나아가 한민족의 언어 통일을 기하기는 결코 만만치 않은 일이다.

복수표준어 규정에는 널리 쓰이는 형태를 복수표준어로 규정하고 있어서 복수표준어 개념을 얼마든지 확대할 수 있음을 보여준다. 이 개념을 도입하여 확대하지 않고는 다양한 지역의 언어를 수용하기 어렵다. 만일 통일이 된다면 평양 중심의 문화어와 서울 중심의 표준어를 어떻게 표준화할 것인가? 많은 어휘를 복수로 인정하지 않고는 통합할 수 없는 일이다.

3. 표준어 정책의 문제점

1) '표준'과 '비표준'

'표준(標準)'이란 단어의 뜻은 '사물의 정도나 성격 따위를 알기 위한 근거나 기준'을 말하거나 '일반적인 것. 또는 평균적인 것'을 말한다. '표준어(標準語)'는 의사소통의 불편을 덜기 위하여 전 국민이 공통적으로 쓸 공용어의 자격을 부여받은 말로, 우리나라에서는 교양 있는 사람들이 두루 쓰는 현대 서울말로 정함을 원칙으로 하고 있다.

표준어는 일반적으로 나라의 수도나 문화의 중심지에서 쓰는 말을 기초로 하여 성립하는데, 한 나라의 국어에는 대개 많은 방언(方言)이 있으므로 교육·정치·문화 등의 공용어는 수도나 문화 중심지의 방언을 택하여 인정하고 그 언어 체계를 표준어라 한다. 영국의 런던어, 프랑스의 파리어, 일본의 도쿄어, 한국의 서울말 등은 수도의 언어를 표준어로 하는 예에 속한다. 독일에서는 종교개혁으로 유명한 루터의 독일어가, 그리고 이탈리아에서는 단테, 페트라르카, 보카치오 등이 작품에서 사용한 피렌체시(市)의 상류사회 언어가 표준어의 위치를 점유하고 있다(naver 백과사전 참조).

우리는 여기서 몇 가지 확인해야 할 사항이 있다. 첫째로 '표준'의 개념이 '일반적인 것, 평균적인 것'인데 과연 한국의 표준어가 우리 전체 국민들에게 일반적이고 평균적인 것인가 하는 점이다. 필자는 한국의 표준어를 일반적이고 평균적인 언어라고 보기 어렵다. 이렇게 말하는 데는 여러 가지 이유가 있다.

첫째, 표준어의 개념에는 '공통어'의 개념이 포함되는데 우리나라의 경우에는 그렇지 못하다. 각 지역에서 많이 쓰고 있는 어휘들이 포함되지

않았기 때문이다.3)

둘째, 국가가 만든 국어사전에 올린 올림말이 왜 표준어인지에 대한 근거가 불충분하다. 하나의 어휘를 표준어로 설정하는 이유가 명확하지 않다.

셋째, 표준어와 방언을 구분 지어서 정확하게 어휘를 분별할 만큼 연구가 진행되지 않았다. 아직 국어학계에서 방언과 국어사의 어휘에 대한 연구가 매우 미진한 실정이다. 이러한 상태에서 여러 지역의 언어가 소외되고 있다.

넷째, '서울말'로 규정한 표준어의 범위는 교통과 통신이 발달하지 못한 시대에 국가를 대표하여 하나의 지역을 선정한 것이다. 그러나 국가 간의 거리감조차 느끼기 어려운 이 시대에, 한 나라 안에서 다른 지역을 배제하고 표준어의 범위를 한정하는 것은 시대에 뒤떨어진 생각이다.

대한민국이 제정한 현행 표준어는 개념이 모호할 뿐만 아니라 통일을 내다보는 이 시대에 많은 문제를 안고 있다. 무엇보다도 '표준어=서울말'이라는 등식이 지역의 언어를 배제한 등식이어서 전체를 대표하는 '한국어(공통어)'의 개념에 매우 미흡하다. 또한 '중앙 : 지방', '표준 : 비표준', '교양 : 비교양' 등의 이원론적인 대립 개념이 깊숙이 자리하고 있어서 언어 발전에 큰 장애가 되고 있다.

흔히 방언이라 불리는 지역의 언어는 우리 민족의 민족적 특징을 보여주고 있는 언어이고, 개인이나 집단의 정서를 내재하고 있는 언어이다. 해당 지역의 고유한 전통과 역사와 문화 속에서 탄생한 언어이기 때문에

---

3) 남쪽의 표준어는 서울말을 가지고 만들었다. 국어사전에는 방언이 일부만 포함되어 있다. 『표준국어대사전』의 경우에도 방언의 약 2만 개 정도인데 이것도 뜻풀이와 예문이 제시되지 않고 올림말만 제시된 경우이다. 따라서 남쪽의 사전은 방언을 처음부터 제외하고 사전을 만들었다. 반면에 북쪽의 문화어는 방언을 포함하여 만들었기 때문에 북쪽의 『조선말대사전』에는 방언이 아주 많이 등재되어 있다.

태어나서 죽을 때까지 잊지 못하고 쓰는 것이다. 따라서 방언이 표준어에 많이 포함된 공통어로서 표준어를 설정해야 한다.

'표준어'는 '한 나라를 대표하는 표준적인 언어'라는 뜻이다. 이때 '표준'이라는 어휘가 주는 의미는 앞에서 제시한 바와 같이 '일반적인 것. 또는 평균적인 것'이라는 의미이다. '비표준어'는 표준어에 대비하여 '오류가 있는 언어'를 말한다. 그러나 대다수의 국민들은 지역의 언어를 '비표준어'로 인식하여 지역의 방언은 표준어에 비해 가치가 낮은 언어라고 생각하고 있다. 이를 당연히 여기고 언어 정책을 표준어 중심으로 펼쳐온 중앙 정부의 언어 정책이 이러한 인식을 확장시켜 온 것이다. 이는 문화적으로 매우 편협한 서울 중심의 사고, 중앙집권적인 사고에서 말미암는다.

문화적인 시각으로 볼 때, 전체적인 개념을 가진 한국 문화는 지역 문화와 상호보완적인 개념이다. 지역 문화가 모여서 한국 문화가 되는 것이다. 그런데 막연히 서울 문화를 한국 문화의 중심에 두고 지역 문화와 대비시키는 태도는 옳지 않다. 표준어 역시 서울 방언인데 이러한 서울 문화를 가지고 지역 문화인 방언과 일대일로 대응시키는 태도는 옳지 않다. 지역 문화인 방언은 한국 문화인 한국어와 개념적으로 상호보완적인 관계에 있다. 서울의 문화가 '표준 문화'이고 지역의 문화는 '비표준 문화'라면 이는 절대로 수긍할 수 없는 개념이다.[4]

앞으로 '표준어'에 대한 개념을 새롭게 정립하여 지역의 언어를 배제하는 개념이 아니라 '지역의 언어'를 포함하여 명실공히 공통어로서 한국어의 지위를 갖는 그러한 표준어가 되어야 한다.

---

4) 심지어 '7차 국어과 교육과정'에서도 '비표준어'라는 용어가 등장한다. 발음을 이야기하면서 '표준 발음'과 '비표준 발음'을 이야기하는 부분에서 '비표준어'를 사용하고 있다. '비표준 발음'과 '비표준어'는 매우 다른 것이다.

2) '교양인'과 '비교양인'

표준어 규정 제1장 제1항에는 '표준어는 교양 있는 사람들이 두루 쓰는 현대 서울말로 정함을 원칙으로 한다.'고 되어 있다.

여기서 말하는 '교양 있는 사람들'은 누구인가? 이는 표준어, 표준 발음, 표준 화법을 배우고 익히기 위해서는 약간의 지식이 필요하기 때문에 도입한 어휘이다. 이러한 애매한 용어 사용이 이분법적으로 '비교양인'의 개념을 낳았다. 다시 말하면, 표준어를 쓰지 않는 사람들은 '비교양인'이라는 등식을 만들게 되었다.

과연 표준어만을 배운 사람을 '교양 있는 사람'이라고 할 수 있는가? 우리는 실제 언어생활에서 말로는 일상어와 방언을 쓰고 글로는 표준어를 쓰고 있기 때문에 두 가지 언어를 함께 사용하고 있다. 즉 일상생활의 언어와 공식적인 언어를 구별하여 사용하고 있는 것이다. 사실상 이 두 가지의 언어를 동시에 이해하고 공부해야 마땅하다. 이것을 무시하고 표준어만을 강요하는 언어 교육 내지 언어 정책은 마땅히 시정되어야 한다.

3) '서울말'과 '지역말'

표준어 규정에 나오는 '서울말'은 한 나라의 대표적인 언어로 삼기 위해서 어쩔 수 없이 만든 범위이다. 이분법적인 사고는 여기에서도 대립적 개념을 생산한다. '서울말'은 중앙 또는 중심의 말이고, 지역의 언어는 지방 또는 변방의 말로 생각하기 쉽다. '서울말'은 방언으로 말하면 중부 방언권에 속하는 언어이다. 서울, 경기, 강원, 충북 지역 등이 중부권이다. 이 방언 중에서 수도인 지역을 편의상 선택한 것이다.

'서울 문화'는 한국의 중심 문화이고 '지역 문화'는 한국의 주변 문화라고 말할 수는 없는 것이다. 마찬가지로 '서울말'과 '지역말'은 서로 상보적인 관계에 있다.

4) '표준어 규정'과 단수 표준어의 일방성

표준어 규정 제1부 제2장은 발음 변화에 따른 표준어 규정, 제3장은 어휘 선택의 변화에 따른 표준어 규정으로 각각 제4절은 단수 표준어를 제5절은 복수 표준어를 규정하고 있다.

> 제2장 제4절 제17항 비슷한 발음의 몇 형태가 쓰일 경우, 그 의미에 아무런 차이가 없고, 그 중 하나가 더 널리 쓰이면, 그 한 형태만을 표준어로 삼는다.(ㄱ을 표준어로 삼고, ㄴ을 버림.)
>
> 제2장 제5절 제25항 의미가 똑같은 형태가 몇 가지 있을 경우, 그 중 어느 하나가 압도적으로 널리 쓰이면, 그 단어만을 표준어로 삼는다.(ㄱ을 표준어로 삼고, ㄴ을 버림.)

제17항은 발음이 조금 다른 것들 중에서 하나만을 선택하는 것이고, 제25항은 방언형을 모두 버리는 규정이다. 제25항 중에서 '압도적으로' 많이 쓰는 어휘에 대한 구체적인 연구나 조사 어떤 방식으로 시도되었는지 알 수 없다. 단수 표준어로 선택하는 기준이 단지 '압도적으로 널리 쓰이는' 것이라면 이러한 표준어 선정 기준은 너무나 애매한 것이다. '쌍동밤'과 '쪽밤' 중에 '쌍동밤'이 압도적으로 많이 쓰였다는 증거를 확인하기는 매우 어렵다. 단수 표준어처럼 표준어를 하나의 형태만을 고집하는 근거는 대체로 간편성, 획일성에 있다.

복수 표준어에 대한 해설을 제시하면 다음과 같다.

제2장 제5절 제18항 다음 단어는 ㄱ을 원칙으로 하고, ㄴ도 허용한다.

ㄱ	ㄴ
네, 쇠-, 괴다, 꾀다, 쐬다, 죄다, 쬐다	예, 소-, 고이다, 꼬이다, 쏘이다, 조이다, 쪼이다

제2장 제5절 제19항 어감의 차이를 나타내는 단어 또는 발음이 비슷한 단어들이 다 같이 널리 쓰이는 경우에는, 그 모두를 표준어로 삼는다.(ㄱ, ㄴ을 모두 표준어로 삼음.)

ㄱ	ㄴ
거슴츠레-하다, 고까, 고린-내, 교기(驕氣), 구린-내, 꺼림-하다, 나부랭이	게슴츠레-하다, 꼬까, 코린-내, 갸기, 쿠린-내, 께름-하다, 너부렁이

제3장 제5절 제26항 한 가지 의미를 나타내는 형태 몇 가지가 널리 쓰이며 표준어 규정에 맞으면, 그 모두를 표준어로 삼는다.

가는-허리/잔-허리, 가락-엿/가래-엿, 가뭄/가물, 가엾다/가엽다, 감감-무소식/감감-소식, 개수-통/설거지-통, 개숫-물/설거지-물, 갱-엿/검은-엿 (이하 생략)

복수 표준어 규정에는 널리 쓰이는 형태를 복수 표준어로 규정하고 있어서 복수 표준어 개념을 얼마든지 확대할 수 있음을 보여준다. 이 개념을 도입하여 확대하지 않고는 다양한 지역의 언어를 수용하기 어렵다.
한국어의 역사적인 변화 과정을 고려하지 않은 채, 서울에서 주로 쓰는 말을 '표준어'로 인정한다면 그 표준어를 어떻게 한국어의 공통어라고 할 수 있을까?

국어사전에서 표준어 '고소하다'는 다음과 같이 해설을 하고 있다.

> 고소-하다01 「형」「1」볶은 깨, 참기름 따위에서 나는 맛이나 냄새와 같
> 다. 「2」【…이】「1」기분이 유쾌하고 재미있다. 「2」미운
> 사람이 잘못되는 것을 보고 속이 시원하고 재미있다.

이 해설의 끝에는 중세국어의 '고스다'가 '고소다'로 변하고 다시 '고스다'가 '고소하다'로 변했다고 기록되어 있다. 역사적 변천과정이 분명한 예로 표준어로 책정하기에 전혀 문제가 없는 어휘이다.

그러나 전라방언에서 많이 쓰이는 '고숩다/꼬숩다'에 대해서는 다음과 같이 처리하고 있다.

> 꼬숩다 「형」『방』'고소하다01'의 방언(전남).

방언 어휘가 가지는 역사성을 고려하지 않고 사전을 기술하는 것은 납득하기 어렵다. 달리 말하면 표준어의 역사성은 고려하려고 하면서 방언의 역사성은 전혀 고려하지 않고 있다. 이런 태도는 한국어의 공통어를 세우려는 태도에 어긋나는 것이다.

전라방언 '고숩다'는 '고스다>고소다, 고수다>고숩다, 꼬숩다'의 변천을 거쳤다. '고숩다'는 중세국어 '고스다'의 변천 과정에 있는 '고수다'에 형용사 파생접미사인 '-ㅂ-'이 첨가되면서 '고숩다'가 된 것이다. 형용사를 파생시키는 접미사 '-ㅂ/옵-'이 첨가되는 예는 수없이 많아서 이미 국어의 변천 과정에서 확고히 자리 잡은 규칙이다.

이처럼 국어의 역사적 변천과정이 매우 확실한 어휘를 단지 지역에서 쓴다고 해서 방언으로 처리하게 되면 한국어의 공통어라는 뜻으로 볼 수

있는 '표준어'의 근본적인 개념에 어긋나는 것이다. 마땅히 복수 표준어가 되어야 한다. 이를 위해서는 표준어로 선정하고 있는 어휘의 역사성을 반드시 확인해서 참고할 필요가 있다.

5) 현행 국어사전과 표준어의 관계

현행 국어사전은 다음 예에서 보는 것처럼 방언에 대한 해설이 거의 없다. 이는 그간 지역의 언어에 대한 연구를 소홀히 한 탓이고, 지역의 언어 정책이 거의 없기 때문이다. 국어사전을 만들 때 참고하는 것은 지역의 방언사전과 연구논문이 대부분이어서 방언사전이 없는 경우는 해당 지역의 언어를 실을 수가 없다.

- 가갑다 「형」『방』 가볍다의 방언(평북, 함남).
- 가개01 「명」『방』 홍역의 방언(경남).
- 가개비 「명」『방』 개구리의 방언(제주).
- 가골라비 「명」『방』 가오리연의 방언(제주).
- 가구재이 「명」『방』 가랑이01의 방언(경북).
- 가그랑-비 「명」『방』 가랑비[1]의 방언(경남).
- 가깜이 「부」「명」『방』 가까이의 방언(평북).
- 가깜-하다 「형」『방』 가깝다의 방언(평북).
- 가꼬다 「동」『방』 「1」동정을 살피다(제주). 「2」소나 말을 들에 놓아 살피면서 먹이다(제주).

사전을 편찬하면서 문학 작품에서 어휘와 용례를 뽑는 경우가 많다. 이럴 경우 그 어휘가 해당 지역의 방언인지 아니면 전국적으로 쓰이는 어휘인지를 확인하지 않고 기준이 없이 올림말을 선정하고 있는 실정이다. 실제로 작품을 검토해 보면, 전국적인 분포를 가지고 쓰이는 많은 어휘를 표준어에서 다루지 않고 있다. 이는 전적으로 어휘의 연구가 부족한 탓이다. '문학 작품에 나타난 방언 검색 프로그램'에서 예를 제시하면 다음과 같다.

//방언표제어 : 감때 사납다
//뜻풀이 : 생김새나 성질이 휘어잡기 힘들게 매우 억세고 사납다.
//방언형 및 검색어 : 감때 사납다, 감대 사납다
//종합설명 : '감때, 감대'는 명사로 '성질'을 말한다. 채만식의 작품에 '감대'가 명사로 쓰이고 있고, 많은 작품에서 '감때 사납다'로 띄어 쓰는 경우도 많아서 이를 알 수 있다. 이 '감때, 감대'는 주로 '사납다'와 연결되어 구를 만드는데 대부분 붙여 쓰는 경우가 많다. 따라서 하나의 어휘라기보다는 구로 인정하는 것이 좋겠다. 채만식, 김유정, 박완서, 이문구, 염상섭 등의 작품에 두루 쓰이는 것으로 보아 전국적인 분포를 가진 어휘이다.

//방언표제어 : 늘이지근하다
//표준어 : 늘어지다
//뜻풀이 : 팔팔한 맛이 없고 느리다.
//방언형 및 검색어 : 늘이지근하다, 느리지근하다.
//종합설명 : 전라방언의 '늘이지근하다'는 형용사 '느리다'에 접미사 '-지근하'가 연결된 어휘이다. 접미사 '-지근하'는 전국적으로 매우 생산성을 가지고 사용되고 있는데 예를 들면, '얼쩍지근하다, 후덥지근하다, 묵지근하다, 구접지근하다' 등의 형용사는 접미사 '-지근하' 연결된 어휘이다.

또한 '비어'와 '속어'를 처리할 때, 해당 지역의 언어 규범을 전혀 무시한 채, 서울 지역의 언어 규범으로 비어와 속어를 처리하기 때문에, 지역에서는 일상적으로 쓰는 어휘나 표현을 비속어로 다루는 경우가 많다.

비속어에 대한 연구가 절대적으로 부족한 것도 한 원인이다.

국어사전에서 이 어휘를 비어나 속어로 처리하고 있는 태도는 지역에서 쓰는 방언이기 때문에 표준어와 비교하여 일방적으로 해설한 것이다. 그러나 방언의 관점에서 보면 비어나 속어는 일상생활에서 주로 쓰는 일상어를 쓰고 있는 것이다. '속되다'는 뜻은 '고상하지 못하고 천하다.' 또는 '평범하고 세속적이다.'는 의미를 갖는데 일상적으로 쓰는 말이라고 해서 통틀어 '속되다'고 말하는 것은 옳지 않다(이태영, 2006ㄱ : 34쪽 참조).

'늙다리'는 '늙은이'를 낮잡아 부르는 말이지만, '꼬맹이'는 '꼬마'를 낮잡아 부르는 말이 아니라 어린이를 친근하게 부르는 일상적인 말이다. 따라서 비어에 대한 개념을 지역과 서울을 대비하여 표준어와 대비되는 방언이나 일상어를 비어로 처리하는 태도는 바람직하지 않다.

- 늙다리 : '늙은이'를 낮잡아 이르는 말.
- 볼따구니 : '볼'을 낮잡아 이르는 말.
- 조동아리 : '입' 또는 '부리'를 낮잡아 이르는 말.
- 꼬맹이 : '꼬마'를 낮잡아 이르는 말.

비어나 속어의 기능은 직설적이고 원색적인 표현을 통하여 화자의 감정을 솔직히 드러내는 데 있다. 화자의 감정을 강조하거나, 모욕하거나 경멸하려는 의도, 비하하려는 의도, 속되게 표현하려는 의도 등 다양한 현상을 묘사하는 수단으로 이용하고 있다. 따라서 이러한 비어나 속어는 글에서는 보기 힘든, 매우 구어적인 어휘인 것이다.

예를 들면 '소가지'는 전라도 방언인데 '소가지가 사납다, 소가지가 나다, 소가지를 내다'에서처럼 '심성'이란 뜻도 있지만 '부아'란 뜻도 있어서 '소가지'를 '고상하지 못하고 천하다.'는 뜻으로만 해석하기 어렵다. 이 작품에 나오는 어휘 중 국어사전에 뜻풀이한 속어를 제시하면 다음과 같다.

- 소가지 : '심성(心性)'을 속되게 이르는 말.
- 소래기 : '소리'를 속되게 이르는 말.
- 뭉뚱어리 : '몸뚱이'를 속되게 이르는 말.
- 눈치코치 : '눈치'를 강조하여 속되게 이르는 말.
- 알랑방귀 : 교묘한 말과 그럴듯한 행동으로 남의 비위를 맞추는 짓을 속되게 이르는 말.

4. 지역의 언어, 방언의 중요성

'지역(地域)'은 '일정하게 구획된 어느 범위의 토지', '전체 사회를 어떤 특징으로 나눈 일정한 공간 영역'이라는 뜻을 갖는다. 그러므로 지역의 언어라 하면 '어떤 특징으로 나눈 일정한 공간 영역에서 사용하는 언어'를 말하는 것이다. 우리나라는 행정을 중심으로 지역을 분할하고 있기 때문에 남쪽의 경우는 서울, 경기, 충청, 전라, 경상, 강원, 제주 지역으로 나뉜다.

그런데 이처럼 국어사전의 뜻과는 다르게 '지역'이라는 말을 일부에서는 '중앙'과 대립되는 개념으로 다루는 경우가 있다. 따라서 '지역 발전이 소외되고 있다.'는 표현에서와 같이 중앙과 대립된 지방을 두고 일컫는 경우도 있다. 방언을 '지역어'라 부를 때도 역시 원래의 개념에서 벗어난 채, '지방의 말'로 잘못 생각하는 경우가 많다. '지방(地方)'의 뜻에 '서울 이외의 지역'이라는 뜻이 있기 때문에 '지역'과 '지방'의 뜻을 뒤섞어 쓰면서 생긴 결과라 할 수 있다(이태영, 2006ㄴ : 85).

지역의 언어라고 할 때, 그 개념 안에는 한국어로서 가지는 보편적인 음운현상, 통사현상, 화용현상, 문체, 어휘, 억양, 리듬, 음의 고저와 장단, 속담, 관용표현 등이 포함되는 것은 물론, 지역의 고유한 방언적 특징들이 첨가된다.

태어난 고향에서 사용하는 말은 일상적 언어이다. 일상어는 지역에서 자연스럽게 습득한 고유어, 한자어, 민속어, 방언, 개인어, 유행어, 비속어, 속담, 관용표현과 같이 일상생활에서 마음 놓고 사용하는 언어를 말한다. 일상어는 입말이며 어린이부터 노인까지 사용하는 언어이다. 언어 사용이 매우 자연스러워 비어나 속어, 관용 표현 등이 자연스럽게 구사된다. 설화, 민요와 같은 구비문학에서 많이 사용한다.

유치원이나 초등학교에 다니면서 한글을 배울 때 공식적인 언어를 배우기 시작한다. 따라서 말은 일상어를 쓰고 글은 표준어를 쓰는 이중적인 언어생활을 하게 된다. 이때부터 평소 쓰던 일상어와 다른 독특한 표준어를 배운다. 할아버지가 쓰는 '핵교, 퇴끼'와는 다른 '학교, 토끼'를 배우면서 일상어와 표준어가 다르다는 것을 배우고, 말과는 다른 표준어를 일일이 배워야 하기 때문에 국어가 어렵다는 생각을 갖는다.

우리나라의 정치 형태는 여전히 중앙집권적이어서 초등학교에서부터 말을 가르칠 때에 표준어만을 강조하고 있다. 표준어는 정치적으로 한 나라를 통치하기 위해서 인위적으로 만든 말이다. 우리는 이 표준어에만 너무 신경을 쓴 나머지 자연적으로 만들어진 방언의 중요성을 잊고 있다.

고등학교나 대학교를 졸업하고 사회에 나가게 되면서 대체로 고향을 벗어나게 된다. 서울에 가서 사는 사람들은 고향말을 버리고 서울말에 익숙해지려고 노력한다. 사람들이 낯설게 생각하고 스스로도 창피하게 생각하기 때문이다. 서울말을 배우려고 노력하면서 고향의 말에 대한 관심은 거의 사라진다. 그러나 고향에서 배운 방언을 끝까지 버리지는 못한다.

나이가 들어서 정년을 맞이할 무렵이면 고향 생각이 간절한데 그 무렵에는 그간 사용하기를 꺼려하던 고향말을 다시 쓰고 싶어 한다. 일단 제도에서 벗어나 자유인이 되었기 때문에 굳이 규범에 얽매이지 않아도 되므로 그간 나를 집요하게 억눌러왔던, 배우기 어려운 표준어보다는 어려서부터 배워 일상생활에서 많이 썼던 고향의 언어로 다시 돌아가기 시작한다.

방언이 사라지면 우리는 고통을 당하게 된다. 그것은 어떤 사물이나 대상을 표현할 때 어려서부터 써오던 말이 없어져서 정확한 의미를 가진 어휘로 표현할 수가 없기 때문이다. 예를 들면 전라방언 '폭폭허다'는 말을 '답답하다'로 바꾸면 의미가 달라지는 것이다.

언어는 사람이 사용하는 사회적, 문화적 수단이다. 언어에는 규범적인 언어와 자연적인 언어가 함께 공존한다. 따라서 우리는 두 언어를 배우고 익혀 사회생활이나 일상생활에 불편함이 없어야 한다.

정보와 문화의 시대를 맞이하여 지역의 문화가 부각되면서 지역의 언어를 문화로 보는 인식이 확산되었다. 따라서 영화, 연극, 소설, 드라마, 간판 등에서 방언을 사용하는 횟수가 급격히 늘어났다. 이러한 현상은 문화의 다양성을 인정하여 미래의 한국의 문화를 발전시키는 데 매우 바람직한 기능을 하게 될 것이다.

1) 방언은 우리의 정서를 반영하는 자연스럽고 살아 있는 언어이다

우리는 방언을 사용하면서 정서적 안정감을 얻고 가족과 지역민들이 동질감을 갖고 이를 통해 강한 연대감으로 결속하는 장점이 있다. 이는 지역의 정체성을 확립하게 하여 지역 발전에 원동력이 된다.

국어사전이 보여주는 올림말의 뜻풀이는 물리적, 현상적 의미에만 치중하여 지역민들의 사고를 경직시킨다. 다양한 경험과 체험에서 나오는 문화적, 정서적, 표현적 의미가 배제되기 때문에 방언이 포함된 국어사전이 만들어져야 한다.

　'다슬기'는 지역에 따라 부르는 말이 다르다. 경남에서는 '고동, 고둥, 고딩이'라 부르고, 경북과 강원에서는 '골뱅이'라 부른다. 충청 지역에서는 '올갱이, 올강, 올뱅이'라 부르고 '베틀올갱이, 베틀올강'이라고도 부른다. 강원도와 경기도에서는 '달팽이'라 부른다. 전북과 전남 지역에서는 '다슬이, 대사리, 대수리, 다실개'라 부른다. 전북을 중심으로 한 인접 지역에서 '물고동'이라고도 하고, 전남에서는 '갯고동, 갯다사리, 갯물고동, 갯비트리, 비트리'라고도 부른다. 제주에서는 '가메기보말, 민물보말'로 부른다.

　'고동, 골뱅이'는 주로 바다에 서식하는 연체동물을 말한다. '다슬기'를 '고동, 골뱅이'라 부르는 지역은 바다와 인접해 있다. '달팽이'는 주로 논과 밭이나 풀숲에서 사는데 내륙에서 주로 쓰는 말이다. '다슬이, 대수리'를 쓰는 지역은 하천이나 연못이 많은 지역이다. '물고동'은 바다에 사는 '고둥'에 비해 민물에 사는 '민물고동'을 일컫는 방언이다.

　지역에 따라 생활하는 방식이 다르고 그 문화에 따라 연체동물의 이름이 섬세하게 달라짐을 알 수 있다. 우리는 이제 이름에 따른 문화를 존중해야 할 때다. 따라서 하나만 취하고 나머지를 버릴 것이 아니라, 모두를 이해하고 그 문화를 알려고 노력해야 한다.

2) 방언은 현장성, 직접성, 구체성을 갖는 언어이다

　방언은 말이 중심이 되는 언어이다. 반면에 표준어는 글이 중심이 되는 언어이다. 따라서 구어체는 구체적인 현장에서 사용하기 때문에 생활과 밀접히 관련된 언어이다. 따라서 한자어보다는 우리 민족의 특성을 잘 나타내는 고유어를 훨씬 많이 사용한다.

'추수(秋收)'의 의미를 갖는 고유어는 '가을'이다. '가을걷이'를 줄여서 '가을'이라고 하고, '가을걷이하다'는 줄여서 '가을하다'로 말한다. '가을'의 중세국어 형태는 'ᄀᆞᅀᆞᆶ'이다. 그래서 방언에서는 '가실하다'를 많이 쓰고 있다.

'가을하다'는 '가을일하다, 가을걷이하다, 가을거두다, 가을걷어들이다, 가을추수하다' 등으로도 쓰는데, 이때 '가을'은 지역에 따라 '가실, 갈'로도 쓰고 있다. '가을하다'는 경기도를 비롯하여 전국적으로 쓰고 있고, 준말로 '갈하다'를 사용한다. '가실하다'는 충청 이남에서 많이 쓰고, 제주도에서는 'ᄀᆞ실하다'를 쓴다. 북쪽도 거의 비슷하게 사용하고 있다.

우리말인 '가을일'은 '가을에 곡식을 거두어들이는 일'이고, '가을일하다'는 동사가 된다. '가을걷이'는 '가을에 곡식을 거두어들임'이라는 뜻이다. '가을'은 '익은 곡식'을 의미하기 때문에 '가을을 걷다.'는 표현에서 '가을걷이'가 나온 것이다. 방언에서는 한자어인 '추수하다'는 많이 쓰지 않고 우리말인 '가을일하다, 가을걷이하다, 가을하다'를 많이 쓰고 있다.

3) 방언은 지역성, 지방성을 나타내는 언어이므로 매우 다양하다

지역의 말은 그 지역의 전통과 역사, 삶의 모습인 다양한 문화가 담겨 있다.

전라방언에 '애를 달갠다'는 말이 있다. '달개다'의 중세국어형은 '달애다'인데, 여기서 '달애다'의 고어형은 '달개다'이기 때문에 지금까지도 이 방언에서는 중세 이전의 어형을 유지하고 있는 셈이다.

'씀바귀'라는 식물이 있다. 이것은 전북 방언에서는 '싸랑부리, 싸난부리'라고 말하는데 알고 보면 '부리'는 중세국어의 '불휘'를 발음한 것이다.

전북 방언에서는 '만들다'를 '맹글다, 맨들다'라고 말한다. '맹글다'는 중세 국어에서 쓰던 '밍굴다'라는 말이 지금까지 어른들에게서 사용되는 것이다. '밍굴다'는 '새로 스믈여듧 字룰 밍구노니'에서처럼 훈민정음 서문에 나오는 말이다.

전북 방언의 '남새'는 '채소(菜蔬)'와 '나물 반찬'을 일컫는 말로서 표준어이자 방언이다. 이 '남새'란 말은 16세기 국어에서도 사용되었는데 그때는 'ᄂᆞ모새'라고 쓰였다. 'ᄂᆞ물ㅎ＋새'로 이루어진 복합어가 줄어서 '남새'가 된 것이다. 이때 쓰이는 '새'는 '풀'을 의미하는 '茅(띠 모)'자의 우리말이었다. 그러니까 우리말인 '나물'과 우리말인 '새'가 연결되어 '남새'가 된 것이다.

전북 방언에서는 나무를 '낭구'라고 하는 분들이 많다. 이때 쓰는 '낭구'는 중세국어에서 쓰던 '남ㄱ'을 발음하고 있는 것이다. 따라서 방언이면서 역사적인 잔존형인 셈이다. 나무를 심을 때 '심다'는 말도 '심군다'고 하는 분들이 있는데 이때 '심그다'도 역시 중세국어의 잔존형이 그대로 남아 있는 셈이다.

이처럼 방언은 우리에게 오래 전의 역사를 보여주기 때문에 유형의 문화재처럼 아주 소중히, 아주 면밀히 다루어야 하는 것이다. 오늘 우리가 쓰고 있는 말은 현대에 생성된 말도 있지만, 역사성을 이어가는 먼 과거로부터 오늘에 이른 말이 대부분이기 때문이다.

4) 방언은 표준어의 모태이고, 어휘의 다양성을 확보해 준다

방언은 한국어 어휘의 보물 창고이다. 아름다운 우리말을 찾아 골라 쓰는 지혜가 필요한 시대이다. 유형의 문화재를 보존하고 새롭게 가꾸는 것처럼, 해당 지역어가 갖는 정밀한 의미와 쓰임을 바탕으로 작성하는 지역의 방언사전을 시급히 구축하여야 한다.

방언사전을 바탕으로 표준어를 선정하고 국어사전을 작성하여야만 '서울말'로 정하는 일방적인 표준어가 아니라 '한국어'를 대표하는 공통어적인 표준어를 확립할 수 있는 것이다.

표준어인 '부추'는 경기도와 강원도 지역에서는 '부추, 분추'라 부른다. 부추는 지역에 따라 부르는 이름이 분명하게 다르다. 전라남북도에서는 '솔'이라 부르는데 '솔'로 '전'을 부쳐서 간식으로 먹는다. 충남에서는 '졸'이라 부른다. 경북을 중심으로 '정구지'라 부른다. 경남을 중심으로는 '정구지'라고도 하고, '소풀, 소불'이라고도 한다. 이 지역에서는 '정구지, 소풀'로 '찌짐(부침개)'을 해서 먹는다. 제주도에서는 '세우리, 쉐우리'라 불러 아주 독특한 이름을 갖고 있다.

북쪽에서도 다양한 이름으로 불리는데 평안도에서는 주로 '푸초'로 부르고, 함경도에서는 '불기, 섯쿠레, 염주, 염지'로 부른다. '솔'과 '정구지'도 쓰고 있다. 중국에 거주하는 해외 동포들도 조상들의 출신지에 따라서 '부추, 솔, 염지, 정구지, 졸파, 푸초, 서쿨레이' 등 아주 다양하게 사용하고 있다. 지역의 문화에 따라서 '부추'의 이름이 매우 다양하게 존재하는 것을 알 수 있다.

5) 지역어의 다양성

최근 지역의 다양성을 논의하고 보존하기 위하여 '생물 다양성 협약'과 '문화 다양성 협약'을 논의하고 있다. 다양성을 수용한다는 것은 지역 사이의 차이와 변화를 인정하고 동일하지 않은 것을 받아들인다는 생각이다. 세계 여러 지역들의 문화의 다양성을 인정하고 있는 요즘, 우리나라의 지역 사이의 다양성을 수용해야 하는 일은 지극히 마땅한 일이다.

무엇보다도 지역의 전통과 역사, 문화를 담고 있고, 가족과 개인의 경험과 체험을 포함하고 있는 다양한 지역어를 이해하고 받아들이는 자세가 필요하다. 우리에게 필요한 것은 절대적으로 존재하는 하나가 아니라 균형적으로 존재하는 여러 개인 것이다. 생물의 종이 하나로 통일이 되거나, 문화가 하나로 통일이 될 수 없듯이, 언어 역시 하나로 통일하는 일은 지극히 어렵다.

일부 사람들은 우리가 사용하는 모든 말을 표준화할 수 있다고 생각한다. 그것은 관념적인 생각이다. 실제로 우리가 쓰는 한국어는 너무나 다양하여 표준화하기가 매우 어렵다. 지역어의 경우, 방언, 사투리, 개인어가 존재하고, 산촌, 농촌, 어촌에 따라 방언이 다르고, 도시방언, 사회방언, 계층방언 등이 존재한다. 이처럼 지역어가 다양한 모습을 보이는 이유는 방언의 분화, 문화적 차이, 지리적 요인, 사회 방언 등에 의한 음운과 어휘의 다른 형태가 생기기 때문이다.

한편으로는 지역의 문화적 특징을 나타내는 민속어가 있고, 특정 집단에서 주로 쓰는 은어가 있다. 지역마다 속어와 비어, 속담, 관용표현 등이 상당히 다르다. 말을 할 때는 일상적인 언어를 주로 사용하기 때문에 한 시대에 유행하는 유행어나 이미 익숙해진 관용표현을 많이 쓰고 있다. 청소년들의 경우에는 다른 계층이 알아보기 어려운 소위 '채팅 언어, 인터넷 언어'를 사용하고 있다. 이처럼 다양한 언어를 표준화하기는 매우 어려워서 국민들이 많이 쓰는 어휘를 중심으로 표준어를 정하여 사전에 등재하고 있다.

따라서 지역어의 다양성을 인정하고 받아들여 지역의 특성에 맞는 어휘를 사용케 하여 복수공통어를 확대하게 되면 한국어의 어휘가 확대되고 따라서 지역의 문화를 다양하게 이해하게 된다. 이러한 언어 정책이 21세기의 다양성을 수용하는 사조를 받아들이는 매우 바람직한 언어 정책이라 할 수 있다.

6) 일상어의 다양성

일상어는 말하기 쉽고 이해하기 편한 말을 쓰는 것이다. 격식을 차리지 않고 표준과 형식에서 벗어나서 늘 쓰는 말을 자유롭게 쓴다. 조상 대대로 써오면서 문화와 역사가 깃들인 고유어, 민속어와 방언, 직설적이고 원색적인 표현을 통하여 화자의 감정을 솔직히 드러내는 비속어, 한 시대의 정서를 담고 그 시대의 삶의 모습을 자연스럽게 표현하는 유행어, 구체적이고 특수한 사례를 진술하여 일반적이고 보편적인 의미를 유발하여 비유적이거나 함축적인 표현을 하는 속담이나 관용적 표현 등이 바로 일상어이다.

이처럼 구어체인 일상어는 한국어의 다양한 어휘의 보물 창고이다. 그러나 이에 대한 연구가 부진하고 관심이 희박하여 일상어의 중요성을 간과하고 있다. 일상어로 존재하는 여러 종류의 어휘들을 빨리 찾아서 새로운 공통어에 넣을 준비를 해야 할 것이다.

지역에서 사용하는 수많은 일상어를 표준어와 대비하여 비하하는 언어관은 빨리 시정되어야 한다. 언어는 구어체와 문어체로 이루어져 있고 구어체가 일차적인 언어이면서 사람들이 가장 많이 사용하는 언어이기 때문이다. 말에 대한 연구가 부족한 상태에서 구어체 어휘를 문어체보다 가벼운 것으로 생각하는 태도는 옳지 않다.

5. 공통어의 필요성과 개념

현행 표준어의 개념에는 '공통어'의 개념이 포함된다. 표준어로 한정할 때, '공통어'(Common language)는 남쪽의 여러 지역의 말 가운데 공통이 되는 말을 표준어로 삼아야 한다. 그러나 우리의 경우 각 지방에서 많이 쓰고 있는 어휘들이 포함되지 않았기 때문에 현행 표준어를 '공통어'라고 말하기 어렵다. '서울말'로 정하는 일방적인 표준어가 아니라 '한국어'를 대표하는 공통어를 확립해야 할 것이다.

필자가 생각하는 '공통어'의 개념과 성격은 다음과 같다.[5]

(1) 한민족 언어공동체 사이에서 통용하고 있거나 통용이 가능한 언어를 말한다.[6]

(2) 남과 북, 그리고 해외에 거주하는 한민족이 함께 사용할 수 있는 언어로 남쪽의 표준어, 북쪽의 문화어, 해외동포의 언어, 일상생활어, 현장 어휘 등 민족적 특성이 드러나는 언어를 포함한다.

(3) 다양한 지역문화를 포함하는 통일을 대비하는 언어 개념이다.

(4) 획일적인 행정 중심의 언어정책에서 벗어나서 국민의 다양한 생

---

5) 우리는 공통어를 설정할 때, 다음과 같은 의문을 가질 수 있다.

① 국가 또는 한민족을 대표하는 공통어를 추릴 수 있는가?
② 국가가 가지고 있는 어문규범을 이처럼 광범위한 공통어에도 적용할 수 있는가?
③ 방언이 다른 여러 지역으로 나뉘는데 이처럼 다양한 지역에서 공통어를 어떻게 쓸 수 있는가?

남북은 물론, 해외 동포들의 언어에서 현행 표준어보다 훨씬 많은 숫자의 공통어를 산정하고 '공통어 심의 위원회'에서 필요한 공통어를 수시로 제정하면 가능할 것이다. 마찬가지로 어문규범은 통일이 되어야 하기 때문에 한민족 언어공동체가 모두 사용할 수 있는 어문규범을 제정해야 한다. 방언 사용에서도 예를 들면 전라방언의 특징을 잘 드러내는 방언을 공통어로 산정하면 서로 다른 지역의 방언을 이해하게 되고 그를 자연스럽게 사용하게 되어서 전체적으로는 한국어의 어휘가 대폭 늘어나게 되는 것이다.

6) 정부는 '국어 기본법'을 법률 제7368호로 2005. 01. 27일에 제정하였다. 이 '국어 기본법'은 전적으로 중앙 정부의 입장에서 제정된 것이다. 3조에서는 '국어'의 정의를 '대한민국의 공용어로서 한국어'로 정의하고 있다. 이 '국어 기본법'에는 '국어'를 '대한민국의 공용어'인 한국어라고 규정하고 있어서 지역의 언어와 해외동포의 언어에 대한 구체적인 언급이 없는 것이 유감이다. '민족문화'의 정체성을 확립하고 문화를 발전시키기 위해서는 지역의 언어를 잘 보전하는 것이 중요한데 '국어'의 개념을 아주 표준어에 한정하여 정의한 것은 매우 소극적인 자세인 것이다.

활을 중심으로 전환하는 언어정책적 개념이다.
(5) 단수공통어에서 복수공통어로 가는 개념이다.

필자가 생각하는 공통어의 목표는 다음과 같다.

1) 한민족 언어문화공동체를 위한 한민족 공통어

남한 4,800만, 북한 2,300만, 중국, 소련, 일본, 미국 등에 살고 있는 재외동포 500만의 한민족은 거대한 언어와 문화 공동체를 이루며 살고 있다. 이제 한민족 모두가 함께 사용할 수 있는 공통어를 만들어야 한다.[7] 이를 위하여 일본, 러시아, 미국, 중국 등에서 살고 있는 해외동포들이 쓰는 언어도 하나의 지역으로 설정하여 공통어를 산정해야 한다.

국립국어원에서 방언 정책을 강화하여 방언을 포함하는 공통어로서 한국어를 정립하려고 노력하고 있고, 지역어 조사와 방언 지도 제작 등의 사업을 시행하고 있어서 매우 다행스럽다.

한편, 한국어를 배우는 외국인을 포함한 언어공동체를 위한 공통어의 개념으로 확대할 필요가 있다. 자칫 민족주의를 강조하여 한국어를 배우고 있는 외국인에 대한 배려가 소홀할 수가 있다. 한국어를 배우는 외국인들이 늘어가고 있는데 이들의 언어생활에도 큰 도움이 되는 공통어로 가야 할 것이다.

---

7) 문화관광부에서 발행한 『문화정책백서』(2004년도)에 의하면 '한국어를 공용어로 하는 단일 언어정책'을 유지하고 있다. 『문화정책백서』에서 밝힌 국어정책 과제에서는 '한민족 공동체의 언어적 정체성 확립'과 '우리 문화와 한국어의 대외 경쟁력 확보', '남북한 문화적 동질성 회복' 등을 언급하고 있다.

2) 정보화 시대를 대비한 공통어

그간 표준어 제정은 어휘 연구가 충분히 되지 않은 상태에서 이루어졌다. 실제로 국어학 연구에서 어휘 연구는 매우 저조한 실적이다. 따라서 그간 구축한 말뭉치를 이용하여 국어사, 방언, 현대국어 자료를 바탕으로 하나의 어휘를 통합적으로 연구하고 그를 바탕으로 공통어가 제정되어야 한다.

이제 국어사전은 종이로 찾는 시대에서 벗어나 인터넷을 이용하여 웹 검색을 하는 것이 일반화되었다. 이제 국민들은 작업을 할 때 국어사전을 검색하는 일이 일상생활이 될 것이다. 현행『표준국어대사전』이 50만 어휘를 싣고 있는데 이는 종이사전의 제약으로 말미암는 것이다. 전자사전에서는 그 수에 제한이 없기 때문에 예를 들면 100만 개 이상의 공통어를 산정해도 될 것이다. 따라서 이러한 정보 검색이 가능하도록 다양한 어휘를 충분히 보강하여 공통어로 제정해야 할 것이다.

3) 문화 다양성을 존중하는 공통어

이미 앞에서 제시한 것처럼 '부추'와 '다슬기'는 지역의 문화에 따라 그 이름이 달라진다. 지역에 따라 생활하는 방식이 다르고 그 문화에 따라 이름이 섬세하게 달라짐을 알 수 있다. 우리는 이제 이름에 따른 문화를 존중해야 할 때다.

'써레'와 같은 농기구의 경우, 지역에 따라 그 모양이 매우 다르다. 이처럼 모양이 다른 것을 하나의 모양으로 공통의 문화를 삼을 수는 없는 것이다. 모양을 체계화하여 그 모양의 다양성을 대표하는 복수의 공통문화가 제시되어야 한다. 이렇게 할 때, 문화의 다양성을 인정하여 고유어의 다양성을 취할 수 있고, 미래의 한국의 문화를 발전시키는 데 매우 바람직한 기능을 하게 될 것이다.

공통어를 제정할 때 우리는 여전히 어휘에만 한정하여 생각할 수 있다. 그러나 이제 다양한 방언이 올라가고, 작품에 있는 어휘가 올라가며, 해외 동포들의 언어가 올라가게 된다. 따라서 음성형이 반드시 함께 올라가야 한다. 또한 어휘의 문화를 보여주는 이미지 화면이 반드시 들어가서 다양한 문화를 이해하도록 해야 할 것이다. 복수공통어를 생각하는 것처럼, 복수 음성형, 복수 문화를 생각해야 한다.

4) 문어와 구어, 일상어를 아우르는 공통어

현행 표준어는 주로 문어 중심으로 이루어져 있다. 그 이유는 구어에 대한 연구가 거의 없었기 때문이다. 국어사전의 경우도 구어에 대한 연구가 미진한 관계로 구어에서의 의미나 용법에 대한 기술이 전혀 이루어지지 않고 있다. 앞으로 제정할 공통어에는 글에서 사용하는 어휘와 말에서 사용하는 어휘를 잘 선별하여 넣어야 한다.

흔히 표준어와 대응되는 언어를 방언이라고 생각하는 경향이 많다. 방언은 지역어이고 표준어는 서울말이기 때문에 지역과 중심의 대립적인 개념에서 오는 경향이다. 그러나 표준어에 대응되는 말은 일상어이다. 즉 표준어는 인위적이며 '특별한' 언어이고, 일상어는 방언, 유행어, 비속어, 관용표현과 같이 일상생활에서 자연스럽게 사용하는 '일상적' 언어를 말하기 때문에 일상과 비일상이라는 점에서 이들은 서로 대응된다. 각도에서 사용하는 방언들이 모여서 공통어인 한국어가 되므로 공통어와 지역어가 서로 대응되는 말이다.

5) 지역어의 다양성을 포함하는 공통어

흔히 방언이라 불리는 지역의 언어는 우리 민족의 민족적 특징을 보여주고 있는 언어이고, 개인이나 집단의 정서를 함양하고 있는 언어이다. 해당 지역의 고유한 전통과 역사와 문화 속에서 탄생한 언어이기 때문에 태어나서 죽을 때까지 잊지 못하고 쓰는 것이다. 따라서 방언이 많이 포함된 공통어를 설정해야 한다.

6) 역사적 변화의 보편 규칙을 지키는 공통어

'미꾸리'는 16세기부터 19세까지 문헌에 나오는 어휘이다. 역사적으로 용언 '믯글-'(미끌-)에 접미사 '-이'가 연결되어 '믯글이, 밋구리'로 쓰면서, 남쪽의 여러 지역에서 '미꾸리, 미꼬리, 밀꾸리'로 발음하고 있다. 20세기 문헌에서 발견할 수 있는 '미꾸라지'는 '믯글-'에 접미사 '-아지'가 결합한 것으로 방언에서는 주로 '미꾸라지'와 '미꼬라지'로 발음하고 있는데, 다른 발음으로는 '미꾸락지, 미꾸람지, 미꾸래기, 미꾸래미, 미꾸래이, 미꾸랭이' 등 아주 다양하다.

전남에서 사용하는 '옹구락지, 웅구락지'는 '우글우글, 우글거리다'에서 볼 수 있는 의태어 '우글'을 뜻하는 '옹굴'에 접미사 '-악지'가 결합하여 새로운 형태가 탄생한 것이다. 강원도에서는 '용고기, 용곡지, 용주래기'를 사용하는데 이는 용처럼 생겼다고 해서 만든 이름이다.

함경도에서는 '새처네, 소천어, 종개미, 찍찍개' 등을, 평안도에서는 '말배꼽, 맹가니, 장구래기, 증금다리, 징구마리' 등을 쓰고 있다.

이처럼 '미꾸라지'와 관련된 어휘를 보면, 역사적으로 오래된 형태가 방언에 여전히 많이 남아 있고, 그 지역의 정서에 맞게 새롭게 만든 말도 많이 있음을 알 수 있다.

한국어의 역사적인 변화 과정을 고려하지 않은 채, 서울에서 주로 쓰는 말을 '표준어'로 인정한다면 그 표준어를 어떻게 한국어의 공통어라고 할 수 있을까?

이처럼 국어의 역사적 변천과정이 매우 확실한 어휘를 단지 지역에서 쓴다고 해서 방언으로 처리하게 되면 한국어의 공통어라는 표준어의 근본적인 개념에 어긋나는 것이다. 마땅히 복수표준어, 복수공통어가 되어야 한다. 이를 위해서는 어휘의 역사성을 반드시 확인해서 참고할 필요가 있다.

6. 결론

남과 북이 통일을 해야 한다면 남에서 쓰고 있는 표준어와 북에서 쓰고 있는 문화어를 아우르는 공통어가 있어야 한다. 표준어에는 방언이 많지 않고 문화어에는 방언이 많이 포함된 남과 북의 언어현실에서 공통어의 조율이 결코 쉽지 않을 것이다. 여전히 북에서는 고유어를 많이 쓰고 있고, 남에서는 한자어와 외래어를 많이 사용하고 있는 현실도 문제로 지적할 수 있다.

남과 북의 통일은 물론, 해외에 사는 한민족 언어 전체를 포함하는 공통어의 입장으로 가야 한다. 그러나 남쪽의 급변하는 언어현실을 해외 동포들이 따라가기가 어려운 실정이다.

그러나 이러한 때일수록 한민족들이 모두 공통으로 사용할 수 있는 '공통어'의 제정이 시급한 때이다. 한민족의 특성을 잘 드러내는 고유어를 중심으로 표준어와 문화어를 정리하고, 한자어와 일상어를 다듬고,

지역어를 대폭 포함하는 공통어를 제정해야 한다.

우선 '한민족 언어공동체를 위한 공통어 연구위원회'와 같은 기구를 두어 서서히 문제점을 노출시키고 논의를 시작해야 할 것이다.

그간 표준어 정책은 문어 중심으로 이루어졌기 때문에 주로 쓰는 일에서 표준어를 사용하게 되었다. 대부분의 표준어 교육이 글 중심으로 이루어졌기 때문에 우리의 의식 속에서 표준어는 글을 의미하는 것으로 생각하고 있다. 따라서 앞으로 공통어에 대한 문제도 역시 글 중심의 공통어만을 생각하기 쉽다.

그러나 앞에서도 언급한 것처럼 말 중심의 공통어에 대한 연구가 진행되어야 한다. 구어체에 대한 연구가 많지 않은 실정에서 한민족의 공통어에 대한 생각은 여전히 남쪽의 글 중심의 언어 정책을 강요할 가능성이 매우 높다. 학계에서 분발하여 구어체 어휘의 사용, 방언 어휘의 사용, 일상어(생활어)의 사용에 대한 특별한 고민이 있어야 할 것이다. 국가에서도 이러한 연구에 뒷받침을 충분히 할 필요가 있다.

정부에서는 '구어체 국어 연구', '일상어 연구', '민족 생활어 연구', '방언 어휘 연구', '방언 사전'과 같은 공통어를 위한 용역을 적극적으로 수행해야 마땅하다고 생각한다.

참고문헌

국립국어원(2007), 『국어 발전 기본 계획』.
김정대(2005), 「'통일 표준어' 선정 작업을 위한 제언」, 『단산학지』 9.
김정대(2006), 「공통어 정책—표준어 정책의 새로운 모색」, 『2006년 언어정책 토론회
　　　　발표문』.
문화관광부(2004), 2004년도 『문화정책백서』.
이상규(2005), 『위반의 주술, 시와 방언』, 경북대학교출판부.
이태영(2006ㄱ), 「윤흥길의 『소라단 가는 길』에 나타난 일상어의 특징」, 『국어국문학』
　　　　제143호.
이태영(2006ㄴ), 「지역 언어의 가치와 시의 방언」, 『시와 사람』 42.
이태영(2006ㄷ), 「지역 언어의 중요성과 표준어 정책의 문제점」, 한국지방정부학회
　　　　2006년도 추계학술대회 발표용 초록.
이태영(2007), 「지역어의 다양성 수용」, 『말과글』 제110호, 한국어문교열기자협회.

1. 서론

소설가 윤흥길은 『장마』, 『아홉 켤레의 구두로 남은 사내』, 『황혼의 집』, 『꿈 꾸는 자의 나성』 등의 소설을 쓴 작가로 6·25 동란을 소재로 하여 잃어버린 고향을 되찾으려는 의지를 보이는 작가로 알려져 있다.

윤흥길은 방언을 많이 사용하는 작가로 알려져 있다. 전북 정읍에서 태어나 전북 익산에서 성장하였기 때문에 그의 작품에는 지역과 관련된 언어가 아주 많이 사용된다. 윤흥길은 지역에서 많이 쓰이는 방언과 유행어와 같은 일상어를 대화문은 물론이고 지문에서도 아주 자연스럽게 사용하는 언어적 특징을 보인다.[1]

이 글에서 다루는 2003년도 작품인 『소라단 가는 길』은 연작소설로

---

[1] 일상어라는 용어는 국어사전에 없다. 대체로 '문장에서만 쓰는 특별한 말이 아닌, 일상적인 대화에서 쓰는 말'이란 뜻으로 '구어, 입말'이라고 많이 쓰고 있다. 앞으로 일상어에 대한 개념을 정리해야 할 것이다.

11편으로 이루어져 있다. 나이가 든 고등학교 동창생들이 졸업한 지 사십 년 만에 모교를 찾아가면서 누구나 겪었음직한 경험을 회상하는 내용이다. 윤흥길의 기존 작품과는 상당히 다르게『소라단 가는 길』은 구비 문학적 특성을 보여주고 있고, 어떠한 틀에도 얽매이지 않는 일상적이고 자유로운 언어 사용을 극명하게 보여주고 있다. 이 글에서는 작품 안에서 표준어와 대비되는 일상어가 어떻게 쓰이는가를 살펴보고 그 일상어의 쓰임을 통하여 작가가 의도하는 바를 점검해 보려고 한다.

사전 편찬과 관련하여 작가들이 사용하는 어휘들을 면밀히 검토하고 해설하여 사전에 올릴 어휘를 찾는 일이 매우 필요하다.『소라단 가는 길』이 보여주는 언어를 중심으로 그간 사전 편찬에서 소홀히 다룬 방언, 개인어, 유행어, 속어, 관용 표현 등과 같은 일상어의 특성을 살펴보려고 한다.

2. 일상어와 그 종류

문화적인 시각으로 볼 때, 전체적인 개념을 가진 한국 문화는 지역 문화와 상호보완적인 개념이다. 지역 문화가 모여서 한국 문화가 되는 것이다. 그런데 막연히 서울 문화를 한국 문화의 중심에 두고 지역 문화와 대비시키는 태도는 옳지 않다. 표준어 역시 서울 방언인데 이러한 서울 문화를 가지고 지역 문화인 방언과 일대일로 대응시키는 태도는 옳지 않다. 지역 문화인 방언은 한국 문화인 한국어와 개념적으로 상호보완적인 관계에 있다.

흔히 표준어와 대응되는 언어를 방언이라고 생각하는 경향이 많다. 방언은 지역어이고 표준어는 서울말이기 때문에 지역과 중심의 대립적인 개념에서 오는 경향이다. 그러나 표준어에 대응되는 말은 일상어이다. 즉 표준어는 인위적이며 '특별한' 언어이고, 일상어는 방언, 유행어, 비속어, 관용표현과 같이 일상생활에서 자연스럽게 사용하는 '일상적' 언어를 말하기 때문에 일상과 비일상이라는 점에서 이들은 서로 대응된다. 지역에서 사용하는 방언들이 모여서 공통어인 한국어가 되므로 공통어와 지역어가 서로 대응되는 말이다.

> 한국어(공통어) – 각도의 방언(지역어)
> 표준어(서울말, 인공어) – 일상어(구어, 자연어)

표준어는 인공언어이므로 매우 '특별한' 언어이다. 이는 서울 지역을 중심으로 수립된 말로 한 나라를 대표하는 언어이다. 사용하는 계층이 '교양 있는 사람'으로 한정되어 매우 부분적이다. 표준어가 '특별한' 언어라는 의미는 표준화된 언어이기 때문에 표준어, 표준발음, 표준화법 등을 새롭게 배워야 한다. 남측의 표준어에는 방언이 아주 일부만 포함되어 있으며,[2] 문어적인 성격을 띤다. 시와 소설과 같은 문예 작품, 논문과 같은 공식문에 많이 사용된다.

반면에 방언과 같은 '일상적' 언어는 일상대화에서 쓰는 구어체의 성격을 띠며 어린이부터 노인까지 사용하는 계층이 다양하다. 언어 사용이 매우 자연스러워 비어나 속어, 관용 표현 등이 자연스럽게 구사된다. 설화, 민요와 같은 구비문학에 많이 쓰인다.

문학어의 논의에서도 일상어의 논의는 매우 활발히 이야기되고 있다. 김흥수(2001)에서는 일상어가 삶의 현장에서 문학적 진실을 지향하면서

---

2) 북측의 문화어에는 방언이 포함되어 있어 표준어와 문화어를 선정하는 방식에서 남북 간에 많은 시각차가 존재한다.

고유함과 새로움을 주고 있다는 견해를 피력하고 있다.

> 일상어에 대한 새로운 인식은 문학어가 당연히 지향해야 할 고유함과 새로움을 더불어 겨냥하는 것으로서, 문학어가 일상어의 타성에 대해 긴장, 대립 부정의 위치에 있던 것을 뒤집어 문학어의 타성에 대해 일상어가 자극과 충격을 줄 수 있다고 보는 것이다. 문학적 진실을 지향하는 언어의 새로움이 언어상의 기교와 조작만으로는 얻어질 수 없고 삶의 현실에 대한 인식과 대응방식이 진전됨으로써 비로소 달성된다고 볼 때, 일상어는 삶과 밀착되고 직결되어 있기 때문에 문학어가 특수한 관습에 빠져 자족하는 것을 경계하면서 언어의 싸움이 삶의 현상을 떠날 수 없음을 상기시켜 준다 하겠다.(김흥수, 2001 : 292)

이 소설에서 다양한 어휘가 보여주는 일상어의 특징을 살펴보면 다음과 같다.

첫째, 지문에서 일상어로서 비어나 속어를 아주 자연스럽게 사용하고 있다. 국어사전에서 이 어휘를 비어나 속어로 처리하고 있는 태도는 지역에서 쓰는 방언이기 때문에 표준어와 비교하여 일방적으로 해설한 것이다. 그러나 방언의 관점에서 보면 비어나 속어는 일상생활에서 주로 쓰는 일상어를 쓰고 있는 것이다. '속되다'는 뜻은 '고상하지 못하고 천하다.' 또는 '평범하고 세속적이다.'는 의미를 갖는데 일상적으로 쓰는 말이라고 해서 통틀어 '속되다'고 말하는 것은 옳지 않다.

'늙다리'는 '늙은이'를 낮잡아 부르는 말이지만, '꼬맹이'는 '꼬마'를 낮잡아 부르는 말이 아니라 어린이를 친근하게 부르는 일상적인 말이다. 따라서 비어에 대한 개념을 지역과 서울을 대비하여 표준어와 대비되는 방언이나 일상어를 비어로 처리하는 태도는 바람직하지 않다.

• 늙다리<26> : '늙은이'를 낮잡아 이르는 말.

- 볼따구니<41> : '볼'을 낮잡아 이르는 말.
- 힘꼴<128> : '힘'을 낮잡아 이르는 말.
- 조동아리<178> : '입' 또는 '부리'를 낮잡아 이르는 말.
- 꼬맹이<207> : '꼬마'를 낮잡아 이르는 말.

비어나 속어의 기능은 직설적이고 원색적인 표현을 통하여 화자의 감정을 솔직히 드러내는 데 있다. 화자의 감정을 강조하거나, 모욕하거나 경멸하려는 의도, 비하하려는 의도, 속되게 표현하려는 의도 등 다양한 현상을 묘사하는 수단으로 이용하고 있다. 따라서 이러한 비어나 속어는 글에서는 보기 힘든, 매우 구어적인 어휘인 것이다.[3]

예를 들면 '소가지'는 전라도 방언인데 '소가지가 사납다, 소가지가 나다, 소가지를 내다'에서처럼 '심성'이란 뜻도 있지만 '부아'란 뜻도 있어서 '소가지'를 '고상하지 못하고 천하다.'는 뜻으로만 해석하기 어렵다. 이 작품에 나오는 어휘 중 국어사전에서 뜻풀이한 속어를 제시하면 다음과 같다.

- 소가지<47> : '심성(心性)'을 속되게 이르는 말.
- 똘마니<84> : 범죄 집단 따위의 조직에서 부림을 당하는 사람을 속되게 이르는 말.
- 소래기<87> : '소리'를 속되게 이르는 말.
- 대갈통<103> : '머리통'을 속되게 이르는 말.
- 마빡<105> : '이마'를 속되게 이르는 말.
- 코쭝배기<155> : '코'를 속되게 이르는 말.
- 똥창<164> : '큰창자'를 속되게 이르는 말.
- 개차반<173> : 개가 먹는 차반인 똥이라는 뜻으로, 언행이 몹시 더러운 사람을 속되게 이르는 말.

---

3) 학계에서 '비어'와 '속어'에 대한 깊이 있는 연구가 이루어지지 않고 있다. 그러나 일상 어인 '비어'와 '속어'는 대화에서 독특한 기능을 보이기 때문에 일상어의 관점에서 그 기능을 면밀히 연구해야 할 것이다.

- 뭉뚱어리<197> : '몸뚱이'를 속되게 이르는 말.
- 뱃구레<209> : 사람이나 짐승의 배 속을 속되게 이르는 말.
- 헌털뱅이<221> : '헌것'을 속되게 이르는 말.
- 눈치코치<256> : '눈치'를 강조하여 속되게 이르는 말.
- 알랑방귀<237> : 교묘한 말과 그럴듯한 행동으로 남의 비위를 맞추는 짓을 속되게 이르는 말.

둘째, 지문에서 당시에 유행하면서 시대를 반영하던 유행어를 일상적으로 쓰고 있다. '유비통신'은 '유언비어'를 말하고, '박통'은 '박정희 전대통령'을 말하며, '총각딱지'는 총각이 갖는 처녀성을 말한다. '빤쓰'는 '팬티'를 일컫는 당시의 외래어이다. 한 시대의 정서를 담고 있는 유행어를 있는 그대로 사용하여 그 시대의 삶의 모습을 자연스럽게 표현하고 있다.[4]

도라꾸<27>, 고대·빠마<27>, 아까징끼<39>, 히꼬끼<147>, 유비통신<264>, 박통<265>, 총각딱지<264>, 빤쓰<116>, 뿌르좌지<180>, 야소쟁이<210>, 쓰리허다, 쓰리꾼<243> 때깨칼<243>

셋째, 지문에서 표준어에 없는 개인이 만든 개인어를 자연스럽게 구사하고 있다. 그러나 이 개인어도 사실은 일상적으로 사용하는 지역의 언어이다.[5] '원수척지다'는 '서로 원한이 맺힌 사이가 되다.'는 뜻의 '원수(怨讐)지다'와 '서로 원한을 품어 반목하게 되다.'는 뜻의 '척(隻)지다'가 복

---

[4] 유행어에는 신조어도 있지만 특히 외래어인 신어가 많이 사용된다. 작품을 보면 시대를 보여주는 외래어가 많이 쓰이고 있다. 사전 편찬에 있어서 한 시대의 삶의 모습을 보여주는 유행어를 골라서 올리는 방안을 생각해야 할 것이다.

[5] 개인어는 음운론적 개인어, 형태론적 개인어, 통사론적 개인어, 화용론적 개인어 등 아주 다양하다. 작가가 작품의 성격에 맞게 사용하기 위해 만든 이러한 개인어에 대한 관심이 필요하다. 언어를 창조하는 작가의 개인어를 통하여 한국어의 규칙과 생산성을 확인할 수 있기 때문이다.

합된 복합어이다. '난리법석을 떨다'의 '난리법석'은 '난리를 떨다'와 '법석을 떨다'의 의미가 유사하기 때문에 만들어진 복합어이다. '요란빽적지근하다'는 '요란하다'와 '빽적지근하다'가 복합된 복합어이다.

> 기구절창한<11>, 웬수척진<14>, 난리법석을 떠는<25>, 말품팔이<27>, 귀뚜껑<27>, 온귀<31>, 캄캄일색이다<33>, 지팡몽둥이<37>, 똥국<60>, 타넘다<87>, 날이름<126>, 질겁잔망<130>, 무사무탈하다<149>, 날이날마다<153>, 굵혀나오다<157>, 요란빽적지근한<221>

넷째, 『소라단 가는 길』에는 너무나 일상적인 관용적 표현이 지문과 대화문에 많이 쓰여 구어적 특징을 잘 보여주고 있다. 국어의 관용적 표현은 구체적이고 특수한 사례를 진술하여 일반적이고 보편적인 의미를 유발하여 비유적이거나 함축적인 표현을 하려는 것이다. 따라서 작가들이 실제 의미보다 확대 또는 축소하여 효과를 극대화하기 위해 과장하거나, 말하고자 하는 내용과 정반대의 의미를 표현하기 위해 반어적으로 쓰기도 하고, 직접적인 표현을 피하고 간접적으로 완곡하게 표현하기 위하여 많이 사용한다(문금현, 1999 : 94 참조).

> 오줌 누고 뭣 내려다볼 틈도 없이<9>, 똥가래가 찢어지게 집안이 가난해서<15>, 기차 화통 삶아먹은 목청으로 <19>, 미남들이 지난겨울에 몽땅 다 얼어 죽었든갑다.<20>, 대관절 요게 말이여, 막걸리여?<20>, 거시기로 밤송이를 까라시면<25>, 여러분이 오랫동안 고대허고 빠마허시던 옛날 야그를<27>, 도야지 멱따는 소리<32>, 삼베바지에 방귀 새듯<55>, 입은 가로로 째졌어도 말만은 세로로 세워서 뱉기로 허자<55>, 장맛도깨비 여울목 건너가는 소리로<80>, 재주가 메주라서<94>, 무식이 특별휴가 떠나고 유식이 보초를 선 인물로<111>, 자고로 수캐는 앉었다 허면 뭣부텀 쪽 볼가지고 약장시는 어딜 가나 입만 벌어졌다 허면 약 선전에 고부라지는 벱이지.<116>, 이게 웬 떡이냐 싶어<122>, 사타

귀에서 딸랑딸랑 방울소리가 울리도록<122>, 호강에 잣쭉 쑤고 자빠졌
어<128>, 미제는 똥도 좋다는 사실을<138>, 왜들 조청 훔쳐먹은 벙어
리맨치로 촛대만 잡고 앉어 있는 거여?<141>, 오줌 누고 거시기 내려다
볼 틈도 없이<145>, 구정물 위에 동동 뜬 호박씨처럼<145>, 좆도 몰르
는 것이 붕알보고 탱자, 탱자, 헌다드니만<157>, 개천에서 용 난 격<160>,
똥마려운 강아지 몸짓으로<183>, 옛말에 안다니 똥파리라 허드니만
<205>, 무식이 영롱허니 만발헌 작자들을<205>, 염소가 물찌똥 깔기는
일만큼이나 보기 드문 사건이었다.<220>, 삶은 호박에 이빨도 안 들어
갈 터무니없는 소리<244>, 때빼고 광낸 모습<245>, 홍시 먹다 이빨 부
러뜨릴 맹랑한 소리<252>, 천생연분에 보리개떡이라고<257>

다섯째, 지문에서도 동네사람들이 함께 쓰던 비속어, 방언과 같은 일
상어가 과거를 연결하면서 재현해주는 언어로 사용되고 있다. 이러한 태
도는 일반적으로 독자를 작품의 현실에 끌어들이기 위하여, 독자로 하여
금 작가의 시점과 입장에 적극적으로 관여케 하기 위하여, 작중인물의
문제성을 강화하기 위하여 의도적으로 구사하고 있는 것으로 해석할 수
있다(김홍수, 2001 : 295 참조). 그러나 이 작품의 경우에는 지문과 대화문
을 일상어의 어법으로 구사하는 특징이 있다.

갑갑수<112>, 엉뚱깽뚱하게<121>, 대고대고<133>, 도둑방귀<135>,
바보천치<148>, 똥구녁<237>, 장시<237>, 시간템<238>, 쌔고쌘<238>,
삐까번쩍<245>, 지꾸로<245>, 혼꾸멍<247>, 짱짜란히<264>, 버꾸
<275>, 응뎅이<311>, 옘병헐<311>, 아닌밤중에<118>, 홰까닥<127>,
똑똑새<185>, 노상<38>, 소홀찮이<72>, 겁대가리<41>

여섯째, 대화문을 살펴보면 방언 어휘는 물론 방언의 조사와 어미들이
많이 보인다. 지문과 대화문의 방언 차이는 전혀 없다. 다만 지문에는
방언 어휘만이 쓰이고 대화문에서는 어휘는 물론, 조사와 어미들이 방언

형으로 쓰이고 있다. 문학 작품에서는 대화체를 활용하여 인물의 심리적, 정서적인 태도, 분위기와 정황 등을 반영하면서 극적 효과와 호소력을 높일 수 있다. 이때 일상어를 최대한 활용하여 서사적으로 묘사하면서 판소리나 이야기식 구연방식을 통해 문학적 효과를 높일 수 있는 것이다.

귀때기, 시방, 그러코롬, 코빼기, 쪼깨, 깝깝허다, 영판, 괭기찮다, 외려, 웃도리, 주뎅이, 똥구녁, 마느래, 숭내, 유명짜헌, 새똥빠지게, 시에미, 심들다, 에룹다, 섭헌, 씨월거리다, 따우가, 텍이 없다, 꾀죄죄허다, 에린 것, 똥가래가 찢어지다, 일찌가니, 거시기허다, 맥혀서, 에미맨치로, 질래, 여적지, 쌈박질, 유명짜헌, 바웃뎅이, 제아리다, 쌔려쥑일, 인삿갈, 심껏, 기버큼, 아자씨, 주뎅이, 만판, 개차반, 뽀치는, 군입정거리, 시르죽는, 솔낭구, 아자씨, 당달봉사, 괌질, 새깽이(새끼), 니기미, 꾀복쟁이, 제아리다, 양냥개부리다, 갱갱이(강경), 개구녁

3. 소설의 구성과 작가의 언어관

『소라단 가는 길』은 연작 소설로 11편의 단편으로 이루어져 있다. 일반적으로 소설의 지문은 표준어로 구사하는 것이 일반적인데, 이 소설에서는 지문에 방언, 속어, 유행어, 개인어 등과 같은 일상어가 아주 다양하게 구사되어 작가가 지문과 대화문에서 사용하는 어휘를 구별하지 않고 있음을 알 수 있다.

1. 귀향길 2. 묘지근처 3. 농림핵교 방죽 4. 큰남바우 철둑 5. 안압방 아자씨 6. 아이젠하워에게 보내는 멧돼지 7. 개비네 집 8. 소라단 가는 길 9. 역사는 밤에 이루어진다 10. 종탑 아래에서 11. 상경길

1편 「귀향길」과 11편 「상경길」은 이야기 전개 방식이 똑같고 의미상으로 대조를 이루도록 배열하고 있다. 이 두 편이 특징적인 것은 같은 작품 안에 있는 다른 단편과는 다르게 대화체와 지문을 따로 표시하지 않고 일상적인 말투로 정리하고 있으며 완전한 구어체를 쓰고 있다는 점이다. 이 두 편에서는 인용부호를 쓰지 않고 있는데 이러한 태도는 대화체와 지문으로 나뉘는 소설의 격식을 깨뜨리고 완전한 구어체의 세계를 표현하고자 하는 의도로 해석된다. 1편과 11편은 이야기를 주고받는 일상적인 담화로 되어 있어 구어적 특징을 그대로 보여주는 단편이다.

어, 한숨 늘어지게 잘 잤다. 어느 놈이 나무칼로 귀때기 싹뚝 끊어가도 몰르게 정신없이 곯아떨어졌었구만. 그런디 여그가 시방 어디쯤이지?
얼마 전에 옥산 휴게소를 지났어. 지금 회덕 인터체인지로 접근중이야.
의리없이 나 혼자만 자서 미안혀. 그런디 잠든 동안에 혹시 내 악기에서 뭔가 비정상적인 소음 같은 거라도 안 나오데? 예를 들어서 드르렁거린다든가, 빠드득거린다든가 허는……
색시처럼 아주 얌전하게 자던걸. 많이 피곤했던 모양이지? 옥산에서 십분간 휴식할 적에 깨울까 하다가 너무 깊이 잠든 것 같아서 그냥 뒀어.
<8>

2편 「묘지근처」는 어려웠던 시절의 기억으로부터 출발한다. 친구들의 별명, 6·25에 얽힌 기억, 할머니와 상이군인에 대한 기억이 방언을 매개로 생생하게 묘사되고 있다. 2편은 내용의 서두에 해당한다. 2편에서는 철부지 소년, 국민학교 입학생, 코흘리개로 되돌아가는 매개체가 바로 고향 사투리이다. 10편 「종탑 아래에서」는 작가가 회고하는 내용의 결말인데 종탑에 얽힌 추억을 이야기하고 있다. 여기서 종소리는 '새 삶을 열어가도록 이끄는 생명의 소리'(정호웅)를 의미하고 있어서 화해를 통하여 새 생명으로 나가는 작가의 인간관을 표현하고 있다.

3편 「농림핵교 방죽」부터 9편까지는 방언과 음의 변화를 이용한 제목이 사용되고 있어서 작가가 소설에서 일상적인 언어가 가지는 특징을 표현하려는 의도를 짐작할 수 있다. 3편 「농림핵교 방죽」은 방죽에 얽힌 은사님과의 추억을 회상하는 내용인데, 추억을 매개하는 매개체의 역할은 표준어가 아니라 방언이 그 역할을 하고 있는 것이다. 대화체나 지문에서 과거 사실에 관련된 어휘로 '핵교'를 많이 선택하고 있다. 특별히 고유명사로 '농림핵교'를 쓰고 있는데 이는 방언에서 가장 일반적인 음운 현상이 바로 '학교'가 '핵교'로 변하는 '움라우트(이모음역행동화)'이기 때문이다.

4편 「큰남바우 철둑」에서는 '바위'를 '바우'라는 방언으로 대치하여 쓰고 있다. 물론 고유명사인 '큰남바우'와 같이 굳어진 어휘에서 많이 나온다. 이것도 역시 일상적으로 굳어져 쓰인 방언을 일상어로 생각하고 구사한 것이다. 4편에서는 철둑에 얽힌 고향땅의 일화를 소개하면서 은어와 속어의 사용이 많고 일상어를 통한 과거의 사실적 회상이 두드러진다.

5편 「안압방 아자씨」의 '안압방'은 줄방귀, 도둑방귀를 자주 뀌던 아저씨를 말하는데 방귀 아흔 아홉 방을 뀐다고 해서 '아흔 아홉 방'이다. 이 말을 줄여서 '안압방'이라고 발음 나는 대로 쓰고 있다. '방귀'의 방언인 '방구'는 못 살던 시절의 추억을 떠올리게 하는 매체로 사용되고 있다. 또한 '아저씨'와 '아자씨'가 많이 쓰이는데, 고유명사인 「안압방 아자씨」는 어린 시절 늘 쓰던 말 그대로 제목을 붙인 것이어서 작가가 이 5편을 지극히 일상적인 이야기로 이끌어가려는 의도를 알 수 있다.

6편 「아이젠하워에게 보내는 멧돼지」에서 '멧돼지'는 '멧세지'를 풍자한 것이다. 유사한 발음인 't : s'의 발음을 이용하여 풍자한 것이다. '멧세지를 보내다'를 '멧돼지를 보내다'로 표현하면서 미국이 한국을 간섭하는 것을 '멧돼지'의 행위로 풍자한 것으로 해석된다.

7편 「개비네 집」은 김씨 성을 가진 김사장의 이름의 끝자 '갑'을 '갑이'로 발음할 때 '개비'로 나는 것에 따라 만든 제목이다. 이 또한 '움라우트(이모음역행동화)'와 관련된 가장 일상적인 발음을 인용한 것이다. 고무신이라는 매개체를 활용하여 이진원이와 개비네 딸 금옥이 누나와 얽힌 추억을 이야기하고 있다.

8편 「소라단 가는 길」의 '소라단'은 '송전내(松田內)'를 '솔밭안'이라고 부르는데 이를 소리 나는 대로 부르는 이름이다. 작가는 '소라단'이 근사하고 듣기 좋은 이름이라고 말하고 있다.

9편 「역사는 밤에 이루어진다」는 역사 아저씨에 관한 추억을 빗대어 표현한 제목이다. 사람의 이름과 관련된 사건을 가지고 패러디한 것이다. 9편에서는 타령이 실려 있는데 이는 구비문학적 특성을 보여주는 것으로 해석된다.

작가는 어린 시절에 얽힌 기억과 추억을 중심으로 소설을 전개하고 있으며 그 기억과 추억을 매개하는 언어로 방언, 유행어, 개인어와 같은 일상어를 사용하고 있다. 고향의 이야기를 그리고 있기 때문에 할머니, 아버지, 어머니, 누나, 형, 친구, 선생님 등 가족과 이웃과 관련된 이야기가 중심이 되어 있다.

윤흥길은 방언과 같은 일상어를 통하여 너무나 일상적인, 그래서 자유로웠던 고향을 재현하려는 노력을 기울이고 있다. 그 고향을 통하여 제도로부터 벗어나 짐을 벗고 안식을 얻고자 하는 노력을 하고 있다. 작가에게 방언은 표준어와 대립되는 언어가 아니라 고향과 같은 포근한 일상을 표현하는 일상어인 것이다.

윤흥길은 등장인물을 묘사하면서 작가의 언어관을 피력하고 있다. 작가는 고향을 떠나 서울에 사는 지역 사람들이 그간 서울말을 '흉내' 냈다고 보고 있다. 1편에서 고향이 가까워지면서 사투리를 많이 쓰고, 11편

에서는 서울이 가까워지면서 서울말 흉내를 많이 내고 있다고 말하고 있
다. '흉내'는 '남이 하는 말이나 행동을 그대로 옮기는 짓'을 말한다. 따라
서 서울말을 온전한 감정으로 말하는 것이 아니라 서울 사람들이 하는
말을 옮기고 있는 것으로 받아들이고 있다.

> 서울말 숭내에 아직도 빈틈없는 인철이 <10>
> 처세를 위해 나름대로 익혀 써먹어온 서울말 흉내 <26>
> 유독 하인철만은 서울말씨 흉내를 악착같이 고집하고 있었다. <146>
> 서울이 점점 가차워지면서 서울말 숭내는 점점 더 우심혀지고 있어.
> <309>

반면에 방언(사투리)은 걸쭉하고, 끈적끈적하고 쫄깃쫄깃하며, 웅덩이
같은 정겨운 고향의 말이라고 해석하고 있다. 기억을 생생하게 해주는
것이 바로 방언임을 이야기하고 있다. '고향이 부르는 소리'가 들리고 '고
향이 잡어댕기는 심(힘)'으로 고향 사투리를 많이 쓰고 있다고 보고 있다.

> 아까 저 앞자리에서 걸쭉한 사투리 입담으로 재미있게 <10>
> 서울 것들 틈새에서 주눅이 들어 맥을 못 추던 사투리란 놈이 <10>
> 고향땅이 차츰 가까워올시락 사투리도 점점 더 우심혀지는 것 같다.
> <10>
> 그 친구 사투리는 유난히 더 끈적끈적하고 쫄깃쫄깃한 것같이 들린다.
> <19>
> 소싯적에 놀던 웅덩이 같은 고향 사투리 <26>
> 당시의 기억이 아직도 생생하다는 듯 여럿이서 번차례로 상이군인들
> 행패를 입길에 올렸다. <47>
> 그 동심의 세계로 되돌아가 정겨운 고향 사투리를 마구잡이로 깔겨대
> 는 <145>
> 논산을 지난 뒤부터 고향 사투리가 갑자기 부쩍 더 심해졌어!

　　　당연허지. 고향이 불르는 소리가 아까보담 휘긴 더 가찹게 들리기 시
　　작헌 탓일 거여. 시방 저 친구들은 고향이 마구잽이로 잡어댕기는 심에
　　꼼짝없이 끌려가고 있는 중이여. <19>

　작가는 '농림학교'와 '농림핵교'의 차이를 말하면서 '농림핵교'라고 말해
야만 비로소 학교 모습을 떠올릴 수 있다고 말하고 있다. 이것이 바로
방언 어휘가 갖는 정서적 의미이다. 방죽이란 단어가 갖는 표준어 용법
과 사투리 용법이 서로 다름을 지적하고 있어서 작가가 방언이 갖는 표
현적, 정서적 의미를 완전히 이해하고 있음을 볼 수 있다.
　방언은 지역의 여러 특징을 기반으로 생성된 언어이기 때문에 방언에
는 그 지역의 오래되고 다양한 문화, 전통, 역사가 살아 숨 쉬고 있고,
그 지역 사람들의 독특한 정서가 깊이 배어 있다. 따라서 방언은 그 당
시의 상황이 배어 있는 말이기 때문에 작가는 이러한 효과를 얻기 위하
여 방언을 사용한다(이태영, 2004ㄷ 참조).

　　　오랜 세월에 걸쳐 그의 추억 안에 똬리를 틀고 있는 것은 농림학교가
　　아니라 농림핵교였다. 농림학교라 하면 어쩐지 농림학교처럼 느껴지지가
　　않았다. 농림핵교라 부를 때 잠자고 있던 농림학교는 그의 추억 속에서
　　퍼뜩 깨어나 능구렁이처럼 서리서리 감고 있던 똬리를 풀면서 비로소 제
　　대로 된 학교 모습을 갖추기 시작하는 것이다. <52>

　평론가 정호웅은 이 작품의 해설에서 '지난 시절 겪었던 일들, 느낌들
의 구체적 실재는 그 경험 현장에서 사용되었던 언어, 곧 사투리를 통해
서만 온전히 되살아날 수 있는 것'이라고 말하고, 그러므로 방언은 '과거
를 불러내는 주술의 언어'이며, '과거 속으로 길을 여는 열쇠'라고 말하고
있다.

　김치수(1983)는 『장마』에서 외할머니가 구렁이와 대화를 나눌 때 이 대화의 언어는 일종의 주술적인 언어로 보고, 이 주술적인 언어는 동일한 믿음을 갖고 있는 사람에게만 감동적이라고 말하고, 그 두 노인의 밑바닥에 깔려 있는 정서는 토속적인 동질성을 띠고 있어서 감정적인 대립을 해소할 수 있는 통로 역할을 하는 것으로 해석하고 있다.

　작가는 작중 인물인 하인철을 등장시켜서 작가의 언어관을 피력하고 있다. 하인철은 기억하기 싫은 고향의 추억 때문에 서울말을 고집하는 인물이다. 그러나 나이가 들어 고향을 방문하면서 고향과 화해를 하고 서울말 흉내를 버리고 고향의 사투리를 쓰기 시작하는 인물로 설정하고 있다. 이러한 주요 인물의 설정은 작가의 언어관을 반영한 것으로 보인다.

　　유독 하인철만은 서울말씨 흉내를 악착같이 고집하고 있었다. <145>
　　화해가 절반쯤만 이뤄졌다고 할까…… <299>
　　어느 순간부텀 너는 갑째기 서울말 숭내를 버리고 고향 사투리를 주절주절 입에 달기 시작헌 거여. <309>
　　고백을 다 마치고 나니깨 그동안 내 인생을 짓누르던 바웃뎅이 같은 짐을 벗어딘진 기분이여. <309>

　대명사 중 '우리'를 아주 많이 쓰고 있는데 이것은 작가가 추구하는 공동체 의식을 보여주려는 어휘로 판단된다. 작가들이 방언을 사용하는 중요한 이유 중의 하나는 전통적으로 이어져 온 말을 계속 사용하여 정서적 안정감을 얻고 '우리'라고 하는 공동체 의식 속에서 정체성을 얻고자 하는 것인데 윤흥길이 자주 사용하는 대명사 '우리'도 이와 관련된다고 하겠다.

놀다가 저녁을 먹고 가라는 내 청을 그는 단호하게 뿌리쳤다. 저녁밥은 '우리집'에도 있다는 것이 거절의 이유였다. 보육원과 원생들을 가리킬 때마다 언필칭 우리집, 우리 동생들이라 불러 버릇하는 그의 이상한 말투가 몹시 귀에 설게 느껴졌다. 먹어도 먹어도 허기가 진다는 그 보육원 밥을 찾아 당당한 걸음걸이로 '우리집'을 향해 떠나는 그의 의젓한 뒷모습을 지켜보며 나는 갑자기 형제애 비슷한 감정에 사로잡혔다. 힘없는 아우가 힘센 형을 대할 경우에나 느낄 법한, 왠지 모르게 든든한 감정이었다. <209>

작가 윤흥길이 『소라단 가는 길』에서 보여주고 있는 언어 사실은 방언을 사용하는 작가들과는 상당히 다르다. 일반적으로 방언을 사용하는 작가들은 표준어와 방언을 주로 사용하여 지문에서는 표준어를, 대화문에서는 방언을 사용하는 특징을 보인다. 물론 채만식, 최명희의 경우에는 지문에서도 많은 방언을 사용한다.

작가는 표준어를, 제도화된 언어이며 아주 특별한 언어로 규정한다. 반면에 자유로운 언어로 방언, 유행어, 비속어, 개인어 등과 같은 일상어를 제시한다.[6]

4. 윤흥길 문체의 구비문학적 특성

옛날이야기를 할 때 화자는 청자가 흥미를 느끼게끔 깁고 보태면서 이야기를 이끌어가야 한다. 옛날이야기를 말하는 화자의 말은 청자가 이해하기 쉬운 말이어야 한다. 바로 그 말은 일차적으로 화자가 어려서부터

---

[6] 『소라단 가는 길』이 보여주는 이러한 태도는 이제까지의 방언에 대한 개념을 다시 한 번 생각하게 하는 아주 중요한 태도이다. 곧 표준어의 입장에서 일상어를 해석하는 우리의 태도를 다시 한 번 생각하게 하는 대목이다.

익혀온 자기 지역의 방언이다. 적어도 수십 년간 갈고 닦아온 말, 그 속에 온갖 경험과 추억과 애환이 서려있는 말, 그 말을 통해서만이 내용을 매개체로 온갖 세상으로 넘나들면서 이야기를 나눌 수 있을 것이다.[7)]

옛날이야기는 말의 특징과 밀접히 관련되어 있다. 옛날이야기를 예로 들어 보자.

> 그전이 한 사람이 소금장시를 허는디, 에- 그전이 소금장시는 물목작대기라고 여케 지기 둥그리다 이렇게 괴고 쉬는 짝대기가 있어요. 그걸 물목작대기라고 허는디, 그 소금짐을 지고 어디만큼을 가닌게, 공동산에서 백여시가 나오디만은 복지게 하나를 대글박으다 썼다 벗었다 한 서너번 허더니만은, 아- 그냥 사람이 되야서 나와요. 둔갑을 히서. 이케. 저놈을 어디로 가는고 허고 그 영감을 인제 그 사람을 인제 종종 따러 갔던 말여. 따러 가닌게, 아 혼대사를 치루는 집으로 들어가는디, 아 그 집안 인제 그 외삼춘이 되야서 둔갑히가지고 이놈이 아랫묵으서 앉어서 술을 눈꼽째기 따닥따닥 쩌가지고 걸으케 히갖고 이냥 술을 잔뜩 먹고 이놈이 가도 안혀. 가들 안혀. <전북정주시1편, 정주1, 26>

> 따지고 보면 떡 먹덧기 쉽고 간단헌 인생이란 애시당초 이 세상에 존재헐 수조차 없는 벱이지. 사람이면 누구나 다 나름대로 문제를 끼고 고민을 안고 애로를 없고 살아가게끔 마련이여. 시방 요 관광뻐쓰에 타고 있는 우리 동창들만 허드라도 저마다 다 심들고 에룹게, 그러면서도 열심히 자기 인생 자기가 손수 운전허고 살어온 친구들이여. 그렇기 땜시 열에 일고야닯 정도는 자기 인생이야말로 진짜 대하소설감이다, 외려 소설보담도 더 극적인 드라마다, 허고들 자부허는 축이지. 어, 유성 나들목을 지나가는 중이네. 유성 근처를 지나갈 적마다 완전군장을 허고 신병훈련을 받던 젊은 시절 내 모습이 머릿속에서 활동사진으로 뱅글뱅글 돌아가. <윤흥길, 소라단 가는 길, 2003, 12>

---

7) 윤흥길의 소설 『장마』에서는 외할머니가 구렁이와 대화는 나누는 장면이 나온다. 이는 구비문학에서 보여주는 이야기 방식과 같은 내용이다.

위에 제시된 전라북도의 설화와 『소라단 가는 길』의 한 단락을 비교해 보면 거의 같은 형식을 띠고 있는 것을 알 수 있다.

『소라단 가는 길』은 구비문학적 특성을 가진 소설이다. 지극히 일상적인 언어를 통해 과거의 경험을 있는 그대로 이야기한다. 전혀 꾸밈이 없다. 어려운 한자어가 거의 없고 아주 일상적인 기본 어휘가 많아 화자와 청자가 쉽게 하나가 될 수 있다.

『소라단 가는 길』이 보여주는 구비문학적 특징 중의 하나는 이야기 안에 민요처럼 평소에 많이 부르던 노랫가락이나 흥타령이 들어 있다.

> 자아, 엿이 왔어요, 엿이 왔어. 말만 잘허면은 개나 걸이나 공짜로 먹어요, 공짜로 먹어. 자아, 엿들 사. 둘이 먹다가 싯이 죽어도 책음 못 지는 엿들 사. 맛 좋고 꾸리 같은 호박엿, 강냉이엿, 콩엿, 찹쌀엿, 가락엿, 뭉텡이엿, 토막엿, 갱엿…… <236>
>
> 엿들 사, 개똥이도 쇠똥이도 다 나와서 엿들 사, 뭣이든지 다 갖고 와 엿들 사, 고무신짝 운동화짝 지까다비짝 떨어러러진 것, 내오간에 쌈허다가 요강단지 찌그르르러진 것, 고부간에 쌈허다가 머리끄뎅이 뜯으드드긴 것, 동세찌리 쌈허다가 인둣자락 뿌르르르러진 것, 시아바지 방구질에 모시바지 삼베바지 빵꾸꾸꾸난 것…… <237>
>
> 그래서 창고 아이들은 낮곁이면 봉자 뒤를 그악스레 좇아다니며, 과자장시 똥구녁은 바삭바삭, 뚜부장시 똥구녁은 물컹물컹, 지름장시 똥구녁은 미끌미끌, 엿장시 똥구녁은 찐득찐득, 하고 입을 모아 놀려대다가도 저녁때만 되면 봉자에게 좀더 잘 보이려고 서로 앞다투어 알랑방귀를 뀌어대곤 했다. <237>

옛날이야기는 말로 하는 소설이다. 완판본, 경판본 고소설, 활자본 고소설, 근대소설, 현대소설로 이어지는 소설사에 있어서 가장 근본에 서 있는 소설의 원형이라 할 수 있다.

이 옛날이야기는 우리말의 고유한 리듬을 가지고 있다. 한글 고전소설인 『춘향전』, 『심청전』, 『홍길동전』, 『소대성전』, 『조웅전』 등을 읽어보면 나름대로 우리 고유의 리듬을 갖고 있음을 알 수 있다. 『임꺽정』을 읽어보면 구비문학이 보여주는 리듬을 갖고 있음을 알 수 있다. 이 리듬은 단순히 음절수에 의한 운율만을 이야기하는 것이 아니다. 어휘와 의미와 발음과 음률이 조화되어 이루어진 우리식의 이야기 양식을 말하는 것이다. 말이 가지는 오랫동안 전해 내려온 고유의 호흡, 이 호흡이 구비문학 속에 깔려 있다. 그 호흡이 우리를 이야기에 가까이 다가갈 수 있게 만드는 가장 중요한 요소 중의 하나이다.

설화에는 이야기를 전개하기 위해서 생각하는 시간을 벌거나 뜸을 들이기 위해서 군말과 담화상의 화용적인 기능을 하는 언어 요소가 많은 것이 특징이다. 일반적으로는 옛날에 들은 이야기이기 때문에 간접 화법을 많이 쓰지만, 경우에 따라서 본인이 겪은 일이 아니라도 실감나게 전하기 위하여 마치 자기가 한 것처럼 직접 화법을 구사한다. '거시기하다, 그리하다'와 같은 대용언과 애매한 표현들이 많이 등장한다. 이것은 오히려 청자들에게는 상상력을 증대시키는 효과를 가져온다. 성적인 어휘는 금기시하고 대신 비속어가 많다. 흔히 쓰는 '놈, 년' 등의 표현을 통하여 청자들은 카타르시스를 느끼기도 한다. 의성, 의태어가 많은 것은 이야기를 사실감 있게 하기 위해서, 묘사를 실감나게 하다보면 자연히 구체적인 소리와 모습을 표현해야 하기 때문이다(이태영, 2004ㄷ 참조).

방언을 포함한 일상어로 행해지는 말은 비교적 장황하게 말을 하고, 바로 전에 말한 것을 자꾸 되풀이하게 되는데, 오히려 이러한 장황스런 말투가 화자와 청자에게는 자연스럽게 말하고 듣고 생각하게 하는 특징을 갖는다. 말은 사람의 생활세계에 매우 밀착해 있기 때문에 구체적이면서 현실 상황에 의존하는 경우가 많다. 따라서 말은 감정이입적이거나 참여적인 특징을 갖는다. 말을 통해서 대상과 밀접하게 관여하여 감정이

전달되고, 서로 공유하면서 화자와 청자가 서로 일체가 된다. 즉 '대상과 하나가 된다'는 것이다(이기우·임명진 역, 1995 참조).

5. 『소라단 가는 길』의 '고향'과 일상어[8)]

고향은 부모가 자기를 낳아준 땅이며, 자란 곳이기 때문에 어머니의 품과 같이 따뜻하며 편안한 곳이다. 고향은 조상 대대로 살아온 곳이기에 민속, 역사와 같은 공동의 경험을 통하여 공동체적 문화를 공유하면서 개인과 우리의 정체성을 확립한 곳이다. 고향은 마음속에 깊이 간직한 그립고 정든 곳이기에 어려운 현실과 대조될 때마다 개인이 다시 돌아가서 쉬고 싶은 이상향과 같은 곳이다.

윤홍길의 고향은 '어린 시절 보물을 묻어둔 곳'이고 '목마르고 힘들 때 물을 주는 보물'과 같은 곳이다. 고향은 짐을 벗어던질 수 있는 편안한 곳이고 화해를 할 수 있는 곳이다. 윤홍길의 소설에서는 '할머니, 어머니, 아버지, 형, 누나'가 등장하면서 의지할 수 있는 대상, 고향과 같은 존재로서 활용되고 있다. '우리'라는 대명사를 아주 많이 사용하면서 정서적 동질감을 통한 공동체적 정체성을 확인하려는 태도를 엿볼 수 있다.[9)]

---

8) 김홍수(2001 : 290)는 문학작품의 언어는 문학의 논리 속에서 그 기능과 가치가 검토되어야 하고, 작가·작품의 방언에 대한 논의가 방언 요소의 관찰과 확인에 그치지 않고 그 문학성의 해석과 평가에까지 이르러야 한다고 지적하였다. 그러나 이 문제는 문학과 언어학 연구자가 공동으로 논의하지 않고는 매우 어려운 실정에 있다.

9) 최명희가 『혼불』을 쓴 것은 '피폐한 현대인들의 떠돌이 정서에 한 점 본질적인 고향의 불빛을 전하기 위한' 것이었다. '떠돌이 정서'는 바로 한국인의 정체성을 찾지 못하고 방황하는 이 시대의 한국인들이 갖는 불안정한 정서를 말하는 것이다. 이런 사람들에게 모국어를 통하여 우리 문화와 우리 자연의 아름다움을 전하여 한국인으로서 안정된 정서를 갖도록 해 주려는 의도가 있음을 알 수 있다.

나도 잘 몰라. 고향땅에 묻어두었던 어린시절 보물들을 다시 파낼 수 있었던 하룻밤 우연 덕분에 수면제를 대신 땅속에 파묻고 싶은 마음이 들었던 것 같기도 허고……

형체도 없고 돈으로 바꿀 수도 없는 그 꾀죄죄헌 보물들이 과연 니 인생에 무신 의미를 보탤 수 있을까?

무신 소리! 너한티는 꾀죄죄헌 퇴물에 지나지 않을지 몰라도 나한티는 눈앞이 캄캄헐 적에 빛을 주고 갈급헐 적에 물을 주고 기진맥진헐 적에 기운을 주는 마법상자 같은 보물이여. <309>

오랜만에 니 마음이 고향을 되찾은 것을 진심으로 환영헌다.

고백을 다 마치고 나니께 그동안 내 인생을 짓누르던 바웃뎅이 같은 짐을 벗어던진 기분이여.

인제는 족쇄가 풀려서 훨훨 널러갈 것같이 홀가분헌 기분이 들어. 가면을 쓰고 사는 동안에는 넘들한티 숨겨야 헐 것들이 속에 징건히 고여 있어서 누워도 괴롭고 일어나도 괴롭고 노상 불편허기만 혔는디 인제는 십년 묵은 체증이 싹 풀린 것 같어. <310>

역사 문화적으로 전승되어온 가치를 계승하지 못한 삶을 살고 있는 현대인들은 자아와 세계로부터 소외감을 느낀다. 정체성을 상실한 삶은 삶의 의의와 가치를 잃어버리고 공허한 세계에 빠지게 된다. 세계와 자아의 동일화를 지향하는 우리는 전통의 세계와 만남으로써 정서적 안정감과 균형잡힌 시선을 갖게 된다.[10]

작가들이 방언을 사용하는 중요한 이유 중의 하나는 전통적으로 이어져 온 말을 계속 사용하여 정서적 안정감을 얻고 '우리'라고 하는 공동체 의식 속에서 정체성을 얻고자 하는 것이다.

---

10) 장창영(2002 : 43)에서는 시에서의 방언 사용은 시인 개인 문제에 국한되지 않고, 지역 문화의 반영과 생활에 기초한 지역 정체성의 확보라는 의미까지를 포함한다고 말하고 있다.

표준어만을 강조하게 되면 지역문화인 방언을 상실하게 되고 방언이 소멸되면 방언으로 대변되는 고향을 상실하게 되며 결과적으로 자기를 지지하고 있던 정신적인 지주인 고향이 상실되면서 지역 정체성은 물론 개인의 정체성이 상실되는 결과가 발생한다. 반면에 고향의 말을 쓰게 되면 전통과 문화와 역사가 깃들인 지역의 문화를 찾게 되고 자연적으로 고향의 여러 면에 관심을 갖게 되면서 개인의 정체성을 찾아가게 된다.

윤흥길은 고향과의 화해를 통하여 새로운 삶의 길을 모색하려고 노력한다. 고향과 관련해서 일어났던 불행했던 과거를 조상과의 화해, 친구들과의 화해, 모든 기억들과의 화해를 통하여 사랑으로 감싸려고 노력한다. 화해에 동원되는 언어는 일상적인 언어이다.

윤흥길은 『소라단 가는 길』에서 '작가의 말'을 통해 다음과 같이 이야기하고 있다.

> 반세기 가까이 내 내부의 감옥 안에 갇힌 채 무기징역을 사는 것들이 있었다. 6·25를 전후한 어린시절의 기억들이다. 오랜 세월에 걸쳐 그 녀석들은 나에게, 자유를 달라고, 밝고 넓은 세상을 마음껏 활보하고 싶다고 무던히도 집요하게 탄원을 벌여왔다. (중략)
> 내게 중요한 것은 녀석들을 방면함으로써 오히려 나 자신이 자유로워졌다는 사실이다. 그렇다. 나는 시방 내 마음이 무기징역에서 풀려난 것처럼 상당한 자유를 느낀다.
> 자다가 얻은 떡처럼 늙마에 선물로 얻은 이 자유를 활용해서 내가 장차 무슨 일을 해야 할 것인지는 좀더 시간을 두고 찬찬히 생각해봐야겠다.

작가의 말에서 언급한 자유는 기억에 대한 해방이기도 하지만 말에 대한 해방이기도 하다. 표준어에 갇혀 살았던 억압된 세월에서 어린 시절을 기억함으로써 방언과 같은 일상어로 해방되는 과정을 묘사하고 있는 소설이다. 경험을 통해서 적어도 수십 년간 갈고 닦아온 말, 그 속에 온갖 경험과 추억과 애환이 서려있는 말, 그 말을 통해서만이 이야기를 매개체로 온갖 기억의 세상으로 넘나들 수 있기 때문이다.

이 작품에서 작가가 추구한 언어는 일상어들이다. 일상어는 특별히 어떤 말을 쓸 것인지 생각하지 않고 그냥 입에서 나오는 대로 쓰는 것이다. 말하기 쉽고 이해하기 편한 말을 쓰는 것이다. 격식을 차리지 않고 표준과 형식에서 벗어나서 늘 쓰는 말을 쓰면서 자유로워지는 것이다. 작가가 쓰는 일상어는 조상 대대로 써오면서 문화와 역사가 깃들인 방언, '속된 말'로 다루어져 온 비속어, 한 시대를 대변하면서 유행하던 유행어, 개인이 감각적으로 만들어 쓴 개인어, 대중들이 자주 쓰던 관용적 표현 등이다.

이러한 일상어는 작품에서 일상의 모습을 매우 사실적으로 재현해 낸다. 작가는 어린 시절 써온 자유로운 일상어를 통하여 틀에 박힌 제도에서 벗어나고자 노력한다. 정서적 동질성과 믿음을 바탕으로 이루어진 방언과 같은 일상어를 통해 화해를 추구하면서 고향을 되찾고자 노력하고 있다.

6. 결론

윤흥길의 『소라단 가는 길』은 문화적 전통과 역사적 전통으로 만들어진 방언과, 거침없이 표현해야 할 때 꼭 필요한 속어와 비속어, 한 시대의 삶의 모습을 보여주는 유행어, 마땅한 표현이 없거나 강조하고자 할 때 만들어 쓰는 개인어, 여러 가지 말을 하나의 문장으로 응축하여 표현하는 관용적 표현 등과 같은 일상어로 쓰인 소설이다.

윤흥길은 표준어에 대해 강한 거부감을 표시한다. 그것은 인공 언어로서 '특별한' 언어인 표준어에 대한 구속감을 갖고 제도 안에서 살아온 지난날에 대한 회한과 같은 것이다. 이 소설을 통하여 작가는 '일상적' 언어로 돌아가고자 시도한다. 일상적 언어야말로 내 감정을 솔직히 드러내고, 고향과 같은 정서적 안정감을 얻으며, 모든 사람들과 한 덩어리가 되어 개인과 우리가 갖는 정체성을 얻을 수 있기 때문이다.

『소라단 가는 길』의 언어적 특징은 바로 이 일상어의 자유로운 구사에 있다. 작가가 일상어를 통해 추구하려는 방향은 자유와 화해, 그리고 고향 찾기이다.

참고문헌

김치수(1983),「윤홍길의 세 작품」,『제3세대한국문학』 4집, 삼성출판사.

김태준(2005),「근대의 심상공간으로서 고향」,『제25차 한국문학 국제학술회의 발표초록』, 1-27쪽.

김홍수(2001),「소설의 방언에 대하여」,『문학과 방언』에 재수록, 역락, 287-309쪽.

문금현(1999),『국어의 관용 표현 연구』, 국어학총서 34, 태학사.

윤홍길(2003),『소라단 가는 길』, 창비.

이기우·임명진 역(1995),『구술문화와 문자문화(월터J.옹 지음)』, 문예출판사.

이태영(2000),『전라도 방언과 문화 이야기』, 신아출판사.

이태영(2004ㄱ),「『혼불』에 쓰인 방언의 기능과 등장인물의 성격」,『혼불의 언어세계』, 혼불학술총서2, 293-340쪽.

이태영(2004ㄴ),「문학 작품과 방언 연구」,『한국어학』 25호, 89-120쪽.

이태영(2004ㄷ),「문학 작품에 나타난 방언의 기능」,『어문론총』 41호, 21-55쪽.

장창영(2002),「서정주 시 연구」, 전북대 대학원 박사학위논문.

한국정신문화연구원(1987),『한국구비문학대계』 5-5(정주시·정읍군편1).

제 2 부

방언 자료와 활용

제3장 ▌방언 말뭉치의 전산화와 활용

1. 서론

방언은 일차적인 의사 전달 및 표현의 수단이기 때문에 가장 중요한 문화적인 매개체이다. 따라서 지역 방언 연구는 한 나라의 언어를 풍부하게 하는 매우 중요한 연구이고 한 지역의 문화 연구와 밀접한 관련을 맺고 있다. 더욱이 국어의 역사를 연구하는 데 매우 중요한 자료가 되고 있다.

21세기 정보·문화의 시대를 맞이하여 지역에서 문화에 대한 관심이 확대되면서 국민들이 방언을 지역문화의 하나로 인식하게 되었다. 따라서 최근 방언에 대한 일반적인 인식은 크게 향상되었다. 반면에 방언학에 대한 국어학계의 관심은 전보다 훨씬 희박하여 방언을 대상으로 쓴 논문이 줄어들고, 지역에서 방언학을 전공하는 학생들이 많지 않은 실정이다. 방언학을 국어학의 중요한 영역으로 인식했던 7·80년대와는 너무나 다른 인식 태도를 보이고 있다.

정보화 시대를 맞이하여 국어학의 다른 영역들은 매우 빠르게 변하고 있다. 일단 시대 변화를 수용하여 말뭉치를 구축하고 그에 맞는 프로그램을 개발하여 정밀한 연구를 위한 준비에 몰두하고 있다.

그러나 방언학계는 이런 시대적인 요청에 대응하지 못하고 있는 실정이다. 무엇보다도 전산화가 매우 어려운 실정에 있다. 그것은 방언이 각 지역의 언어이기 때문에 국어학의 다른 영역에 비하여 많은 노력과 비용이 들기 때문이다.

다행스럽게도, 최근에는 표준어 정책과 더불어 방언에 대한 정책적인 관심이 높아지고 있다. 특히 21세기 세종계획에서는 이미 '한국 방언 검색 프로그램'을 작성하기 위하여 남한방언 검색 프로그램, 북한 방언 검색 프로그램, 해외 방언 검색 프로그램을 만든 바가 있다. 또한 국립국어연구원에서도 예산을 책정하여 방언에 대한 사업을 하려고 하고 있다.

디지털 시대를 맞이하여 음성에 대한 인식이 높아지면서 실험음성학적인 측면에서도 학제간 연구가 이루어지고 있다. 정보화 시대를 맞이하여 음성 언어 자료의 중요성이 새롭게 제기되고 있어서 방언 연구에도 큰 도움을 줄 것으로 기대하고 있다.

이런 기회에 방언 연구도 방언을 담은 텍스트와 음성 말뭉치를 체계적으로 구축하고, 방언을 검색하는 효율적인 프로그램을 개발하여 새롭게 도약하는 계기로 삼아야 할 것이다.

이 연구에서는 이제까지 구축된 방언 말뭉치의 전산화 현황과 그 말뭉치를 활용하는 방법 등을 논의하고자 한다.[1]

---

1) 곽충구(2002) 교수는 「방언 연구와 정보화」란 논문을 통하여 방언 연구 자료와 연구 태도에 대하여 자세히 언급하고 있으며, 특히 북한과 해외 방언 자료까지를 상세히 검토하고 있다. 자료 사용의 문제점과 최근의 방언 연구 현황에 대해서는 이 논문을 참고하기 바란다.

2. 입력한 방언 말뭉치

우리나라에서 구축된 국어 말뭉치는 거의 대부분이 원시 말뭉치이다. 방언 말뭉치도 원시 말뭉치로 구축되어 있고, 대부분 어휘 말뭉치가 구축되고 있다. 이런 현상은 방언 연구자 중에 음성학과 음운론 분야를 연구하는 연구자가 많기 때문이다.[2]

특히 방언 자료의 대부분이 한글로 전사한 자료이다. 음성 기호로 전사한 경우에도 컴퓨터 처리를 하기 위해서는 한글로 다시 전사하여 이용하고 있다. 따라서 정밀한 연구를 위해서는 음성 기호와 한글 전사를 병행하는 방법을 강구해야 할 것이다.

1) 남한 방언 자료

(1) 한국구비문학대계

한국정신문화연구원에서 발행한 『한국구비문학대계』는 총 85권으로 된 책으로 1980년부터 1992년까지 전국 60개 시·군에서 설화, 민요 등을 조사한 책이다. 원 발음을 비교적 충실히 기록한 책으로 어문학적인 가치를 가지고 있다. 현재 21세기 세종계획에서 부분적으로 입력하여 공개하고 있고, 한국학중앙연구원 홈페이지에서 음성 정보를 제공하고 있다.

한국학중앙연구원에 설치된 한국학전자도서관에서는 고문헌 원문을 이미지로 서비스하고 있으며 『한국구비문학대계』를 발간하는 데 이용된 녹취 테이프 1,500개를 원음 그대로 제공하고 있다.

---

2) 방언 말뭉치 구축에 있어서 구문 분석을 위한 문장 말뭉치가 구축되어야 한다. 음성 인식이 중요한 과제로 떠오른 지금 문장 말뭉치의 필요성이 절실히 요구되는 시기이다. 방언 문법을 전공하는 연구자들이 이 점을 유의해야 할 것이다.

이 말뭉치는 비록 옛날 이야기를 주로 한 말뭉치이긴 하지만, 현재로 서는 가장 효율적인 방언 말뭉치로 평가된다.

(2) 한국방언자료집

한국정신문화연구원에서 발행한 『한국방언자료집』은 총 9권으로 되어 있다. '21세기 세종계획'을 수행하기 위하여 입력하였다. 이 자료는 어휘 를 입력한 자료로 음운 연구와 어휘 연구에 사용할 수 있다.

- 한국정신문화연구원(1987), 『한국방언자료집 3(충북 편)』
- 한국정신문화연구원(1987), 『한국방언자료집 5(전북 편)』
- 한국정신문화연구원(1989), 『한국방언자료집 7(경북 편)』
- 한국정신문화연구원(1990), 『한국방언자료집 2(강원도 편)』
- 한국정신문화연구원(1990), 『한국방언자료집 4(충남 편)』
- 한국정신문화연구원(1991), 『한국방언자료집 6(전남 편)』
- 한국정신문화연구원(1993), 『한국방언자료집 8(경남 편)』
- 한국정신문화연구원(1995), 『한국방언자료집 1(경기도 편)』
- 한국정신문화연구원(1995), 『한국방언자료집 9(제주 편)』

(3) 민중자서전

'뿌리 깊은 나무'에서 출판한 총 20권으로 된 책이다. 여러 지역의 방 언 화자의 구술을 채집한 자료로 현재 '국립국어연구원'에서 입력하였다. 일부를 예로 제시하면 다음과 같다.

- 전동례(구술)·김원석(편집), 1992년, "두렁 바위에 흐르는 눈물", 뿌 리깊은나무『민중자서전 1』, 제암리 학살 사건의 증인 전 동례의 한 평생, 뿌리깊은 나무
- 배희한(구술)·이상룡(편집), 1992, "이제 이 조선톱에도 녹이 슬었 네", 뿌리깊은 나무『민중자서전 2』, 조선목수 배희한의 한평생, 뿌

리깊은나무

- 신기남(구술) · 김명곤(편집), 1992, "어떻게 허먼 똑똑헌 제자 한놈 두고 죽을꼬?", 뿌리깊은나무『민중자서전 3』, 임실 "설장구잽이" 신기남의 한평생, 뿌리깊은 나무
- 이규숙(구술) · 김연옥(편집), 1992, 이 "계동 마님"이 먹은 여든살, 뿌리깊은나무『민중자서전 4』, 반가 며느리 이 규숙의 한평생, 뿌리깊은나무
- 유진룡(구술) · 김택춘(편집), 1992, "장돌뱅이 돈이 왜 구린지 알어?", 뿌리깊은나무『민중자서전 5』, 마지막 보부상 유진룡의 한평생, 뿌리깊은나무
- 김점호(구술) · 윤시주(편집), 1992, "베도 숱한 베 짜고 밭도 숱한 밭 메고", 뿌리깊은나무『민중자서전 6』, 안동포 "길쌈 아낙" 김점호의 한평생, 뿌리깊은나무
- 박나섭(구술) · 오현주(편집), 1992, "나 죽으믄 이걸로 끄쳐 버리지", 뿌리깊은나무『민중자서전 7』, 남도 전통 "옹기쟁이" 박나섭의 한평생
- 성춘식(구술) · 신경란(편집), 1992, "이부자리 피이 놓고 암만 바래도 안와", 뿌리깊은나무『민중자서전 8』, 영남 반가 며느리 성춘식의 한평생, 뿌리깊은나무

(4) 서울 토박이말 자료집

이 자료는『한국방언자료집』처럼 서울 지역의 어휘를 조사한 자료이다. 음성 기호로 조사된 자료를 세종계획을 수행하기 위하여 한글로 전사하였다.

- 국립국어연구원(1997),『서울 토박이말 자료집(1)』
- 국립국어연구원(1998),『서울 토박이말 자료집(2)』
- 국립국어연구원(2000),『서울 토박이말 자료집(3)』
- 서울 토박이말 자료집 한글전사 자료－21세기 세종계획 연구팀 입력

(5) 방언 사전류

21세기 세종계획 중 한민족 언어 정보화 분과 사업의 하나인 '한국 방언 검색 시스템 구축'에서 입력하거나 연구용으로 활용한 방언사전 및 방언 자료는 다음과 같다.3) 이 말뭉치들은 주로 개인이 작업한 사전을 국가 정책을 위한 연구용으로 사용하였기 때문에 저작권과 관련되어 공개할 수 없다.4)

---

3) 입력되어 있지는 않지만 참고할 수 있는 방언 사전 및 자료집, 그리고 저서 및 논문에 나타난 방언 자료는 다음과 같다.

  (1) 사전 및 자료집
    김형규(1974), 『한국방언연구』, 서울대출판부.
    리운규 등(1992), 『조선어 방언사전』, 연변인민출판사.
    석주명(1947), 『제주도 방언집』, 서울신문사.
    宣德五 외(1990), 『조선어 방언조사 보고』, 연변인민출판사.
    小倉進平(1927), 「咸鏡北道方言の硏究」, 『朝鮮語』 16.
    小倉進平(1944), 『朝鮮語方言の硏究』, 東京 : 岩波書店
    순화조선어연구부(1935), 『방언집』, 순화조선어연구부.
    이돈주(1978), 『전남방언』, 형설출판사.
    최학근(1962), 『전라남도 방언 연구』, 한국연구원.
    최학근(1978), 『한국방언사전』, 현문사.
    현평효(1962), 『제주도 방언 연구(자료편)』, 태학사.
    현평효(1962), 『제주도 방언 연구 1집(자료편)』, 정연사.
    현평효(1985), 『제주도 방언 연구(자료편-수정판)』, 이우출판사.

  (2) 저서 및 논문
    곽충구(1995), 「강원도 북부지역의 언어 분화」, 『동대논총』 25.
    곽충구(1997), 「연길지역의 함북 길주·명천 방언에 대한 조사 연구」, 『애산학보』 20.
    김영태(1997), 「경남방언과 지명 연구」, 경남대학교출판부.
    김영황(1982), 『조선어방언학』, 평양 : 김일성종합대학출판사.
    정용호(1988), 『함경남도 방언연구』, 평양 : 교육도서출판사.
    한영목(2000), 『충남 금삼 지역어 연구』, 한국문화사.
    한영순(1967), 『조선어방언학』, 평양 : 김일성종합대학출판사.
    한영순(1974), 『조선어방언학』, 평양 : 김일성종합대학출판사.
    황대화(1986), 『동해안방언연구-함북, 함남, 강원도의 일부 방언을 중심으로』, 평양 : 김일성종합대학출판사.

4) 방언 사전 구축은 가장 절실한 사업 중의 하나다. 각 지역의 방언 사전이 구축되어야만 방언 의미론의 연구가 활발해지며, 의미 주석 말뭉치를 구축하여 활용할 수 있다. 또한 방언과 관련된 프로그램을 만들기 위해서 방언 사전의 표제항이 매우 유용하게 사용되

이 사전 중 서울대학교에서 편집한『한국 방언 사전』은 여러 사전을 비교해 놓아서 어휘를 연구하는 데 매우 편리하다.

- 이기갑 외(1997),『전남방언사전』, 전라남도.
- 이상규(2001),『경북 방언사전』, 태학사.
- 현평효 외(1995),『제주어사전』, 제주도.
- 서울대학교(1997),『한국 방언사전』
- 김영태(1975),『경상남도 방언연구(Ⅰ)』, 진명문화사.
- 김주석·최명옥(2001),『경주 속담·말 사전』, 한국문화사.
- 김영태(1997),『경남방언과 지명 연구』, 경남대학교출판부.
- 한영목(2000),『충남 금삼 지역어 연구』, 한국문화사.
- 한영목(1999),『충남 방언의 연구와 자료』, 이회문화사

(6) 국어사전 표제항

최근 국어 사전 표제항이 말뭉치로 많이 활용되고 있다. 다음 방언 표제항은 방언 연구를 위해 활용할 수 있는 자료이다.

- 『표준국어대사전』(국립국어연구원)에 등재되어 있는 방언 관련 자료
- 『우리말큰사전』(한글학회)에 등재되어 있는 방언 관련 자료
- 『국어대사전』(금성사)에 등재되어 있는 방언 관련 자료

(7) 21세기 세종계획의 '남한 방언 검색 시스템(2001)'에 실린 방언 자료

21세기 세종계획 2001년도 사업인 '남한 방언 검색 시스템 구축'은 연세대 홍윤표 교수가 책임자가 되어 구축한 사업이다. 여기서는 표준어 19,445 항목을 추출하고 여기에 대응하는 방언형 158,942 항목을 정리하였다. 표준어 항목에 해당하는 각 지역의 방언을 기존 사전과 자료집

기 때문이다.

및 논문에 쓰인 방언 어휘를 중심으로 정리하였다.5) 음운 및 어휘 연구와 역사적인 연구에 매우 도움이 되는 말뭉치이다.

표준어 '가(邊)'에 대한 남한, 북한, 연변 방언의 예를 들면 다음과 같다.

남한 방언	북한 방언	연변 방언
* 가 〈경남〉〔남해, 의령, 양산〕 〈충북〉〔괴산, 청원, 옥천〕 * 가:사 〈경북〉 * 가:상 〈전남〉〔담양, 광주, 화순, 보성, 광양, 순천, 순천, 여수〕 * 가:상구 〈전남〉〔신안〕 * 가:새 〈경북〉〈경상〉〈전남〉 * 가:성 〈전남〉〔화순〕 * 가:세 〈전국〉 * 가:셍이 〈전남〉〔광주, 화순〕 * 가:양 〈전남〉〔담양, 순천〕 * 가:외 〈경북〉 * 가상구 〈전남〉 * 가새 〈경상〉 * 가새에 〈경남〉〔울산(울주), 양산〕 * 가생이 〈경남〉〈충청〉〈충북〉〔괴산, 보은〕 * 가성 〈충북〉〔옥천〕 * 가세 〈충북〉〔영동, 보은〕 * 가시 〈경상〉〈전북〉〈충남〉 * 가싱이 〈경남〉 * 가양 〈전남〉〈전라〉 * 가이 〈충남〉〈경남〉〔남해〕 * 가헤 〈제주〉	* 가상자리 〈함북〉〔경성〕 * 가생이 〈평북〉 * 가세이 〈함북〉 * 가아 〈평북〉〔희천〕 * 갓 〈황해〉〔옹진〕 * 섶 〈평북〉〔강계〕&길 섶.$ * 술가리 〈평북〉 * 술카리 〈평북〉〔구성〕 * 여:가리 〈평남〉〔평양, 영원, 덕천, 순천, 안주〉〈평북〉〔박천, 영변, 태천, 구성, 철산, 용천, 신의주, 의주, 삭주, 강계, 자성, 후창〕 * 여가리 〈평북〉〔강계〕 〈함남〉〔정평, 홍원〕 〈함북〉〔성진, 길주, 명천, 경성, 종성, 경원, 종성, 회령〕&가방 여가리가 터졌다.$ * 여스가리 〈함북〉〔온성〕 * 역 〈평남〉〔양덕, 맹산〕 〈평북〉〔운산, 선천, 태천, 정주, 창성, 벽동, 위원, 강계, 자성, 후창, 초산, 강계, 의주〕&강역.$ * 여파리 〈평남〉〔개천〕 〈함남〉〔홍원, 북청〕	* 여가리 〈중국〉〔심양 동릉구 혼하참향〕 * 역수가리 〈중국〉〔심양 동릉구 혼하참향〕

5) 2001년도에 나온 21세기 세종계획 한민족언어정보화 분과의 보고서를 참고하면 '남한 방언 검색 시스템'을 구축한 과정을 자세히 검토할 수 있다. 방언 어휘를 정리하여 프로그램을 만드는 과정은 앞으로 방언은 물론 국어를 이용하여 산업화하는 데 크게 도움이 될 것이다.

남한 방언	북한 방언	연변 방언
* 갇 〈충북〉〔단양〕 * 갓 〈강원〉〈경남〉〈전남〉〈충청〉 * 갓 : 〈경상〉 〈전라〉 〈충청〉 〈전남〉〔전역〕 * 갓:테 〈전라〉 * 갓:티 〈전북〉 * 갓가 〈경북〉 * 갖 〈강원〉 * 개 〈충남〉 * 개에 〈경기〉 * 그티 〈제주〉 * 가(아래아 가) 〈제주〉〔전역〕 * 갓(아래아 갓) 〈제주〉〔전역〕 * 갓(아래아 갓)내 〈제주〉〔노형, 조수, 서홍, 수산〕 * 꼬세 〈전북〉 * 끈티: 〈경남〉 * 끈티이 〈경남〉〔양산〕 * 석드리 〈경남〉 * 에염 〈제주〉	* 역섀리 〈함북〉〔종성, 종성〕 * 역카리 〈함북〉〔종성〕 * 열가리 〈평남〉〔강서, 강동, 평원〕 * 열카리 〈평남〉〔중화, 성천〕	

(8) 판소리 사설

판소리 사설은 방언을 반영한 자료이다. 이 자료는 방언은 물론 국어사 자료로도 활용할 수 있는 자료들이다. 최근 각종 용역에서 판소리 과제가 진행되면서 많은 사설이 입력되고 있다.

    ① '국립국어연구원' 입력 자료
    ② 21세기 세종계획 입력 자료
    ③ '박이정' 출판사 출판 자료.[6]

---

6) 경희대학교 김진영 교수가 입력한 자료다. 이중 일부가 세종계획 말뭉치로 다시 구축되었다.

④ '국학자료원' 출판 자료(춘향 예술사 자료총서)
⑤ 최동현 교수 출판 자료[7]

2) 북한 방언 자료

(1) 한국구전설화

평민사에서 간행한 『한국구전설화』가 21세기 세종계획에서 입력되었다. 1998년도 21세기 세종계획 국어 기초자료 분과에서 구축한 자료로 국어연구원에서 1997년까지 구축한 국어 말뭉치를 표준화하고 후처리한 자료이다.

장르 기호	파일명 (원본 파일명)	제목	저자 (참여자)	출판사	발행년	어절수
POBA	a0ba0057.hwp (Ckuju010.hwp)	한국구전설화 : 평안북도 2	임석재 채록	평민사	1987	79544 어절
POBA	a0ba0058.hwp (Ckuju020.hwp)	한국구전설화 : 평안북도 1	임석재 채록	평민사	1988	83871 어절

(2) 사전 및 관련 자료[8]

21세기 세종계획 2002년도 사업인 '북한 방언 검색 시스템 구축'에서 구축한 말뭉치로 주로 북한 방언 사전과 자료집에서 입력한 것이다. 음운 및 어휘 연구에 도움을 줄 수 있다.

- 김병제(1980), 『방언사전』, 과학백과사전출판사.
- 김이협(1981), 『평북방언사전』, 한국정신문화연구원.

---

7) 2002년도, 2003년도 학술진흥재단의 기초학문 육성 지원사업으로 수행된 용역에서 판소리 사설의 주석과 번역 작업이 이루어지고 있다.
8) 현재 북한에서 발행한 『조설말대사전』이 입력되어 활용되고 있다.

- 김영배(1997), 『평안방언연구(자료편)』, 태학사.
- 김태균(1986), 『함북방언사전』, 경기대학교 출판국.
- '한글' 잡지에 수록된 북한 지역의 방언
- '말과글' 잡지에 수록된 북한 지역의 방언
- 남한에서 간행된 북한 각 지역의 도지, 군지, 면지, 읍지, 도지(島誌)
  에 수록된 북한 지역의 방언

(3) 단행본에 수록된 북한 지역의 방언

21세기 세종계획 '북한 방언 검색 시스템 구축'에서 입력한 말뭉치로 주로 단행본에 실린 어휘를 입력한 것이다.

- 곽충구(1995), 「강원도 북부지역의 언어 분화」, 『동대논총』 25.
- 김영황(1982), 『조선어방언학』, 평양 : 김일성종합대학출판사, pp.202-272.
- 정용호(1988), 『함경남도 방언연구』, 평양 : 교육도서출판사, pp.337-380.
- 한영순(1967), 『조선어방언학』, 평양 : 김일성종합대학출판사, pp.305-335.
- 한영순(1974), 『조선어방언학』, 평양 : 김일성종합대학출판사, pp.416-447.
- 황대화(1986), 『동해안방언연구』 – 함북, 함남, 강원도의 일부 방언을
  중심으로, 평양 : 김일성종합대학출판사, pp.161-185.

(4) 21세기 세종계획의 '북한 방언 검색 시스템(2002)'에 실린 방언 자료

21세기 세종계획 2002년도 작업인 '북한 방언 검색 시스템 구축'은 서강대 곽충구 교수가 책임자가 되어 구축한 방언 어휘 자료이다. 표준어 12,300개의 표제어를 선정하여 표준어에 해당하는 북한 방언형을 싣고 있다.

'가(邊)'를 예를 들면 위의 도표에 제시한 바와 같다. 남한 방언의 '가(邊)'의 쓰임과 함께 비교해 보면 북한 방언의 예가 상당히 다르게 나타나는 것을 알 수 있다.

3) 중국 및 해외 방언 자료

21세기 세종계획 한민족언어정보화 분과의 '한국 방언 검색 시스템 개
발' 사업의 마지막인 2003년도 사업으로 '중국 및 해외 방언 검색 시스템
개발'이 진행되고 있다. 이 사업은 박경래 교수가 책임자가 되어 방언 자
료와 검색 시스템을 구축하고 있다.

(1) 조사 보고서 및 논문[9]

조사 보고서 및 논문에 수록된 어휘를 입력하였다.

- 곽충구(1997), 연변지역의 함북 길주·명천 방언에 대한 조사 연구
  －음운·어휘·문법 조사 자료, 애산학보 20. (IPA) pp.191~274.
- 리운규·십희섭·안운(1992), 조선어 방언사전, 연변 인민출판사.
  (한글) pp.1~582.
- 선덕오·조습·김순배(1991), 조선어방언조사보고, 연변인민출판사.
  (IPA) pp.1~657.
- 신홍예(1997), 중국 심양지역의 평안북도 방언에 대한 음운론적 연
  구, 석사학위논문(동덕여대).
- 이기갑·김주원·최동주·연규동·이헌종(2000), 중앙아시아 한인
  들의 한국어 연구, 한글 247. (한글) pp.57~70.
- 이병근·정인호(1999), 중국 조선어 방언 조사, 김시준 외 한반도와
  중국 동북 3성의 역사 문화, 서울대학교출판부. (한글) pp.45~75.
- 집필조(1993), 중국조선어실태조사보고, 요녕민족출판사·민족출판

---

9) 조사된 것 이외의 참고문헌을 소개하면 다음과 같다.
- 소강춘(1998), 중국 무주촌 지역어의 음운론적 연구－움라우트 현상을 중심으로－, 교
  육논총(전주대) 12-2.
- 김동소, 최희수, 이은규(1994), '중국 조선족 언어 연구', 한국전통문화연구 9.
- 김택 외(1994), 「길림조선족」, 연변인민출판사.
- 전학석, 김상원(1995), '중국조선어어개황', 「언어사」, 민족출판사.
- 황창수 편(1995), 「내고장 연변」, 연변인민출판사.

사. (한글/IPA) pp.1~755.
- King, J. R. P. & 연제훈(1992), 중앙아시아 한인들의 언어 : 고려말, 한글, 217. (IPA) pp.94~127.
- 최명옥·곽충구·배주채·전학석(2003), 함북 북부지역어 연구(부록). (IPA) pp.1~456.
- 채옥자(1999), 중국 연변지역어의 활음화에 대하여, "애산학보" 23, 애산학회, 139-164.
- 채옥자(2000), 중국 연변지역어의 움라우트현상, "한국문화" 26, 서울대한국문화연구소, 59-74.
- 채옥자(2001), 중국 연변지역어의 음운론, 서울대박사학위논문

(2) 21세기 세종계획의 '해외 방언 검색 시스템(2003)'에 실린 방언 자료

21세기 세종계획 2003년도 작업인 '해외 방언 검색 시스템 구축'은 세명대 박경래 교수가 책임자가 되어 구축한 방언 어휘 자료이다. 위의 도표에서 '가(邊)'의 예를 남한, 북한 방언과 비교하여 제시하였다.

4) 방언사 자료

현재 방언사 자료는 각 지역에서 연구하고 있는 국어사 연구자와 방언 연구자들이 소장하거나 입력하여 활용하고 있다. 이처럼 개인이 소장하거나 연구하고 있는 방언사 문헌 자료와 입력 자료를 모으는 계기가 빨리 마련되어야 할 것이다.

각 지역의 방언의 역사를 보여주는 자료는 그 목록이 백두현(1992), 홍윤표(1994 : 128) 교수에 의해 작성되었다.[10] 일부만 제시하면 다음과 같다.

---

10) 경북대 이상규 교수는 『경북방언사전』을 집필하면서 이 지역의 문헌 자료를 참고하여 기술하였다.

刊行年度	文 獻 名	刊行地	반영한 方言
1518	二倫行實圖(初刊本)	金陵	東南方言
1518	正俗諺解(初刊本)	善山	東南方言
1518	呂氏鄕約諺解	善山	東南方言
1538	村家救急方		東北方言
1569	七大萬法	豊基	東南方言
1575	光州千字文	光州	全南方言
1579	警民篇(東京敎育大本)	晋州	東南方言
1592	恩重經諺解(其方寺版)	豊基	東南方言
1602~1652	晋州河氏墓 出土 玄風郭氏 諺簡	달성	東南方言
1608	諺解痘瘡集要		慶南方言(?)
1608	諺解胎産集要		慶南方言(?)
1609	經書釋義	大邱	東南方言
1610	誡初心學人文(松廣寺版)	松廣寺	全南方言
1610	禪家龜鑑諺解(松廣寺版)	松廣寺	全南方言
1612	練兵指南	咸興	咸南方言
1613	東醫寶鑑		慶南方言(?)
1617	東國新續三綱行實圖		각 方言
1632	家禮諺解	原州	江原道方言
1632	重刊杜詩諺解	大邱	東南方言
1635	火砲式諺解	咸興(?)	咸南方言(?)
1635	新傳煮取焰焇方諺解	咸興(?)	咸南方言(?)
1637	勸念要錄	求禮	全南方言
1644	佛頂心觀世音經	東萊	東南方言
1657	語錄解(鄭瀁)	屏山	慶北方言
1598~1680	閨壼是義方 (筆寫本)	英陽	東南方言
1660	新刊救荒撮要(西原縣版)	忠州(?)	忠北 忠州地域語(?)
1661	千字文(七長寺版)	七長寺	京畿道 安城地域語
1664	類合(七長寺版)	七長寺	京畿道 安城地域語
1668	恩重經諺解	蔚山	東南方言
1686	恩重經諺解	慶州	東南方言
1700	類合(南海 靈藏寺版)	南海	慶南方言

刊行年度	文獻名	刊行地	반영한 方言
1700	千字文(南海 靈藏寺版)	南海	慶南方言
1704	念佛普勸文(龍門寺版)	醴川	慶北方言
1730	千字文(松廣寺版)	松廣寺	全南方言
1730	警民篇(尙州本)	尙州	東南方言
1730	二倫行實圖(嶺南監營本)	大邱	東南方言
1737	兵學指南(右兵營本)	晋州	東南方言
1741	臨終正念訣(修道寺版)	大邱	慶北方言
1753	王郎返魂傳(桐華寺本)	大邱	東南方言
1758(?)	新增類合(海印寺本)	陜川	東南方言
1760	行願品(雙溪寺版)	河東	慶北方言
1772	十九史略諺解	大邱	慶北方言
1771	南海聞見錄(筆寫本)		南部方言
1773	北關路程錄(筆寫本)		咸北 鐘城地域語
1776	念佛普勸文(海印寺版)	陜川	慶北方言
1776	新編普勸文(海印寺版)	陜川	東南方言
1784	密敎開刊集(奎章閣本)	星州	東南方言
1796	敬信錄諺釋(佛巖寺版)	서울	中部方言
1875	易言		中部方言
1876	南宮桂籍		中部方言
1877	功過格		中部方言
1877	COREAN PRIMER		平北方言
1880	三聖訓經		中部方言
1880	過化存神		中部方言
1881	竈君靈蹟誌		中部方言
1882	女小學(필사본)	忠北	報恩地域語
1882	요안늬복음		平北方言
1882	누가복음		平北方言
1884	關聖帝君五倫經		中部方言
1884	露韓辭典		咸北方言
1884	正蒙類語	星州	慶北 星州地域語
1890	物名纂(筆寫本)		全北 井邑地域語

刊行年度	文 獻 名	刊行地	반영한 方言
1894	鳳溪集(筆寫本)		全北 華山地域語
1895	國漢會語		慶南方言
1898	佛說阿彌陀經	密陽	東南方言
1898	三經合部	密陽	東南方言
1904	露韓會話		咸北方言
1907	女士須知	密陽	慶南 密陽地域語
1908	勸往文	東萊	東南方言
1911	歷代千字文	山淸	慶南方言
1914	蒙學二千字	서울	忠南 瑞山地域語
1916	通學徑篇	永川	東南方言
1918	初學要選	舒川	忠南 舒川地域語
1918	漢字用法	舒川	忠南 舒川地域語
1918	進明類彙	禮山	忠南方言
1918	目連經諺解		南部方言
1918	佛說長壽滅罪護童子陀羅尼經諺解		南部方言
1921	通學徑篇	大邱	大邱地域語
1922	速修漢文訓蒙	安東	慶北 安東地域語
1925	朝漢四禮	慶州	慶南 慶州地域語
1927	漢日鮮時文新讀本	大邱	東南方言
1929	養正編	尙州	東南方言
1939	嶺南三綱錄	大邱	慶北方言
1943	諺解童蒙學	水原	水原地域語

전북 지역의 방언사를 보여주는 자료를 일부 소개하면 다음과 같다.

온각서록(1890)

석남역사

경험방(1811년 필사본)

아희들의 셩톄죠빕(1923년 필사본)

젼라도젼교약긔(1933년 필사본)

봉계집(1894년 필사본)
養洞千字文(1858, 목판본)
杏谷本千字文(1862년 목판본)
한글 고전소설(필사본)
한글 고전소설(목판본) : ① 열여춘향슈졀가 ② 별춘향전 ③ 심청전 ④
심청가 ⑤ 홍길동전 ⑥ 삼국지 ⑦ 언삼국지 ⑧ 소대성전 ⑨ 용문전 ⑩
유충열전 ⑪ 이대봉전 ⑫ 장경전 ⑬ 장풍운전 ⑭ 적성의전 ⑮ 조웅전
⑯ 초한전 ⑰ 퇴별가 ⑱ 화룡도 ⑲ 임진록 ⑳ 별월봉긔 ㉑ 정수경전 ㉒
현수문전 ㉓ 구운몽

5) 문학 작품의 방언

각 지역의 방언 사전, 『표준국어대사전』을 만들 때 입력한 자료들과
개인이 연구 논문을 쓸 때 입력한 자료들이 있다. 특히 석·박사 학위
작성시 입력한 시집과 소설 등은 국어 연구에 활용할 수 있는 좋은 말뭉
치이다. 이를 수집하는 자세가 필요하다.

(1) 전라방언을 반영한 작가

시인으로는 '곽재구, 김남주, 김영랑, 김용택, 서정주, 신석정' 등이 쓴
시집을 들 수 있다. 소설가로는 '문순태, 송기숙, 송하춘, 신경숙, 양귀
자, 오유권, 윤흥길, 이병천, 조정래, 채만식, 최명희, 한승원' 등을 들
수 있다.

(2) 경상방언을 반영한 작품

다음은 『경북 방언 사전』 편찬에 사용한 문학 자료이다.

박일문, 『살아남은자의 슬픔』.

권정생(1998), 『한티재하늘』(1)-(2), 지식산업사.
김정한(1994), 『향토글－광양지방을 중심으로－』, 한국자료정보사.
이균옥(1998), 『동해안별신굿』, 박이정.
성춘식(1992), 『이부자리 피이 놓고 암만 바래도 안와』, 뿌리깊은나무.
장승욱(1997), 『장승욱의 우리말 살림사전』, 한겨레말모이. 하늘연못.
김기현·권오경(1998), 『영남의 소리』, 태학사.
이오덕·이종욱(1997), 『꽃 속에 묻힌 집』, 창작과 비평사.
임우기·정호웅(1997), 『토지』사전, 솔.
이호철(1988), 『공부는 왜 해야하노』, 산하.
이호철(1991), 『비오는 날 일하는 소』, 산하.
안완석(1999), 『우리가 지켜야 할 종자』, 우리종자, 사계절.
김창우(번안)(1999), 「호랭이 이야기」, 원작 : 다리오 포(희곡대본)

(3) 문학 작품에 나타난 방언 검색 시스템 구축

21세기 세종계획에서는 '문학 작품에 나타난 방언 검색 시스템'을 구축하였다. 이 사업에서는 각 도별로 중요한 시와 소설을 입력하여 작품에 쓰인 특징적인 지역 방언을 모아서 검색할 수 있는 프로그램을 만들었다.

6) 음성 자료

방언 연구나 조사시 주로 텍스트 연구나 음성 전사에 주력했던 시절이 있었다. 그러나 최근에 음성 기자재와 음성학의 발달에 따라서 음성 데이터의 중요성이 강조되고 있다.

실제로 그간 단체와 개인이 많은 조사를 했음에도 불구하고 테이프 상태가 불량하여 음성 자료를 사용할 수 없게 된 것이 너무나 많다. 방언을 이용한 전자 사전을 만들 경우에 음성 자료가 없다면 의미를 잃게 될 것이다. 따라서 앞으로 음성 자료에 대한 관심을 기울여야 할 것이다.
그간 수집한 음성 자료는 다음과 같은 것이 있다.

> (1) 한국정신문화연구원의 구비문학 자료
> (2) 국립국어원의 '지역어 조사 사업' 자료
> (3) 각 대학의 학술답사 자료
> (4) 논문 및 보고서에 사용된 음성 자료
> (5) 방송국에서 사용된 프로의 방언 자료

3. 방언 자료 전산화의 문제점

국어학계는 일찍이 국어사 연구자를 중심으로 체계적으로 말뭉치를
구축하였다. 따라서 국어사 말뭉치는 상당수가 입력되어 연구에 적극적
으로 활용되고 있는 반면, 방언 말뭉치는 거의 입력되지 않고 있다. 방
언 자료의 전산화와 관련된 문제점을 지적하면 다음과 같다.

1) 방언 말뭉치를 구축하는 체계적인 시스템이 필요하다

방언학 연구자가 많지 않은 현실에서 수많은 방언 말뭉치를 구축하는
일은 매우 어려워 보인다. 그러나 방언학 전공자들이 학회나 연구 모임
을 만들고 대단위 사업을 신청하여 공동으로 말뭉치를 구축하려는 자세
가 필요하다.11)

---

11) 구결학회가 정기적으로 강독회와 세미나를 개최하면서 여러 기관의 지원을 적극적으로
강구하고 각필 구결을 체계적으로 연구하는 태도와 국어사자료학회가 국어사 자료를 체
계적으로 목록을 작성하고 프로그램을 활용하려는 노력을 이해할 필요가 있을 것이다.

　이미 21세기 세종계획 한민족언어 정보화 분과에서 2001년 남한 방언 검색 프로그램, 2002년 북한 방언 검색 프로그램, 2003년 중국 및 해외 방언 검색 프로그램을 통하여 많은 사전과 자료를 모으거나 입력하였다.

　이 사업이 시작될 때만 해도 대부분의 사람들이 반신반의하는 실정이었지만 결과적으로 흩어진 말뭉치를 한 곳에 모으는 중요한 계기가 되었고, 방언 자료의 중요성을 생각하는 계기가 되었다.

　학술진흥재단의 인문학 기초연구과제, 문화관광부 세종계획, 음성 인식 회사 등과 적극적으로 관련을 맺으면서 장기적인 과제를 수행할 필요가 있을 것이다.

2) 방언 음성 자료를 체계적으로 구축해야 한다

　흩어져 있는 방언 음성 자료는 대체로 개인과 단체가 녹음한 것이 대부분이다. 방언 조사에서 녹음한 음성 자료는 현재 서랍에 그대로 방치된 것이 많고 학과에서 학생들이 학술 조사에서 녹음한 자료는 그 가치를 인정받지 못하고 학과 사무실에서 나뒹굴고 있는 실정이다.

　이제 이러한 방언 음성 자료에 눈을 돌려야 할 것이다. 음성학의 발달과 음성 관련 기자재의 발전으로 방언 음성 자료를 연구에 응용하고, 산업에 적용하는 단계에 이르렀다.

　현재 원광대학교 음성정보기술산업지원센터(소장 이용주 교수)에서는 산업자원부의 지원을 받아 음성 자료에 대한 연구를 수행하고 있다.[12] 이

---

12) 원광대학교 '음성정보기술산업지원센터(Sitec)'에서는 음성정보기술산업 육성을 위한 기반 조성을 위하여 다음과 같은 사업을 하고 있다.
　　(1) 표준화된 음성 DB의 체계적인 구축 및 보급
　　(2) 음성 인식 및 합성 시스템의 객관적 평가법 제시
　　(3) 실무형 기술 교육, 학술 활동 지원

연구소에서는 우리가 녹음한 방언 자료를 태깅을 해주고 연구자에게 편리하게 재편집을 해주는 기능을 갖추고 있다.

3) 각 도별 방언 사전을 구축해야 한다

현재 방언 사전이 제대로 구축된 곳은 남한에서는 전남, 경북, 제주뿐이다. 나머지 전북, 충남, 충북, 경남, 경기, 서울 방언에 대한 방언 사전이 만들어져야 한다. 이러한 사전이 구축되어 있지 않기 때문에 방언에 대한 전체적인 기술이 어렵다. 최근 사전에 대한 지원이 기초 학문을 지원하는 차원에서 이루어지고 있는 것은 반가운 일이 아닐 수 없다.

4) 말뭉치의 활용도를 높여야 한다

구축된 방언 자료를 찾으려는 개인들의 노력이 활발하지 못한 실정이다. 이미 입력된 자료를 개인들이 많은 시간과 돈을 들여서 입력하는 것을 흔히 볼 수 있다. 정보를 공유하는 지름길은 방언학회, 연구회를 만들거나 기존 학회에서 이러한 작업을 대행하여야 할 것이다.

이미 구축된 방언 자료를 국어사 연구, 음성학 연구, 어휘사 연구 등 여러 분야에서 활용해야 한다. 이 방면에 참여하고 있는 학자들이 연구 방법론을 특강이나 논문을 통해서 수시로 제공해 주는 노력도 매우 필요하다.

5) 방언 주석 말뭉치를 구축해야 한다

현재 사용하는 말뭉치는 형태소 정보가 없는 원시 말뭉치이다. 원시 말뭉치는 언어 정보가 부착되어 있지 않기 때문에 프로그램을 사용하여 분석하는 데 한계가 있다. 따라서 주석 말뭉치를 구축해서 본격적인 정보화를 추진해야 할 것이다.

4. 방언 자료의 활용

1) 프로그램의 활용

(1) '훈글'의 '매크로' 이용법

'훈글'은 자료를 입력할 때 주로 사용하는 문서작성기이다. 자료를 처리할 때 유용하게 사용할 수 있는 기능은 '매크로'라는 기능이다. 매크로란 영문으로 'Macroinstruction'(매크로 명령어)란 용어를 사용한다. 키보드 입력 순서를 잠시 보관해 두었다가 한 번에 재실행시키는 작업을 수행한다. 도스의 'Batch 파일'(일괄 처리)와 같은 기능이라고 생각하면 된다.

'매크로'는 기억키를 이용하여 작업을 극대화할 수 있는 아주 좋은 기능이다. 실제로 '훈글' 사용자들이 자주 쓰지 않는 기능인데 자료를 검색하는 데 있어서 '작은 프로그램'의 역할을 하는 기능이다.

'매크로'를 사용하기 위해서는 '훈글'의 기능키(function key)를 미리 알고 있어야 한다. 물론 풀다운 메뉴에서 찾아서 해도 된다. '매크로' 기능은 자판을 사용해서 인식시켜야 한다.

'훈글 2002'의 매크로를 시행하기 위해서는 마우스를 쓰지 않고 기능키나 자판에 있는 기능을 써야 한다. '훈글'의 매크로 이용법을 소개하면 다음과 같다.

① 메뉴에서 '도구'를 선택하여 '매크로'를 선택하면 '정의'와 '실행'이 나온다. '정의'를 누른다. 또는 기능키인 'Alt B'를 누른다.

② '정의할 매크로를 선택하십시오.'란 화면이 나오는데 맨 위에 있는 번호를 화살표키를 이용하여 선택하고 맨 아래에 있는 '매크로 이름'을 써넣는다. 그리고 엔터를 누른다.

③ 각자 하고자 하는 작업을 선택하여 시행한다.

④ 끝내고자 할 때는 다시 기능키인 'Alt B'를 눌러서 끝마친다.

⑤ 이미 정의된 매크로를 시행하고자 할 때는 이미 기능이 입력된 키를 누르는데 기능키인 'Alt'를 누르고 '1 ~ -'까지를 선택하여 누르면 한 번씩 해당 기능이 시행된다.

⑥ 반복하여 여러 번 하고자 할 때는 기능키인 'Alt Z'를 누르면 하단에 '매크로 반복 횟수'를 묻는다. 그곳에 숫자를 쓰고 엔터를 누르면 자동으로 수행한다.

이 매크로 기능은 기능키를 익히기만 하면 아주 쉽게 간단한 정보를 처리할 수 있다. 매크로의 가장 큰 장점은 작업 도중에 틈틈이 간단한 검색을 손쉽게 해볼 수 있다는 점이다. 검색 프로그램을 번거롭게 생각하는 연구자들에게는 매크로의 기능만 가지고도 연구에 유용하게 사용할 수 있다.

(2) '호글'의 '찾기' 이용법

많은 파일을 검색하거나, 하나 또는 그 이상의 디렉토리에 있는 파일 내용을 검색할 때는 '호글'의 찾기 기능을 이용하면 손쉽게 용례를 처리할 수 있다.

(3) 통합한글자료처리기 '깜짝새'(SynKDP)

SynKDP는 Synthesized Korean Data Processor의 약자로 일명 '깜

짝새'라 부르고 있다. 국어 정보학을 전공하는 전주대학교 소강춘 교수와 전산학을 전공하는 김진규, 박진양 학생들이 함께 만든 국어 정보 처리 프로그램이다. 현재 버전 1.0은 소강춘 교수 홈페이지(http://www.jeonju.ac.kr/~ymiso)에 무료로 공개되어 있고, 버전 1.5가 개발되어 사용되고 있다. 이 프로그램의 장점은 수시로 업그레이드가 되어 사용자의 입장을 고려하고 있다는 점이다.

이 프로그램은 'Windows 2000'을 기본 운영체제로 개발되었다. 그러나 'Windows 98'과 'Windows XP'에서도 문제는 없다. 처리하는 파일형태는 '훈글'의 2바이트 파일이다.

이 프로그램을 이용하면 음소, 음절, 어절 빈도를 쉽게 산출할 수 있고, 형태소 검색, 옛글자 검색, 구결자 검색을 빠르게 할 수 있다. 그러나 원시 말뭉치를 사용하기 때문에 어휘 빈도와 문법 형태소의 빈도는 산출할 수 없다.

2) 음운 연구

음소 검색은 어휘의 연구뿐만 아니라 음운 현상을 연구하는 일에 절대적으로 필요하다. 음운론에서 다루는 여러 가지 음운 현상을 연구할 때 변화되는 것은 결과적으로 음소가 변하는 것이다.

프로그램으로 음소 검색을 하면 손쉽게 다양한 음소를 확인할 수 있다. 예를 들어 SynKDP를 이용하여 음소 검색을 하면 다음과 같은 방식으로 확인할 수 있다.

① 음절 중 초성 : '달'에서 'ㄷ'으로 시작하는 음절만 검색하는 경우.
② 음절 중 중성 : '달'에서 'ㅏ'로 되어 있는 음절만 검색하는 경우.

③ 음절 중 종성 : '달'에서 'ㄹ'로 끝나는 음절만 검색하는 경우.
④ 음절의 초성과 중성 : '달'에서 'ㄷ'과 'ㅏ'를 검색하는 경우.
⑤ 음절의 초성과 종성 : '달'에서 'ㄷ'과 'ㄹ'을 검색하는 경우.
⑥ 음절의 중성과 종성 : '달'에서 'ㅏ'와 'ㄹ'을 검색하는 경우.

프로그램으로 음소를 검색하게 되면 다음과 같은 사항을 검색할 수 있다. 이때는 검색이 필요한 음소 목록을 한꺼번에 작성하여 프로그램으로 처리하게 된다.

표기법(중철 표기, 분철 표기, 된소리 표기 - 어두자음군, 어간말자음군, 종성 표기, 유기음표기, 조사 표기, 문법 현상 표기), 모음 변화 현상, 음운현상(구개음화, 움라우트, 전설모음화, 자음동화 등) 등을 한꺼번에 검색할 수 있다.

예를 들어 『한국구비문학대계 전주시·완주군 편』에서 동사 '내쏘다'를 검색하면 다음과 같다.

알지도 못하는 집에다 무조건 내쏘고 갔은개 그 사람은 <동상면, 655>
그런디 너를 묻을라니 얻다가 내쏘자니 아니면 강물에다가 띄거나
<이서면, 834>
초저녁으 그 박씨네집에서 갖다가 내쏠라고 가본개로 간개로 어디서
<이서면, 834>
애긴디 산 놈을 갖다가 내쐈다 이거여 싸다가 <이서면, 835>
이것을 안 땎아서 뒤집어 내쏘야 한 번 쓰지 <이서면, 848>

'통합한글자료처리기' 프로그램에서 유기음을 검색하기 위하여 목록을 만들면 다음과 같다.

① 유기음 검색(검색어/조건)
키/1, 타/1, 차/1, 파/1, 각카/31, 간차/31, 갓차/31, 갇타/31, 갓타/31, 갑파/31, 각하/31, 간하/31, 갑하/31, 갓하/31

3) 어휘 연구

방언 자료가 대단위로 구축되고 있는 과정은 주로 어휘를 중심으로 이루어지고 있다. 따라서 방언의 어휘 연구와 국어 어휘사 연구에 큰 도움을 주고 있다. 그러나 유감스럽게도 방언의 어휘는 물론 국어 어휘사를 연구한 논문이 많지 않은 실정이다.

현대국어의 '냄새(臭)'는 중세국어에서는 '내'로 쓰였다. 국어사 자료를 검토해 보면 대체로 '내, 내암, 내암새, 냄새, 님시, 내음새, 내음새, 내음' 등이 나타난다. 따라서 '냄새(臭)'는 '내음+새'로 나눌 수 있다고 가정할 수 있다. 국어사의 자료로만 보면 더 이상 언급할 것이 없어 보인다.

방언 자료를 검토해 보면 '냄새(臭)'의 뜻을 가진 어휘로 '내굴, 내금, 내음' 등 다양하게 분포되어 나타나고 있고, 또한 '내다'나 '냅다'의 방언형으로 '내굴다, 내구랍다, 내급다' 등 아주 다양한 방언형을 보여주고 있어서 국어사에서 찾지 못한 어휘의 역사를 재구할 수 있는 많은 어형이 나타나고 있음을 볼 수 있다(이태영, 2009 참조).

'나물'의 변화 과정은 '눔, ᄂᆞ무>눔+-올>ᄂᆞ물>ᄂᆞ믈>나믈>나물'의 과정을 거친 것으로 해석된다. 'ᄂᆞ무새'의 경우, 방언에 이미 존재하던 'ᄂᆞ무새'를 '菜蔬'의 고유어로 사용했을 가능성을 들 수 있다. 'ᄂᆞ무새'를 쓴 이유는 그 당시 방언에서 많이 쓰던 구어체를 사용하려 했을 것으로 추정된다. 특히 당시의 방언 화자들이 한자어 '菜蔬'와 고유어 'ᄂᆞ무새' 중에서 한자어를 쓰지 않고 고유어를 쓰려고 한 의식에서 비롯된 것으로 보인다. 'ᄂᆞ무새'가 노걸대류 문헌에만 나타나는 것을 보면 방언일 가능성이 매우 높다.

'ᄂᆞ무새'는 '눔, ᄂᆞ무+새'의 구성으로 동시대에 사용되다가 방언에서 주로 쓰이게 된다. 따라서 방언에서는 '남새'와 '나무새'가 아주 많이 쓰이

고 있다. 방언에서는 '채소', '나물', '남새'가 함께 쓰이는데 한자어 '채소'
는 '심어서 가꾸는 나물'을 가리키게 되고, '나물'은 '사람이 먹을 수 있는
풀과 나뭇잎'의 의미와 '사람이 먹을 수 있는 풀과 나뭇잎으로 만든 반찬'
이란 의미를 여전히 갖게 되었다. 한편 '남새'는 '심어서 가꾸는 나물'이란
의미와 '심어서 가꾼 나물로 만든 반찬의 총칭'이란 의미를 갖게 되어 이
세 어휘는 서로 의미상으로 상관성을 갖게 되었다(이태영, 2001 참조).

4) 문법 연구

문법 형태소를 중심으로 하는 문법 연구에는 음소 검색과 형태소 검색
을 이용하면 쉽게 필요한 용례를 추출할 수 있다.

예를 들어 격조사, 대명사, 종결어미, 경어법에 관련된 형태소의 목록
을 작성하여 한꺼번에 검색하는 방법이 있고, 사전이나 자료집으로 입력
된 말뭉치에서 '혼글'의 '찾기' 기능을 이용하여 어휘를 확인하는 방법이
있다.

만일 각 지역의 사전이 파일로 입력되어 있다면 문법 형태소의 체계를
쉽게 추출할 수 있을 것이다.

『한국구비문학대계 전주시·완주군편』에서 전북 방언의 접속어미가
종결어미로 쓰이는 '-간디/가디/가니'를 검색하면 다음과 같다. 이러한
이형태도 역시 목록을 작성하여 한꺼번에 검색하면 된다. 예를 일부만
제시한다.

> 안 할 수 있간디? 근깨 <완산동, 51>
> 어디 갈 디가 있간디? <전주시, 57>
> 구해주시오 그래도 어디 있간디? <전주시, 181>
> 놈이 따라갈 수 있간디 <전주시, 231>

그런개 마누라는 귀신이 뵈간디 펀득 깨서 <운주면, 426>
약방이 어디 있가디 그래서 머리가 <운주면, 388>

5) 문학의 방언 연구

잘 알려진 문학 작품을 보면 시와 소설의 경우 작가의 고향 방언이 많
이 사용되고 있다. 실제로 독자의 경우는 물론이고 문학 연구자들이 경
우에도 난해한 방언에 고심하고 있는 실정이다.

이처럼 문학 작품에 나타난 방언의 경우에 국어학을 하는 연구자들이
도움을 주어야 할 것이다. 실제로 문학 작품에 나타난 방언 어휘를 해설
하는 것은 방언학 연구자들의 몫이다. 문체론까지도 아울러 연구한다면
언어학과 문학을 아우르는 좋은 연구 내용이 될 것이다.

필자도 채만식과 최명희의 작품에 나타나는 방언에 대하여 고찰한 바
있다. 지문과 대화문을 나누어서 방언의 쓰임을 살피고 대화문에서는 등
장인물의 성격을 밝힐 수 있는 좋은 계기가 되고 있다.

(1) 등장인물의 성격 분석

필자는 이태영(1997)을 통하여 채만식의 소설 『천하태평춘』(1938년)에
나타난 방언의 특징을 검토한 바가 있다. 이 작업을 위하여 필자는 『천
하태평춘』을 입력하여 작중인물인 '윤장의 영감'의 대화를 모두 추출하여
분석한 바 있다.

첫째, 채만식의 『천하태평춘』을 입력하고 교정하였다. 입력시 인물들
의 대화를 추출하기 위하여 각 인물의 대화 앞에 인물 이름을 표시하였
다. 이것은 나중에 매크로를 이용하여 해당 인물의 발화만을 추출하기
위한 방법이었다.

“(윤) 야 이사람아!…” <천하1, 168>
“(윤) 일력거 썩이(삯이) 멫 푼이당가?” <천하1, 170>
“(윤) 응응! 그리여잉? 그럼 그냥 가소” <천하1, 171>
“(윤) 내일? 내일 무엇허러 올랑가?” <천하1, 171>
(이하 생략)

둘째, 추출된 윤장의 영감의 발화를 하나의 파일로 만들어 SynKDP를
이용하여 어절 빈도를 내었다. 이 프로그램을 이용하면 어절빈도, 음절
빈도, 음소빈도를 낼 수 있고 형태소 검색을 손쉽게 할 수 있다.

이 프로그램으로 윤장의 영감의 발화만을 모아서 빈도를 내면 다음과
같다. 그 예를 일부만 보이면 다음과 같다. 윤장의 영감의 성격의 일단
을 확인할 수 있었다.

으응 : 000015 (0.23052%) [90.79453%]
그럼 : 000015 (0.23052%) [91.02505%]
시방 : 000016 (0.24589%) [91.27094%]
가 : 000017 (0.26126%) [91.53220%]
이렇게 : 000017 (0.26126%) [91.79345%]
가서 : 000018 (0.27663%) [92.07008%]
그게 : 000019 (0.29199%) [92.36207%]
글시 : 000019 (0.29199%) [92.65406%]
한 : 000019 (0.29199%) [92.94606%]
너 : 000020 (0.30736%) [93.25342%]
더 : 000021 (0.32273%) [93.57615%]
거 : 000022 (0.33810%) [93.91425%]
니 : 000023 (0.35347%) [94.26771%]
돈 : 000023 (0.35347%) [94.62118%]
그런 : 000028 (0.43031%) [95.05148%]
또 : 000028 (0.43031%) [95.48179%]

윤장의 : 000029 (0.44567%) [95.92746%]
참 : 000031 (0.47641%) [96.40387%]
그 : 000034 (0.52251%) [96.92639%]
응 : 000035 (0.53788%) [97.46427%]
내가 : 000035 (0.53788%) [98.00215%]
다 : 000037 (0.56862%) [98.57077%]
이 : 000046 (0.70693%) [99.27770%]
아 : 000047 (0.72230%) [100.00000%]
전체 단어수 : 6507
단어 종류수 : 4013

　

윤장의 영감의 성격을 잘 드러내는 말로는 부사인 '워너니'가 쓰이고 있다. 부정을 나타내는 부사인 '아니'가 많이 쓰이는 것도 한 특징이다.

윤장의 영감이 구사하는 감탄사의 종류로는 '글시, 참, 으응(응)' 등이 주로 쓰이고 있는데, 주로 부정적인 이미지를 가지는 단어들이다.

윤장의 영감의 말에서 독특한 문체는 수사의문문과 추측을 나타내는 구문이다. '-ㄴ가 보다'라는 구성은 우리 국어에서 추측을 나타내는 구성이다. 이 구성은 전북 방언에서는 '-ㄴ개비다, -ㄴ가비다, -ㄴ갑만, -ㄴ갑도만' 등으로 쓰이고 있다. 윤장의 영감의 성격은 확인되지 않은 사실에 대하여 '막연히 주관적인 추측'을 자주 하는 사람으로 묘사되고 있다.

채만식은 부정적인 뜻을 나타내는 부사, 감탄사, 비속어, 수사의문문, 추측을 나타내는 구문, 조사 '-마는' 등의 사용을 통하여 윤장의 영감의 성격이 천박하고, 괴팍하며, 현실에 부정적인 인물임을 나타내고 있다.

(2) 최명희의 방언 사용

최명희는 『혼불』에서 국어 사전에는 없는 형용사 '새초롬하다, 발그롬하다/발그로옴하다, 볼그롬하다/볼그로옴하다, 가느소롬하다, 가무롬하다, 얄포롬하다, 매꼬롬하다, 쌉소롬하다, 포료옴하다, 반드로옴하다, 희부윰하다'와 여기서 파생한 부사들을 사용하고 있다. 사실상 전북 방언에서 일반적으로 쓰이는 어휘들이다. 작가는 자기의 문화적인 배경을 설명하기 위하여 뉘앙스가 다른 이 지역의 방언을 선택하여 쓰고 있는 것이다.

여기 제시된 형용사들은 음상에 따라서 '-으롬하-'가 많이 쓰이는 형용사를 선택하고 있거나, '-으로옴하-'가 많이 쓰이는 형용사를 선택하고 있다는 점이다. 이 예를 통하여 작가 최명희는 단어의 음률, 음조를 깊이 생각하고 있는 증거를 확인할 수 있다.

일반적으로 작가는 동일한 어휘를 쓰는 게 일반적인데, 최명희는 '발그롬하다, 발그로옴하다'와 같이 약간의 음상을 주어 의미를 확대하고 있음을 볼 수 있다.

이러한 어휘의 음상 차이는 프로그램을 이용하면 쉽게 추출할 수 있을 것이다.

> 새침한 얼굴에 도화색이 **발그롬하여**, 인근 사람들 입살에 어자칸히 <3,286>
> 호리낭창한 몸매에 봄물이 도는 낯을 **발그롬히** 기울이고는<5,285>
> 까무잡잡헌 낯바닥에 도화색은 **발그로옴** 돋아나고, 입술이는 물었다논 <7,186>
> **볼그롬한** 살구꽃빛 연분홍 화장수가 애달플<5,202>
> 탄 얼굴의 눈자위에 당홍색을 **볼그롬이** 머금은 채, 아닌 척 할깃할깃 <4,219>
> 낯바닥끄장 **볼고로옴해** 갖꼬는. 머이 그렇게<9,258>

6) 방언 검색 프로그램 개발[13)]

정보화 시대에 방언학을 활성화시키고, 방언에 대한 국민들의 인식을 넓히기 위해서는 방언 전산 자료를 확보하여 다양한 프로그램을 만들 필요가 있다.

21세기 세종계획에서 수행하고 있는 한국 방언 검색 프로그램 개발은 정보화 시대에 방언 연구에 많은 문제를 제기하고 있다. 이 작업은 인문학과 이공계가 함께 작업한 것으로 앞으로 이러한 교류가 매우 활발해질 것으로 기대한다.

이 연구는 남한의 방언과 북한의 방언 및 세계 전 지역에서 사용되고 있는 한국어 방언을 컴퓨터로 검색할 수 있도록 하여, 21세기 지식기반 사회에서 국민들의 의사소통을 신속·정확하게 하며 또한 통일 이후에도 우리 민족 구성원들 간의 의사소통을 원만하게 함으로써 민족의 정보 공유를 유도하여 민족문화 창달에 기여함을 그 목적으로 하고 있다.

21세기 세종계획 한민족언어정보화 분과에서 개발한 한국 방언 검색 시스템은 다음과 같다.

(1) 남한 방언 검색 시스템(2001년)
(2) 북한 방언 검색 시스템(2002년)
(3) 중국 및 해외 방언 검색 시스템(2003년)

이 프로그램 개발을 위한 작업 과정을 소개하면 다음과 같다.

---

13) 21세기 세종계획 한민족언어정보화 분과에서 1998년부터 2003년까지 만든 검색 시스템을 제시하면 다음과 같다.
(1) 국어 어문 규정 검색 시스템 (2) 남한 방언 검색 시스템 (3) 북한 방언 검색 시스템 (4) 중국 및 해외 방언 검색 시스템 (5) 국어 어휘의 역사 검색 시스템 (6) 남북한 언어 비교 검색 시스템 (7) 남북한 이질화된 언어 검색 시스템 (8) 한민족 정서법 변환 프로그램

(1) 방언 자료들을 일정한 구조로 모두 입력하여 전산화하였다.

(2) 국어 사전, 방언사전에 등재되어 있는 방언형을 모두 추출하였다.

(3) 각 지역에서 일반적으로 많이 쓰이는 방언형을 추출하였다.

(4) 의미가 다른 방언형은 그 의미도 고려하여 추출하였다.

(5) 정리한 자료를 통합하여 정렬하고, 이를 토대로 가장 빈도수가 높은 표준어 어휘항목을 선정하였다.

(6) 각 지역 방언 중에서 다른 지역에서 전혀 사용되지 않는 특이한 형태의 방언형이나 특이한 의미의 방언형을 별도로 조사 입력하였다.

(7) 선정된 표준어 어휘항목에 따라 각 방언형을 배열하여 방언 분포를 확인하였다.

(8) 이 자료들을 일정한 입력 구조에 따라 재분포하여 프로그램을 만드는 파일로 재조정하였다.

(9) 이들 자료를 프로그램에서 사용할 수 있도록 입력하는 기본 입력 구조를 만들었다.

7) 방언 자료의 실용화

(1) 국어 정책에 활용

이제 국가의 국어 정책은 표준어는 물론이고 방언을 포함한 언어정책을 수용하기 시작하였다. 방언은 표준어를 만드는 근본적인 언어이기 때문이다. 따라서 앞으로는 방언에 대한 정책적인 연구를 통하여 표준어는 물론이고 방언을 이용하는 다양한 국어 정책을 펼쳐야 할 것이다.

(2) 교육용 자료로 활용

국어교육과 같은 인문학 교육을 하는 교사들이나 기관에서 교육용 참고자료로 활용하면 새로운 시각을 제공할 수 있다. 또한 지역어 및 표준어 교육 등 교육에 활용할 수 있다.

(3) 소프트웨어 개발에 활용

'훈글'과 같은 문서작성기에서 제공하는 맞춤법 검색기, 사전, 로마자 검색기 등은 이러한 말뭉치를 가지고 만든 프로그램이다. 질 좋은 검색기를 탑재하게 되면 국민들의 문서작성기 이용에 큰 효과를 가져올 것이다.

(4) 국어생활을 위한 프로그램에 제작에 활용

국어생활에 필요한 각종 프로그램을 개발하는 데는 해당 방언 자료의 구축이 매우 필요한 실정이다. 이 자료들은 다음과 같은 프로그램 제작에 도움을 줄 수 있다.

1) 음성 검색 프로그램
2) 방언 지도 프로그램
3) 문학 작품 방언 분석 프로그램
4) 판소리 사설의 방언 검색 프로그램
5) 전국 방언 사전 편찬
6) 음성 방언 사전 편찬

(5) 남북한 및 한민족 언어 통일에 활용

남한과 북한 및 해외동포들이 힘을 합하여 동질의 말뭉치를 구축하여 함께 연구하게 된다면 남북한 언어 통일은 물론이고 한민족 언어를 통일하는 데 매우 유용하게 쓰일 것이다.

남북한 방언 사전 편찬이 진행된다면 통일을 위하는 일에는 물론이고, 진정한 한국어를 구축하는 데 큰 도움이 될 것이다.

(6) 문화 산업에 활용[14]

문화 원형의 재구를 통한 산업에 활용하거나 음성 인식의 다양화를 통

한 통신 산업에 활용할 수 있다. 방송 및 신문, 간판 등 지역 문화 활성
화에도 활용할 수 있을 것이다.

5. 결론

방언의 중요성은 아무리 강조해도 지나치지 않다. 그러나 방언학은 연
구자들이 줄고 있는 엄연한 현실에 놓여 있다. 이렇게 된 이유는 시대적
인 변화가 원인이다. 정보화 시대가 되었는데도 방언학계는 큰 변화를
가져오지 못하였던 것이다.

정보화 시대에 방언학 연구를 활성화시키려면 무엇보다도 지역 방언
자료의 정밀한 목록과 그 목록 자료의 전산화 작업이 진행되어야 한다.
또한 시대에 맞는 음성 자료의 정리가 뒤따라야 할 것이다. 이공계와의
학제적인 연구도 불가피하게 되었다.

방언 말뭉치를 체계적으로 구축하고 방언학을 활성화시키기 위해서는
대규모 사업 수행이 불가피하다. 따라서 우선 문화관광부와 국립국어연
구원이 정책적으로 방언 연구에 대한 정책을 펼쳐야 하고, 21세기 세종
계획과 한국학술진흥재단의 인문학 기초연구와 같은 중·대형 사업에
참여하는 기회를 자주 만들어야 할 것이다.

문화 산업에 종사하는 회사와 함께 콘텐츠 개발과 방언을 이용한 산업
화에도 적극적으로 뛰어들어 일단 방언에 대한 국민들의 인식을 확산시
키면서 시대 변화에 맞는 연구자들을 양성해야 할 것이다.

---

14) 최근 문화관광부의 '문화 콘텐츠 개발 진흥원'에서는 문화 콘텐츠를 개발하는 사업을
    진행하고 있다. 방언과 관련된 문화를 문화 콘텐츠로 개발하는 것도 매우 필요한 일이
    라 생각한다.

참고문헌

곽충구(2002), 「방언 연구와 정보화」, 『한국어와 정보화』, 태학사.
김진영(2002), 「판소리 자료의 데이터베이스 구축 현황과 연구 전망」, 『한국어와 정보
　　　　　화』, 태학사.
서상규 · 한영균(1999), 『국어 정보학』, 태학사.
이태영(1997), 「채만식 소설 '천하태평춘'에 나타난 방언의 특징」, 『국어문학』 32.
이태영(2000), 「'ᄂᆞ물, ᄂᆞᄆᆞ새'의 어휘사 연구」, 『국어학』 36.
이태영(2000), 「완판(전주판) 방각본 한글 고소설의 서지와 언어」, 『21세기 국어학의
　　　　　과제』.
이태영(2001), 『21세기 세종계획 한민족언어정보화』, 문화관광부.
이태영(2002), 「21세기 세종계획과 한민족 언어 정보화」, 『한국어와 정보화』.
이태영(2002), 『21세기 세종계획 한민족언어정보화』, 문화관광부.
이태영(2009), 「'냄새'의 어휘사」, 『한국언어문학』 90.
홍윤표(1994), 『근대국어 연구』, 태학사.
홍윤표 외(2002), 『한국어와 정보화』, 태학사.

제4장 | **문학 작품과 방언 연구**

1. 서론

　현장에서 사용되는 방언을 비교적 쉽게 찾아볼 수 있는 곳이 바로 문학 작품이다. 문학 작품에 쓰인 방언은 언어를 다루는 작가가 평소 익숙하게 사용하는 방언을 구사한 것이거나 또는 아주 면밀히 조사하여 사용한 것이기 때문에 방언 자료로서 가치가 매우 높다고 할 수 있고, 작품에 사용된 발화는 어느 정도 정제한 것이어서 훨씬 사용하기 편리하게 되어 있다.

　문학 작품에 나오는 방언을 문학 자료라는 이유로 적극적으로 사용하지 않고 있다. 문학 작품에 나오는 방언에 대해 방언학자들의 도움이 없이는 작품을 제대로 해석할 수 없음에도 불구하고, 문학과 어학의 영역을 구별하면서, 작품에 나타나는 방언은 제대로 평가 받지 못한 채 부분적으로 사용되고 있다.

　국어사전을 만들 때, 표준어 표제항이 쓰인 예문을 추출하기 위하여 수많은 문학 작품에서 예를 추출하여 인용하였다. 그러나 국어사전에 등재된 방언의 어휘를 보면 문학 작품에서 뽑아 제시한 것이 하나도 없는 실정이다. 이는 사전의 표제항이 방언의 어휘일 경우 깊이 있게 해설을 하지 않는 풍토에 말미암는 것이긴 하지만 안타까운 방언 연구의 현실이다. 표준어의 예문을 위해서는 문학 작품의 예가 매우 좋다고 생각하면서도 방언의 예문을 위해서는 문학 작품의 예를 무시하는 태도는 바람직하지 않다. 언어와 문학 전공 사이의 협력과 발전을 위해서 문학 작품에 나타난 방언은 좋은 매개체가 될 수 있을 것이다.

2. 방언과 관련된 문학 작품

작가는 언어를 수단으로 이야기를 만들어내는 사람들이다. 작가들이 사용하는 언어는 일상적이면서도 수사학적이고 때로는 아주 일반적인 문법을 벗어나 특별하게 언어를 구사하는 경우도 있다. 그러나 일반적으로는 독자들이 이해가 가능한 범위 안에서 언어를 구사하고 있다.

작가가 자신의 작품에서 대개는 작가 고향의 방언이거나 작가가 오랜 동안 익힌 방언을 구사하고 있다. 이 방언은 시민들이 일상적으로 대화하는 말이기는 하지만 작품이기 때문에 정제되어 사용된다. 작가는 언어를 다루는 사람이기 때문에 해당 지역의 방언에 대한 이해가 빠르고, 방언에서 사용되는 어휘에 대한 감각이 남다르며, 방언이 사용되는 문장을 비교적 정확하게 제시한다. 많은 작가들이 작품에 방언을 사용하기 위하여 방언 조사를 면밀히 수행하고 있기 때문에 오히려 방언학 전공자들보다 생생한 지역 방언을 잘 제시하고 있는 경우를 볼 수 있다.

문학 작품에 나오는 방언들은 그 효용 가치가 매우 크다. 새로운 어휘와 문법 형태소의 사용, 음상을 이용한 동일한 어휘의 다양한 사용, 다양한 기능의 화용 표지의 사용 등 그간 방언 연구에서 다루기 힘들었거나 다루지 않았던 분야에 대한 예문을 얼마든지 추출할 수 있다.

방언이 쓰인 문학 작품을 언어학적으로 해석하기 위해 언어 현상을 얻기 위한 자료로 볼 것인가? 아니면 문학 작품에 쓰인 방언이 그 작품에서 수행하는 문학적 기능을 찾아 해석해야 할 것인가? 우리는 두 가지를 다 연구해야 할 입장에 있다.

1) 고전 문학 자료

구비문학 자료는 대체로 설화, 민요, 무가, 시조 등인데 방언이 많이 사용되고 다양하게 활용할 수 있는 자료는 설화와 민요이다.

구비문학의 설화를 통하여 방언에 대한 어떠한 내용을 찾을 수 있을까? 일반적으로 음운현상, 문법 현상, 어휘 현상 등을 찾을 수 있을 것이다. 그러나 국어학적인 입장에서 매우 중요한 것은 이 책을 통하여 화용 현상을 깊이 있게 살필 수 있다는 점이다. 최근 국어의 화용적 연구에서 방언을 많이 이용하고 있다. 특히 화용표지의 경우 실제 발화에서 표준어와 방언은 매우 큰 차이를 보이며 사용되고 있다.

그러나 무엇보다도 설화를 통하여 우리는 여러 도의 방언이 가지는 고유한 리듬을 살필 수 있다. 이것은 문장을 읽을 때 느껴지는 자연스러운 호흡을 말한다. 여러 도의 방언이 가지는 차이를 쉽게 느낄 수 있는 것은 바로 이 가락이다. 그러나 이제까지 이러한 가락에 대한 구체적인 연구, 비교 연구는 많지 않다. 한편 설화는 구어체를 있는 그대로 보여준다. 소위 말의 본질적인 모습을 그대로 보여주고 있는 것이다. 이를 통하여 우리는 말의 특성을 충분히 이해할 수 있다.

설화를 이끌어가는 중요한 기제는 바로 방언이 보여주는 다양한 현상이다. 첫째는 그 지역에서 오랫동안 전해온 가락으로 이야기해야만 대화가 된다. 둘째, 지역이 갖는 독특한 음운 현상이 있어야만 이야기를 쉽게 받아들이고 이해한다. 셋째, 어휘를 방언으로 써야만 어휘가 갖는 정서적 의미나 기능 때문에 의사소통이 훨씬 쉽다. 넷째, 방언이 갖는 화용표지들이 억양을 가지고 다양하게 기능하면서 화자와 청자 사이에 벌어지는 의사소통의 간극을 늘리기도 하고 메우기도 하면서 훨씬 재미있게 만든다.

민요의 경우는 『한국구비문학대계』와 『한국민요대전』 등이 있다. 이제까지 이 자료를 사용했다는 말을 들은 적이 없을 정도로 민요의 언어에 관심을 기울이지 않고 있다. 아래 제시한 민요의 예에서 많은 방언 어휘를 찾을 수 있다.

> 김제 말꼬리 잇기-"마린 논에 우렁" (1991. 2. 5 / 김제군 금산면 장흥리 은곡 / 서금례*, 여, 61)
> 마린 논에 우렁 진 논에 대수리
> 대수리는 껌더라 껌으면 까마구
> 까마구는 날이더라 날이면 비둘키
> 비둘키는 희더라 희면 영감
> 영감은 곱더라 꼽으면 덕석
> 덕석은 질더라 질면 배암
> 배암은 물더라 물면 배룩
> 배룩은 뛰더라 뛰면 노리
> 노리는 붉더라 붉으면 대추
> 대추는 달더라 달면 엿빵!

한글 고전소설에 방언이 많이 사용된 까닭은 무엇인가? 한글 고전소설은 서민을 위한 책이다. 따라서 한문이 아닌 한글로 되어 있고 글자체도 초서체가 아닌 해서체(정자체)로 되어 있다. 서민의 언어인 방언을 사용하여 현실감을 살리면서 흥미를 끌기 위한 하나의 방법으로 많은 방언이 사용된 것을 알 수 있다.

한글 고전소설이라고는 하지만 실제로는 한자어나 고사성어가 많아서 일반 서민들이 쉽게 접하기 어려운 소설책이다. 이러한 점을 극복하기 위해서는 방언이 매우 필요했을 것이다.

19세기 초기부터 20세기 초기까지 약 100여 년의 특정지역 방언 현상을 집중적으로 보여주는 자료는 매우 드물다. 완판 방각본 고소설과 필사본 고소설, 판소리 사설 등은 어느 지역에서도 찾아볼 수 없는 많은 자료를 통하여 당시의 생생한 방언 현상을 보여주고 있다.[1]

완판본 한글 고소설 중 전라방언을 많이 보여주는 자료는 '열녀춘향슈절가, 심청전'이 으뜸이고 그 다음으로는 '홍길동전, 적성의전' 등이다.

완판 방각본 고소설에 나타나는 대표적인 음운 현상은 구개음화, 전설고모음화, 움라우트, 원순모음화 등이다. 이러한 특징은 전북 방언의 공시적인 음운 현상과 매우 일치하는 모습을 보이고 있다. 춘향전에 나오는 음운 현상의 예를 들면 다음과 같다.

> (1) 구개음화 : 엉겁절으(엉겁결에), 짚은(깊은), 저을(겨울), 화짐(홧김),
> 졑에(곁에), 찌어라(끼어라), 심(힘), 성님(형님), 셔(혀), 슝악(흉악),
> 샹단(향단)

---

1) 현존하는 완판본 한글 고소설의 종류는 23 가지이다. 이 가운데 판소리계 소설이 춘향전, 심청가, 심청전, 화룡도, 토별가 5종이고, 나머지 대부분은 영웅소설이다. 판본이 다른 종류를 합치면 약 50여 종류가 된다.

① 열여춘향수절가(춘향전) ② 별춘향전 ③ 심청전 ④ 심청가 ⑤ 홍길동전 ⑥ 삼국지 ⑦ 언삼국지 ⑧ 소대성전 ⑨ 용문전 ⑩ 유충열전 ⑪ 이대봉전 ⑫ 장경전 ⑬ 장풍운전 ⑭ 적성의전 ⑮ 조웅전 ⑯ 초한전 ⑰ 퇴별가 ⑱ 화룡도 ⑲ 임진록 ⑳ 별월봉기 ㉑ 정수경전 ㉒ 현수문전 ㉓ 구운몽

   (2) 전설고모음화 : 실픔(슬픔), 구실(구슬), 시물(스물), 질겁다(즐겁다),
      목심(목숨)

   (3) 움라우트 : 귀경(구경), 맥혀(막혀), 이대지(이다지), 깩끼다(깎이다),
      지팽이(지팡이)

   (4) 원순모음화 : 심운(심은), 높운(높은), 업운(업은), 나뿐(나쁜), 짚운(깊
      은), 거무(거미), 춤(침)

판소리의 장단은 판소리 사설의 내용에 따라 달라지게 된다. 따라서 판소리 장단은 끊임없이 변하게 되는데 이 때 빠르게 몰아가는 장단에 와서 음운론적 과정을 거쳐 발음을 쉽게 할 수 있다면 판소리의 장단을 놓치지 않게 되고 그로 인해 서사 내용의 긴박함과 고조된 감정이 청중들에게 제대로 전달될 것이며, 그 장단이 표출하는 음악적 효과도 거둘 수 있게 된다. 또 힘을 덜 들이고(입을 적게 벌려) 발음할 수 있는 음운론적 특징들은 판소리 창자가 여유를 가지고 너름새를 할 수 있게 만든다.

이러한 전라방언의 음운론적 특성은 판소리를 다양한 장단의 고급 예술로 발전시키게 한 밑거름이 되었다. 판소리는 느린 진양조로부터 빠른 휘모리 장단에, 인간의 희로애락을 담아낸다. 서민들의 감정을 다양한 장단으로 실감나게 엮어내는 판소리가 입을 적게 벌리고 빠르게 발음할 수 있는 음운론적 특징이 강한 전라도 방언으로 되어 있기 때문에, 판소리는 다양한 극적 상황을 실감나게 표출할 수 있었던 것이다.

판소리는 창(唱), 아니리(白), 발림(科)의 세 요소로 이루어져 있다. 이 중 판소리의 대부분을 차지하는 것은 창으로 판소리가 음악적 성격을 띠게 되는 주요소가 된다. 이 음악적 리듬은 장단에서 비롯된다. 판소리의 장단은 느리고 빠른 변화를 가지며 사설의 내용에 따라 우조·평조·계면조 등의 조(調)와 어울려 수많은 감정의 변화를 드러낸다. 즉, 장단의 변화는 감정의 변화를 표현하는 효과적인 방법인 것이다(조동일·김흥규

편 1988 : 12). 따라서 판소리 창자는 장단의 변화를 명확하게 살려 소리를 해야 청중의 공감을 얻을 수 있다.

판소리 장단의 부침새는 흘러가는 박자에 사설의 장단(length)을 조절함으로써 박자를 맞춘다. 이와 같이 판소리의 리듬은 전라방언의 장단과 관련이 있다. 판소리에서는 음조(pitch)가 아니라 음장(length)이 중요한 요소인 것이다. 그래서 판소리에서 음정은 틀려도 장단은 틀려서는 안 된다고 한다. 판소리 장단의 부침새는 전라방언의 음장을 그대로 간직하고 있는 것이다. 이 장단의 부침새는 또 판소리가 우리의 민족적 정서를 표현하기에 적합한 요소가 되게 하는 것이다.[2]

2) 현대 문학 자료

작가들은 왜 자기가 태어나서 자란 지역의 방언을 쓰는 것일까? 작가의 경험을 되살리고 묘사하는 가장 기본적인 방법은 자기가 쓰고 듣고 말하던 토착 언어를 사용하여 묘사하는 일일 것이다. 방언은 그 당시의 상황이 배어 있는 말이기 때문에 작가는 이러한 효과를 얻기 위하여 방

---

2) 판소리 창과 판소리 사설의 방언은 상당히 다르다. 판소리 창에서는 전라방언이 적극적으로 사용되는 반면에 판소리 사설에서는 많이 사용되지 않고 있다. 판소리 사설을 일부 소개하면 다음과 같다.

   (1) 춘향가 : 보성소리 김세종 바디 조상현 창본, 동초 김연수 바디 오정숙 창본, 정정렬 바디 최승희 창본, 김소희 바디 김소희 창본
   (2) 심청가 : 보성소리 정응민 바디 정권진 창본, 동초 김연수 바디 오정숙 창본, 박동실 바디 한애순 창본
   (3) 흥보가 : 동초 김연수 바디 오정숙 창본, 박록주 바디 박송희 창본, 김정문 바디 강도근 창본, 박초월 바디 김수연 창본
   (4) 수궁가 : 동초 김연수 바디 오정숙 창본, 유성준 바디 정광수 창본, 유성준 바디 조통달 창본
   (5) 적벽가 : 동초 김연수 바디 오정숙 창본, 박봉술 바디 송순섭 창본, 조학진 바디 박동진 창본, 보성소리 정응민 바디 정권진 창본

언을 사용한다.

작가가 작품에서 자기 고향의 방언을 사용하는 것은 상당한 모험이다. 고향 사람이 아니고서는 발화의 뉘앙스, 발화가 주는 다양한 의미를 파악하기 어렵기 때문이다. 그럼에도 불구하고 작자는 모험을 한다. 그 모험이 오히려 작품의 배경을 구체적으로 묘사하고, 작중 인물의 성격을 뚜렷이 규정짓고, 사실적인 현장성을 얻는 데 더 효과적이라고 생각하기 때문이다.

김홍수(2001 : 290)는 문학 작품에 쓰인 방언의 기능에 대해 이렇게 언급하고 있다.

> "방언이 생활언어의 전통 속에 깃든 토착민들의 언어적 상상력을 발굴하고 한 시대 한 지역의 생생하고 다채로운 모습을 선하게 그려내는 데 얼마나 중요한 바탕이 되는지, 현실의 전체적 구도에 대응되는 언어 지도로서 방언이 사회의 여러 분화와 삶의 다양성, 상호교류와 갈등을 파악하고 드러내는 데 얼마나 효과적인 방법이 되는지, 단순한 지방색 노출이라는 소재주의를 벗어나 한 시대상황의 전형을 제시하는 데 방언이 동원될 때 그 극적 효과와 충격이 얼마나 큰지, 우리는 드물기는 하지만 방언에 의해 탁월한 문체상의 효과를 얻을 수 있었던 예들에서 리얼리즘 문체의 발전에 있어서 방언이 담당할 몫을 실감하게 되는 것이다."

평론가 정호웅(2003)은 윤흥길의 『소라단 가는 길』의 해설에서 다음과 같이 사투리에 대해 이야기하고 있다. 여기서 말하는 '느낌들의 구체적 실재'란 바로 방언에 전통과 문화와 경험이 녹아 있는 정감, 즉 오랜 동안 전통과 문화와 역사 속에서 다져진 정서적 의미를 말하는 것이다. 표준어가 보여주는 물리적, 현상적 의미와 방언의 체험적, 정서적 의미가 극명하게 대립되고 있음을 말하고 있다.

"사투리는 과거를 불러내는 주술의 언어이며, 그 과거 속으로 길을 여는 열쇠인 것이다. 어째서 그러한가. 언어는 한갓 추상적 기호가 아니며 그 언어가 발화된 그때 그 자리, 발화 대상과 발화 주체의 관계에서 생겨나는 체험의 실체를 담아내는 물질적 존재이기 때문이다. 표준어는 사전에 규정된 의미를 따라 체험의 구체성을 잘라내고 약화시킴으로써 체험을 추상화하는 표준 기호이다. 표준어의 그같은 속성 때문에 체험의 구체성을 온전히 담아내지 못한다. 지난 시절 겪었던 일들, 느낌들의 구체적 실재는 그 경험 현장에서 사용되었던 언어, 곧 사투리를 통해서만 온전히 되살아날 수 있는 것이다."

소설에 쓰인 방언을 통하여 우리는 많은 것을 이야기할 수 있다. 각종의 음운 현상을 밝힐 수 있고, 어휘의 구체적인 의미를 이해할 수 있으며, 다양한 의성어와 의태어, 첩어 등의 뉘앙스를 파악할 수 있다. 소설 연구자들이 해야 할 일이긴 하지만 등장인물들의 성격을 파악할 수 있고, 문체적인 특징을 통하여 작가의 문체 특성을 연구할 수 있다. 작품의 풍자성, 해학성 등의 연구에도 기여할 수 있다.

지역에 정신적 기반을 둔 시인들은 고향 방언을 많이 사용한다. 다음 작가들이 대표적인 전라방언을 구사하는 작가들이다. 이들은 작가 나름대로 고유한 방언 사용의 특징을 보인다. 그러나 대체로 시인들이 구사하는 방언은 장음이나, 모음을 이용하여 음을 더하거나 바꾸면서 어휘의 리듬을 살리는 경우가 대부분이다.

최근 문학 연구자들 사이에서 시인의 방언 사용의 특징을 연구하는 분위기가 높아가고 있다. 고유어, 생활어, 방언 사용을 부정하는 시인은 없는 것 같다. 이러한 작품을 말뭉치로 구축하여 방언 연구에 활용해야 할 것이다.

3. 문학 작품의 말뭉치 구축

세종계획에서 문학 작품의 말뭉치가 구축되고, '한국 방언 검색 프로그램' 작성과 함께 어휘 말뭉치가 구축되면서 문학 작품을 이용한 국어 연구가 가능해졌다.[3] 무엇보다도 그간 소외된 작품의 방언 연구를 통하여 다양한 방언 연구를 할 수 있게 되었다.

1) 방언이 쓰인 문학 말뭉치

수많은 문학 작품 가운데서 방언이 쓰인 작품을 확인하는 일은 쉽지 않다. 직접 읽어보거나 문학 전공자에게 확인하는 것이 최선의 방법일 것이다. 일단 확인이 되면 이를 입력하여 일정한 양의 말뭉치를 구축해야만 다양하게 검색이 가능하게 된다. 따라서 작품을 입력해야 하는데 이 작업은 매우 어려운 작업이다. 현재 문학 작품의 말뭉치가 일부 구축이 되어 있지만 방언을 포함하고 있는 문학 작품 말뭉치가 적극적으로 구축되지 않는 것은 바로 입력을 해야 하는 어려움 때문이다.

21세기 세종계획에서 작업 중인 '문학 작품에 나타난 방언 검색 프로그램'을 작성하면서 만든 작품의 목록을 제시하면 다음과 같다.[4]

---

3) 방언 연구를 위해 방언 말뭉치가 구축된 예는 21세기 세종계획에서 '한국 방언 검색 시스템 개발'을 위해서 모은 말뭉치가 있지만 주로 어휘 연구를 위해 구축된 것이다. 이것을 제외하고는 방언 말뭉치에 대한 특별한 배려가 없는 실정이다. 만일 앞으로 방언 사전이나 국어 사전에 방언을 표제항으로 올릴 경우, 방언 말뭉치가 없다면 사전 편찬 작업을 수행하기가 매우 어려울 것이다.

4) 최근 21세기 세종계획에서 '문학 작품에 나타난 방언 검색 시스템' 개발을 위해 방언이 사용된 문학 작품의 예를 사용하고 있는데 이 작업 역시 문학 작품의 말뭉치가 없어서 상당히 힘든 작업을 하고 있다.

(1) 강원도 방언 문학 작품 목록

(시집)

김찬윤(1997), 『진셍이 사진사』, 원영출판사.

김찬윤(1998), 『바람 새 그리고 나비』, 원영출판사.

김찬윤(1995), 「요지경이로소이다 1, 2, 3」, 『한민족 방언시 2집』, 도서
출판 세훈.

김찬윤(1999), 「물구나무 서고 싶다」, 『한민족 방언시 3집』, 도서출판
강강수월래.

김찬윤(1999), 「꿈 이야기」, 『한민족 방언시 3집』, 도서출판 강강수월래.

정연수(1993), 「한느님요 보험 한나 드시우와」, 『한민족 방언시 1집』,
도서출판 王과 詩.

정연수(1993), 「굴 밖엔 비가 내리우와」, 『한민족 방언시 1집』, 도서출
판 왕과 시.

정연수(1995), 「김연포 성과 소나기 푸르도록」, 『한민족 방언시 2집』,
도서출판 세훈.

정연수(1995), 「겨울」, 『한민족 방언시 2집』, 도서출판 세훈.

정연수(1999), 「한밝달 안개」, 『한민족 방언시 3집』, 도서출판 강강수
월래.

정연수(1999), 「김대중과 함께 희망 맹글기」, 『한민족 방언시 3집』, 도
서출판 강강수월래.

(소설)

이인직(1993), 『은세계』, 『한국신소설』, 도서출판 대유.

김유정(1994), 『김유정 전집 상, 하』, 김유정 기념사업회.

이효석(1997), 『이효석 단편집』, 서문당.

윤후명(1995), 『하얀 배』, 이상문학상 수상작품집, 문학사상사.

전상국(1977), 「바람난 마을」, 『뿌리깊은 나무』 3월호. 뿌리깊은 나무.

전상국(1978), 「하늘 아래 그 자리」, 『문학과 지성』 34호. 문학과지성사.

(2) 제주도 방언 문학 작품 목록

(시집)

문충성(1978), 『제주바다』, 문학과지성사.
문충성(1979), 『수평선을 바라보며』, 문장사.
문충성(1980), 『자청비』, 문장사.
문충성(1981), 『섬에서 부른 마지막 노래』, 문학과지성사.
문충성(1986), 『내 손금에서 자라나는 무지개』, 문학과지성사.
문충성(1988), 『떠나도 떠날 것 없는 시대에』, 문학과지성사.
문충성(1990), 『방아깨비의 꿈』, 문학과지성사.
문충성(1993), 『설문대할망』, 문학과지성사.
문충성(1997), 『바닷가에서 보낸 한철』, 문학과지성사.
문충성(2001), 『허공』, 문학과지성사.

(소설집)

현기영(1979), 『순이 삼촌』, 창작과비평사.
현기영(1983), 『변방에 우짖는 새』, 창작과비평사.
현기영(1986), 『아스팔트』, 창작과비평사.
현기영(1989), 『바람 타는 섬』, 창작과비평사.
현기영(1994), 『마지막 테우리』, 창작과비평사.
현기영(1999), 『지상에 숟가락 하나』, 실천문학사.
현길언(1984), 『용마의 꿈』, 문학과지성사.
현길언(1985), 『우리들의 스승님』, 문학과지성사.
현길언(1987), 『닳아지는 세월』, 문학과지성사.
현길언(1988), 『우리 시대의 열전』, 창작과비평사.
현길언(1992), 『여자의 강 상·하』, 한길사.
현길언(1995), 『한라산 1~3』, 문학과지성사.

(3) 경상방언 문학 작품 목록

권오경(1998), 『영남의 소리』, 태학사.
김원일(1983), 『불의제전』, 문학과지성사.

권정생(1998), 『한티재하늘(1)-(2)』, 지식산업사.

박목월(2003), 『박목월 시전집』, 민음사.

성춘식(1992), 「이부자리 피이 놓고 암만 바래도 안와」, 뿌리깊은 나무.

유치환, 『청마시집』, 문성당.

이문열(1998), 『변경』, 문학과지성사.

이상규(2002), 『이상화시전집』, 정림사

이오덕(2001), 『허수아비도 깍굴로 덕새를 넘고』, 보리.

이장희(1998), 『이장희시전집』, 대구문인협회.

이호철(1998), 『공부는 왜 해야 하노』, 산하.

현진건(2004), 『소설전집』, 한국문화사.

(4) 충청방언 문학 작품 목록

강준희(1993), 『그리운 보릿고개 상권』, 현대문예사.

강준희(1993), 『그리운 보릿고개 하권』, 현대문예사.

이광복(1991), 『목신의 마을』, 도서출판 문성.

이기영(1987), 『고향 상권』, 기민사.

이기영(1987), 『고향 하권』, 기민사.

이문구(2000), 『관촌수필』, 문학과 지성사.

정지용(1936), 『정지용 시집』, 을유문화사.

(5) 전라방언 문학 작품 목록

(시집)

김영랑(1935), 『영랑시집』.

신석정(1939), 『촛불』, 인문평론사.

서정주(1945), 『귀촉도』.

김용택(1985), 『섬진강』, 창작과 비평사.

(소설집)

채만식(1938), 『천하태평춘』, 조광.

채만식(1987), 『채만식 전집(1권-10권)』, 창작과비평사.

신경숙(1992), 『풍금이 있던 자리』, 문학사상사.
이병천(1993), 『모래내 모래톱』, 문학동네.
조정래(1995), 『아리랑』, 해냄.
최명희(1996), 『혼불 1권~10권』, 한길사.
조정래(2001), 『태백산맥(3판)』, 해냄.
윤흥길(2003), 『소라단 가는 길』, 창비.

2) 말뭉치의 정보 처리

이렇게 만들어진 문학 작품의 말뭉치를 가지고 정보를 처리하는 방법은 몇 가지가 있다.

첫째, 작품을 읽으면서 필요한 항목, 예를 들면 문법 형태소, 어휘, 화용표지, 통사 현상 등을 일일이 점검하는 일이다. 이 방법은 시간은 많이 들지만 언어 현상을 비교적 정확하게 파악할 수 있고 필요한 항목을 추출할 수 있다는 장점이 있다.

둘째, 작품에서 방언이 많이 쓰이는 부분은 대화이다. 따라서 대화에 등장인물을 표시한 뒤에 등장인물 별로 뽑거나, 한꺼번에 대화 부분을 추출하는 방법이 있다. 이렇게 하면 등장인물의 성격을 밝히는 데 큰 도움을 줄 수 있다.

(1) 작품 전체를 이용하는 처리

문학 작품이 전산화되어 있다면 다음과 같이 정보를 처리할 수 있다. 대용량으로 전산화된다면 국어국문학 연구는 물론 다양한 분야에서 활용할 수 있을 것이다.

① 각 지역 방언을 담고 있는 주요 작품을 조사하고 시와 소설, 구비

문학을 중심으로 작품을 선별한다. 선정된 작품을 입력하여 전산화한다.

② 입력된 자료를 '깜짝새(synKDP)'에서 사용할 수 있도록 출전을 정리한다. 입력된 문학 자료를 하나로 합쳐서 2바이트 파일로 저장한다. 이때 입력구조의 출전 표시 원칙에 따라 출전을 정확히 표기한다.

<아리랑, 1, 9>
1. 역부의 길
초록빛으로 가득한 들녘끝은 아슴하게 멀었다. 그 가이없이 넓은 들의 끝과 끝은 눈길이 닿지 않아 마치도 하늘이 그대로 내려앉은 듯싶었다. 그 푸르름 속에서 일하고 있는 사람들은 움직임을 느낄 수 없는 채 멀고 작은 점으로 찍혀 있었다. 그런데 그 넓은 들은 한낮의 생기를 잃고 야릇한 적요 속에 가라앉아 있었다. 초록빛 싱그러움을 뒤덮으며 들판에는 갯내음 짙은 바람이 불고 있었던 것이다.

③ 작품을 읽고 연구에 필요한 문법 형태소, 어휘, 화용 표지, 문법 현상 등을 선정한다. 필요한 항목을 최대한 뽑아 놓고 정렬을 한 뒤에 검색에 필요한 항목에 예를 들면 * 표시를 해둔다. 소트하면 * 표시된 항목만 맨 위로 모인다.

*가비얍게<아리랑5>
*가차우니께네<아리랑7>
*각다분하다<채만식어휘사전><태백산맥>
*각단지게<아리랑8>
*개완허게<혼불>
*객광스럽다<혼불의언어>
*갠기찮지<채만식>*갱기찬헌종<채만식>*갱기찮다<채만식어휘사전>
*갠소롬하다<채만식어휘사전>
*갤차주씨요<아리랑9>

*갬치<혼불의언어>
*거시기<채만식어휘사전>

④ 입력한 문학 작품 말뭉치를 SynKDP를 이용하여 용례를 최대한 검색한다. 이때 필요한 항목의 주요 음소를 가지고 검색해야 다양하게 뽑을 수 있다. 필요한 어휘를 하나씩 뽑을 수 있고, 한꺼번에 리스트를 만들어 뽑을 수 있다.

어휘 '쌨다'의 용례를 제시하면 다음과 같다.

말허자면 못해묵을 것이 머시가 있어. 머심질에 인력거꾼에 도적질꺼정 쌔고 쌨제." "말이 좋아 등짐질이제 그것도 일자리 얻기가 쉴털 않다는 소문이여. <아리랑3, 12>

"그 말도 맞는디, 이동만이놈이 따로 꾸미는 못된 짓이 쌔고 쌨단 말이시. 우리 일도 다 그 놈이 꾸민 것이여." <아리랑3, 13>

것덜 아니고라도 소작 더 얻어부칠라고 눈에 불 킨 사람덜이 쌔고쌨는디, 빨갱이눔덜 새끼 싸게싸게 믹여 키워 또 우리 자석덜 죽여주씨요 <太白山脈2, 256>

"몰르닝께 문제 암스롱도 묻었어?" "워따 속 편허게 몰를 것도 쌨네. 아, 빨갱이덜 잡자고 오는 것 아니겠는가." "빨갱이 잡자고? 워메, <太白山脈3, 79>

했습니다. 사실 별반 힘들게 없이, 그런 조무래기야 장안에 푹 쌨고, 그런데 이편으로 말하면 이러저러한 곳에 사는 재산 있고, 칠십 <태평천하, 108>

내가 새로 맹글어 준당게요. 이께잇 거 천지에 쌔고 쌨는 거이 흙댕인디. 흙무데기가 무신 황금단지간디요오……. <혼불2, 95>

왜 그렇게 우요……. 이께잇 노무 흙. 천지에 쌔고 쌨는 흙무데기가 무신 황금단지간디요오, 이렁 거 다아 장난으로 집 짓고 <혼불2, 99>

무신 일이 있간디?" "양반 한량에 첩실이야 머 쌔고 쌨는 거잉게 놀랠 것도 없는디, 그 여자가 기생인게 공으로 얻어 <혼불2, 279>

　　"오늘 지사에도 구신 다녀간 자최가 남었다고 허등만… 참 벨일도 쌨
지이!" "어치케 흔적을 남겼간디?" "양푼으다가 밀가루를 담어서 아,
　　　<이병천, 모래, 92>

　⑤ 뽑은 항목의 일반성을 획득하기 위하여 '국어사전, 구비문학대계,
한국방언자료집' 등에서 검증할 필요가 있다. 특히 세종계획에서 수행한
'한국 방언 검색 프로그램'을 검토하면 많은 이형태를 확보할 수 있다.

(2) 대화를 이용한 처리

　작품에 나타난 방언은 대체로 대화 부분에 집중되어 있다. 따라서 대
화 부분만을 따로 뽑아서 검토하는 것도 한 방법이 될 것이다. 작품에
나타난 등장인물의 성격을 알아보기 위하여 특정한 등장인물의 발화를
한글의 매크로 기능이나 '인용문 검색기(wa.exe)'를 이용하여 뽑은 다음 분
석하면 방언 연구와 문학 연구에 큰 도움을 줄 수 있을 것이다.

　『혼불』에 등장하는 '옹구네'라는 인물의 성격을 알아보는 방법을 제시
하면 다음과 같다.

　① 입력된 『혼불』에서 '옹구네'의 발화를 표시하는 작업을 한다. 예를
들면 다음과 같다.

　　"(옹구네) 새서방님 말이여, 그러다가 대실 새아씨도 인월마님짝 나능
　거 아닝가 모르겄어."

　② 입력한 '혼불.hwp'를 '혼불.txt'로 변환한 후 '인용문 검색기'(wa.exe)
에서 인용문을 한꺼번에 추출하여 정렬(소트)하면 개별적인 등장인물별로
정렬한다. 여기서 "(옹구네)"만을 가지고 작업한다.

‘인용문 검색기’를 사용하지 않고 ‘훈글’의 매크로를 이용하여 뽑을 수
도 있다.

> ㉮ Ctrl+Q+F : 미리 찾기에서 “‘(옹구네)’”를 선택하여 찾기를 시도한
> 다.
> ㉯ Alt+B : 매크로 열어 번호를 선택한다.
> ㉰ 매크로가 실행되면 먼저 Ctrl+L(찾기)를 하여 “옹구네”로 간다.
> ㉱ 커서가 “‘(옹구네)’”로 가면 ‘Home−F3(불럭 선택)−Alt-End(문단의
> 끝)’ 키를 이용해 해당 문단 전체를 선택한다.
> ㉲ Ctrl+C : 선택된 부분을 복사한다.
> ㉳ Ctrl+Down으로 제일 아래로 내려가서 enter를 친 후 Ctrl+V로 붙
> 이기를 한다.
> ㉴ Alt+Z : 매크로 반복 횟수를 적어 넣는다.
> ㉵ Alt+B : 완료가 되면 매크로 닫기를 실행한다.

③ 뽑은 등장인물의 발화를 하나의 파일로 만들고 후처리를 한다. 즉
따옴표와 괄호 및 부호를 없앤다.

④ ‘깜짝새(SynKDP)’를 이용하여 어절 빈도를 내보고, 빈도가 높은 어절
을 중심으로 검토한다. 이를 통하여 빈도가 높은 어휘를 검색할 수 있다.

아이구우 : 000002 (0.01289%) [48.34365%]
아이고매 : 000004 (0.02578%) [56.72209%]
아이고오 : 000010 (0.06445%) [70.75922%]
아이고 : 000027 (0.17401%) [83.28177%]
아이 : 000014 (0.09023%) [76.09564%]
하이고매 : 000004 (0.02578%) [58.93916%]
하이고 : 000007 (0.04511%) [66.49265%]
하이고오 : 000012 (0.07734%) [73.73034%]

⑤ 용례사전을 만들면 어휘의 쓰임을 구체적으로 살펴볼 수 있다.『혼불』1권의 용례사전의 일부를 제시하면 다음과 같다.

    소리 : 그저 저희끼리 손을 비비며 놀고 있는 자잘하고 맑은 소리, 강
           건너 강골 이씨네가 살고 있는 <혼불1, 12>
    소리 : 마을에서 이쪽 대실로 마실 나온 바람이 잠시 머무는 소리, 어
           디 먼 타지에서 불어와 그대로 지 <혼불1, 12>
    소리 : 나가는 낯선 소리, 그러다가도 허리가 휘어질 만큼 성이 나서
           잎사귀 낱낱의 푸른 날을 번뜩이며 <혼불1, 12>
    소리 : 몸을 솟구치는 소리, 그런가 하면 아무 뜻없이 심심하여 제 이
           파리나 흔들어 보는 소리, 그리고 <혼불1, 12>
    소리 : 달도 없는 깊은 밤 제 몸 속의 적막을 퉁소 삼아 불어 내는 한
           숨 소리, 그 소리에 섞여 별의 무 <혼불1, 12>

⑥ '깜짝새(SynKDP)'를 이용하면 많이 사용하는 문법 형태소를 점검할 수 있다. 어절 빈도를 낼 때 역순 빈도를 선택하여 가나다순으로 소트를 하면 다음과 같은 결과를 얻을 수 있다.

    여이거 : 000006 (0.91884%) [92.03675%]
    머 : 000006 (0.91884%) [92.95559%]
    왜 : 000007 (1.07198%) [94.02757%]
    여니아 : 000007 (1.07198%) [95.09954%]
    고라니아 : 000007 (1.07198%) [96.17152%]
    여리그 : 000008 (1.22511%) [97.39663%]
    잉 : 000017 (2.60337%) [100.00000%]

4. 문학 작품의 방언 연구

고전문학 작품과 현대문학 작품에 쓰인 방언에 대한 연구는 그리 많지 않다. 그러나 문학 작품에 나타난 방언의 쓰임을 좀 더 면밀히 살펴보면 많은 언어 현상을 접할 수 있다. 특히 문법 형태소, 어휘, 문장, 화용 표지의 쓰임을 통하여 우리는 새로운 방언의 언어적 현상을 확인하게 될 것이다.

1) 방언 형태소의 새로운 해석

문학 작품을 통하여 문법 형태소의 새로운 해석에 접근하기가 용이하다. 실제 조사에서 찾기 어려운 예문을 확인할 수 있기 때문이다.

전라방언의 '맹이로'는 문학 작품에 나타난 문장에서 보면 특수조사 '처럼'과 같은 기능을 한다. 국어사전에서도 '처럼'의 방언으로 해설하고 있다.

맹이로 「조」방 '처럼'의 방언(전북).
새참이라고 어디 애들 장난맹이로 한 숟구락씩 엥게주먼, 그께잇거 머, 한 볼때기 깨물고 말 것도 없는디. <최명희, 혼불, 1996, 1, 111>
내동 암 말도 않고 소맹이로 일만 잘허드니. 무신 바램이 또 너를 헤젓는다냐." <최명희, 혼불, 1996, 1, 113>
논바닥에 처백혀 갖꼬는, 새참 밥 한 그륵 갖꼬 가이내들맹이로 이러고 저러고 허니 속이 좋겠소? <최명희, 혼불, 1996, 1, 113>
무단시 비얌맹이로 그 방정맞은 셋바닥 조께 날룽거리지 말란 말이여. <최명희, 혼불, 1996, 1, 263>

실제로 전북 지방의 노인들의 방언에서는 '맹이로'가 아주 많이 사용된다. 이 '맹이로'는 아주 특징적으로 들리기 때문에 독특한 구성으로 인정하고 바로 '처럼'과 같은 기능을 하는 것으로 처리하기 쉽다.

그러나 다음과 같은 예를 보면 단순히 '처럼'으로 처리하기가 곤란하다.

하이고오, 신랑 좀 보소. 똑 꽃잎맹이네. <최명희, 혼불, 1996, 1, 20>
신랑은 애들맹이고, 신부는 큰마님 같으네에……. <최명희, 혼불, 1996, 1, 21>
이런 년의 팔자는 니 손발 오그라지면 그대로 앉은뱅이맹이가 되야 갖꼬 디져 불고 말 거인디, 어뜬 사람 팔짜 좋아 그런 시상을 사능고오. <최명희, 혼불, 1996, 2, 15>
죽을 것 같어도 쌍놈 낙이 있고, 양반은 다 신선맹이라도 넘모르게 속 썩는 일이 한두 가지가 아닝 거여. <최명희, 혼불, 1996, 2, 287>
어찌 그리 너 허고 앉었는 거이 똑 나맹이냐. 너는 대체 먼 근심이 그렇게 많허냐. <최명희, 혼불, 1996, 3, 255>
야 야, 너 꼭 벌초 안헌 묏동맹이다이? 대가리가. 수건으로라도 짬매든지 해야지, 풀머리 쏟아져서 어디 쓰겄냐? 이마빼기도 허전허고. <최명희, 혼불, 1996, 4, 207>
저 달은 없는 거이 낫겠네. 하도 훤헝게 기양 대낮맹이어갖꼬 누가 보까도 싶으고오. <최명희, 혼불, 1996, 6, 41>
꼬라지 봉게로 그렇그만? 떡 동냥아치맹이다. <최명희, 혼불, 1996, 6, 154>
옹구네 그거이 예삿말 허는 것맹이지는 않든디…… <최명희, 혼불, 1996, 6, 274>
젊은 새아씨 눈기운이 어이 저리 청암마님맹이신고. <최명희, 혼불, 1996, 7, 65>

위의 예들은 '맹이네, 맹이고, 맹이냐, 맹이다, 맹이지' 등과 같이 표준어의 '모양'의 쓰임새와 비슷하게 사용되는 명사이다. 따라서 '맹이'는 표준어의 '모양'의 의미를 가지고 있다. '맹이' 뒤에 연결어미나 종결어미가 연결되면 '-과 같다'는 의미를 갖게 되고, 실제로 방언에서는 '같다'의 활용형과 교체가 가능하다.

'맹이로'로 쓰일 때 '처럼'의 의미를 가진다고 할지라도 곧바로 특수조사로 처리하는 것은 문제가 있다. '맹이로'는 '모양으로'의 구성을 가지고 '처럼'의 의미로 쓰일 뿐이지 이것을 곧바로 '처럼'의 기능으로 굳어졌다고 말하기는 어렵다. 실제로 '맹이로'는 전라방언에서 아주 많이 사용되는 '같이'와 교체가 가능하기 때문에 '맹이로'는 '모양으로'의 구성으로 '처럼'의 의미를 갖는다고 말해야 한다.

2) 방언 어휘의 정밀한 의미 분석

문학 작품을 활용하여 어휘의 예를 정밀히 관찰하면 이 방언에서 쓰이는 어휘의 뜻을 분명히 드러낼 수 있다. 예를 들어 '사운대다, 사운거리다, 사운사운' 등은 표준어에 없는 이 지역의 방언이다. '사운대다, 사운거리다'는 '작은 소리로 속삭이듯 소리 내다.'(장일구, 2003)의 의미를 갖는다.

빗방울에 싸여서 山茱萸에 내리면 山茱萸꽃 피여서 사운거리고 <서정주, 내그대를사랑하는마음은>
막 산수유꽃들이 사운사운 노랗게 잎도 없는 마른 가지에서 피어날 무렵 <최명희, 혼불, 8, 79>
밖에 나서서는 南녘의 대수풀 사운거리듯 房에 들어선 蘭艸만양 점잖게 앉는 <서정주, 福받을處女>
겨울바다로 뻗은 그 푸른 가지 솨…솨… 그 가지와 함께 사운거리고서 <서정주, 雨中有題>
잎들이 쓸리는 소리도 스산하게 서걱거리는 것이 아니라 보드랍게 사운거렸고, 햇살이 퍼져오면 참새 떼들의 활기 찬 짹짹거림은 소나기 쏟아지듯 대숲을 온통 흔들어댔다. <조정래, 아리랑4, 49>

바람이 부는 기미라고는 없는데 대숲이 소곤거리듯 읊조리듯 사운거리고 있었다. <조정래, 아리랑, 7, 277>
깊은 정적 속에서 여리고 보드랍게 여울 짓는 대숲의 사운거림은 어떤 소리가 아니라 무슨 향내 같기도 했다. <조정래, 아리랑, 7, 277>
사르락 사르락 댓잎을 갈며 들릴 듯 말 듯 사운거리다가도, 솨아 한쪽으로 몰리면서 물 소리를 내기도 하고, <최명희, 혼불, 1, 11>

하나의 작품만을 읽고 '사운거리다'의 뜻을 파악하게 되면 대체로 나뭇잎이 바람에 일렁이면서 소리는 내는 것으로 해석하기 쉽다. 그러나 여러 작품을 검토해 보면 다음과 같이 다양한 쓰임을 확인할 수 있다.

철새 나는 하늘을 무서리 나려 풀버레 사운대는 밤은 정작 고요도 한 저이고 <신석정, 秋夜長古調>
궂은비로 추적추적 내리기도 했고, 가랑비로 사운사운 날리거나 이슬비로 가늘가늘 뿌리다가 느닷없이 천둥이 울리고 번개를 치며 폭우를 퍼부어 대기도 했다. <조정래, 아리랑2, 49>
실비가 건듯 스쳐가고, 가랑비가 사운거리며 한식경씩 내리고 이슬비가 함초롬히 솔잎을 적시다 가면 <조정래, 태백산맥, 8, 296>

위의 예에서 보면 '사운거리다'의 용례에는 그 앞에 '보드랍게, 소곤거리듯 읊조리듯, 들릴 듯 말 듯'과 같이 '사운거리다'의 움직임의 강도를 엿볼 수 있는 수식어들이 보인다. 또한 사운거리는 대상이 '풀벌레, 꽃, 대숲, 가랑비' 등 자연 안에 있는 여러 생물과 현상들이 해당되는 것을 알 수 있고, 그것들이 사운거리는 모습을 아주 정확하게 묘사하고 있다. 작가의 정확한 어휘 사용의 예를 우리는 작품에서 찾을 수 있는 것이다.
결국 전라방언의 '사운거리다, 사운대다'는 '풀벌레, 꽃 대숲, 가랑비' 등이 보여주는 작은 소리나 그 모습을 묘사하는 어휘임을 알 수 있다.

3) 화용 표지의 기능 확인

문학 작품을 이용하면 방언의 화용 표지의 기능을 자세히 연구할 수 있다. 실제로 방언의 화용 표지는 화용론 연구에서 많이 인용하고 있는데 주로 연구자가 만들어 쓰는 구어체의 예문이거나 아니면 구비문학 중 설화에서 뽑아 사용하는 예가 대부분이다. 이들 자료는 정제가 되지 않아서 정확한 기능을 뽑아내기가 쉽지 않다. 그러나 문학 작품의 화용 표지는 작가에 의해서 정제된 발화이기 때문에 비교적 정확하게 기능을 살펴볼 수 있다.

방언의 특징을 보여주는 현상의 하나는 화용적인 기능을 하는 형태소들이다. 『혼불』에서는 '무신, 머, 좀, 기양, 인자, 그렁게/긍게, 근디' 등이 매우 높은 빈도로 나타난다. 이들은 표준어에서는 부사나 의문사, 감탄사로 쓰이는 것이지만 방언에서 쓰임은 표준어와 다른 부분이 있다. 대체로 화용적인 요소로 쓰여서 구어의 특징을 보여주고 있는 것이다.

전라방언의 '인자'는 표준어 '이제'의 방언이다. 『표준국어대사전』에는 다음과 같이 해설되어 있다.

> 이제01 「I」「명」바로 이때. 지나간 때와 단절된 느낌을 준다. 「II」「부」
> 바로 이때에. 지나간 때와 단절된 느낌을 준다.

『혼불』에 나타나는 전북 방언의 '인자'는 '바로 이때'의 의미를 가지는 경우도 있지만, 다음과 같은 예에서는 '앞으로'의 의미를 가지고 쓰이는데, 이 경우 뒤에 나오는 문장은 주로 미래의 일을 나타내는 시제가 사용된다. '인자'는 방언이나 구어에서 쓰일 때, 단순히 표준어 부사인 '이제'의 사전적 의미가 아니라 앞으로 말하려는 내용을 말하기 위해 사용하는 화용 표지인 것이다. 예문을 보면 '인자' 뒤에 '나중에'가 나오는 예문이 많이 발견된다. 따라서 '인자 나중에'가 연이어 연결되는 것은 시간 개념이 전혀 맞지 않는다. 그러므로 '인자'는 화용 표지인 것이다.

> "두고 바라. 저러다가 인자 무신 일이 나고 말 거이다." <최명희, 혼불, 1996, 1, 219>
> 나도 인자 이 집 머슴살이 더는 못허겄다. <최명희, 혼불, 1996, 1, 220>
> 누가 아요? 인자 꺼꾸로 서서 대그빡으로 땅을 짚고 손바닥으로 걸어 댕기는 날이 올랑가?" <최명희, 혼불, 1996, 2, 13>
> 나도 인자 요 다음 시상으 날 적으는 기연히 양반으로 나야겄다. <최명희, 혼불, 1996, 2, 16>
> "아재는 인자 죽으먼 극락왕생허시겠소. 나는 딴 디 가 있을 거잉게, 죽은 담에 안 뵈이그덩 서운타 말으시오." <최명희, 혼불, 1996, 2, 281>
> 너도 인자 내년 단오에는 진샛날 받고 중머심 새경 받어야 안히여? <최명희, 혼불, 1996, 4, 110>
> "이 썩을 놈아, 너도 인자 늙어 바라. 너라고 머 펭상 젊을지 아냐? 뻭다구 쇠토막 같을 적에야 머엇이 부러어? 늙어 바야 속을 <최명희, 혼불, 1996, 4, 198>
> "자도 인자 나중에 지집 깨나 엥간히 호리게 생겼그만. 굿판에 애벌나 앉자마자 예펜네들 이렇게 시시닥거리는 것 봉게로." <최명희, 혼불, 1996, 5, 286>
> "하앗따아. 너 인자 나중에 뚜부집으로 시집갈랑갑다이?" <최명희, 혼불, 1996, 7, 280>

전라방언의 '긍게'는 표준어 '그러니까'의 대응형이다. 표준어 '그러니까'를 사전에서 참고하면 다음과 같다.

> 그러니까 「Ⅰ」「부」앞의 내용이 뒤의 내용의 이유나 근거 따위가 될 때 쓰는 접속 부사. 「Ⅱ」「1」'그리하니까'가 줄어든 말. 「2」'그러하니까'가 줄어든 말.

그러나 전라방언의 '긍게'는 접속 부사의 역할을 하는 경우가 많지만, 발화의 맨 뒤에 쓰이는 경우도 있다. 발화의 맨 뒤에 쓰일 경우, 의문문일 때는 주로 수사의문문에 쓰이는데 발화의 내용이 화자의 생각 범위를 넘어선 경우에 쓰인다. 평서문, 명령문 등에도 쓰이는데 모든 발화의 끝에서 쓰일 때는 화자가 청자의 동의를 얻어내거나 요구하려는 기능을 가진 화용적인 표지로 쓰인다. '긍게 말이여, 긍게 말이다'와 같은 예가 많이 쓰이는 것도 하나의 증거가 될 것이다.

"아닌디 왜 꼭 지금 허니라고 그리여? 그거이 무신 숨넘어갈 일이간디. 아무리 에린 거이라고 그렇게 때를 모르냐, 긍게." <최명희, 혼불, 1996, 4, 64>

또 홀에미도 홀에미 나름이제. 어쩌다 저런 옹구네 같은 것한테 걸려 갖꼬 벵신맹이로 빠져 나오들 못허고, 소 발에 개 다리 꼴을 허고 앉었냐, 긍게." <최명희, 혼불, 1996, 4, 223>

세도고 양반이고 인자 죽어 부렀는디. 아무 짝에도 쓸 디 없제. 부석(부엌) 앞에 불때고 앉었는 내가 낫제. 암만 상년이라도. 살어야 무신 세상을 볼 거 아니여, 긍게." <최명희, 혼불, 1996, 6, 127>

"의원? 아나, 의원. 의원은 참말로 니가 바야겄다. 야가 지명에 못 죽겄네. 음마, 이게 무신 뚱딴지 같은 소리여, 긍게." <최명희, 혼불, 1996, 6, 256>

"서러워서 그러요, 서러워서. 오늘따라 내가 복장이 탁 터져 불라고 그래서어. "어디 보자, 어디 바아. 어디 어디를 맞었냐아, 긍게." <최명희, 혼불, 1996, 7, 239>

내 속을 나나 알제 누가 알어 긍게." <최명희, 혼불, 1996, 7, 182>

"아 긍게 머얼 이러기냐고요오. 하 참, 나는 모르겄다는디이. 성님 말을. 알어듣게 말을 해 바요오. 긍게." <최명희, 혼불, 1996, 8, 37>

그 은혜를 꼭 갚을라고, 어치케든지 한번 살어 볼라고 시방 이렇게 온 만주 벌판을 헤메고 댕기는 거이여요, 긍게." <최명희, 혼불, 1996, 10, 112>

전라방언의 '기양'은 표준어 '그냥'의 방언형이다. '그냥'을 국어사전에서 찾아보면 다음과 같이 해설되어 있다.

그냥 「부」「1」더 이상의 변화 없이 그 상태 그대로. 「2」그런 모양으로 줄곧. 「3」아무런 대가나 조건 없이.

전라방언에서 '기양'은 발화의 여러 성분에 자연스럽게 연결된다. 다음 예는 주로 주어 다음에 쓰이는 '기양'의 예를 들고 있는데 주어 다음에 쓰이는 '기양'은 그 주어의 모습이나 현상이 화자의 입장에서 예전과 상당히 다름을 보여주는 화용 표지로 쓰이고 있다. 이때 '기양'은 사전적인 부사의 의미는 거의 없고 오히려 감탄사와 같은 역할을 하는 것으로 해석된다. 이러한 화용 표지들은 말을 할 때 선행하는 성분과 함께 읽게 되는 경우가 많고 특히 억양이 수반되기 때문에 억양과 함께 다루어야 한다.

"방죽 바닥에 물괴기가 기양 막 드글두글 헙디다. 시커매요. 인자 올 농사는 다 틀려 부렀다고요. 가망이 없응게, 일찌감치 넘보다 한 발이라도 <최명희, 혼불, 1996, 2, 17>

"어아고매 호랭이 물어가겠네. 오살 노무 바램이 기양 살을 비어 갈라고 그러네에." <최명희, 혼불, 1996, 3, 21>

바람이 술술 들으가면 큰일이여. 땅이 퍼실퍼실허면 바람이 들으가는디, 나중으는 시신이 기양 새까맣게 끄슬러 버러. 바람에. 그것도 안되는 일이고, <최명희, 혼불, 1996, 3, 135>

"그날은 기양 온 동네 머심들을 다 불러 갖꼬, 술을 막 동우째 엥기고, 닭죽 쒀 주고, 있는 집이서는 돼야지 <최명희, 혼불, 1996, 4, 111>

자광이가 그 은어떼 복판으로 썩 들어스기만 허면 은어들이 기양 딱 굳어서 움짝을 못해 부리네. <최명희, 혼불, 1996, 4, 149>

4) 사전의 편찬과 보완

현재 사용되는 『표준국어대사전』의 경우 방언에 대한 해설은 다음과
같이 되어 있다.

> 가생이 「명」『방』「1」 '가장자리'의 방언(경기, 전북).
> 개금01 「명」『방』 '개암01'[1]의 방언(전북).
> 고닥 「부」『방』 '별안간'의 방언(전북).
> 맹이로 「조」『방』 '처럼'의 방언(전북).

이러한 해설을 가지고는 방언의 쓰임이나 뜻을 정확히 파악하기 어렵
다. 현재 국어사전의 문제는 표준어에 대해서는 문학 작품에서 예를 뽑
아 제시하고 있으면서 방언에 대해서는 그러한 작업이 전혀 이루어지지
않았다. 방언이 사용된 문학 작품의 말뭉치가 체계적으로 입력되지 않았
고 또 해당 방언을 고르는 작업이 이루어지지 않았기 때문이었다.

현재 발행된 방언 사전의 경우에도 예문이 없기 때문에 해당 형태소의
정확한 의미와 기능을 파악하기 어렵다. 다음은 전남 방언 사전에서 몇
개의 표제어를 제시한다.

> 결판시롭다 혱 (잔치, 놀이판 따위가) 거창스럽다. 성대하다. ㉠ 환갑
> 한번 결판시롭게 쇠네.(=환갑 한번 거창스럽게 치르네.) [화순]
> 결판지다 혱 (잔치, 놀이판 따위가) 거창스럽다. 성대하다. [담양]

이 예를 문학 작품을 이용하여 구체적으로 조사하면 다음과 같다.

> //방언 표제어 : 결판지다
> //표준어 : 걸다
> //품사 : 형용사

//뜻풀이 : 음식 따위가 가짓수가 많고 푸짐하다. 말씨나 솜씨가 거리낌이 없고 푸지다.

//관련 지역 : 전라도

//방언형 및 검색어 : 거:판시롭다, 거:판지다, 걸판시롭다, 걸판지다

//예문 :

"자아아, 오랜만에 만났으니 우리 술이나 한잔 걸판지게 마셔보세." <조정래, 아리랑, 1995, 1, 217>

삼포댁 일로 마을이 뒤숭숭해진 것을 걸판진 풍악판을 벌여 가라앉히자고 마음을 모았던 것이다. <조정래, 아리랑, 1995, 4, 31>

술취한 웃음들이 걸판지게 엉클어졌다. <조정래, 아리랑, 1995, 5, 313>

"봉숭 돌릴 때 봉게는 신부댁이서 채리기는 아조 딱 부러지게 때깔내서 걸판지게 채렛능갑드만." <최명희, 혼불, 1996, 1, 104>

그가 송별회를 굳이 남원장에서 걸판지게 벌이려는 것은 단순히 멸공단원이었던 양효석과 최서학의 서울 유학을 축하하기 위해서만이 <조정래, 太白山脈, 2001, 5, 36>

사람들은 다시 당산나무 아래 줄맞춰 서고, 걸판진 풍악소리에 맞추어 무당의 신바람 도지는 춤이 한바탕 어우러졌다. <조정래, 太白山脈, 2001, 7, 268>

//종합설명

전라방언에서 쓰는 '걸판지다'는 음식을 잘 차린 것을 말할 때 주로 쓰이는데 표준어 '걸다'의 방언형이다. 전라방언에서 쓰이는 '걸판지다, 거판지다'는 표준어로는 '걸다'와 '거방지다' 두 가지의 뜻을 다 포함하면서 쓰이고 있다.

//끝

또한 문학 작품에 많이 쓰이고 있는 방언은 아주 독특한 방언과 일반적인 방언이 있는데 이 방언에 대한 연구가 부진하기 때문에 사전에도 제대로 등재되어 있지 않아서 검색할 수가 없다. 작품별로 아주 독특한 어휘가 쓰이고 있는데 하나의 예를 제시하면 다음과 같다.

//방언 표제어 : 진지리꼽재기

//표준어 : 구두쇠

//품사 : 명사

//뜻풀이 : 아주 인색한 사람을 이르는 말.

//관련 지역 : 전라도

//방언형 및 검색어 : 진저리꼽쟁이, 진지꼽재기, 진지리꼽재기, 진저리꼽잭이

//예문 :

이악하대서 '살쾡이'라는 별명을 듣고 인색하대서 '진저리꼽잭이'라는 별명을 듣고 잔말이 많대서 '담배씨'라는 변명을 듣고 하든 시어머니 오씨 <채만식, 천하태평춘, 1938:3, 267>

좀 호협한 푼수로는 그의 조부 말대가리 윤용규를 닮았다고나 할른지 그리고 살쾡이요 진지리 꼽짝이요 담배씨라는 그의 모친 오씨와는 아주 딴 세상 사람입니다. <채만식, 천하태평춘, 1938:3, 269>

//종합설명

전라방언에는 구두쇠란 말보다는 '진지꼽짹이, 진지리꼽쟁이'란 말이 많이 쓰였다. 이 말은 채만식 선생의 작품인 『태평천하』에도 나온다. 채만식 선생은 방언을 많이 쓴 작가였는데 1930년대에도 쓰인 것으로 보면 상당히 오래 된 말인 듯하다. 개작된 『태평천하』에서는 '진지리꼽재기'로 표기되어 있다.

전라방언에는 '꼽꼽하다'는 말이 있는데 '인색하다'는 뜻을 가진 형용사이다. 인색한 사람을 '꼽꼽쟁이' 또는 '꼽재기'라고 말한다. 물론 '꼽재기'는 표준어에도 있는 말인데, '때나 먼지 같이 작고 더러운 물건'이나 '하찮고 작은 사물'을 이르는 말로 쓰인다.

한편 '진저리'란 말은 명사로서 '몹시 싫증이 나거나 무시무시할 때 몸을 떠는 일'을 말하는데 이 말이 전라방언에서는 '진지리'라고 표현된다.

따라서 '진저리/진지리'와 '꼽쟁이/꼽재기'가 복합되어서 '진지리꼽재기, 진지꼽쟁이'로 발음되는 것이다. '눈꼽'의 뜻을 가진 '눈꼽재기'도 '눈'과 '꼽재기'가 복합되어 쓰이는 말이다. 또 인색한 사람을 '약다'란 말과 '꼽재기'를 복합하여 '약꼽재기'라고도 쓴다.

//끝

5. 결론

문학 작품은 방언에 대한 인식 태도를 새롭게 갖게 한다. 작가가 쓰는 방언을 통해서 그간 느껴보지 못한 방언에 대한 새로움을 느낄 수 있다. 이미 앞에서 살펴 본 바와 같이 어휘 연구, 문법 연구, 화용 표지 연구 등에 아주 중요한 자료로 부각되고 있다.

문학 연구자들과 더불어 작품에 쓰이는 방언의 효과와 기능에 대해 함께 연구하는 태도가 필요할 것이다. 작가별 방언 사용, 작품의 연대별 방언 사용, 작품별 방언 사용에 대해 깊이 있는 연구를 통하여 방언학 연구는 물론 문학 연구에도 함께 기여해야 할 것으로 생각한다.

다행스럽게도 지역 문화의 발전과 함께 사회적으로 방언에 대한 관심이 높아져 가고 있다. 이를 계기로 문학과 어학, 국어사와 방언학, 지리학과 방언학, 정보학과 방언학 등 관련 분야 사이에 통합적 연구가 진행되어야 할 것이다.

참고문헌

김홍수(2001), 「소설의 방언에 대하여」, 『문학과 방언』에 재수록, 역락.
윤평현(2004), 「'혼불'의 어휘 특성 고찰」, 『혼불의 언어세계』(혼불 학술총서2), 전북대 출판부.
이태영(2000), 「'혼불'과 최명희의 모국어 사랑」, 『전북문단』 29호, 전북문인협회.
이태영(2000), 『전라도 방언과 문화 이야기』, 신아출판사.
이태영(2001), 「채만식 소설 '천하태평춘'에 나타난 방언의 특징」, 『문학과 방언』에 재수록, 역락.
이태영(2004), 「'혼불'에 쓰인 방언의 기능과 등장인물의 성격」, 『혼불의 언어세계』(혼불 학술총서2), 전북대 출판부.
이태영(2004), 「문학 작품에 나타난 방언의 기능」, 2004년 한국문학언어학회 전국학술 발표대회 발표초록.
장창영(2002), 「서정주 시 연구」, 전북대 대학원 박사학위논문.
정호웅(2003), 「원혼의 한을 푸는 신성(神性)의 언어」, 작품 해설, 『소라단 가는 길』, 창비.
조동일·김흥규 편(1988), 『판소리의 이해』, 창작과 비평사.
최명희(1996), 「'혼불'은 나의 온 존재를 요구했습니다」, 『리브로』 27호, 한길사.
최명희(1998), 「'혼불'과 국어사전」, 『새국어생활』 8권4호, 국립국어연구원.
홍윤표(2004), 「'혼불' 언어 연구의 새 방향—특히 어휘 용례사전 편찬을 중심으로—」, 『혼불의 언어세계』(혼불 학술총서2), 전북대 출판부.

 # 방언 어휘의 자료 정리와 연구 방법
-문학작품의 어휘를 중심으로-

1. 서론

한국의 방언 연구는 음운론 연구를 중심으로 진행되어 왔기 때문에 어휘를 다룰 때에도 음운 현상과 관련된 어휘를 다루고 또 그 내용도 음운 현상을 해석하는 데 한정된 경우가 많다. 그러나 방언의 어휘는 지역의 문화와 밀접한 관련을 맺고 있어서 여러 지역의 문화를 이해하면서 연구해야 한다. 또한 지역의 많은 어휘들이 강한 역사성을 띠고 있기 때문에 국어사와의 상관적인 이해가 매우 필요한 실정이다.

국어학의 전공 영역에서 어휘론을 전공하는 사람들이 매우 부족한 관계로 방언의 어휘에 대한 전반적인 연구는 너무나 미약하다. 부분적으로 '어간의 재구조화, 어휘화' 등의 연구가 대부분이어서 앞으로 방언 어휘에 대한 형태론적, 의미론적, 화용론적 연구가 필요하다.

21세기 세종계획에서 만든 '한국 방언 검색 프로그램'에서 그간 다루어온 남한, 북한, 해외 방언 어휘를 검색할 수 있도록 프로그램을 만들었다. 또한 '문학 작품에 나타난 방언 검색 프로그램'을 만들어서 문학 작품에 나타나는 여러 지역 방언 어휘에 대한 연구를 진행한 바 있다.

다행히 최근 남북이 공동으로 '겨레말큰사전'을 편찬하면서 이 사전에 남북 여러 지역의 방언을 실을 예정이어서 전국적으로 조사를 진행하고 있다. 또 한편으로는 국립국어원에서 질문지를 이용하여 전국적인 방언 조사를 진행하고 있어서 방언의 어휘에 대한 전면적인 조사와 연구가 바야흐로 시작되었다.

최근 정보화 시대를 맞이하여 방언의 어휘 연구도 체계적, 통합적으로 이루어져야 하기 때문에 이제 방언 말뭉치를 통한 체계적인 방언 어휘 연구가 이루어져야 한다. 이 글에서는 실제로 그간 조사된 방언 어휘 자료를 통합적으로 검색하여 연구하는 방법을 이용하고자 한다. 본 연구에서는 최근 중요하게 다루고 있는 문학 작품을 중심으로 방언의 어휘 자료의 정리 방법과 말뭉치를 검색하여 효율적으로 연구하는 방법을 소개하고자 한다.

2. 문학 작품에 나타나는 방언 어휘의 특징

이태영(2003)에 따르면 방언의 어휘 자료는 다음과 같이 나눌 수 있다.

① 어휘 자료 : 국어사전의 방언 표제항, 방언사전, 한국방언자료집, 지역어조사결과보고서, 겨레말큰사전의 지역어조사, 한국방언검색 시스템에 실린 자료, 서울 토박이말 자료집, 기타 책과 논문 및 보고서에 실린 어휘 자료

② 문학 방언 자료 : 방언이 수록된 문학작품, 문학작품에 나타난 방언

    검색 프로그램의 방언 등

③ 구비문학 자료 : 한국구비문학대계, 민중자서전, 판소리사설, 한국
  구전설화 등

④ 방언사 자료 : 지역에서 발간된 국어사 자료 중 방언이 포함된 자료

이상의 자료에서 질문지를 이용한 자료는 주로 음운론 연구를 위한 것이어서 기초적인 어휘에 머물러 있다. 실제로 질문지를 이용하여 조사한 어휘는 피조사자가 쉽게 대답할 수 있는 물건 이름의 명사가 가장 많다. 자연발화를 이용한 조사에서는 동사와 형용사, 부사 등 다양한 어휘를 발견하고 있다. 그러나 이러한 조사들이 품사별로 균형적인 어휘를 제시하기는 어려운 실정이다.

문학 작품은 다양한 지역 출신 작가들이 섬세한 언어 감각을 이용하여 지역의 방언을 비교적 정제하여 쓰고 있기 때문에 여러 종류의 어휘를 엿볼 수 있다. 작가들이 대부분 출신 지역의 언어를 쓰고 있기 때문에 다양한 종류의 방언 어휘를 살펴볼 수 있는 자료가 되는 셈이다.[1]

문학 작품에 나타나는 어휘는 품사별로 매우 다양하게 나타나는데 우리가 현지조사에서 찾기 어려운 동사, 형용사 등이 매우 다양하게 나타나는 특징을 보인다. 작가에 따라서는 개인적으로 만들어 쓰는 개인어가 발달되어 있어서 어휘의 생산 규칙을 이해하는 데도 도움을 줄 수 있다. 따라서 품사별로 확인이 가능하고, 방언뿐만 아니라 민속어, 유행어, 속담, 관용표현 등 언어의 종류별로 확인이 가능하며, 방언의 어휘에 대한 새로운 인식을 할 수 있게 하는 자료가 바로 문학 자료라 할 수 있다.

---

1) 이미 '문학작품에 나타난 방언 어휘 검색 프로그램'을 구축하면서 여러 연구자들이 경상, 충청, 제주, 강원, 이북 방언에 대한 어휘를 검토한 바 있다. 따라서 문학작품에 나타나는 어휘적 특징은 매우 다양하다. 그러나 본 연구에서는 전라방언만을 다룬다.

문학 작품에 나타나는 방언 어휘 중 가장 빈도가 많은 특징이 바로 음운론적 특징이다. 지역의 독특한 음운현상인 구개음화, 움라우트, 원순모음화, 고모음화 등을 반영한 어휘가 대부분이고, 장음 표기가 많은 게 특징이다. 여기서는 형태적 특징, 의미적 특징, 화용적 특징, 품사별 특징을 위주로 언급하기로 한다.

1) 형태론적 특징

문학 작품에 나타나는 어휘에서는 접사 파생을 보여주는 어휘와 복합어를 형성하는 어휘를 많이 확인할 수 있어서 접미사의 새로운 유형을 확인하거나 새로운 규칙을 찾기가 용이하다. 이러한 접미사의 특징은 기존의 어휘 자료에서는 찾기가 어렵고 작품 말뭉치에서만 다양하게 찾을 수 있다. 또한 문학 말뭉치를 이용하면 접미사의 전국적인 방언 분포를 확인할 수 있다. 작품에 나타난 전라방언의 접미사를 소개하면 다음과 같다.

- '-주름하-, -조롬하-' : 건전주름허다, 간잔조롬허다
- '-으롬하-, -으름하-' : 달코롬하다, 고소롬하다, 꼬소롬하다, 쌉소롬하다, 발그롬하다, 매꼬롬하다, 쌔코롬하다, 숫두룸하다, 밴조고름하다
- '-으스름하-' : 너부스름하다, 굵스름하다, 동그스름하다, 얄브스름하다
- '-으족족하-' : 푸르족족하다, 노르족족하다, 볼그족족하다
- '-딕딕하-' : 붉그딕딕하다
- '-듬하-' : 시쁘듬하다, 기쁘듬하다, 찌쁘듬하다
- '-으막하-' : 크막하다, 짤막하다, 야트막하다, 나지막하다, 그들막하다, 멀찌막하다, 나차막하다

• '-지근하-' : 늘이지근하다, 껄쩍지근하다, 얼쩍지근하다, 후덥지근
하다, 묵지근하다, 구접지근하다, 나르지근하다[2]

이 외에도 '-압/업-'(고숩다, 매끄럽다, 미끄럽다), '-겁-'(퉁겁다, 뜨겁다, 싱
겁다, 씨겁다), '-해지-'(물캐지다), '-으러지-'(설크러지다, 얼크러지다), '-스럽
-'(시장스럽다), '-롭-'(희미롭다), '-우락하-'(아시무락하다), '-하-'(틉틉하다, 깐
딱하다, 삐득하다, 오꼼하다), '-풋하-'(굴풋하다), '-쭘하-, -쯤하'(길쭘하다, 갈
쯤하다), '-음하-'(날캄하다), '-ㅁ막하'(숙임막하다(숙이다)), '-푸레하(풀하)-'(아
슴풀하다) 등이 쓰인다.

2) 의미적 특징

이태영(2004ㄴ)에서는 문학작품의 용례를 이용하여 '사운거리다, 사운
대다'의 의미를 정밀하게 파악할 수 있음을 살핀 바 있다. 그리하여 '작
은 소리로 속삭이듯 소리 내다.'(장일구, 2003)의 의미를 확대하여 "풀벌
레, 꽃, 대숲, 가랑비' 등이 작은 소리를 내며서 흔들리다.'의 의미로 파
악한 바 있다. 작품의 많은 용례를 통하여 어휘가 갖는 의미를 보다 정
밀하게 파악할 수 있었다.

전라방언에서 아주 많이 사용하는 '암시랑 않다'란 표현은 '괜찮다, 아
무렇지 않다'란 뜻이다. 도대체 '암시랑'은 무엇인가? 매우 쉬운 듯하면서
도 설명하기 어려운 어휘였다. 그러나 박경래 교수가 21세기 세종계획
한민족언어정보화 분과의 '문학작품에 나타난 방언 어휘 검색 프로그램'
의 2006년도 작업에서 '암시렇다'가 표준어 '아무렇다'의 의미로 쓰이고

---

2) 『소설어 사전』에서도 '께적지근하다, 녹작지근하다, 뻑적지근하다, 달짝지근하다, 후텁지
근하다'를 찾을 수 있다.

있다고 보고한 바 있다. 예를 들면 다음과 같다.

> 즤야 암시러먼 워떻간디유. 서방님이 고상되시겄구면유. <이문구, 제3
> 세대한국문학9, 관촌수필, 1983, 60>
> "구멍새나 크막크막허지 이쁠 것두 옰구 암스렁두 않게 생겼는디유."
> <이문구, 제3세대한국문학9, 관촌수필, 1983, 151>

박경래 교수의 종합설명은 다음과 같이 되어 있다.

> "충청도 방언 '암시렇다'는 표준어 '아무렇다'에 해당되는 말로 '암스
> 렁다'가 변한 것이다. '암시렇게, 암시렇지두'와 같이 활용한다. '-시렇
> 다'는 '그러한 상태에 있음'의 뜻을 더하고 형용사를 만드는 접미사로 파
> 악된다. 충청도 방언에서 치조마찰음 'ㅅ'아래에서 모음 'ㅡ'가 'ㅣ'로 되
> 는 '슬슬→실실, -스럽다→시럽다'와 같은 변화를 보인 것이라고 할
> 수 있다. 이와 같은 뜻으로 쓰이는 충청도 방언형으로 '암스렁하다'가 있
> 다. 예문의 '암스렁두'는 '암스렁하다'의 접미사 '-하다'가 탈락된 말이
> 다. 전라도 방언에서는 '아무렇지도 않다'의 뜻으로 '암시랑 않다'가 쓰
> 이기도 한다."

전라방언에서 사용하는 '암시랑 않다, 암시랑토 않다'를 문학작품의 용
례를 통하여 정확하게 해석할 수 있다. 이문구의 소설에 나타나는 '즤야
암시러먼 워떻간디유.'란 용례에서 전라방언의 '암시랑'의 어휘와 그 뜻을
정확하게 확인할 수 있는 것이다.

한편 문학 작품을 이용하면 방언의 화용 표지의 기능을 자세히 연구할
수 있다. 문학 작품의 화용 표지는 작가에 의해서 정제된 발화이기 때문
에 비교적 정확하게 기능을 살펴볼 수 있다. 화용 표지를 연구하기 위해
서는 하나의 작품에서도 등장인물의 대화문을 자세히 관찰해야 하는 어
려움이 있다. 이미 작품에 지역별로 다양한 화자들의 대화문이 마련되어

있기 때문에 화용 표지의 지역적 차이를 확인할 수 있다. 기존 어휘 자료에서는 화용 표지를 연구하지 않고 있다. 이태영(2004ㄴ : 113)에서는 전라방언의 화용표지인 '인자, 긍게, 기양'에 대해 그 특징을 간략히 설명한 바 있다.

3) 품사별 특징

방언의 어휘 연구는 대체로 명사 중심으로 이루어지고 있다. 문학 작품을 통해서 우리는 이제까지 우리가 소홀히 다루어온 동사, 형용사, 부사, 감탄사 등을 깊이 있게 연구할 수 있다. 무엇보다도 충분한 용례를 확보할 수 있고, 그 용례를 통하여 정확한 어휘의 뜻을 이해할 수 있다.

(1) 형용사

형용사는 질문지로 조사하기가 매우 힘들다. 마찬가지로 자연발화를 조사할 때도 쉽게 찾기 어렵다. 그러므로 일단 많은 작품들에 나타나는 형용사를 조사하여 그 이해를 충분히 할 필요가 있다. 작품에서는 자연과 사람의 성질이나 상태를 형용해야 하기 때문에 형용사가 아주 많이 쓰이는 특징이 있다. 작품에 나타나는 전라방언의 형용사를 예로 들면 다음과 같다.[3] 일반적으로 많이 사용하는 형용사도 있지만 자연발화에서 찾기 힘든 형용사들이 많이 쓰이고 있음을 알 수 있다.[4]

---

[3] 여기서는 전라방언이란 용어를 사용하여 전북과 전남을 포함하여 대방언권으로 제시하고 있지만, 실제로는 전북과 전남을 나누어서 조사해야 한다. 어휘의 종류와 쓰임이 상당히 다르기 때문이다.

[4] 전라방언을 중심으로 이야기하고 있지만 충청도와 관련된 어휘가 가장 많은 게 특징이다. 따라서 작품을 연구할 때 전체적으로 검색하는 것이 꼭 필요하다. 현재로서는 『시어사전』, 『소설어사전』을 참고할 수 있다. 형용사의 경우 충청방언을 연구한 박경래(2006)을 참고하면 다음과 같은 어휘가 전라방언과 같이 쓰이고 있다. 묵근하다(묵직하다), 썩

각단지다(강단지다), 개완하다(개운하다), 객광스럽다(객스럽다), 갠소롬하다(가느스름하다), 갱기찮다(괜찮다), 거판지다(거방지다), 건방구지다(건방지다), 건전주름하다(가느스름하다), 걸찍하다(걸쭉하다), 걸판지다(걸다), 걸픽지다(걸다, 거방지다), 검으얗다(검다), 게심심하다(밍밍하다), 경우지다(사리나 도리가 밝다), 고숩다(고소하다), 고실고실하다(고슬고슬하다), 구질털털하다(구질구질하다), 굴축스럽다(괴팍스럽다), 굴풋하다(배고프다), 근시럽다(근지럽다), 기구망칙하다(기구하다), 길쭘하다(길쭉하다), 깊수룸하다(깊다), 깝깝하다(답답하다), 꺼끔하다(뜨음하다), 껄쩍지근하다(께적지근하다), 꼬소롬하다(고소하다), 꼽꼽하다(꼼꼼하다), 꽝꽝하다(물체가 매우 단단하다), 꾸척시럽다(새삼스럽다), 끄리끄리하다, 나르지근하다(나른하다), 나차막하다(낮다), 날캄하다(날카롭다), 남싸다(날래다), 누르붉다, 눈치싸다(눈치가 빠르다), 느리차분하다, 늘이지근하다(늘어지다), 늘펀하다(질펀하다), 달부다(다르다), 달치근하다(달차근하다), 달코롬하다(달콤하다), 당시랗다(야무지다), 도렴직하다(도리암직하다), 드끄럽다(든그럽다), 들뭇하다(덩그렇다), 똑바라지다(똑바르다), 뜨광하다(뜨악하다), 뜨시하다(뜨듯하다), 마다(싫다), 매꼬롬하다(매끄럽다), 매시랍다(솜씨가 좋다), 맥살없다(맥이 없다), 맹숭맹숭하다(맨송맨송하다), 멋떨어지다(멋들어지다), 몰뚝잖다(불편하다), 몰악스럽다(모지락스럽다), 물짜다(나쁘다), 물캐지다(물렁해지다), 민두름하다(하는 일 없이 지내다), 밀금하다(묽다), 배어리다(나이가 어리다), 밴조고름하다(반주그레하다), 보풀스럽다(앙칼스럽다), 부황하다(허황하다), 붉으딕딕하다(불그스름하다), 비문하다(어련하다), 비젓하다(비슷하다), 뽀땃하다(포근하고 따뜻하다), 뽀속하다(볼록하다), 삐득하다(삐딱하다), 새똥빠지다(새삼스럽다), 새수빠지다(엉뚱하다), 수두룩벅적하다(수두룩하다), 숫두룸하다(어수룩하다), 숭악하다(흉악하다), 시건방구지다(시건방지다), 시끌덤벙하다(시끌시끌하다), 시쁘듬하다(시쁘둥하다), 시시껍적하다(시시껄렁하다), 시장스럽다(시들하다), 시춤하다(마음이 처져 조용히 있다), 실답잖다(시답잖다), 쌈빡하다(산뜻하다), 쌉쌉하다(삽삽하다), 쌔코롬하다(날이 어둡고 쌀쌀하다), 쌨다

음털털하다(낡다), 애잦다・애자지다, 어물쩡하다, 좁으장하다(조붓하다), 건정하다(껑충하다), 오지다(옴팡지다), 허벌나다(허벌하다), 뙤똑하다・뙤뚱하다, 암시렇다(아무렇다).

(많다), 썽썽하다, 쓰잘데기없다(쓸데없다), 씨겁다(쓰다), 씨릿씨릿하다(쓰리다), 씻허옇다(시허옇다), 아슨풀하다(아슴푸레하다), 아슴찮다(고맙다), 아슴하다, 아시무락하다(아슴푸레하다), 아즘찮다(고맙다), 야물딱지다(야무지다), 알랑궂다(얄궂다), 양글다(야물다), 어마무시하다(어마어마하다), 엉뚱깽뚱하다(엉뚱하다), 열적다(열없다), 오꼼하다(오뚝하다), 오끔하다(오긋하다), 오슬하다(오싹하다), 요란빽적지근하다(요란하다), 우멍하다(의뭉하다), 으젓잖다(으젓하지 않다), 이무럽다(부담이 없다, 익숙하다), 자발맞다(방정맞다), 잠푹하다(바람이 불지 않고 포근하다), 지댄허다(기다랗다), 징상스럽다(징그럽다), 짜잔하다(못나다), 짱짜란하다(나란하다), 쬐고만하다(조그마하다), 쬐깐하다(조그맣다), 찰방지다(매력적이다, 옹골지다), 찰지다(차지다), 추럿하다(추레하다), 크막하다(큼직하다), 퉁겁다(굵다), 틉지다(툽툽하다), 틉틉하다(툽툽하다), 폭폭하다(답답하다), 푸르족족하다(파랗다), 푸죽다(풀이 죽다), 혜성혜성하다(혜싱혜싱하다), 후줄그레하다(후줄근하다), 희멀건하다(희멀겋다), 희미롭다(희미하다), 희허옇다

(2) 부사

부사는 사물의 성질이나 상태를 한정하기도 하고, 시간이나 장소를 한정하기도 하고, 화자의 태도를 나타내기도 하기 때문에 작품의 등장인물의 발화에 아주 많이 쓰이는 특징을 보인다. 따라서 부사는 지역 방언의 특징을 잘 드러내는 어휘 가운데 하나이다.

작품에 나타나는 부사 가운데 빈도가 많은 부사는 의성어, 의태어이다. 작품에서는 지역의 특징을 잘 드러내는 의성어와 의태어가 유난히 많이 사용된다. 작품에 나타나는 전라방언의 부사를 예로 들면 다음과 같다.

(1) 거진(거의), 권연시리(괜스레, 괜히), 기양(그냥), 기엉코(기어이), 기연시(기연히), 나수(나우), 내립다(냅다), 됩데(도리어), 뜽금없이(뜬금없이), 매급시(맥없이), 먼첨(먼저), 무담시(괜히), 보도시(간신히), 부산나케(부산

스레), 뽀짝(바짝), 속새로(속으로), 솔찬히(상당히), 씨엉쿠(시원히), 옴시
레기(모두), 워너니(워낙), 항꾼에(함께), 늑신(늘씬), 엥간히(어지간히), 여
적(여태), 잔생이(지지리), 폴세(벌써), 허실삼아, 휘낀(훨씬), 건듯하면(걸
핏하면), 고닥새(바로), 괘얀시(괜히, 괜스레), 깝북(가뜩), 달팍(덜컥), 덜씬,
덜퍽(덜퍼덕), 새칠로(다시), 아까막새(아까)

  (2) 그첨저첨(겸사겸사), 드글드글(득시글득시글), 들뭇들뭇, 들이당짱에
(갑자기), 맹숭맹숭(맨송맨송), 벌씸벌씸(벌름벌름), 우세두세(두런두런),
웅숭웅숭, 알탕갈탕(애면글면), 조단조단(조근조근), 조몰조몰(조몰락조몰
락), 혜성혜성(혜싱혜싱), 까락까락(일일이), 느시렁느시렁(느릿느릿), 따복
따복(차근차근), 부쩌지(안절부절), 수두룩벅적, 슬멍슬멍(어슬렁어슬렁),
실떡벌떡(실떡실떡), 씹떡껍떡(주책없이), 애탄가탄(애면글면), 오손적도손
적으로(오순도순), 지발덕덕(제발덕분에)

(3) 동사

작품에서는 등장인물들의 동작을 묘사해야 하기 때문에 동사가 잘 표
현되어 있다. 일반적인 동사도 있지만 조사하기 어려운 동사들도 잘 나
타나 있다. 특히 방언에서는 통사론적 복합어나 구와 같은 성격의 복합
어가 많다. 도별로 작품을 조사하여 이러한 복합동사들의 구성을 면밀히
살펴야 할 것이다. 작품에 나타난 전라방언의 동사를 예로 들면 다음과
같다.

  (1) 나분대다(나부대다), 보독씨리다(넘어뜨리다), 사운거리다(살랑거리
다), 쌔와리다(씨부렁거리다), 애돌하다(안타까워하다), 어클다(엎지르다),
여대치다(뺨치다), 웅숭그리다(움츠리다), 찌클다(뿌리다), 찔벅거리다(집
적거리다), 탁하다(닮다), 허천나다(걸신들리다), 걸리적거리다(거치적거리
다), 더트다(뒤지다), 둔전거리다(머무적거리다), 든질르다(들이지르다), 따
담다, 물캐지다(물렁해지다), 미끈덕거리다(미끈거리다), 버팅기다(버티
다), 벙글다(벌어지다), 서걱이다(서걱거리다), 숫기다(숫다), 왈기다(으르
다), 외오치다(외치다), 잉끄리다(으깨다), 정구다(담그다), 조몰조몰하다

(조몰락조몰락하다), 종그다(노리다), 축대기다(부추기다), 각놀다(따로 놀다), 공그리다(다잡다), 꼽치다(숨기다), 꿍기다(숨기다), 끄대다(끄지르다), 나꾸다(잡아채다), 날키다(날리다), 느꾸다(늦추다), 답치다(다그치다), 뚤렴하다(어리둥절하다), 막음하다(끝내다), 미치적거리다(멈칫거리다), 숙임막하다(숙이다), 숨쿠다(숨기다), 시닺기다(시달리다), 암냥하다(곁들이다), 헤실거리다, 울구다(우리다), 응등물다(악물다), 잣지밧지하다

　(2) 꼬아먹다, 돌라먹다(속이다), 꾀벗다(발가벗다), 내비두다(내버려두다), 드글드글허다(득시글하다), 메다박다(메다꽂다), 무서무서하다(무서워하다), 새살까다(새살거리다), 냉겨먹다(이익을 남기다), 늦잡도리하다, 바워내다(견디어 내다), 시퍼보다(깔보다), 꼬아바치다(이르다), 보배우다(보고 배우다), 빼다박다(빼닮다)

(4) 감탄사

감탄사는 질문지나 현지조사에서 획득하기 매우 어려운 어휘이다. 작품에서는 대화문에서 매우 다양한 감탄사를 얻을 수 있다. 따라서 방언으로 쓰이는 감탄사의 기능과 의미를 파악해야 한다. 작품『혼불』과『태백산맥』에 나타난 감탄사의 일부만을 소개하면 다음과 같다.

　아이구우, 아이고매, 아이고오, 아이고, 아이, 하이고매, 하이고, 하이고오, 참 <혼불>
　아, 아니, 어이, 어이웨, 와따, 참, 허어, 와따매, 차암, 워째, 니기럴, 오냐, 지기럴, 아이고, 워메, 야아, 허 참, 에라, 근디, 잉, 허, 긍께, 아이고매, 하 <태백산맥>

4) 비속어, 개인어의 특징

비어나 속어의 기능은 직설적이고 원색적인 표현을 통하여 화자의 감정을 솔직히 드러내는 데 있다. 화자의 감정을 강조하거나, 모욕하거나

경멸하려는 의도, 비하하려는 의도, 속되게 표현하려는 의도 등 다양한 현상을 묘사하는 수단으로 이용하고 있다. 이러한 비속어는 피조사자들이 사용하기를 꺼리기 때문에 현지조사에서 얻기가 어렵다. 그러나 작품에서는 등장인물의 성격을 묘사하는 데 가장 요긴한 어휘이므로 비교적 쉽게 찾을 수 있다.

> 궁뎅이, 낯바닥, 낯빤대기, 낯짝, 눈꾸녁, 년, 놈, 대가리, 대그빡, 똥구녁, 예펜네, 몸뗑이, **뼉다구**, 개뼉다구, 싸가지, 싸다구, 아가리, 오살놈, 웬수, 자빠지다, 주뎅이, 지랄허다. 뒷모갱이, <혼불>
>
> 죽일놈, 뽑을 놈, 찢을 년, 쌍년, 조저도, 영감택이, 개잡년, 손목아지, 대가리, 목아지, 주둥아리, 배때기 <천하태평춘>
>
> 뱃때지, 대강이(대가리), 지랄발광헐란지도, 주딩이, 염병허네, 지랄허고 자빠졌네, 쌍판때기, 낯짝, 쌍판, 턱쪼가리, 아가리, 잡아다 족쳐서, 배창새기, 기집년, 눈깔, 뒤질, 꼬드라질, 모강댕이, 빙신아, 손모가지, 영감탱이, 재수대가리 옰이 <태백산맥>

방언은 아니지만 작가가 만들었거나, 지역에서 쓰고 있는 어휘나 접미사를 활용하여 새로 만든 어휘가 작품에 많이 쓰인다. 이러한 개인어는 작가의 조어 능력을 알 수 있을 뿐만 아니라 전체적으로 한국어의 조어법을 새롭게 이해하는 계기가 될 수 있다. 작품에서 나타나는 개인어를 일부만 소개하면 다음과 같다.

> 애살포오시(살포시), 검으얗다(검다), 깊수룸하다(깊다), 꽃각시(새 각시), 꽃결(살결), 꽃밥, 꽃빛, 꽃시울, 꽃심, 날맥주, 날깍두기, 날마늘, 날베, 낼룽그리다, 누르붉다(누렇고 붉다), 느리차분하다(느리고 차분하다), 늦잡도리하다, 달코롬하다(달콤하다), 시쁘듬하다(시쁘다), 기쁘듬하다, 찌쁘듬하다, 즈문밤, 즈믄해, 희미롭다(희미하다), 희허엏다(희고 하얗다), 기구망칙하다(기구하다), 어마무시하다(어마어마하다), 질겁잔망을 하다

(질겁하다), 기구절창하다, 난리법석을 떨다, 무사무탈하다, 요란뻑적지근
하다

5) 방언사 어휘

방언 어휘에서는 역사적인 잔존형이 많이 발견된다. 따라서 방언의 어
휘를 연구할 때 반드시 역사적인 변천과정을 확인해야 한다. 21세기 세
종계획에서 만든 '국어사 말뭉치'와 '국어 어휘 역사 검색 프로그램'을 꼭
확인해야 한다. 해방 이전의 작품에 나타나는 어휘일 경우 그 검색 가능
성은 매우 높다. 몇 가지 예를 제시하면 다음과 같다.

전라방언 '거진'(거의)는 역사적으로 '거싀'에서 변천한 것으로 '거의'형
과 '거지'형의 분화를 보이는데 전라도에서는 '거지'형이 많이 쓰인다. '거
지'에 'ㄴ, ㅁ'이 첨가된 '거진, 거짐'이 많이 쓰이고 있다.

전라방언 '고숩다'(고소하다)는 역사적으로 '고스다>고소다/고수다'로 변
하면서 형용사를 파생시키는 접미사 '-압/업'이 연결되어 '고숩다'가 되고
된소리 현상이 되면서 '꼬숩다'가 된 것이다. 주로 냄새와 관련되어 쓰이
고 있다. 표준어의 '고소하다'도 '고스다>고소다'의 변화에 형용사 파생
접미사 '-하'가 연결되어 만들어진 말이다. 따라서 '고소하다'와 '고숩다'는
같은 기원을 갖는 셈이다.

전라방언 '내음새'(냄새)는 '내음+-새'의 구성을 이루는 어휘이다. '내
음'은 방언에서 '내금'이 쓰이는 것으로 보아 '내그-+-음'의 구성을 이루
고 있는 것으로 보인다. 역사적으로는 '내옴새, 내음새, 내음새' 등의 표
기가 혼재하고 있으나 '내음새'가 일반적이다.

전라방언에서는 표준어 '김매다'를 '지심매다, 기심매다, 기음매다'라고
한다. 이때 '기심'은 역사적으로 '기슴, 기음'의 표기로 한자어 '草'에 대한

우리말이었다. '기심'의 발음이 구개음으로 변하여 '지심'이 된 것이다. 그러니까 '지심매다'는 '풀을 뽑다.'는 뜻인 것이다.

전남방언의 '항꾼에'(함께)는 조정래의 작품에서 보이는데 경상방언에서도 사용된다. '항꾼에'는 역사적으로 '훈쁴'의 변화에서 말미암는 것으로 해석된다. '훈'은 '항'으로 변하고 '쁴'가 '꾼'으로 변하면서 조사 '에'가 연결된 것으로 전남방언에서 자주 사용하는 어휘이다.

표준어 '그을음'은 '그을다'에서 파생한 것이다. 그러나 '그을다'는 '그슬'에서 온 것이다. 위의 예처럼 전북 방언에서는 '햇볕에 그을리다'를 '끄실리다'로 표현한다. 따라서 '그을다'의 방언형은 '끄실다'로 볼 수 있다. 여기에 명사파생접미사 '-암/엄'이 연결되어 '끄시럼'이 된 것이다. 방언이 역사적인 변화과정에서 파생된 한 예이다.

전라방언인 '납뛰다'(날뛰다)는 주로 채만식의 작품에서 많이 쓰인다. 비교적 오래된 고어임을 짐작할 수 있다. 21세기 세종계획의 어휘역사검색프로그램에 의하면, '날뛰다'가 직접 소급하는 최초의 형태는 18세기의 '놃쒸다'이다. 이 단어는 '놀다(飛)'와 '쁘다(浮)'의 어간이 결합하여 형성된 '놃드다'의 제2음절이 '(쀠다>)쒸다(躍)'의 어간으로 바뀐 것이다. 문헌에 나타나는 형태 중에서 '놃쁘다'는 'ㅂ'이 중철표기 된 것이고, '놃듸다'는 제2음절의 자음이 구개음인 '지'가 아님을 표기로 보이고자 한 것으로 보인다. 중세국어의 '놃쒸다, 놃드다'가 후대에 '놀쁘다'로 변하고 거기서 '날뛰다'가 나온 것이다. 따라서 채만식의 작품에 나오는 '납뛰다'는 고어형임을 알 수 있다. 국어사전에는 '납드다'도 방언형으로 처리하고 있다.

'배어리다'는 채만식의 작품에 나타나는 어휘이다. '배'는 옛말에 쓰인 부사로서 '아주, 매우'의 의미를 가지고 쓰인 역사적인 어휘이다. 이 어휘를 '어리다'는 형용사에 연결하여 복합어를 만들어 사용하고 있다. 이 어휘가 채만식이 만들어 쓴 개인어인지, 아니면 역사적으로 사용된 말인지 확인하기 어렵다.

'뽈리다'는 전남에서만 쓰이는 어휘로 주로 조정래의 작품에서 발견된다. 전남에서는 '팥, 파리'를 '폴, 포리'라고 하는데 이것은 역사적으로 '아래아'가 '오'로 변한 지역이기 때문이다. 따라서 이러한 영향으로 '빨다(吸)'를 '뽈다'로 발음하고 역시 '빨다'의 피동사인 '빨리다'를 '뽈리다'로 발음하는 것이다. 예문에서처럼 주로 '젖을 뽈리다, 피를 뽈리다'의 예만 발견된다.

전남 방언의 '솟기다'는 표준어 '솟다'와 거의 같은 의미로 사용되고 있다. '치솟다'의 경우에도 '치솟기다'로 사용되는 예가 보인다. 역사적으로 '솟고다'가 '솟구다'로 쓰이게 되는데 이 어휘에 유추되어 '솟다'를 '솟기다'로 발음한 것으로 보인다.

'찰지다'의 경우, '찰떡, 찰벼, 찰옥수수, 찰흙'의 예에서 보는 바와 같이 '찰'은 '끈기가 있고 차진'의 뜻을 더하는 접두사로 사용된다. '찰지다'는 반대어 '메지다'가 있는 것으로 보아서 접두사임이 분명하다. 역사적으로 '출디다'가 '찰지다'가 되고 다시 '차지다'가 된 것임으로 역사적 잔존형이 방언에 쓰이고 있는 것이다. 일차적으로는 반죽이나 물건이 끈적끈적한 것을 말하지만 성격이나 말이 매우 깐깐한 것을 형용할 때도 쓰이고 있다.

전남 방언의 '폴세, 폴쎄, 폴쌔'는 표준어 '벌써'에 해당하는 부사로 역사적으로는 '불셔'에서 시작한다. 전남 방언에서는 '아래아'가 '오'로 변하는 게 일반적이다. 예를 들면 '폴, 포리' 등을 들 수 있다. '불셔'도 역시 '볼셔, 볼쎠'로 발음하다가 강하게 발음하게 되면서 '폴셔, 폴쎠, 폴세'가 된 것이다. 전남 방언에서는 표준어 '벌써'에 해당하는 방언형이 매우 다양하게 나타나는 특징을 보인다.

표준어 '심부름'이 문헌에서 나타나는 가장 오래된 형태는 '심부림'이다. 다른 사람이 시키는 일을 '심부름'이라 하는데, '부름'은 '부리다(使)'에 기원을 두고 있는 것으로 해석하고 있다. '심'의 기원은 '힘'에서 온 것으로 보고 있다. '힘바람'이 전국적으로 쓰이는 것으로 보고되어 있다. 전라방언에서는 '심바람, 심바람꾼, 술심바람, 잔심바람'에서와 같이 '심바람'이 아주 많이 쓰이고 있다. 채만식의 소설에 나오는 '심부림'은 역사적인 형태가 계속 쓰인 것으로 보인다.

15세기의 'ᄀᆞ장'은 'ᄀᆞᇫ/ᄀᆞᇫ(邊)+-앙'으로 분석된다. 'ᄀᆞᇫ'의 'ᅀ'은 방언 분화를 일으켜서 'ᄀᆞᇫ상>ᄀᆞ상', 'ᄀᆞᇫ상>ᄀᆞ장'으로 변하게 된다. 전라방언에서는 'ᄀᆞᇫ상>ᄀᆞ상>가상'으로 남게 되었다. '가상'은 표준어의 명사 '가(邊)'에 해당하는데 단독으로도 쓰이지만 주로 '가상자리, 질가상, 밭가상'과 같이 복합어로 많이 사용된다. '가상'은 단독으로 쓰일 때, '가양'으로도 많이 사용되는 특징을 보인다. 이것은 'ᄀᆞᇫ상'에서 'ᅀ'이 'ㅇ'으로 변화한 것으로 보인다.

전라방언의 '새칠로'는 표준어 '새로'에 대응하는 부사이다. '새칠로'는 '새+-칠로'의 구성을 갖는데 '-칠로'는 '-처럼'의 이형태로 보인다. '-처럼'의 '-텨로>-쳐로'의 변화를 겪어서 전라방언에서는 '-치로, 칠로, 철로' 등으로 발음한다. 따라서 명사 '새'에 조사 '-쳐로'가 연결되어 '새쳐로>새칠로'의 구성을 이룬 것으로 보인다.

3. 작품의 자료 구축

국립국어원에서 시행하는 21세기 세종계획 중 '기초 자료 구축' 분과에서 구축한 문학 말뭉치는 시, 소설, 수필 등이 입력되어 활용되고 있다. 중요한 문학 작품은 대개 입력되어 있는 것으로 확인된다.5) 이 연구에서는 지역별 방언이 포함된 문학 말뭉치가 일부분 구축되었다.

문학 작품에 나타나는 방언 어휘에 대한 지역별 연구는 최근 21세기 세종계획 한민족언어정보화 분과에서 수행한 '문학작품에 나타난 방언 검색 프로그램 구축' 연구에서 시작되었다고 볼 수 있다.

문학 작품의 방언을 연구하기 위해서는 문학작품을 도별로 또는 작품별로 묶어서 말뭉치를 구축하는 일이 우선되어야 하는데 아직도 문학 자료에 대한 말뭉치 구축이 제대로 이루어지지 않고 있다. 이는 방언 연구자들이 해야 할 몫이다.

전라방언을 포함하고 있는 시집과 소설을 일부만 소개하면,6) 시집으로는 신석정, 김영랑, 서정주, 김용택의 시집 등이고, 소설로는 송기숙, 신경숙, 윤흥길, 이병천, 조정래, 채만식, 최명희의 소설을 활용하고 있다. 인접하고 있는 충청도와 동일한 어휘를 사용하는 경우가 많기 때문에 충청방언을 사용하는 작가 강준희, 이광복, 이기영, 이문구, 정지영 등의 작품을 참고할 필요가 있을 것이다.

최근 잘 알려진 작품에 대한 어휘 사전이 속속 편찬되고 있다. 이는 주로 어휘를 중심으로 만들어지고 있어서 국어의 어휘 연구에 큰 도움이 되고 있다. 그러나 아직도 방언에 대한 이해가 깊지 못하여 방언 어휘의 해설이 미비한 실정이다. 이들 문학 용어 사전도 어휘와 뜻풀이 정도를 입력하여 한꺼번에 검색할 수 있도록 하는 것이 좋다. 이미 발간된 문학 어휘 사전에는 '염상섭, 김정한, 이문구, 송기숙, 박완서, 현진건, 채만

---

5) 신소설은 연세대팀과 전북대팀이 주로 구축하였고, 겨레말큰사전 편찬사업에서 문학 말뭉치를 구축하고 있다. 북쪽의 문학 말뭉치도 구축하고 있는 것으로 알고 있다.
6) 다음에 제시하는 소설가들은 전북 출신의 소설가들이다. 이들 중 상당수가 전북 방언을 구사하고 있다. 박상기, 박상륭, 백도기, 송하춘, 신경숙, 신석상, 양귀자, 오찬식, 유치영, 유현종, 윤흥길, 은희경, 이병천, 이선, 이정환, 채만식, 최기인, 최명희, 최인석, 최일남, 최창학

식, 김유정, 박상륭' 작가 등이 있고, 작품을 중심으로 한 어휘 사전으로
는 '임꺽정, 토지, 혼불'을 중심으로 만든 사전이 있다. 전반적으로 작품
의 어휘를 해설한 책으로는 『소설어 사전』, 『시어 사전』이 있다.

4. 정보 처리 및 검색 방법

정보화 시대에는 대용량의 말뭉치와 기타 관련 자료를 정보 처리하여
검색하는 것이 어휘 연구의 지름길이라 할 수 있다. 따라서 여기서는 작
품의 정보처리 과정과 검색 방법을 다루기로 한다.

1) 작품의 어휘 추출과 확인

먼저 사전을 이용하여 작품의 어휘를 찾아내는 방법을 소개하기로 한다.

① 문학 작품을 읽고 필요한 어휘를 찾는다. 일일이 작품을 읽으면서
필요한 어휘를 뽑고 그 어휘의 쓰임이 어떠한지는 프로그램을 이용하여
작품 말뭉치를 검색해야 한다. 기계적으로 하는 방법도 있다. 예를 들어
『표준국어대사전』의 표제항만을 가지고 활용형이나 곡용형을 검색할 수
있도록 프로그램을 만들면 해당되는 형과 해당되지 않는 형으로 구분할
수 있다. 사전의 표제항에 없는 항목만 가려서 방언 여부를 결정할 수
있을 것이다.

② '통합사전검색기'를 가지고 국어사전에 등재되어 있는지를 검토한
다. 이 검색기를 통하여 북측의 『조선말대사전』, 『조선어사전』과 남측의
『표준국어대사전』을 비롯한 여러 사전을 검색하여 작품의 어휘가 나오

는지를 확인한다.

③ 방언사전에 등재되어 있는지를 검토한다. 여러 지역에서 발간한 『경북방언사전』, 『전남방언사전』, 『제주어사전』 등을 검토하여 이 어휘가 어떻게 해설되어 있는지를 검토한다. 2006년도의 21세기 세종계획 한민족언어정보화 분과의 사업보고서에는 방언사전, 문학어휘사전, 각 지역 방언이 소재된 작품 목록, 방언어휘자료집 등의 목록이 자세히 소개되어 있다.

④ 문학어휘사전에 등재되어 있는지를 검토한다. 『소설어사전』, 『시어사전』 등 여러 종류의 문학어휘사전을 검토하여 해당 어휘가 어떻게 쓰이고 있는지를 검토한다. 문학 용어 사전에 수록된 어휘의 뜻풀이는 주로 문학 전공자들이 담당하고 있기 때문에 언어학적 관점에서 소략하게 이루어진 경우가 많다. 따라서 예문을 통하여 어휘의 뜻을 다시 한 번 살펴보는 것이 필요하다.

⑤ 기타 방언어휘자료집에 등재되어 있는지를 검토한다. 한국정신문화연구원에서 발간한 『한국방언자료집』과 국립국어원에서 조사한 『지역어조사결과보고서』, 『겨레말큰사전』 편찬사업에서 조사하고 있는 '2006년도 새 어휘 조사 항목'을 검색하여 등재 및 조사 여부를 확인한다. '흔글'의 매크로 기능을 이용하여 어휘 자료를 정렬하여 사용하면 훨씬 간편하다. 예를 들어 '한국방언자료집, 지역어조사 결과보고서, 겨레말큰사전 편찬 새 어휘, 한국방언검색프로그램의 데이터베이스'를 개별적으로 또는 합쳐서 정렬(소트)을 하면 훨씬 간편하게 방언 분포를 이해할 수 있다.

⑥ '한국방언검색프로그램'에 등재되어 있는지를 검토한다. 21세기 세종계획 한민족언어정보화 분과에서 만든 '한민족언어정보화 통합검색 프로그램'을 검색하면 '남한, 북한, 중국, 문학 작품'에 나타난 어휘와 그 분포를 확인할 수 있다.

⑦ '어휘역사검색프로그램'에서 국어사와 관련성을 검토한다. 21세기 세종계획 한민족언어정보화 분과에서 만든 '한민족언어정보화 통합검색 프로그램'을 검색하면 국어사에 나타난 어휘의 특징을 자세히 알 수 있다. 이미 '어휘역사검색프로그램'을 만들면서 작성한 '국어사 말뭉치'를 검색하여 더욱 자세히 검토할 필요가 있다.

⑧ 세종계획에서 구축한 '한국구비문학대계, 구전설화집, 민중자서전' 등의 구비 자료를 검색하여 방언 어휘의 사용 여부를 확인해야 한다.

이러한 검색 과정을 거치게 되면 하나의 어휘에 대해 이미 나와 있는 사전과 프로그램 등에서 전반적인 조사를 할 수 있다. 이러한 기초적인 검색 작업이 이루어져야 그 분포와 쓰임을 참고할 수 있을 것이다.

2) 작품의 검색 방법

작품이 입력되어 말뭉치가 구축되어 있을 경우, 프로그램을 이용하여 작품의 용례를 추출하면 어휘의 의미와 쓰임을 파악하기가 매우 쉬워진다. 그 방법을 소개하기로 한다.

(1) '지능형 형태소 검색기 2.0' 활용

2001년도 문화관광부에서 21세기 세종계획의 기초자료 구축 말뭉치를 활용하기 위하여 만든 형태소 부착을 위한 프로그램이다. 파일형식은 텍스트(.txt) 문서만을 대상으로 하며, 파일의 양은 약 13,000 어절(파일로 약 100쪽) 정도만 실행이 가능하다. 따라서 더 큰 문서는 나누어서 해야 하는 단점이 있다.

이 검색기를 이용하면 모든 형태소에 주석(태그)을 부착할 수 있고, 그 주석을 이용하여 품사 정보를 확인할 수 있어서 어휘 형태소는 물론, 문법 형태소까지 정확한 통계를 산출할 수 있다.

품사 부착 말뭉치는 텍스트에 부가적인 형태소나 품사 정보가 부착되어 있는 말뭉치를 말한다. 한국어는 어휘형태소에 문법형태소가 결합되어 하나의 어절을 이루고 그 과정에서 여러 음운 변화가 일어나기 때문에 이들을 반영하기 위해 보통 어절과 그의 형태소 분석 결과를 함께 기록한다.

태그셋(Tagset)은 말뭉치의 각 단어별 품사 정보와 기호에 대한 부호 정보를 주는 체계를 말한다. 세종계획에서 만든 태그셋은 임홍빈 교수의 현대국어 태그셋으로 4단계의 태그를 사용하고 있다. 매우 정밀한 태그셋으로 현대국어 주석 말뭉치 구축에 많이 이용되고 있다. 한편 자연어 처리를 하는 학자들이 만든 태그셋으로는 임해창 교수의 현대국어 태그셋으로 3단계 태그를 사용하고 있다. 형태소 자동 태깅 프로그램에 이용되고 있다.

이 프로그램을 활용하여 작품을 처리하는 방법을 예를 들면 다음과 같다.

① 『혼불』 1권을 선택하여 하나의 파일(혼불1권.txt)로 만든다. 파일의 크기가 소설 100쪽 내외만 가능하기 때문에 적당한 파일을 만들어야 한다. '지능형 형태소 분석기 2.0'이 사용하는 품사 집합과 기호는 임해창(1999)에 따른다.

② '지능형 형태소 분석기 2.0'을 이용하여 형태소 분석을 시도한다. 결과물을 저장하면 '혼불1권.tag' 파일을 얻는다. 이 프로그램은 반자동 품사 부착 프로그램이기 때문에 오분석된 것은 찾아서 고쳐 다시 저장해야 한다. 그 과정이 매우 편리하게 되어 있어서 초보자도 쉽게 고칠 수 있다.

③ 형태소 분석된 것을 화면에서 원어절이나 태깅결과를 정렬할 수 있어서 여러 가지 확인이 가능하다.

④ 품사 및 형태소 정보가 붙은 결과물 파일(혼불1권.tag)을 만든다.

(2) '깜짝새'(SynKDP) 활용

검색 프로그램인 '깜짝새'는 음소, 음절, 어절 빈도를 낼 수 있으며, 용례사전을 만들 수 있고, 전문가 탐색창에서 다양하게 용례를 검색할 수 있는 특징이 있다. 이미 많은 연구자들이 활용하고 있으며 21세기 세종계획에서 구축한 국어사 말뭉치와 문학 말뭉치를 주로 검색에 이용하는 프로그램이다.

이 프로그램을 활용하여 검색하는 방법을 제시하면 다음과 같다.

① 결과물 파일의 파일형식을 2바이트 파일(혼불1권.2b)로 변환한다.

②'깜짝새'에서 '어절 빈도'를 내면 형태소의 빈도가 정확하게 산출된다.

③ 이 빈도를 가지고 '전문가 탐색창'에서 용례를 얻기 위해 위에 제시한 태그세트를 참고하여 검색한다. 예를 들면 '형용사파생접미사(XSA), 부사(MA)' 등의 형태소를 검색하는 작업을 수행하면 정확한 예를 얻을 수 있다. 여기까지의 작업을 통하여 품사 정보를 정확히 파악할 수 있어서 국어학 연구에 큰 도움을 받을 수 있다.

④ 한편 '깜짝새'에서 '어절별 용례사전'을 만들어 활용하면 정확한 예문을 제공할 수 있다.

⑤ 기타 검색이 필요한 어휘를 수시로 개별 검색할 수 있기 때문에 대용량의 말뭉치를 검색할 수 있다.

(3) '인용문 검색기'(wa3.exe) 활용

이 검색기는 연세대 박진량 연구원이 만든 인용문을 뽑는 프로그램이다. 인용부호(" ")가 붙은 문장을 뽑아내는 프로그램으로 아주 간단히 대화를 추출할 수 있다.

이 검색기로 대화문을 추출하면 작중 인물의 언어적 특징을 파악하는 데 큰 도움을 받을 수 있다. 특히 방언, 비어, 관용표현 등을 많이 사용하는 특정 화자의 언어를 연구하는 데 도움이 된다.

① 특정 인물의 대화문, 특정 인물의 방언을 검색하기 위해 '인용문 검색기'를 활용할 수 있다. 인용문은 대체로 인용부호(" ")로 표시되어 있는데 이를 뽑기 위해서는 그 앞에 인물의 이름을 써넣어야 한다. 예를 들면 다음과 같다.

> "(오류골댁) 그러면 어쩌겄냐. 밥이나 한 그릇 따숩게 먹고 가면 좋겄그만."
> "(옹구네) 올 좀생이보기가 어쨌등고."
> "(평순네) 아조 나란히 슨 것은 아니라도 별들이 기양 앞스거니 뒷스거니 서로 다투등만."
> "(옹구네) 그리여? 그러던 올 농사는 갠찮겄네?"
> "(평순네) 시작헌 날 안서방이 날씨 좋다고 안 그러등갑네. 좀생이나 그날 날씨나 다 좋다고, 좋아라 해쌓등만."

② 이렇게 뽑힌 자료를 소트를 하면 화자의 이름에 따라 정렬이 되기 때문에 특정 화자의 발화만 저장할 수 있다.

③ 이 파일을 다시 '깜짝새'에서 어절빈도를 내고 필요한 형태소를 검색하면서 활용할 수 있다. '인용문 검색기'와 '지능형 형태소 검색기' 그리

고 '깜짝새'를 번갈아 가면서 활용하면, 소설의 등장인물이 보여주는 각
종 언어 현상을 매우 정확하게 산출할 수 있다. 이태영(2004ㄱ, 2006ㄴ)에
서 이러한 시도가 이루어진 바 있다.

5. 결론

문학 작품 중 소설의 지문과 대화문에는 그간 사전에서 다루지 않은
수많은 방언 어휘가 들어 있다. 방언 연구의 자료 확장과 예문 보강을
위해서는 반드시 문학 작품을 다루어야 한다. 한 걸음 더 나아가 문학
연구에도 도움을 주어야 한다.

그간 국어학적 연구라는 이름하에서 문학 자료의 중요성을 소홀히 하
였다. 그러나 방언을 이해하기 위해서는 수많은 용례가 필요한데 이미
많은 작가들이 비교적 정제하여 제시한 자료가 바로 문학작품에 있다.
문장으로 주어지는 용례를 통하여 어휘의 의미론, 화용론까지를 정확하
게 이해할 수 있을 것이다.

이제 정보화 시대에는 원시 말뭉치를 벗어나 주석 말뭉치를 구축하여
정밀한 분석과 통계를 바탕으로 하여 국어의 제반 현상을 연구해야 한
다. 현대국어 자료는 물론이고 국어사 자료, 나아가 방언 자료까지도 주
석 말뭉치를 구축해야만 신뢰할 수 있는 결과와 예문을 얻을 수 있는 것
이다.

이를 통해서만이 국어 현상과 국어와 관련된 문화적 비교 연구가 가능
하여 국어의 외연을 확장하는 데 기여하게 될 것이다.

참고문헌

박경래(2006), '문학작품에 나타난 방언 어휘 검색 프로그램'에 수록된 충청 방언 자료 DB, 국립국어원.

이태영(2003), 「방언 말뭉치의 전산화와 활용」, 『한국어학』 21호, 65-104쪽.

이태영(2004ㄱ), 「『혼불』에 쓰인 방언의 기능과 등장인물의 성격」, 『혼불의 언어세계』, 혼불학술총서2, 293-340쪽.

이태영(2004ㄴ), 「문학 작품과 방언 연구」, 『한국어학』 25호, 89-120쪽.

이태영(2006ㄱ), 『21세기 세종계획 한민족언어정보화』(용역보고서), 국립국어원.

이태영(2006ㄴ), 「윤흥길의 『소라단 가는 길』에 나타난 일상어의 특징」, 『국어국문학』 제143호, 31-54쪽.

임해창(1999), 『통계 정보와 규칙 확장을 이용한 지능형 형태소 분석기 개발』, 세종계획 국어기초자료구축분과 보고서, 문화관광부.

장일구(2003), 『혼불의 언어』, 한길사.

<u>제3부</u>

문학과 방언의 기능

제6장 | 문학 작품에 나타난 방언의 기능

1. 서론

한국어는 각 지역의 방언으로 이루어져 있으며, 한국어의 표준을 정하기 위하여 서울말을 중심으로 거기에 각 지역의 방언을 포함하여 표준어를 정한 것이다. 따라서 방언은 자연스럽게 생성된 언어인 반면, 표준어는 국가의 언어를 대신하기 위해 인위적으로 설정한 언어이다.[1]

방언은 지역의 여러 특징을 기반으로 생성된 언어이기 때문에 방언에는 그 지역의 오래되고 다양한 문화, 전통, 역사가 살아 숨 쉬고 있고, 그 지역 사람들의 독특한 정서가 깊이 배어 있다.

국어 사전에는 '샘(泉)'의 의미를 '물이 땅에서 솟아 나오는 곳. 또는 그 물'이라고 해설하고 있다. '샘'이 가지는 물리적 현상을 의미로 기술한 것이다. 그런데 우리가 전라방언에서 쓰이는 '샘'의 방언형인 '시암'을 쓴다

---

[1] 북한의 문화어와 남한의 표준어의 차이를 보면 『조선말대사전』의 경우에는 방언을 표제어로 넣어 문화어로 인정하여 활발하게 사용하고 있는 반면에, 『표준국어대사전』의 경우에는 방언을 대부분 따로 처리하고 있는 점에서 매우 다르다.

면 이 '시암'의 의미는 쓰는 사람에 따라 상당히 다른 정서적 의미를 갖게 된다.

> 시암 : 1. 집안이나 마을 어귀에 있는 물이 솟아 나오는 곳. 2. 쌀이나 채소를 씻거나 손빨래를 하는 물을 긷는 곳. 3. 아낙네들이 모여 일을 하면서 삶의 애환을 나누는 곳. 4. 겨울에 물 길러 갔다가 물이 얼어 넘어져서 다친 곳. 5. 여름철 더위에 등멱을 하던 곳. 6. 두레박으로 물을 떠서 먹는 곳.

'시암'에 얽힌 추억에 따라서 방언형인 '시암'의 문화적 의미, 정서적 의미는 무한히 많을 것이다. 그래서 지역에 사는 사람들은 표준어보다는 방언형을 쓸 수밖에 없는 것이다. 사람들이 주로 사용하는 어휘는 대체로 경험적으로 습득한 어휘를 쓰고 있기 때문에 어려서부터 익숙해진 어휘를 주로 사용하게 된다. 그러므로 방언의 문화적, 정서적 의미를 고려하지 않고 표준어를 강조하는 이러한 환경에서 사람들은 표현에 한계를 느끼고 글쓰기와 말하기를 어렵게 생각할 수밖에 없을 것이다.[2]

2. 작가와 방언 사용

작가들은 왜 자기가 태어나서 자란 지역의 방언을 쓰는 것일까? 작가의 경험을 되살리고 묘사하는 가장 기본적인 방법은 자기가 쓰고 듣고 말하던 토착 언어를 사용하여 묘사하는 일일 것이다. 방언은 그 당시의

---

[2] 곽충구(2001)에서는 '하나의 방언형은 그 자신이 고립적으로 존재하는 것이 아니라, 그 방언의 어휘 체계 내에서 다른 어사들과 일정한 의미적 관계망을 형성하고 있다.'고 지적하고 있다. 이 지적은 한 지역 방언의 작가가 고향의 언어에서 벗어나기가 쉽지 않음을 보여주는 중요한 지적이라고 생각한다.

상황이 배어 있는 말이기 때문에 작가는 이러한 효과를 얻기 위하여 방언을 사용한다. 그러므로 작품을 연구할 때, 방언의 어휘가 주는 이러한 미세한 의미를 포착할 수 있어야 한다.

　작가가 작품에서 자기 고향의 방언을 사용하는 것은 상당한 모험이다. 고향 사람이 아니고서는 발화의 뉘앙스, 발화가 주는 다양한 의미를 파악하기 어렵기 때문이다. 김소월과 백석, 서정주 등 유명한 시인의 시에서 보면 일반 독자들이 알기 힘든 방언을 구사하고 있다. 그럼에도 불구하고 작자는 모험을 한다. 그 모험이 오히려 작품의 배경을 구체적으로 묘사하고, 작중 인물의 성격을 뚜렷이 규정짓고, 사실적인 현장성을 얻는 데 더 효과적이라고 생각하기 때문이다.[3]

　『혼불』을 쓴 작가 최명희(1998)는 '옴시레기'라는 부사를 쓰면서 도저히 다른 말로는 표현하기 어려워서 '옴시레기'라고 썼다고 고백한다.

　　　남원산성 그 거창헌 거이 입 안으로 옴시레기 들왔다고 허고이 <4, 120>
　　　옴시레기 도려내어 가시만 남은 가슴이 없었더라면 <5, 232>
　　　삼천리 고고샅샅 강토가 땅덩어리째 옴시레기 일본의 것이고, <5, 262>

　　　"'옴시레기'라는 말도 있습니다. 네, 사전에 있나요? 전라도 사투리인데요, '옴시레기' 얼마나 이뻐요. 이게 '모조리'라는 거하고는 좀 다르잖아요? '모조리'는 뭔가 '깡그리' 이런 뜻이 있지만, '옴시레기', '아유, 옴

---

[3] 김홍수(2001 : 290)에는 방언의 기능에 대해 이렇게 언급하고 있다.
　"방언이 생활언어의 전통 속에 깃든 토착민들의 언어적 상상력을 발굴하고 한 시대 한 지역의 생생하고 다채로운 모습을 선하게 그려내는 데 얼마나 중요한 바탕이 되는지, 현실의 전체적 구도에 대응되는 언어지도로서 방언이 사회의 여러 분화와 삶의 다양성, 상호교류와 갈등을 파악하고 드러내는 데 얼마나 효과적인 방법이 되는지, 단순한 지방색 노출이라는 소재주의를 벗어나 한 시대상황의 전형을 제시하는 데 방언이 동원될 때 그 극적 효과와 충격이 얼마나 큰지, 우리는 드물기는 하지만 방언에 의해 탁월한 문체상의 효과를 얻을 수 있었던 예들에서 리얼리즘 문체의 발전에 있어서 방언이 담당할 몫을 실감하게 되는 것이다."

시레기 왔구나!' '모두 다, 가득' 이런 뜻인데 얼마나 정감이 있어요? '옴시래기' 그럼 귀엽잖아요. 우리 늘 쓰는 말이거든요. 그런데 사전에는 없어요.

<u>네 그래서 좀 우리의 그 넋이 담긴, 우리의 생활이 담긴, 우리의 그리움이나 꿈이나 혹은 그 삶에 대한 해석이 담긴, 이러한 낱말들이 좀 우리 국어사전에 '옴시래기' 들어와 가지고 좀 이렇게 한 소쿠리 가득 옥돌같이 담긴다면</u> 시대의 강물은 거세고 어디로 흘러가는지 모르지만 이 국어사전의 징검다리가 우리들이, 또 우리 후손들이, 또 대대로 어디론가 자기 걸음을 가는 그런 걸음이 물에 빠지지 않고 떠내려가지 않고 그렇게 제자리로 저 가고 싶은 곳으로 갈 수 있게 하는 그런 소중한 어떤 그 건널목이 되지 않을까."

이처럼 다양한 방언 어휘의 의미 차이를 표준어가 감당하지 못하는 부분이 있다. 따라서 작가들이 개인이 겪은 문화와 전통과 의미를 세밀히 묘사하기 위하여 표준어보다는 방언을 적극적으로 사용하는 것은 오히려 당연한 일일 것이다.

이태준의 『문장강화』 29쪽에는 방언에 대한 이야기가 나온다. 대화를 표준어로 쓸 때 현실감이 없다는 지적을 하고 있고, 등장인물이나 상황을 방언으로 묘사해야 한다고 말하고 있다. 또한 이태준은 260쪽에서 '생활 속어'란 단어를 쓰고 있는데 등장인물들이 '생활 속어'를 사용함으로써 진실해진다고 보고 있다. 방언의 사실성을 강조한 내용이다.

"여기서 만일 복녀 夫妻의 대화를 표준어로 써 보라. 七星門이 나오고, 箕子墓가 나오는 平壤 배경의 인물들로 얼마나 현실감이 없어질 것인가? 작자 자신이 쓰는 말, 즉 地文은 절대로 표준어일 것이나 표현하는 방법으로 인용하는 것은 어느 지방의 사투리든 상관할 바가 아니다.

(중략) 어느 지방에서나 방언이 존재하는 한 또 그 지방 인물이나 풍정을 기록하는 한 擬音의 효과로서 문장은 방언을 묘사하지 않을 수 없을

것이다."

 "작자의 생활들이 아니라 글 속에 나오는 인물들의 생활 속어인 것이
다. 그렇기 때문에 여기 인물들, 여기 공기가 진실해지는 것이다."(김용
직, 2001 : 21에서 재인용)

최명희는 '모국어의 모음과 자음이 어우러져 빚어내는 울림과 높낮이,
장단을 사랑하여' 우리말의 아름다움을 한껏 뽐내고 있는데 우리는 최명
희가 한국어와 토착 방언이 갖는 다양한 언어의 쓰임, 즉 억양, 리듬감,
음의 고저, 장단 등을 이해하고 있었음을 알 수 있다.

 지역 방언들이 서로 차이를 보이는 가장 중요한 요소가 바로 '울림과
높낮이 장단'이다. 이 요소가 있음으로 해서 경상도 방언, 전라도 방언,
충청도 방언이 특징을 보이고 있는 것이다.4)

 "모국어는 우리 삶의 토양에서 우리의 생각과 느낌을 품고 길러 정신
 의 꽃으로 피워 주는 씨앗인데, 진정한 말의 참다운 의미를 담지 못한
 탓인가. 요즘은 말을 제일 하찮게 여기는 것 같다."

 작가 채만식은 표현하고자 하는 구체적인 어휘가 표준어에 없어서 방
언을 사용할 수밖에 없다고 이야기하고 있다. 채만식은 『民聲 5권 4호』
의 '한글 校正, 誤植, 사투리'라는 글과 『博文 5집(1939년)』에 실린 '續 餘白
錄'이란 글에서 방언에 관한 소감을 다음과 같이 말하고 있다.

 "나는 방언을 많이 쓴다. 방언인 줄 알고 쓰는 것도 있고 방언인 줄 모

---

4) 최명희는 『혼불』에서 방언에 대해 다음과 같이 말하고 있다.
 "긍정, 맞장구, 너무나 당연하다는 뜻, 감탄, 노여움 들은 모두 그 곡조로 알아들어야 했
 다. 그 곡조는, 말하는 사람의 감정이나 내용, 상황에 따라서 얼마든지 무궁무진 변조가
 되었고, 미끄러지거나 채올리거나 툭 자르거나 미묘하게 출렁이는 말의 가락은 마치 노
 래 같은 생각이 들게 하였다."

르고 쓰는 것도 있고 표준어로는 몰라서 할 수 없이 방언을 그대로 쓰는 것도 있고 아뭏든 많이 쓰기는 쓴다.

이 방언 쓰기를 정리하려고 노력은 하나 일조일석(一朝一夕)에는 되지를 않아서 민망할 적이 많다. 내가 방언을 그렇게 잘 쓰기 때문에 방언 아닌 말이 피해를 당하는 수가 종종 있다."

"문장에 있어서(위정 지방어로 써야 할 회화의 경우 말고) 말의 중앙 표준어화는 물론 당연 이상의 당연한 것이다. 그러나 그 표준어화에 있어서 실제의 곤란을 더러 당하곤 한다. (중략)

또, 그보다 더 쉬운 '데데하다'는 말인데. 데데하다는 것은 요새 말로 하면 소위 껄렁하다는 말이다. 그리고 이말은 중앙에서도 많이 쓰는 것 같다. 전라도에서는 물론 많이 쓰고 있고.

그런데, 더러 물어보면 '데데하다'를 모르는 이가 많고, 또 비교적 좋은 편이라고 하는 문세영(文世榮)씨의 사전에도 '데데하다'는 빠지고 없고, 이극로(李克魯)씨더러 물어보았더니, 표준어의 사정에 들었는지 안 들었는지 당석에서는 기억이 나지 않는다고 해서 시방 나로서는 적선(赤線)을 그어둔 채로 있는 말이다. 이상 한두 개의 예를 둔 것이요 찾아내자면 수월찮이 있는 성싶다. 그런 만큼 때로는 곤란을 느끼는 적이 많다."

평론가 정호웅(2003)은 윤흥길의 『소라단 가는 길』의 해설에서 다음과 같이 사투리에 대해 이야기하고 있다. 여기서 말하는 '느낌들의 구체적 실재'란 바로 방언에 전통과 문화와 경험이 녹아 있는 정감, 즉 오랜 동안 전통과 문화와 역사 속에서 다져진 정서적 의미를 말하는 것이다. 표준어가 보여주는 물리적, 현상적 의미와 방언의 체험적, 정서적 의미가 극명하게 대립되고 있음을 말하고 있다.

"사투리는 과거를 불러내는 주술의 언어이며, 그 과거 속으로 길을 여는 열쇠인 것이다. 어째서 그러한가. 언어는 한갓 추상적 기호가 아니며 그 언어가 발화된 그때 그 자리, 발화 대상과 발화 주체의 관계에서 생겨나는 체험의 실체를 담아내는 물질적 존재이기 때문이다. 표준어는 사전에 규정된 의미를 따라 체험의 구체성을 잘라내고 약화시킴으로써 체험을 추상화하는 표준 기호이다. 표준어의 그같은 속성 때문에 체험의 구체성을 온전히 담아내지 못한다. 지난 시절 겪었던 일들, 느낌들의 구체적 실재는 그 경험 현장에서 사용되었던 언어, 곧 사투리를 통해서만 온전히 되살아날 수 있는 것이다."

시인 서정주는 『문학전집』 2권에 실린 '시의 언어 Ⅰ'이란 글에서 '민족 생활어', '실생활어', '방언'을 적극적으로 사용해야 한다고 강조하고 있다. 이러한 자세를 보인 서정주는 작품 전체를 통하여 고어와 우리말을 사용하면서 시어가 지닌 사전적인 개념을 넘어서 시인 개인이 겪은 정서적 의미를 아주 다양하게 표현하고 있다.

"나는 이것을 신문 잡지에 日政治下 이래 慣用해 온 그 소위 文化人的 語勢라는 것에서 긁어모아 온 인습을 지양하고, 넓고 뿌리 깊고 전통적인 民族生活語의 속으로 들어가서 시인 각자의 詩的 체험에 맞추어 선택하고 조직해 냄으로써만이 가능하다고 생각한다. (중략) 이 實生活語가 늘 통하는 데에라야 김치뿐 아니라 美도 感動도 다 어색할 것 없는 진짜가 있는 것이다. 시의 말이라고 하여 특별나게 他關 놀음을 할 필요는 조금도 없는 것이다."(40~41면)

서정주는 『문학전집』 4권에 실린 '八道 사투리의 妙味'란 글에서 작가가 방언에서 어휘를 발굴하여 써야 한다고 강조하고 있다.

"이 '미릿내'란 말에는 또 方言이 흔히 가지기 쉬운 語意와의 乖離性도 조금도 보이지 않아, 보급만 시킬 수 있다면 표준어를 삼아도 넉넉할 것 같다. '미리'란 말은 周知하시다시피 龍의 우리 고어이고, '내'의 '河' '川'의 우리말이니, 무슨 龍의 傳說을 담고 이루어진 듯한 이 말은 그대로 漢

> 字語 '銀河'의 대신으로 국민이 두루 쓴대도 별 無理感을 안 주겠기 때문
> 이다.
>   나는 우리 方言들 속에서 이런 類의 말을 발굴 사용하는 것은 文學創
> 作人의 한 의무라 생각하고, 일찌기 「편지」라는 내 한 시편에서 다음과
> 같이 그것을 집어넣어 써 본 일이 있다."(125~126면)

실제로 서정주는 자기의 시에서 '꼭두선이, 샛바람, 하늬바람, 마파람, 소소리바람, 안잠자기, 시르미, 알묏집, 보름사리, 가음, 돌쩌귀, 망둥이, 알밭, 뒤깐, 밑둥거리, 눈들, 등때기, 땡삐, 쌍판, 뻔보기, 논배미, 걸궁배미, 뿌사리, 쑥버물이, 씻나락, 우아랫두리, 시악씨' 등 많은 우리말을 사용하고 있다. 서정주는 우리말을 많이 사용하면서 한국어의 독특한 질감을 생생하게 구현하였고, 풍부한 시적 표현을 통하여 심미적 효과를 획득할 수 있었던 것이다(장창영, 2002 : 41).

3. 문학 작품과 방언의 기능

방언은 옛날 이야기, 민요, 판소리와 같은 구비문학과 사설시조, 엇시조, 잡가, 한글고전소설 등 고전문학에서도 많이 사용되었다. 이러한 방언 사용은 표준어가 일반화된 이 시대에 현대문학에서도 많이 사용하고 있다. 김동인, 김소월, 김영랑으로 시작된 현대문학 작품의 방언 사용은 최근에 들어와서는 더 심화되고 있는 느낌을 받는다.

전라방언을 보여주는 작품으로는 채만식의 『천하태평춘』과 『탁류』, 최명희의 『혼불』, 조정래의 『태백산맥』, 서정주의 시집 등이 있다. 충청방언을 보여주는 작품으로는 이문구의 『관촌수필』과 『우리동네』가 대표적이고, 경상 방언을 보여주는 작품으로는 박경리의 『토지』를 비롯하여

현진건, 김원일, 김주영, 하근찬, 김정한, 박경리, 오영수 등의 작품이 있다. 시 작품으로는 이상화, 유치환, 박재삼 등의 작품을 들 수 있다. 강원 방언을 보여주는 작품으로는 이효석, 김유정, 전상국 등의 작품이 있다. 제주 방언을 보여주는 작품으로는 현기영의 『순이 삼촌』, 현길언, 문충성 등의 작품이 있다.

여기서는 작품에 나타난 방언의 기능을 몇 가지로 나누어 정리하고자 한다.

1) 전통적 어법과 가락의 활용

이기문(2001 : 76)에서는 소월시의 언어를 이야기하면서 소월은 고향 방언과 나중에 배운 문학어의 모든 재료를 창의적으로 구사하면서 시어의 선택과 직조에 있어서 소월이 가장 중요하게 생각한 것을 어감과 율조로 보고 있다. 또한 소월을 '방언으로 시를 쓰면서 문학어로 윤색하는 태도'를 가진 시인으로 분류하고 있다.[5]

정주 방언에서는 '시메산골, 두메산골'이 다 쓰인다. 그러나 표준어이기도 한 '두메산골'은 일반화된 어휘이어서 토속적인 정조와 가락을 느끼게 하기가 충분치 못하다. 김소월은 옛말에서 파생된 '시메山골'을 선택하여 향토색 짙은 어조와 가락을 빚은 것으로 볼 수 있다.

> 山새는 왜우노, 시메山골
> 嶺넘어 갈나고 그래서 울지

---

[5] 필자는 '산유화'를 가지고 정보처리의 관점으로 정밀한 검색을 해보았다. 방언이 사용된 자료는 아니지만 김소월이 어감과 율조를 얼마나 깊이 생각하고 있는지를 극명하게 보여주는 시라고 생각한다.

작가 최명희는 '언어는 정신의 지문'이라는 글에서 다음과 같이 이야기하고 있는데 한국어와 지역 방언이 갖는 억양, 리듬감, 음의 고저 장단, 음상 등을 깊이 이해하고 있었다.

> "나는 모국어의 모음과 자음이 어우러져 빚어내는 울림과 높낮이, 장단을 사랑하여 이 말의 씨를 이야기 속에 뿌리는 사람일 것이다."

형용사 '새초롬하다, 발그롬하다/발그로옴하다, 볼그롬하다/볼그로옴하다, 가느소롬하다, 가무롬하다, 알포롬하다, 매꼬롬하다, 쌉소롬하다, 포료옴하다, 반드로옴하다, 희부윰하다'와 여기서 파생한 부사들은 사실상 방언에서 일반적으로 쓰이는 어휘들이다. 작가는 자기의 문화적인 배경을 설명하기 위하여 뉘앙스가 다른 이 지역의 방언을 선택하여 쓰고 있다.

작품에 제시된 형용사들은 음상에 따라서 '롬'이 많이 쓰이는 형용사를 선택하고 있거나, '옴'이 많이 쓰이는 형용사를 선택하고 있다는 점이다. 이것은 최명희가 말하는 음률, 음조를 깊이 생각하고 있는 증거이기도 하다.

새침한 얼굴에 도화색이 <u>발그롬하여</u>, 인근 사람들 입살에 어지간히 <3, 286>
호리낭창한 몸매에 봄물이 도는 낯을 <u>발그롬히</u> 기울이고는 <5, 285>
까무잡잡헌 낯바닥에 도화색은 <u>발그로옴</u> 돋아나고, 입솔이는 물었다는 <7, 186>
<u>볼그롬한</u> 살구꽃빛 연분홍 화장수가 애달플 <5, 202>
탄 얼굴의 눈자위에 당홍색을 <u>볼그롬이</u> 머금은 채, 아닌 척 할깃할깃 <4, 219>
낯바닥끄장 <u>볼고로옴해</u> 갖꼬는. 머이 그렇게 <9, 258>

이러한 점은 김영랑의 시에서도 마찬가지다. 김영랑의 시 「누이의 마음아 나를 보아라」는 가을의 서정을 전라도 방언을 사용하여 형상화한 작품으로 누이에 대한 소박한 애정이 잘 드러나 있다. 이 작품의 리듬은 대체로 3음보 율격에 의지하면서 독특한 시어 사용으로 리듬감이 강화된 모습을 보이고 있다. 특히 토속어의 사용과 조어의 활용을 통하여 음악성의 성취와 아울러 토속적이며 서정적인 분위기를 잘 살리고 있다.

'오-매 단풍들것네'라는 동일한 구어체 시행을 반복하면서 억양의 리듬 효과가 시의 전반적인 리듬감을 주도하고 있다. 이것은 특히 전라도 방언 '오매, 들것네'의 사용으로 리듬감이 한층 배가되고 있다(양병호, 1992 : 71).

> 오-매 단풍들것네
> 장광에 골불은 감닙 날러오아
> 누이는 놀란듯이 치어다보며
> 오-매 단풍들것네
>
> 추석이 내일모레 기둘니리
> 바람이 자지어서 걱정이리
> 누이의 마음아 나를 보아라
> 오-매 단풍들것네 <누이의 마음아 나를 보아라>

서정주의 시 「花蛇」에서 방언 '베암'은 표준어 '뱀'에 비해 양성모음 'ㅏ'가 첨가되면서 음의 이완으로 말미암아 '베암'이 대상에 대한 경계심을 완화시켜 주고 있다. 또한 "베암"은 토속적이고 향토적인 정취를 불러일으킴으로써 뱀에 대한 독자들의 적대감과 거부감을 약화시키는 효과를 가져온다(장창영, 2002 : 47).

장창영(2002)에서는 표준어 '얼마나'와 '커다란'이 경직된 느낌을 주는데 비해, '을마나'와 '크다란'의 경우 'ㅓ'가 'ㅡ'로 변하는 고모음화 현상과 'ㅡ'의 연속 사용으로 인해 음상 확장과 의미 강화를 불러일으킨다고 보고, "을마나", "크다란", "슬픔"으로 이어지는 고모음 'ㅡ'의 연속적인 반복은 음상 확장을 통해 의미 심화와 전체 분위기의 고조에 기여하고 있다고 해석하고 있다. 한편 곽충구(2002 : 84)에서는 '을:마나 크:다란'이란 음에서 판소리의 사설과 창에서 느낄 수 있는 그러한 분위기가 생동하고, 동시에 회화적인 색채가 느껴진다고 보고 있다. 만약 이를 '얼마나 커다란'이라고 했다면 그 느낌은 반감되었을 것이라고 말하고, 이는 방언을 사용함으로써 율조적인 가락, 회화적인 색채, 사설적이면서 담화적인 인상이 한층 신선하게 드러날 수 있음을 보여주고 있다고 말하고 있다.

서정주의 시는 다양한 전라방언을 통해 음상 확장을 자연스럽게 유발함으로써 원시적인 생명력과 이를 극복하고자 하는 인간의 원초적인 본능을 노래하고 있다고 할 수 있다.

시와 소설을 가리지 않고 문학 작품에서 많이 사용하는 어휘는 첩어일 것이다. 소설의 경우 채만식, 최명희의 소설에서는 아주 많은 첩어가 사용되고 있다. 첩어(疊語)의 다양한 사용은 묘사에 있어서 사실성을 강조하려는 의도로 해석된다. 의성어나 의태어인 첩어의 사용은 해당 방언의 음상과 음의 반복을 이용한 일반적인 묘사이다.

채만식은 『천하태평춘』에서 '거덤거덤, 두구두구, 뱅돌뱅돌, 뱅들뱅들, 벌심벌심, 빈들빈들, 싱글뱅글, 싱글벙글, 싱글싱글, 쌔왈대왈, 씨근버근, 씨근씨근, 씨월데월, 씩뚝꺽둑, 야긋야긋, 어름어름, 오래오래, 옴닥옴닥, 움질움질, 절절절절, 죄용죄용, 직닥직닥, 째금째금, 터덜터덜, 펄심펄심, 피장패장, 해뚝번득, 해뚝해뚝, 허덕허덕, 헤룽헤룽, 호령호령, 휘적휘적, 휘청휘청, 훔치훔치, 홍을홍을, 히죽히죽, 심숭삼숭하거드면'과 같이 음의 반복과 음상을 이용하여 다양하게 첩어를 구사하고 있다.

최명희의 『혼불』에서는 '까작까작, 웅숭웅숭, 봉울봉울, 나훌나훌, 드글드글, 덩클덩클, 우줄우줄, 우렁우렁, 쑤실쑤실, 조근조근, 차락차락'과 같이 방언이거나 의도적으로 만든 것처럼 보이는 첩어를 다양하게 사용하고 있다.

시인 김영랑은 '찌르르, 즈르르, 가득찰랑, 보시시, 흐렁흐렁' 등 자신이 새롭게 만든 의성어와 의태어를 사용하면서 생동감 있는 시어의 음악성을 구현하고 있다. 의성어와 의태어가 지니는 청각적, 시각적, 공감각적 이미지들을 통하여 시의 의미 구조와 리듬 구조를 구체적이고 생동감 있게 해주는 효과를 얻고 있다(양병호, 1992 : 20).

2) 전통과의 합일

옛날이야기가 전승될 때는 화자와 청자가 있어서 화자는 청자가 흥미를 느끼게끔 깁고 보태면서 이야기를 이끌어가야 한다. 이야기의 구성과 등장인물의 설정, 배경과 사건의 묘사 등이 일상적이지 않고 특별한 것이어야 하고, 무엇보다도 말하는 사람이 말을 재미있게 이끌어야 청자에게 전체적으로 전달할 수 있을 것이다.

옛날이야기를 말하는 화자의 말은 화자가 말하기 쉽고, 청자가 이해하기 가장 쉬운 말이어야 한다. 바로 그 말은 일차적으로 화자가 어려서부터 익혀온 자기 지역의 방언이다. 적어도 수십 년간 갈고 닦아온 말, 그 속에 온갖 경험과 추억과 애환이 서려있는 말, 그 말을 통해서만이 이야기를 매개체로 온갖 세상으로 넘나들 수 있을 것이다.

설화나 민요와 같은 구비문학을 통하여 우리는 전통적인 리듬을 따르게 된다. 한글 고전소설인 춘향전, 심청전, 홍길동전, 소대성전, 조웅전 등을 읽어보면 나름대로 우리 고유의 리듬을 갖고 있음을 알 수 있다.

임꺽정을 읽어보면 구비문학이 보여주는 리듬을 갖고 있다.6) 이 리듬은 단순히 음절수에 의한 운율만을 이야기하는 것이 아니다. 어휘와 의미와 발음과 음률이 조화되어 이루어진 우리식의 이야기 양식을 말하는 것이다. 말이 가지는 오랫동안 전해 내려온 고유의 호흡, 이 호흡이 구비문학 속에 깔려 있다. 그 호흡이 우리를 이야기에 가까이 다가갈 수 있게 만드는 가장 중요한 요소 중의 하나이다.

설화를 읽으면서 이야기를 재미있고 사실적으로 만드는 우리 고유의 설화의 문체 특징을 이해할 필요가 있다. 설화에는 이야기를 전개하기 위해서 생각하는 시간을 벌거나 뜸을 들이기 위해서 군말과 담화상의 화용적인 기능을 하는 언어 요소가 많은 것이 특징이다. 일반적으로는 옛날에 들은 이야기이기 때문에 간접화법을 많이 쓰지만, 경우에 따라서 본인이 겪은 일이 아니라도 실감나게 전하기 위하여 마치 자기가 한 것처럼 직접 화법을 구사한다. '거시기하다, 그리하다'와 같은 대용언과 애매한 표현들이 많이 등장한다. 이것은 오히려 청자들에게는 상상력을 증대시키는 효과를 가져온다. 성적인 어휘는 금기시하고 대신 비속어가 많다. 흔히 쓰는 '놈, 년' 등의 표현을 통하여 청자들은 카타르시스를 느끼기도 한다. 의성, 의태어가 많은 것은 이야기를 사실감 있게 하기 위해서, 묘사를 실감나게 하다보면 자연히 구체적인 소리와 모습을 표현해야 하기 때문이다.

방언으로 행해지는 말은 비교적 장황하게 말을 하고, 바로 전에 말한 것을 자꾸 되풀이하게 되는데, 오히려 이러한 장황스런 말투가 화자와 청자에게는 자연스럽게 말하고 듣고 생각하게 하는 특징을 갖는다. 말은 사람의 생활세계에 매우 밀착해 있기 때문에 구체적이면서 현실 상황에

---

6) 소설가 채만식 선생은 한글고전소설과 활자본 고전소설을 수없이 읽었다고 말하고 있고, 소설가 최명희 선생은 한글고전소설의 양식을 뿌리로 삼고 있음을 말하고 있다.

의존하는 경우가 많다. 따라서 말은 감정이입적이거나 참여적인 특징을 갖는다. 말을 통해서 대상과 밀접하게 관여하여 감정이 전달되고, 서로 공유하면서 화자와 청자가 서로 일체가 된다. 즉 '대상과 하나가 된다'는 것이다. 우리가 방언으로 이루어진 옛날이야기의 중요성을 강조하는 이유가 바로 여기에 있다.

고전소설 중에서 『구운몽』, 『사씨남정기』, 『완월회맹연』 등 가족사계 장편들은 그 언어가 문어적 성향이 더 강하다. 그 말씨 역시 품격이 느껴지고 점잖은 편이어서 상류 사회의 의식 성향을 반영하고 있는 것이다. 그에 반해서 '춘향전, 심청전, 흥부가' 등 판소리 사설계 소설들에는 상당히 강하게 방언적 요소가 포함되어 있다. 고전 문학기의 서민소설과 엇시조, 사설시조, 기타 잡가 타령 등에 방언이 빈번하게 사용된 것은 이들 양식을 읽고 즐기는 사람들이 대체로 농업과 공업, 상업에 종사하는 일반 서민들이었고 그들이 읽고 즐길 수 있는 인간과 세계가 방언에 직결된 것이었다(김용직, 2002 : 24-26 참조).

19세기 초기부터 20세기 초기까지 약 100여 년의 특정지역 방언 현상을 집중적으로 보여주는 자료는 매우 드물다. 그러나 완판 방각본 고소설과 필사본 고소설, 판소리 사설 등은 어느 지역에서도 찾아볼 수 없는 많은 자료를 통하여 당시의 생생한 방언 현상을 보여주고 있다.[7) 완판본 한글 고소설 중 전라방언을 많이 보여주는 자료는 '열여춘향슈절가, 심청전'이 으뜸이고 그 다음으로는 '홍길동전, 적성의전' 등이다.

완판 방각본 고소설에 나타나는 대표적인 음운 현상은 구개음화, 전설 고모음화, 움라우트, 원순모음화 등이다. 이러한 특징은 전북 방언의 공

---

7) 그런데 완판 방각본 고소설과 필사본 판소리 사설 사이에는 방언적인 차이가 존재한다. 실제 판소리 사설에는 전라남도의 방언적 특징이 비교적 많이 보이는 데 비하여(최전승, 1990), 완판 방각본 고소설에는 전라남북도의 접촉방언적 특징이 일부 나타나지만, 전라북도의 방언적 특징이 대부분이다.

시적인 음운 현상과 매우 일치하는 모습을 보이고 있다.

이 소설에 나오는 전라방언을 예를 들면 다음과 같다.

> (1) 구개음화 : 엉겁절으(엉겁결에), 짚은(깊은), 져을(겨울), 화짐(홧김), 곁에(곁에), 찌어라(끼어라), 심(힘), 성님(형님), 셔(혀), 승악(흉악), 샹단(향단)
>
> (2) 전설고모음화 : 실품(슬픔), 구실(구슬), 시물(스물), 질겁다(즐겁다), 목심(목숨)
>
> (3) 움라우트 : 귀경(구경), 맥혀(막혀), 이대지(이다지), 깩끼다(깎이다), 지팽이(지팡이)
>
> (4) 원순모음화 : 심운(심은), 높운(높은), 업운(업은), 나뿐(나쁜), 짚운(깊은), 거무(거미), 춤(침)
>
> (5) 부사 : 고닥기(금새), 간잔조롬하게, 션아션아(서나서나 : 천천히), 인자막(인자막새, 아까막새 : 이제막), 한끗나게(매우), 활신(활딱)

완판본 한글 고전소설의 독자층은 농업을 하거나 상업을 하던 서민들이었다. 서민들이 재미있게 읽을 수 있는 언어는 그 지역민들이 쉽게 알 수 있는 방언이었을 것이다. 따라서 방언이 많이 쓰인 소설에서 독자들은 전통을 이해하면서 하나가 되고, 한편으로는 재미를 추구했을 것이다.

최명희는 '우리의 삶이 녹아서 우러난 모국어'라는 언어 속에는 반만년 이어져 온 인간과 자연의 모습, 전통, 문화, 예술의 혼이 살아 숨쉬고 있다는 사실을 깨닫고 있었던 것이다. 그리하여 '유구한 우리나라의 기후와 풍토, 산천초목, 전통적인 우리의 생활 습관, 사회제도, 촌락구조, 역사, 세시풍속, 관혼상제, 통과의례 그리고 주거의 형태와 복장과 음식이며 가구, 그릇, 치례, 소리, 노래, 언어, 빛깔, 몸짓' 등을 표현하려고 노력했다.

최명희는 언어가 의사전달의 단순한 수단이 아니라 전통과 자연과 인간을 서로 합일시키는 소중한 매체임을 깨닫고 있었다.

3) 등장인물의 성격 구현

김동인은 「감자」의 여주인공 복녀로 하여금 평양 지역의 방언을 쓰도록 하여 인물의 성격을 드러내었고, 「배따라기」에서는 그의 작중 인물이 말과 행동을 통해 다른 작가에서 볼 수 없는 성격을 창조하고 있는데 그 성격 창조를 가능케 한 것은 대화에서 두드러지게 사용한 방언 때문이었다. 홍명희는 『임꺽정』의 한 부분에서 특수 계층이 쓰는 말을 쓰게 함으로써 두메산골 출신의 투박한 모습이 기능적으로 드러나게 하였다(김용직, 36-37).

> (복녀)"뱃섬 좀 치워 달라우요." (남편)"남 졸음 오는데, 님자 치우시관,"
> (복녀)"내가 치우나요." (남편)"이십 년이나 밥을 처먹고 그걸 못 치워!"
> (복녀)"에이구 칵 죽구나 말디." (남편)"이년 뭘!" <감자>

> (나)"고향이 영유요?" (그)"예, 머 영유서 나기는 했디만 한 이십년 영유를 가 보지두 않아시오."
> (나)"왜, 이십년씩 고향엔 안 가요?" (그)"사람의 일이라니 마음대로 됩데까?"
> 그는 왜 그러는지 한숨을 짓는다.
> (그)"그저 운명이 제일 힘셉디다." <배따라기>

『천하태평춘』에서 지문의 방언은 구어적 특징을 많이 보이면서, 작가가 사용하는 방언이 많이 쓰이고 있다. 이러한 태도는 독자를 작품의 현실에 끌어들이기 위하여, 독자로 하여금 작가의 시점과 입장에 적극적으로 관여케 하기 위하여, 작중인물의 문제성을 강화하기 위하여 의도적으로 구사하고 있는 것으로 해석할 수 있다(김흥수, 1985 : 10 참조).

한편 대화의 방언은 속어와 비어를 주로 쓰게 하여, 추악하고 기괴한 것이나 교양없고 볼품없는 평민의 이미지를 그려서, 부정적이고 비합리적인 인간관과 기존질서와 보수적 세계관을 조롱하고자 하는 풍자의 의도가 있다고 할 수 있다.

『천하태평춘』에 나오는 대표적 인물은 윤장의 영감을 중심으로 '인력거꾼, 며느리 고씨, 춘심이, 윤주사, 태식이, 창식이' 등이다. 이들은 '윤장의 영감'과 '며느리 고씨'를 제외하고는 대체로 서울말을 구사하고 있다. 그러나 '윤장의 영감'과 '며느리 고씨'는 거의 완벽한 전라북도 방언을 구사하고 있다.

윤장의 영감의 천박하고, 괴팍하며, 현실에 부정적인 성격을 잘 드러내는 전라도 방언으로는 부사인 '워너니', 부정적인 뜻을 가진 감탄사 '글시, 참, 으응(응)', '조저도, 영감택이, 개잡년, 손목아지, 대가리, 목아지, 주둥아리, 배때기' 등의 비속어, 수사의문문의 일종인 '設疑法(反問)', 확인되지 않은 사실에 대해 추측을 하는 구문 등이 쓰이고 있다(이태영, 2001 : 328).

> "쌍년이라 헐수 읍서! 천하 쌍놈, 우리게 판백이 아전 준평이 자식이 워너니 그렇지 별수있것냐!"<천하제4회, 101>
> "짝 찌질년! 그년은 글시 무어허러 밤낮 그렇게 싸―댕긴다냐?" <천하 1, 184>
> "야 이놈아! 어떤 손목아지가 문은 그렇게 훠언허게 열어놓았냐? 응!"
> "……으응? 그놈이 사회주의를 허다니! 으응? 그게 그게 참말이냐? 참말이여?"
> "거참!…… 나는 벨 신통헌 일력거군두 다 있다구 얌전허게 부았지!"
> "자네가 아까 나더러 처분대루 허라고 허잔힛넝가?" <천하1, 171>

  "타는 차삯말이간디? 그놈 사을 때 값 말이지……" <천하제1회, 179>
  "암만히여두 자네 어매(어머니)가 행실이 궂었덩개비네!" <천하제1회,
  172>
  "빌어 먹을년의 자식이 아마 간장을 한종재기나 처먹었넝개비다!"
  <천하제9회, 321>

'워너니'는 '그러면 그렇지' 또는 '원체'라는 뜻을 가진 부사인데, 윤장
의 영감의 말에서는 주로 어떤 사실을 비아냥거릴 때 나타나고 있다. 충
청 방언의 영향으로 보이는 감탄사 '글시'는 '남의 물음이나 요구에 대하
여 분명하지 못한 태도를 나타낼 때'나 '자기의 의견을 고집하거나 강조
할 때' 쓰는 말이다. '응(으응)'은 주로 의문문의 뒤에 나와서 '무슨 일이
마음에 들지 않을 때 불평하여 내는 소리'이고, '으응'은 '마음에 차지 않
거나 짜증이 날 때 쓰는 말'이다. '참'은 '매우 딱하거나 어이없는 일을 당
했을 때 쓰는 말'로 '허참, 거참' 등으로 나타난다.

  수사의문문은 청자에게 답을 요구하지 않고 자기가 결론을 내리는 방
식의 의문문이기 때문에 화자가 청자를 무시하면서 '자기 식대로 사는
인물'임을 표현한다. '-ㄴ개비다, -ㄴ가비다, -ㄴ갑만, -ㄴ갑도만'이라는
구성은 전북 방언에서 추측을 나타내는 구성이다. 이러한 말을 많이 쓰
는 윤장의 영감의 성격은 확인되지 않은 사실에 대하여 '막연히 주관적
인 추측'을 자주 하는 사람으로 묘사되고 있다.

  『혼불』의 대화체는 두 부류로 나타난다. 하나는 청암부인과 그 자손들
(강모, 강실, 효원)로 구성된 매안 이씨 가문의 말투로서 방언을 사용하지
않고 중앙어를 구사하고 있다. 품위를 고려하여 문어체에 가까운 격식체
를 사용하고 있다. 작가가 이 계층 사람들에게 현실 방언을 사용하지 않
게 하고 있는 것은 양반임을 분명하게 강조하고자 한 것으로 보인다. 또
하나는 거멍굴 사람들을 포함한 평민들의 언어이다. 평민들의 언어는 대

화체뿐만 아니라 독백에서도 온통 전라도 방언을 질펀하게 구사하고 있다. 이 소설에서 쓰이고 있는 남원 방언은 평민들의 삶이 매우 사실적으로 드러날 만큼 깊이 있게 반영되어 있다.

'옹구네'는 이 소설에서 여러 계층의 사람들과 접촉하는 아주 특이한 인물로 설정되어 있다. 평민들을 대변하는 대변자요, 양반들과 외부인들과 접촉하면서 이야기를 전개해가는 중개자의 역할도 하고 있다. 『혼불』이 양반을 중심으로 서술된 것 같은데, 한편으로는 '옹구네, 춘복이, 평순네' 등을 부각시키는 점이 특징적이다. '옹구네'의 발화의 특징은 다른 화자에 비하여 매우 긴 것이 특징이다. 따라서 방언적인 요소가 다른 화자에 비하여 많다(이태영, 2004 참조).

옹구네라는 인물은 여러 장면에 나타나서 많은 등장인물들과 대화를 나누는 존재로 설정되었다. 작가는 옹구네를 소설을 이끌어가는 핵심 등장인물로 설정하여 평민을 대표하는 해설자의 역할을 맡긴 것으로 보인다.

옹구네 발화에는 수사의문문의 일종인 '設疑法(反問)'이 많이 쓰이고 있다. '설의법'은 자기의 다른 생각을 은근히 표현하거나, 또는 이미 자기가 내린 결론에 동조를 구하는 방법으로 사용되고 있다. '-간디' 구문의 수사의문문은 이미 답을 알고 묻는 의문문으로 이 구성이 쓰이는 문장의 특징은 화자가 이미 답을 알고 말하는 문장이기 때문에 이 작품에서는 주로 '따지거나 비아냥거리는' 문장에서만 쓰이고 있다. '무신'은 관형사로서 '반의적인 뜻을 강조하는 말'로 쓰이고 있다. 따라서 대체로 뒷 문장이 주로 수사의문문이 온다.

추측을 나타내는 '-ㄴ게비다, -ㄴ갑만, -ㄴ갑도만' 등이 쓰인 구문에서 옹구네 성격은 확인되지 않은 사실에 대하여 주관적인 추측을 자주 하는 사람으로 묘사되고 있다.

비아냥거리는 뜻을 가진 감탄사가 많이 쓰이고 있다. '아이(고)'형(아이

구우, 아이고매, 이이고오, 아이고, 아이), '하이고'형(하이고매, 하이고, 하이고오)
이 많이 쓰이고, '참', '그리여' 등이 쓰인다. 감탄사는 대체로 긍정적인 문
장이 수반되는 데 비하여 옹구네 발화에서는 부정적인 문장이 수반된다.
  '낯바닥, 낯빤대기, 낯짝, 년, 놈, 대가리, 대그빡, 몸뗑이, **뼉다구**, 뼉
다구, 싸가지, 싸다구, 아가리, 오살놈, 웬수, 자빠지다, 지랄허다' 등의
비속어를 적절히 사용하면서 상대를 무시하거나 비아냥거리는 태도를
가지고 있다.

> 부잣집이서 무신 마늘이 귀헐 거잉가? 썩어나는 거이 마늘이제잉.
> 머 무신 못헐 소리 했간디
> 바깥 사둔 양반잉게비여 하앗따아 풍신 좋네에
> 아이고매 호랭이 물어가겄네 오살 노무

  최명희의 경우에는 등장인물의 성격을 작가가 스스로 묘사하는 경우
가 있다. '옹구네는 결코 기회를 놓치지 않는 아낙이었다.'와 같이 옹구네
의 성격을 파악할 수 있는 여러 가지의 묘사와 서술을 사용하고 있다.
그러나 전정구(2001 : 413)에 의하면 소설가 이문구의 경우는 묘사나 서술
로 인물의 성격이나 행동을 창조하지 않고, 어투 등에 의존하여 그러한
문제들을 해결하고 있음을 볼 수 있다. 등장인물이 주로 사용하는 방언
(또는 일상어)의 어투만으로도 인물의 성격과 개성을 창조하고 있다는 점
에서 등장인물의 성격 창조에 언어적 특징이 차지하는 몫이 매우 크다는
것을 보여주고 있다.

4) 해학적 기능의 활용

  완판본 고전소설과 판소리 사설을 살펴보면 선정적인 내용의 대화가

많이 나온다. 그 대화의 내용은 성적인 내용을 상징적으로 다루고 있는 데 몇 가지 예를 들면 다음과 같다.

『심청전』에 보면 곽씨부인이 아이를 낳고 나서 남편인 심봉사에게 남자 아이인지 여자 아이인지를 묻는다. 그러자 심봉사가 '아마도 묵은 조개가 햇조개를 나았나벼'라고 하면서 씁쓸한 표정을 짓는다. 한글 고전소설이라 하지만 한자어가 많아서 이해하기가 쉽지 않은 소설인데 해학적인 표현에서는 한자어가 전혀 없는 우리 방언을 구사하고 있다. '조개'라는 상징어도 그렇지만 '나았나벼'가 보여주는 방언의 어미에서 '추측'으로 아쉬운 마음을 달래고 싶은 심봉사의 마음을 분명하게 읽을 수 있다.

> 곽씨부인 정신 차려 뭇난 말리
> "여보시오 봉사님 남녀간 무어시오?"
> 심봉사 디소흐고 아기 삿철 만져보니 손이 나루비 지니듯 문 듯 지니
> 가니 "아미도 무근 조기가 힛조기 나아나부" <완판본 심청전>

여자를 좋아하는 인물로 묘사되고 있는 심봉사가 임금이 계신 한양으로 가는 길에 방아를 찧는 집에서 농을 하는 장면이 나온다. 이 표현들은 매우 상징적이면서도 사실적이지만 그때마다 전라도의 토속적인 방언이 구사되고 있기 때문에 전혀 선정적이지 않게 표현하고 있다. 이 대목에서 '점심이나 얻어먹을라고 찌어줄라간디?'의 예는 이미 알고 있는 사실에 대해 확인하는 수사의문문으로 전라도 지역에서 아주 많이 쓰이는 문장이다. '그냥은 못 찌어주겠다'는 표현인 것이다.

> "천리 타향의 발셥흐여 오난 사롬다러 방이 찌으라 흐기를 니 집안 어론다러 하듯 흐니, 무엇시나 좀 줄나면 찌여주졔."
> "이고, 그 봉사 음흉흐여라. 주기는 무어슬 주어, 점심이나 어더 먹졔."
> "점심 어더먹으랴고 찌어줄테관디?"

　"글어ᄒ면 무엇슬 주어, 고기나 줄가?"
　심봉사 하하 우시면,
　"그것도 고기지. 고기졔마는 주기가 쉬리라고?"
　"줄지 안이 줄지 엇지 압나. 방이나 찌고 보졔."

　매우 상징적이면서도 해학적인 성적 표현이 전라방언을 사용함으로써 익살로 비춰지게 된다. 만일 이 표현을 표준어로 바꾸어 생각해 보면, 음담패설이 될 것이다.

　이러한 해학적인 표현은 『신재효판소리사설 춘향가(동창, 134)』에서도 보인다.

　　(변사또) "미인을 보난 법이 달아리 촉불아리 이ᄒ가 졔일 좃타 꼿갓 튼 져 얼골과 눈갓튼 져 살거리 츄파갓튼 눈밉시로 흥 목익여 쩌보난 양 잉도 갓튼 입슈알노 ᄉ랑 게워 웃난 것을 ᄒ나도 못보고셔 귀먹은 중 마 키득기 쇼경의 즈리 쥐듯ᄒ기만 ᄒ여니면 무슨 재미 잇건난야 셩가시다 썩 버셔라"
　　(춘향) "<u>오날 져역쑨이관듸?</u>"

　변사또가 춘향이에게 수청을 들도록 청하는 대목에서 춘향이는 '오늘 저녁뿐이간디?' 하면서 전라도 특유의 표현으로 완곡하게 변사또의 수청을 거절하는 표현이 나온다. 이 표현은 전라도 방언을 아주 적절히 인용한 대목인데 '오늘 저녁만 있는 게 아니고, 내일도 모레도 있는데 왜 이렇게 재촉하느냐?'하는 표현으로 그 위기를 모면하려는 춘향이의 마음을 방언에서 아주 익숙하게 사용하는 수사의문문의 문장으로 표현하고 있는 것이다.

　이처럼 익숙한 방언의 문장을 사용하여 성적인 표현을 완화시켜 대중화시키고 있고, 작중 인물의 심정을 방언을 이용하여 표현하면서 다소 해학적인 기능으로 이끌어가고 있음을 볼 수 있다.

5) 새로운 방언 어휘 발굴과 이미지 활용

시인과 소설가들은 방언과 표준어를 가리지 않고 이들을 조합하여 새로운 어휘를 만들어 자기 시에서 독특한 새로운 이미지를 창조한다.

김소월의 시에서 사용한 방언은 약 800여 개에 달한다. 김소월은 방언과 기존 어휘를 복합어로 만들어 사용하면서 새로운 이미지를 창조하고 있다. 소월의 시 「접동새」에는 '접동 접동 아우래비접동'이 나오는데 이때 '아우래비'는 평북방언 '아웁＋오래비'의 합성어이다. 따라서 소월은 방언을 저변에 깔고서 새로운 어휘를 생산한 것으로 보인다(이기문, 2001 : 71).

이용악은 그의 시에서 '불술기'와 '불수레'를 쓰고 있다. '불술기'는 '불(火)'에 수레의 함경도 방언인 '술기(車)'가 합성된 복합어이다. '기차'를 '불을 이용하여 달리는 수레'라고 본 것이다. 함경도 방언인 '불술기'를 '불수레'로 바꾸어 방언을 이용한 조어를 하고 있다. 마찬가지로 '황소'를 함경도 방언으로 '둥구리, 둥굴쉐'라고 하는데 '쇼'에 'ㅣ'가 결합하여 변이된 '쉐'를 중부 방언인 '소'로 바꾸어 '둥굴소'로 바꾼 것도 방언을 이용한 조어이다(곽충구, 2001 : 100).

두 낮 두 밤을 두루미처럼 울어 울어/불술기 구름 속을 달리는 양 유리창이 흐리더냐 <절라도 가시내>

올골찬 믿음의 불수레 굴러 조마스런 마암을 막아보렴 <등불이 보고 싶다>

차군 달빗츨 피해/ 둥굴소의 압발을 피해

최명희는 국어 사전에 없는 어휘인 '꽃심, 꽃빛, 꽃각시, 꽃밥, 꽃자줏빛, 꽃니, 꽃시울, 꽃결'을 작가는 아주 다양하게 사용하고 있다. 어떤 것은 인위적으로 만든 것이 있고, 어떤 것은 방언에서 흔히 쓰는 말을 그대로 쓴 경우가 있다.[8]

> 그러나 그럴수록 얼굴이 꽃빛으로 물들며 고개를 외로 돌리던 <1, 71>
> 어린 날, 살구꽃잎으로 꽃밥을 차려 주던 강실이에게, <1, 136>
> 이 꽃각시 같은 새신랑이네 <1, 190>

표준어인 의성어와 의태어는 물론이고, '개갱갱갱거리다, 닝닝거리다, 뎅그맣다, 뭉시르한, 버언하다, 아슴하다, 일룽거리다, 까작까작, 웅숭웅숭, 봉울봉울, 나훌나훌, 드글드글, 덩클덩클, 우줄우줄, 우렁우렁, 쑤실쑤실, 조근조근, 차락차락'과 같이 방언이거나 의도적으로 만든 것처럼 보이는 의성어와 의태어를 수없이 사용하고 있다.

이렇게 새롭게 만들어진 의성어와 의태어는 작가에 의해서 새로운 의미가 첨가되거나 의미가 확대되는 경우가 많다.

최명희는 다양한 동사와 형용사를 현란하게 사용하고 있다. 특히 형용사의 사용을 매우 즐겨하였다. 작가는 전라도 방언에서 자주 쓰이는 방언을 굳이 표준어와 구분하지 않고 매우 자유롭게 사용하고 있다. 표준어와 방언을 구분하지 않고 모국어로 생각하고 있다는 점이 매우 특징적이다. 사실상 표준어와 방언을 구분하는 일은 매우 위험한 생각이다. 다양한 방언 어휘의 의미 차이를 표준어로 감당해 낼 수가 없는 것이다.

---

8) 작가의 인위적인 어휘 사용은 한편으로 모국어의 규칙을 어기는 것으로 보면 문제가 될 수 있다. 그러나 시인과 소설가는 기존의 언어로 표현하기 어려운 것은 단어를 새롭게 조어하여 만들어 쓸 수 있어야 한다. 최명희는 이미 나와 있는 우리의 어휘를 새롭게 조어하여 아주 아름다운 우리말을 만들어 쓰고 있다. 이러한 면은 우리말에 유익한 신조어를 보태는 결과를 낳아서 매우 바람직한 일이라고 할 수 있을 것이다.

따라서 작가들은 개인이 겪은 문화와 전통과 의미를 세밀히 묘사하기 위하여 표준어보다는 방언 어휘를 적극적으로 사용하는 것은 오히려 당연한 일일 것이다.

장창영(2002 : 35)은 서정주 시인의 「꽃밭의 獨白」에 나오는 '물낯바닥'이란 어휘를 통하여 서정주가 어떤 방식으로 대상을 인식하고 있는가를 말하고 있다. 시인이 '水面'을 "물낯바닥"이라 할 때 '수면'이라는 경직화되고 일상화된 말로부터 대상을 해방시켜 새로운 차원에서 바라보게 만든다. 시인은 '물'과 '낯바닥'이라는 이질적인 대상을 조합하여 신조어를 만듦으로써 신선하고 맑은 이미지를 떠올리게 한다. 이 시에서는 '낯바닥'과 '얼굴'이 각각 다르게 사용되고 있는 데, 그가 두 단어를 의도적으로 차별화하여 의미의 차이를 유도하고 있기 때문이다. '낯바닥'이 자연스러움에 근거를 둔 원초적인 속성을 지니고 있다면, '얼굴'은 다분히 타인을 의식하는 인위적인 성향을 반영하고 있다고 해석하고 있다.

> 네가 좋기는 제일 좋아도,
> 물낯바닥에 얼굴이나 비취는
> 헤엄도 모르는 아이와 같이
> 나는 네 닫힌 門에 기대 섰을 뿐이다. <꽃밭의 獨白>

6) 구어체 작품의 발달 촉진

한국문학사에서 문학 작품의 대부분이 문어체로 시작하여 구어체로 변하였다고 보는 것은 지극히 당연한 이야기일 것이다. 고전문학에서는 선비들이 보던 문학은 당시의 규범으로 쓰인 문어체의 문장이었을 것이고 서민들이 보던 문학은 자연히 방언의 문장이었을 것이다. 이러한 사실은 여러 문학 작품에서 확인할 수 있다.

  개화기 시대에 나온 신소설에 와서 등장인물들이 서민들이 등장하면서 구어체로 바뀌게 된다. 특히 국어 연구에서 가장 구어체를 많이 반영하고 있다고 보는 소설이 바로 이 신소설이다. 이광수, 김동인 시대에 와서 문학어의 표준화가 진행되었다고 할 수 있다.

  이 시대에 부분적으로 대화체에서 방언이 사용되면서 인물의 성격을 결정짓는 중요한 기능으로 등장하게 된다. 이러한 방법은 후대에까지 방언 사용의 기본적인 형태로 지속되고 있음을 볼 수 있다. 그리하여 지문은 표준어로 해설하고, 대화체는 방언으로 쓰는 것이 소설의 일반적인 양식이었다.

  그러나 채만식의 소설에서는 지문에서도 일상적인 방언을 구사하고 있다. 이러한 작가의 태도는 전통적인 이야기 방식인 구비문학적인 태도를 가지고 있는 것으로 이해된다. 따라서 지문에서도 대화처럼 많은 방언을 구사하는 것이다.

  최명희의 경우에는 지문에서 아주 독특한 전라방언을 구사하고 있다. 특히 어휘에 집착하고 있는 태도를 볼 수 있는데 방언이 갖는 독특한 느낌을 표준어를 의식하지 않고 쓰는 태도가 매우 특이하다. 이는 작가의 언어관에 말미암는 것으로 표준어와 방언을 가리지 않고 모국어라는 관점으로 사용하고 있는 것이다.

  소설가 윤흥길의 신작인 『소라단 가는 길』을 보면 대화문과 지문을 가리지 않고 일상적인 화법을 그대로 구사하고 있어서 아주 독특한 문체를 보이고 있다. 특히 연작소설 형식으로 작가의 어린 시절을 회상하면서 그 당시 많이 쓰이던 방언과 일상적인 화법을 꾸밈없이 구사하면서 구어체가 보여주는 시대상을 밝히면서 소설의 새로운 면을 보여주고 있다.

7) 지역 정체성의 획득

지역에서 생활하는 사람들은 지역이 가지는 경제, 사회, 문화적인 특징을 통하여 지역의 정체성을 얻으면서 살아간다. 지역의 정체성은 오랜 세월을 거치면서 역사적 경험을 공유한 공동체의 구성원들로부터 형성된다. 예를 들어 전북의 경우, 농업이 주가 된 농업 사회를 기반으로 하는 사회 경제적인 특징이 있고, 전주 같은 도시는 조선왕조의 발상지로서의 문화적인 특징과 호남의 중심지로서 상업 도시로 발달했던 경제적인 특징을 가지고 있다. 이러한 특징 때문에 비빔밥, 콩나물 국밥과 같은 음식이 발달하였고, 판소리가 발달하여 한글고전소설로 이어지면서 소설 문학사에서 서민문학이 발흥한 지역이 될 수 있었다.

전라도 방언을 통한 지역 정체성은 판소리와 한글고전소설에서 찾을 수 있다. 판소리가 전라도에서 발달하게 된 이유 중의 하나는 전라도 방언의 특징 때문이다. 무엇보다도 전라도 방언은 말씨가 부드럽고 입을 적게 벌리고 발음하는 특징이 있다.

예를 들면, 모음 '에, 아'는 음악적으로 매우 강한 음인데, 전북 지역에서는 일반적으로 노인들의 경우 '에' 대신 '으'나 '이'로, '아' 대신 '어'로 발음하고 있다. '이' 모음은 전설 고모음으로 가장 앞에서 발음되고, '으' 모음은 중설고모음이다. '어' 모음은 중설 중고모음으로 중설 저모음인 '아' 모음보다 훨씬 발음하기가 쉽다. 같은 음성환경에서 '으'가 가장 짧게 발음되고, '애, 아'가 가장 길게 발음된다. 고모음인 '이, 우, 으'는 다른 모음들보다 짧게 발음된다. 이처럼 전북 방언에서는 조사에 쓰이는 모음은 대체로 짧게 발음되는 모음이 사용되면서 발음을 짧게 하는 경향이 높다.

구개모음화를 보여주는 '스물-시물, 그을려서-끄실려서, 마을-마실 간다, 가을-가실'과, 'ㅣ모음 역행동화(움라우트)'를 보여주는 '아비-애비, 고기-괴기, 당기다-댕기다, 속이-쇡이, 각기다-깩기다' 등의 변화는 발음을 쉽게 하는데 큰 도움을 주고 있다.

'꽃이-꼬시, 밭이-바시, 짚이-지비'의 예에서 보는 바와 같이 무성 마찰음이나 무성 파열음인 'ㅊ, ㅌ, ㅍ, ㅋ' 등이 평음인 'ㅅ, ㄱ, ㅂ'으로 중화되면서 마찰이나 파열이 되지 않고 부드럽게 발음된다. '못해요-모대요, 밥하고-바바고, 숯하고-수다고'의 예처럼 'ㅎ'음이 자음과 결합될 때 유기음으로 실현되지 않는 특징이 있어 비교적 부드러운 발음이 된다.

'기침-지침, 곁에-젙에, 형-성, 심-힘' 등과 같이 구개음화되는 현상도 남부방언에서부터 시작되는데 이것 또한 전라도 방언의 부드러움을 표현하는 것으로 해석할 수 있다. 이것 역시 무성 마찰음이나 파열음이 마찰음 'ㅅ'으로 표기되는 것이다.

'겁~나게, 점~드락, 포도~시, 공~장히, 워~너니' 등과 같은 부사에서 보면 어휘에 늘여빼는 장음이 발달한 것도 판소리와 관련된다. '머덜라고리여~, 이거시 머~시다요?' 등의 문장이 보여주는 장단과 리듬은 판소리의 가락을 형성하는 데 깊이 관련되어 있다.

전북 방언은 이러한 특징 때문에 말 그 자체에 리듬이 있다고 생각하는 사람도 있다. 흔히 판소리를 한의 노래라고 하는데 판소리는 이러한 언어적 특징 속에 인간의 마음과 관련된 한이 녹아들어 방언적 특징과 예술적 특징이 조화된 음악으로 발전한 것이다. 지역의 특징이 잘 발현된 음악이다.

역사 문화적으로 전승되어온 가치를 계승하지 못한 삶을 살고 있는 현대인들은 자아와 세계로부터 소외감을 느낀다. 정체성을 상실한 삶은 삶의 의의와 가치를 잃어버리고 공허한 세계에 빠지게 된다. 세계와 자아의 동일화를 지향하는 우리는 전통의 세계와 만남으로써 정서적 안정감과 균형잡힌 시선을 갖게 된다.

작가들이 방언을 사용하는 중요한 이유 중의 하나는 전통적으로 이어져 온 말을 계속 사용하여 정서적 안정감을 얻고 '우리'라고 하는 공동체 의식 속에서 정체성을 얻고자 하는 것이다.

최명희가 『혼불』을 쓴 것은 '피폐한 현대인들의 떠돌이 정서에 한 점 본질적인 고향의 불빛을 전하기 위한' 것이었다. '떠돌이 정서'는 바로 한국인의 정체성을 찾지 못하고 방황하는 이 시대의 한국인들이 갖는 불안정한 정서를 말하는 것이다. 이런 사람들에게 우리 문화와 우리 자연의 아름다움을 전하여 한국인으로서 안정된 정서를 갖도록 해 주려는 의도가 있음을 알 수 있다.

시에서 방언을 구사한다는 것은 단순한 지역 언어의 사용 이상의 의미를 지닌다. 이를 사용하는 시인의 언어 습관과 문체, 그리고 의식 형성에 이르기까지 방언이 중요한 역할을 수행하기 때문이다. 또한 방언은 지역 사람들의 생활뿐만 아니라 문화와 의식을 반영함으로써 그들의 삶과 문화를 이해할 수 있게 한다. 그러므로 시에서의 방언 사용은 시인 개인 문제에 국한되지 않고, 지역 문화의 반영과 생활에 기초한 지역 정체성의 확보라는 의미까지를 포함한다(장창영, 2002 : 43).

지역 문화에 대한 관심이 높아가고 있는 이때, 사람들은 방언을 자기가 사는 고장의 문화로 생각하게 되었다. 방송에서는 다양한 방언을 자연스럽게 쓰고 있고, 영화에서도 특정 지역의 사실감을 얻기 위하여 방언을 적극적으로 사용하고 있다.[9]

예를 들어 전북에서는 김장을 하기 위해 배추나 무를 사러 가면서 '짓거리 사러 간다'고 표현하고, '생지, 신 지, 묵은 지, 싱건지'라는 말을 훨

---

[9] 이제 표준어를 사정할 때, 지역에서 많이 쓰는 방언을 고려하여 표준어로 채택해야 한다. 그래서 복수 표준어를 많이 만들어 어휘의 다양성을 높여야 한다. 그래야만 표준어에 대한 거부감이 줄어들고 방언에 대한 애정이 문화의 다양성으로 발전하게 될 것이다. 이러한 필요성은 남북한의 통일을 바라보는 이 시점에서 더욱 절실하다.

씬 많이 쓴다. 이때 사용하는 '지'는 국어사전에는 '김치'의 방언형으로 해설이 되어 있지만 실제로 '디히'에서 온 고유어이다. '김치'는 오히려 '沈菜'에서 온 한자어인 것이다. '지'를 통하여 지역민들은 서로 동질감과 연대감을 갖게 되고 그 문화적 동질 의식이 곧 그 지역의 정체성으로 자리하게 되는 것이다.

잘못된 방언관으로 말미암아 한때는 방언 사용이 신분이 낮은 지역 사람을 가리키는 수단으로 사용된 적이 있다. 그러나 지역 문화에 대한 지역민들의 의식이 높아지면서 방언을 매우 중요한 지역 정체성을 보여주는 문화의 하나로 인식하여 지역의 고유한 특징을 보여주는 것으로 인식하기 시작하였다. 작가들도 역시 초기에는 서민들의 이야기를 묘사할 때 방언을 사용했으나 현재는 지역의 문화를 다양하게 바라보는 관점에서 방언을 다루고 있다. 때늦은 감이 있지만 매우 다행한 일이다.

4. 결론

우리나라의 어문정책은 표준어를 중심으로 진행되어 왔다. 『표준국어대사전』을 편찬할 때도 역시 방언은 극히 일부분을 소개하는 정도에 머물러 있다. 국가에서 진행한 사업이란 것은 1980년대에 수행한 『한국방언자료집』(한국정신문화연구원)을 조사한 것과 2001년부터 수행한 '한국 방언 검색 프로그램' 등이 전부이다.

문학 작품에 나타난 방언에 관심을 갖게 된 것은 비교적 최근의 일이다. 문학 연구에서 방언은 국어학(방언학) 전공자가 다루어야 할 부분으로 처리되고 있었다. 방언은 우리의 언어이면서도 아주 독특하게 다루어야 하는 대상으로 인식되었다.

　방언은 살아 있는 우리 언어이다. 전통과 역사와 문화가 살아 숨 쉬고 있는 꿈틀대는 생명의 언어이다. 이러한 방언이 담긴 문학 작품을 이해하기 위해서는 우선 방언에 대한 깊은 이해가 선행되어야 한다.

　각 지역의 방언 사전이 편찬 되어야 하고, 일찍부터 방언 교육이 진행되어야 한다. 특히 북한의 방언에 대한 이해가 있어야만 시와 소설에 나오는 방언의 의미와 기능을 바르게 해석할 수 있을 것이다.

참고문헌

고영근(2001), 「혼불과 텍스트성 판정의 문제」, 제2회 혼불 문학제 학술발표회 발표초
　　　록.
고은 외(1984), 「민족 공동체와 모국어」(특집), 『오늘의 책』 3, 한길사.
곽충구(2001), 「이용악의 시어에 나타난 방언과 시문법의식」, 『문학과 방언』에 재수록,
　　　역락.
김영배(2001), 「백석시의 방언에 대하여」, 『문학과 방언』에 재수록, 역락.
김용직(2001), 「방언과 한국문학－문학 작품에 나타난 방언의 문제－」, 『문학과 방언』
　　　에 재수록, 역락.
김홍수(2001), 「소설의 방언에 대하여」, 『문학과 방언』에 재수록, 역락.
리운규·심희섭·안운(1992), 『조선어방언사전』, 연변인민출판사.
박종철(2001), 「방언과 시학 언어학과 시학(2)」, 『문학과 방언』에 재수록, 역락.
박형익(2003), 『2003년도 한민족언어정보화 연구보고서』, 문화관광부·국립국어연구
　　　원.
서정섭(2001), 「『혼불』의 언어 현상과 특성」, 『혼불의 문학세계』, 전라문화연구소.
송인수(2004), 「백석 시 화자 연구」, 전북대 교육대학원 석사학위논문.
양병호(1992), 「영랑시 연구」, 전북대 대학원 박사학위논문.
유종호(1981), 「시와 토착어 지향」, 『세계의 문학』 21, 민음사.
유종호(1984), 「시인과 모국어」, 『오늘의 책』 3, 한길사.
이기문(2001), 「소월시의 언어에 대하여」, 『문학과 방언』에 재수록, 역락.
이문구(1996), 「우리 동네, 우리 문체와의 만남」, 『동서문학』 겨울.
이상규(2001), 「멋대로 고쳐진 이상화의 시－상화 시에 나타난 방언과 원본－」, 『문학
　　　과 방언』에 재수록, 역락.
이태영(2000), 「『혼불』과 최명희의 모국어 사랑」, 『전북문단』 29호, 전북문인협회.
이태영(2000), 『전라도 방언과 문화 이야기』, 신아출판사.
이태영(2001), 「채만식 소설 『천하태평춘』에 나타난 방언의 특징」, 『문학과 방언』에
　　　재수록, 역락.
이태영(2004), 「『혼불』에 쓰인 방언의 기능과 등장인물의 성격」, 『혼불의 언어세계』(혼

불 학술총서2), 전북대 출판부.

장창영(2002), 「서정주 시 연구」, 전북대 대학원 박사학위논문.

전정구(2001), 「토속어의 활용과 관용적 표현-이문구 소설의 문체-」, 『문학과 방언』에 재수록, 역락.

정호웅(2003), 「원혼의 한을 푸는 신성(神性)의 언어」, 작품 해설, 『소라단 가는 길』, 창비.

최명희(1996), 「『혼불』은 나의 온 존재를 요구했습니다」, 『리브로』 27호, 한길사.

최명희(1998), 「『혼불』과 국어사전」, 『새국어생활』 8권4호, 국립국어연구원.

제7장 │ 채만식 소설 『천하태평춘』에 나타난 방언의 특징

1. 서론

이 글은 작가 채만식의 풍자소설인 『천하태평춘』을 중심으로 언어의 쓰임, 특히 방언의 쓰임을 살펴, 작가의 방언 사용이 작품에서 어떠한 효과를 나타내고 있는지를 고찰하려는 데 목적이 있다.

채만식의 작품은 독특하게도 출신지인 전라북도 옥구군 임피면의 방언을 구사하는 작품이 많다. 그중에서도 특히 『천하태평춘』은 작가의 방언 사용에 대한 여러 가지 면을 살필 수 있을 만큼 방언 사용이 왕성하다고 할 수 있다. 작가가 소설에서 방언을 어떠한 관점에서 사용했는가 하는 점을 밝히는 일은 국어학적인 면에서뿐만 아니라, 그 문학작품을 좀 더 자세하게 이해하기 위해서 매우 필요한 일이라고 생각한다.[1]

---

[1] '작가·작품의 방언에 대한 논의가 방언 요소의 관찰과 확인에 그치지 않고 그 문학성의 해석과 평가에까지 이르러야 한다'는 지적(김홍수, 1985 : 4)이 있으나, 방언과 작품과의 상관성, 방언이 작품 안에서 어떠한 기능을 하고 있는가 하는 점들이 먼저 규명되어야

흔히 문학작품에서 방언의 사용은 리얼리즘의 표현, 토속적인 분위기 설정, 낯설게 하기 기법 등과 관련되어 언급되어 왔다. 또한 작품 중의 인물의 성격을 드러내는 데 방언의 이해가 매우 필요하다는 데 의견을 같이하여 온 것은 사실이다. 그럼에도 불구하고, 작품을 이해하는 데 있어서 소설의 방언 사용을 구체적으로 고찰한 업적이 그리 많지 않은 실정이다. 이는 방언에 대한 이해가 쉬운 일이 아니며, 구어에 대한 국어학적인 이해가 매우 필요한 부분이어서 그렇다고 생각한다.2)

채만식의 작품 중 특히 『천하태평춘』은 작가가 1938년 조광 잡지에 발표한 후에 다시 고쳐서 1940년과 1948년에 단행본으로 출간하였고, 1989년에 다시 출판사에서 교정하여 출판하였다. 또한 그 사이에 소위

하기 때문에 이러한 논의는 결코 쉬운 일이 아닐 것이다.

2) 채만식은 '작가 단편 자서전'이란 글에서 '유년·소년 적에는 춘향전, 구운몽, 추월색, 장한몽 등 신구 소설과 삼국지, 수호지, 동한연의, 서한연의 등 안 읽은 게 별로 없고'라고 말하고 있다. 이는 채만식의 작품 속에 19세기 말에서 20세기 초에 발행된 고소설과 신소설이 크게 영향을 끼쳤음을 알 수 있다. 채만식의 다른 작품 안에서도 고소설과 신소설의 이름이 많이 거론되는 것도 바로 이러한 연유에서 비롯된다.

따라서 채만식의 작품에서 방언이 많이 쓰이는 것과 채만식의 문체가 독특하다는 측면은 이러한 고소설 및 신소설과의 관련성에서 해석해 볼 수 있을 것이다.

"야야, 책을 얻어올라거던 「유충렬전」이나 「심청전」을 얻어오려무나." <인형의집을나와서, 53>
"흥 야야, 너는 암만 웃어두 「유충렬전」이 참 좋니라." <인형의집을나와서, 53>
"나는 「유충렬전」허구 「장화홍련전」을 보면서 펴 울었니라만……" <인형의집을나와서, 53>
저녁을 마친 뒤에는 시급히 춘향전을 사다려 그애더러 읽으라고 하고는 <천하6, 164>
탁자 위에는 헤어져빠진 사본(寫本)의 춘향전이 중간쯤 펼쳐진 채 놓여 있다. <아름다운 새벽, 27>
박씨부인이 퇴침을 돋우 베고 누워 『삼국지』를 보다가 잠깐 잠이 들었었다. <女子의 一生, 149>
그 이야기는 내가 자란 뒤에 『삼국지』에서 주유의 에피소우드인 것을 발견하였습니다. <素服입은 靈魂, 111>
소대성이 여대치게 낮잠이나 자기… <천하2, 150>
기어코 한바탕 화룡도를 내고래야 말작정으로 그렇게 별르고 있는 참입니다. <천하3, 272>
서울아씨는 '추월색'한권을 무려 백독(百讀)은 했을겁입니다. <천하7, 234>

해적판이라고 일컬어지는 몇몇 책들이 나왔기 때문에 어떠한 원고가 채만식의 『태평천하』를 대표할 수 있는지 매우 어려운 일이 아닐 수 없다. 실제로 현재 연구되고 있는 판은 1989년 창비사에서 간행한 채만식전집에 수록된 작품들이고 보면, 그 이전에 간행된 작품에 대한 서지학적인 연구가 매우 필요하다고 하겠다.

이 글에서는 문학작품을 해석하는 측면보다는, 작품에 나타나는 방언 사용을3) 중심으로 주로 어학적인 관점에서 형태, 통사, 어휘, 문체에 관한 것을 검토하면서 논의를 전개하고자 한다.

자연언어(natural language)로서 방언은 글(文語)과는 상당히 차이를 보이는 말(口語)인 것이다. 말은 인간의 가장 기본적인 의사전달 및 소통의 수단으로서 말의 기능은 매우 중요하다. '월터J.옹'이 제시한 말의 기능 중 몇 가지 들어 보면 다음과 같다(이기우·임명진 역, 1995 : 60 참조).

① 말은 동일 지역인들에게 동질감을 느끼게 하고 연대감을 갖게 하는 수단이다.
② 말은 인간 생활에 밀착되어 생활 경험과 관련시켜, 경험을 중심으로 개념화하고 언어화한다.
③ 말은 보수적이거나 전통적이어서 지식의 세대간 전승은 구술의 반복으로 전수한다.
④ 말은 조리가 정연하지 않고, 장황하거나 다변적이다. 따라서 구조적 통일성이 결여되어 있다.
⑤ 말은 분석적이라기보다는 집합적이다, 유사한 것이 반복되고 열거되는 특징이 있다.
⑥ 말은 말하는 사람이 감정을 가지고 참여하는 경향이 있다. 따라서 이야기를 하는 경우에 서술자의 상황이 개입된다. 곧 대상과 주체

---

3) 이 글에서 사용하는 '방언'의 개념에는 어휘는 물론, 음운현상, 통사현상, 화용현상, 문체, 억양, 리듬, 상용구, 속담 등등 일정 지역에서 사용되는 언어현상 전반을 포함한다.

가 통합되어 이야기가 전개된다.
⑦ 말은 상황의존적이기 때문에 추상성의 정도가 적다.
⑧ 말은 글보다 훨씬 덜 문법적이다. 이야기의 의미가 통사구조보다
표현 형태에 더 의존적이다.

따라서 말의 하위 개념인 방언도 역시 위에서 제시한 말의 특징을 그대로 가지고 있다.

방언은 '지방의 말'이란 뜻으로, 한 언어의 하위어(dialect of a language)이다. 예를 들면 한국어가 상위어이고, 나머지 지방의 말은 하위어이다. 따라서 한국어라는 말은 구체적이지 못하고 상당히 추상성을 띠게 된다. 한국어는 '모든 지방의 말의 집합체' 또는 '한국을 대표하는 말'이란 의미가 있기 때문이다.

표준어는 그 규정에 의하면 '교양있는 사람들이 두루 쓰는 현대 서울말'이다. 사실은 서울말도 방언인데 한 나라의 언어를 대표하는 것으로 정했기 때문에 우리가 편의상 표준어라고 한다. 그래서 이 표준어를 인위적인 언어라고 말하고 방언을 자연언어(natural language)라고 말한다. 표준어는 서울말이 중심이 되고, 그 시대에 사회에서 많이 쓰고 있는 다른 방언의 어휘들도 표준어로 채택하기 때문에 사실은 표준어에는 各道 방언의 방언적 요소가 많이 들어 있는 셈이다.4)

흔히 소설이나 시에서 방언이 사용될 때, 표준어에 익숙해진 연구자들

---

4) 예를 들면 '상치'가 표준어였다가 '상추'로 바뀐 것이나, '미싯가루'가 표준어였다가, '미숫가루'로 바뀐 것은 일정 방언형이 표준어보다 더 많이 쓰이고 있다고 판단하여 표준어로 채택한 것이다.
방언형에는 표준어에도 있고 방언에도 있는 것이 있다. 예를 들면 전북 방언에서 '자빠지다'가 있는데 이것은 표준어이자 전북 방언형이다. 그러나 실제로 표준어 사용에서는 '자빠지다'는 별로 쓰지 않고 대부분이 '넘어지다'를 표준어로 사용하고 있다. 따라서 표준어와 방언이 확연히 구분되는 것이 아니고 어떤 지역에서 많이 사용되고 있으면 그것이 표준어에 포함되더라도 역시 방언형인 것이다.

은 표준어와 상대되는 개념으로서 방언을 대하려고 한다. 그래서 작품에 나타나는 특징적인 방언에 관심을 갖고 그러한 특징적인 방언을 작가가 어떤 의도로 썼느냐 하는 문제에 관심을 가지려고 한다. 그러나 표준어와 방언은 상대되는 개념이 아니다.5) 이미 앞에서 언급한 것처럼 표준어는 방언들의 집합체이며, 특정 지역의 방언을 표준어로 삼고 있을 뿐이다. 따라서 우리는 작가가 작품에서 사용하는 방언을 특징적인 것으로만 보지 말고, 또한 표준어와 대비하여 특징을 찾으려고만 하지 말고, 해당 방언 전체를 이해하면서 작품을 감상하고 분석해야 할 것이다.

자연언어로서 방언은 일차적으로 말로 이해된다. 방언의 개념 안에는 어휘뿐만이 아니라, 음운현상, 통사현상, 화용현상, 문체, 억양, 리듬, 음의 고저와 장단, 속담, 상용구 등등이 포함된다. 소설이나 시에서, 또는 판소리나 고소설에서 나타나는 방언은 대체로 해당 지역 방언의 특징을 그대로 담고 있는 경우가 대부분이다. 예를 들면 말에서 자주 쓰이는 음운현상이나 문법현상 또는 문체적 특징이 그대로 쓰이는 것이다. 이러한 경우 작품의 방언은 해당 지역의 언어인 방언을 전체적으로 이해하지 않고는 쉽게 해석할 수가 없는 것이다.

또한 소설이나 시, 또는 판소리나 고소설 등에 나타나는 방언은 일단 자연언어인 해당 지역의 방언이 약간 정제되어서 쓰일 뿐이다. 따라서 작품에 나타나는 방언을 특징적인 것이 아니라 그 작품 전체가 방언으로 쓰이고 있을 가능성을 염두에 두고 작품에 접근해야 할 것이다.

우리가 다루고자 하는 채만식의『천하태평춘』은 대화는 말할 것도 없고, 지문에서도 수많은 방언이 구사되고 있다. 이것은 방언을 몇몇 효과

---

5) 정한숙(1972 : 100)은 '채만식에 있어서 방언이란 엄격히 말해서 표준어에 대치되는 사투리, 즉 등어선에 의한 지리적인 방언만을 말하는 것은 아니다.'라고 전제하고 작자는 그 작품에 일관되는 하나의 분위기를 획득하기 위해 이 방법을 사용하고 있다고 말하고 있다.

를 얻기 위해 썼다기보다는 이 작품이 작품의 시대상황을 설정하기 위하여 전체적으로 방언으로 쓰여 있음을 말하고 있는 것이다. 방언은 실제적인 삶속에서 쓰는 현실언어이기 때문에 이 작품에서도 대체로 '화자와 청자가 상정되는' 방언이 작품의 전체적인 구성과 더불어 쓰이고 있음을 볼 수 있다.6)

2. 『태평천하』 異本의 書誌的 고찰

채만식은 『천하태평춘』이란 제목으로 『朝光』에 게재한 이래 본인 생존시 두 번에 걸쳐 단행본을 간행하였고, 다른 출판사에서 소위 해적판이 출판된 경우가 있다. 이러한 이본들은 교정을 거쳤기 때문에 이본들 간에 표현이 다른 곳이 발견되고 특히 방언 사용의 문제에 있어서는 상당한 오차가 있는 실정이다. 특히 채만식의 『태평천하』를 연구할 때 연구의 저본으로 사용하는 것이 1987년 '창작과 비평사'에서 발행한 『채만식 전집(3집)』에 실린 작품을 가지고 사용하고 있기 때문에 원전을 비교하여 작품을 선택해야 할 것이다.

채만식의 『태평천하』의 이본들은 다음과 같이 간행되었다.

① 1938년 『朝光』이라는 잡지에 장편소설 『天下太平春』을 9회(1월호에서 9월호까지)에 걸쳐 연재하였다.7)

---

6) 채만식이 구사하는 방언은 전라북도 옥구군의 방언이다. 이 지역은 충청남도와 경계하고 있는 지역으로 전라북도와 충청남도의 방언이 함께 공존하는 접촉지역이다. 따라서 채만식의 작품에는 전북과 충남의 방언이 공존하고 있는 셈이다. 이러한 현상은 특히 모음 가운데 'ㅜ'모음을 많이 쓰는 것과 여러 어휘나 문장을 통하여 구체적으로 알 수 있다.
7) 채만식은 1939년 발행된 『青色誌 5집』의 '自作案內'란 글에서 『천하태평춘』의 내용에 대하여 다음과 같이 언급하고 있다. 채만식의 작품을 이해하는 데 큰 도움을 주리라 생각

② 1940년 '明星社'에서『3인장편집』이란 제목으로 단행본이 출판되었다.

③ 1948년 '同志社'에서『태평천하』란 제목으로 단행본이 출판되었다.

④ 소위 해적판이 나오게 되었다. 1949년 '중앙출판사'에서『황금광시대』란 제목으로, 1958년 '대동사'에서『애정의 봄』이란 제목으로, 1958년 '중앙출판사'에서『꽃다운 靑春』이란 이름으로 출판되었다.

⑤ 1987년 '창작과 비평사'에서『채만식전집』이 10권으로 출판되어 그 중 3권에 '태평천하'가 수록되었다.

①의 원고는『天下太平春』이란 제목으로 연재되었는데, 일회분에는『天下平春』으로 게재하였다가, 2회분에서『天下太平春』으로 수정하였다. 이는 서지적으로는 '원간본(초간본)'에 해당한다. 다른 이본과 비교해 볼 때, 이 작품은 방언 사용이 아주 다양하여 채만식 고유의 방언에 대한 진수를 보여주는 작품이라고 말할 수 있을 것이다. 이러한 방언의 사용이 이

한다.

"장편 '천하태평춘(天下太平春)'은 '명일'의 발전인 '치숙'의 방향이기는 하나, '명일'과는 전연 다른 세계다. 이 작(作)은 실상 정축년간(丁丑年間)에 5백 매 가량으로 잡지 6회분에 전작(全作)을 하여『조광』지에 보냈던 것인데, 발표가 더딘 계제에 또 작품적으로 내 자신의 불만이 있고 해서 다시 개작(改作)을 한 것이요, 무인(戊寅) 신년호부터 동 9월호까지 동지에 연재를 했다. 그랬기 때문에 거기에는 '치숙'과 교류되는 점도 있고 지나사변이 에피소드로 채록도 되었다.
김남천씨는 '천하태평춘'을 조선의 신문학이 있은 지 30년에 일찌기 예가 없게시리 이 작품에는 부정적 인물만이 등장되었다고, 그렇듯 부정적 인물만의 등장이 아무래도 문학의 본도가 아니라는 눈치로서 말을 했다.
사실 나도 그 길을 평생 두고 가려고는 않고, 그 길—부정면(否定面)만 골라내는 것이 위험하다는 것을 또한 우리네 스승이 경계한 바이라 잊어버린 것은 아니다.
그러나 부정면을 통하여 기실 긍정면을 주장하기 위해서의 부정면은 결단코 유독하지는 않은 것이다.
더구나 그렇게밖에는 붓(筆)을 댈 수 없는 사정이나 부정면을 통해서야만 그 긍정면이 도리어 박력있이 보여질 수법상의 경우가 또한 없는 게 아니다.
아뭏든지 나는 눈치는 먹더라도 한동안 '천하태평춘'의 방향도 버릴 수는 없다. 그러한 부정면의 대(對)긍정면의 관계를 알아볼 줄 모르고 문학적으로 표현된 현실의 '추(醜)'를 문학적 '미(美)'로 보지를 못하고서 '문학적 추'로 여기는 '성자(聖者)'들이 있으나, 그런 분들이 독자의 한 사람인 것을 나는 대단히 폐로와하는 동시에, 그들에게는 손쉽게 '기꾸찌깡'이나 한평생 읽고 있으라고 권면을 해둔다."

본들에서는 많이 교정되었음을 볼 수 있다.

②의 책은 현재까지 나타나지 않고 있다. 이 책의 존재는 ③의 책을 내면서 채만식이 책의 앞부분에 ②에서 썼던 '初版序'를 다시 게재한 내용에서 밝혀졌다. 그 내용을 인용하면 다음과 같다.

> 上梓를 하면서(初版序)
>
> 이 一篇은 지나간 一九三八年 雜誌 '朝光'의 誌面을 빌어, 소一月號부터 九月號까지 連載發表했던 것을 이제 다시 한 篇의 冊子로서 刊行을 하는 것이다. 그리고 執筆은 그前年 가을에 全篇을 完了했던 것인데 그러므로 作品에 內容된 時代는 이미 過去한 一九三八年代에 屬하는 것임을 말해 둔다. 作品의 內容上 또는 發表當時의 誤校등으로하여 一但 손을 대느라고 대기는 했으나 舊作을 全體的으로 修正하기는 至難한 노릇인지라 若干의 字句를 校正하는데 그쳤을 뿐이다. 끝으로 刊行에 臨하여 두터운 友情과 幹旋해준 明星社의 畏友 鄭來東兄에게 깊은 感謝를 表해 마지않는다. 一九四0年 三月 六日 松都寓居에서 著者

채만식은 윗글에서 ①의 작품인 『天下太平春』을 '若干의 字句를 校正'하였다고 말하고 있다. 따라서 ②의 책은 '1차교정본'이라고 명명할 수 있을 것이다. 현재의 입장에서는 ②의 책이 나타나지 않고 있기 때문에 얼마간의 교정이 이루어졌는지 말할 수 없다.[8]

③의 책은 『太平天下』란 제목으로는 처음 나온 책으로, '2차교정본'이라고 말할 수 있을 것이다. 이 책의 머리말에서 작가가 언급한 내용을 참고하면 다음과 같다.

---

[8] 필자는 이 글을 준비하면서 채만식의 차남인 채계열 씨를 방문하여 『태평천하』의 이본을 확인한 바 있다. 그러나 채계열 씨도 역시 이 책을 본 적이 없다고 말하였다.

再版을 내면서

　이 作은, 日帝時節에 三人長篇集이라고 하여, 다른 두 作家의 作品과 한 冊에다 發行을 하였던 것을, 이번에 獨立한 冊子로써 重刊을 하게 된 것이다. 소위 初版ㅅ적의 것을 보면, 校正을 하였는가 疑心이 날 만침, 誤植 투성이요, 겸해서 伏字가 있고 하여, 불쾌하기 짝이 없더니, 이번에 重刊의 機會를 얻어, 誤植을 바로 잡고 伏字를 뒤집어 놓고 하게 된 것만도, 作者로서는 적지 않이, 마음 후련한 노릇이다. 더욱이 表題를 제대로 곤칠 수가, 있는 것은 여간 다행이 아니다. 初版의 序에도 쓰인 바와 같이, 애초에 『朝光』지에 連載를 하였는데, 그 第一回分의 原稿에 「天下太平春」이라고 表題를 붙여 보냈다가, (松都에서 寓居하고 있을 때였다) 뒤미처 「太平天下」로 곤치도록 기별을 한 것이, 書信은 中間에서 紛失이 되고, 그대로 「天下太平春」으로 第一回가 발표가 되었다. 할수없이 最終回까지 「天下太平春」으로 連載를 하였고, 初版 때에도 病席에 누었느라고, 미처 곤칠 機會와 경황을 가지지 못하였었다. 文學作品이라는 것은 보는 사람 따라, 그 보는 焦點이 다른 것이어서, 이 作에 대하여서도, 가령, 尹直員 영감의 그런 점잔하지 못한 행사만을 가지고, 그것이 作品의 中心 테-마인 것처럼 말을 하는 편이 없지가 아니한 모양 같으다. 그러나 그렇다고 作者로 앉아서 讀者에게 作品을 講話한다는 것도, 許諾지 않는 노릇, 차라리 재조가 未及하여 萬 讀者에 고루 作者의 옳은 뜻을 전하지 못한 것이라고, 스스로 부꾸러히 여기기나 할 따름이다. 戊子十月六日 서울旅舍에서 作者

　③의 책에 실린 '再版을 내면서'의 내용을 볼 때, '오식을 바로 잡고, 복자를 뒤집어 놓고' 했다는 설명으로 보면 이 책을 '2차교정본'이라고 말할 수 있다. 또한 '表題를 제대로 곤칠 수가 있는 것은 여간 다행이 아니다'라는 설명으로 보면 『태평천하』란 제목으로 ③의 책이 처음으로 세상에 모습을 드러낸 것으로 보인다.9) 그러나 ①에서 사용한 방언이 대부분

---

9) ③의 책인 1948년도 同志社에서 발행한 『太平天下』는 현재 채만식의 차남인 채계열 씨가 소장하고 있다. 필자가 확인한 바, 인쇄상태는 대체로 양호하여 판독에는 이상이 없다.

고쳐지고 문장도 여러 곳에서 고쳐진 것으로 보면 '改作'이라는 표현이 옳을 것이다.

④의 책들은 소위 해적판으로 채만식의『太平天下』가 시중에서 인기를 얻게 되자, 작자의 허락을 받지 않고 출판하여 길거리 등에서 팔던 책으로 현재까지는 세 종류의 해적판이 알려져 있다.[10]

⑤의 책은 채만식 연구자들이 가장 많이 보는 책인데, '이 전집에서는 동지사본을 대본으로 삼고 잘못된 곳은『朝光』에 연재된 것을 참고하여 바로 잡았다'는 말로 미루어 상당한 교정이 있었음을 알 수 있다. 따라서 이 책은 '3차교정본'이라고 이름할 수 있을 것이다.[11]

이처럼 채만식의 작품『太平天下』는 1938년부터 1987년에 이르기까지 무려 3차의 교정이 이루어졌음을 알 수 있다. 2차까지의 교정이 채만식에 의해 이루어졌다고 볼 수 있으나, 3차의 교정은 출판사측의 입장에서 교정이 이루어졌다. 따라서 서지학적인 입장에서 어느 책을 저본으로 하여 연구에 임할 것인지에 대하여 보다 상세한 검토가 필요할 것이다. ①의 원고와 ③의 책, ⑤의 책을 비교하여 검토해 보면 교정된 사실을 어느 정도 짐작할 수 있을 것이다.

먼저 ③과 ⑤를 비교해 보면 방언형을 표준어로 고친 것이 주로 드러나는데 그리 많지는 않다. 문제는 ①과 ③으로 작가가 직접 고친 관계로 인해 많은 부분이 다르다. 예를 들면 '시어머니에게서 해방'이 '압제밑에서 해방'으로 바뀌고 있다. 이러한 문제는 작가가 작품을 고친 이유와 고친 대목에 의도가 있었는지 하는 점 등 깊은 연구가 요망된다고 하겠다. 바뀐 예를 한 예만 예시하면 다음과 같다.

---

10) 해적판 중『꽃다운 靑春』은 현재 채만식의 차남 채계열 씨가 소장하고 있다.

11) 필자는 ⑤의 책을 발간할 당시 '창작과 비평사'의 편집장으로 채만식전집 발간에 참여하여 교정을 맡았던 정해렴 선생(현재 '현대실학사' 사장)과의 대화에서 동지사본을 보고 주로 지문의 방언을 표준어로 고쳤다는 말을 들었다.

① 추석도 지나 저윽히 짙어가는 가을해가 저물기 쉬운 어느날 석양 계동(桂洞) 윤장의(尹掌儀)영감은 출입을 했다가 일력거를 잡숫고 돌아와 방금 댁의 대문앞에서 내리는 참입니다.

③ 추석을 지나 이윽고, 짙어가는 가을 해가 저물기 쉬운 어느날 석양. 저 계동(桂洞)의 이름난 장자(富者) 윤직원(尹直員) 영감이 마침 어데 출입을 했다가 방금 인력거를 처억 잡숬고 돌아와, 마악 댁의 대문 앞에서 내리는 참입니다.

⑤ 추석을 지나 이윽고 짙어가는 가을해가 저물기 쉬운 어느날 석양. 저 계동(桂洞)의 이름난 장자(富者) 윤직원(尹直員) 영감이 마침 어디 출입을 했다가 방금 인력거를 처억 잡숫고 돌아와 마악 댁의 대문 앞에서 내리는 참입니다.

필자는 방언을 검토하는 입장에서 가장 방언이 사실적으로 묘사된『天下太平春』(원간본)을 저본으로 하여 연구에 임하고자 한다.12)

---

12) 채만식은 자기의 작품에 방언이 과도하게 쓰여 읽기가 난해하다는 지적을 받자, 이를 수긍하고 개작한 것으로 보인다.『博文 5집』(1939년)에 실린「續 餘白錄」의 '어휘문제'란 글에서 다음과 같이 언급하고 있다.

"적시 오늘 대동(大東)에 들렀다가 복사를 이야기하던 끝의 소감인데, 그 자리에 마침『탁류』의 복사의 수고를 해준 분이 내참(來參)하여 있었고, 그분의 말이,『탁류』에는 복사를 하면서 보니까 모를 말이 퍽 많더라는 것이다.

이것은, 일찍이 동작(同作)이 발표되고 있을 무렵에, 김남천(金南天)씨도 그와 같은 말을 이야기로 했던 듯하고, 또 홍기문(洪起文)씨는 용어의 불안정이란 말로써 그것을 지적해 준 일이 있었다. 이상 세분들의 지적을 나는 정당한 것으로 수긍을 하고, 그리고 그 병통을 내가 어휘에 몹시 주의를 하기 시작한 것이, 미처 말을 휘어잡아 마음대로 구사하지를 못하고서 도리어 말에게 잡치어 지낸 데 있다고 싱각한다.

풍부한 '말'의 자유로운 구사가 작품의 윤기를 내는 데 중요한 것쯤 오히려 작문의 ABC에 속하는 것이겠지만, 나는 과거에 있어서 작품의 외식(外飾)가 더불어 '말'도 매우 등한히 해오다가, 병자년간 소위 재출발을 하면서부터 '말'에 대한 것도 한가지로 정성을 들이기 시작했었다.

그러나 나의 욕심은 그러했어도 첫째 조선말 그것이 문학적으로 충분한 세련을 겪지 못한 것인데다가 내가 가진 '말'은 더욱이나 (이를테면 신개지 풍경같이) 어설프고 사개가 잘 맞지 않는 것이었었다. 그래서 일왈, 어느 사물에 대하여, 그것과 꼭 들어맞지 않는 말을 갖다가 억지로 쓴것, 이것이 용어의 불안정이요, 이왈, 지방어를(중앙 표준어로 고쳐 쓰지 못하고) 그대로 쓴 것, 이것이 모를 말이 많아진 것이다.

그리고 간혹 몇 개, 버젓한 중앙말이로되, 또는 중앙말로는 없는 말이기 때문에, 보는

3. 『천하태평춘』에 나타난 방언의 특징

『천하태평춘』에 나타난 방언의 특징은 지문과 대화의 방언을 나누어 생각할 수 있다. 지문의 방언은 많은 부분이 구어적 특징을 보이고 있고, 따라서 작가가 사용하는 방언이 상당히 많이 쓰이고 있다. 이러한 태도는 독자를 작품의 현실에 끌어들이기 위하여, 독자로 하여금 작가의 시점과 입장에 적극적으로 관여케 하기 위하여, 작중인물의 문제성을 강화하기 위하여 의도적으로 구사하고 있는 것으로 해석할 수 있다(김홍수, 1985 : 10 참조).

한편 대화의 방언은 속어와 비어를 주로 쓰게 하여, 추악하고 기괴한 것이나 교양없고 볼품없는 평민의 이미지를 그려서, 부정적이고 비합리적인 인간관과 기존질서와 보수적 세계관을 조롱하고자 하는 풍자의 의도가 있다고 할 수 있다.

작가 채만식은 자기가 사용하는 언어인 전라북도 방언에 대해 상당한 이해를 하고 있었던 것으로 보인다. 그러한 증거는 실제 작품의 내용에서 많이 나타난다.13)

    이가 궁벽스럽게 여길 뿐, 몰라본 것도 없지는 않을 것이다.
    해서, 아무려나 이번에 퇴고를 하게 되면 되도록 예의 용어의 불인정을 안정하게, 지방말을 중앙말로 고쳐놓으려고 벼르기는 한다. 물론 십분의 완전은 기하기 어렵겠지만.—”
13) 채만식은 『民聲 5권 4호』의 「한글 校正, 誤植, 사투리」라는 글에서 방언에 관한 소감을 다음과 같이 말하고 있다.

    “나는 방언을 많이 쓴다.
    방언인 줄 알고 쓰는 것도 있고 방언인 줄 모르고 쓰는 것도 있고 표준어로는 몰라서 할 수 없이 방언을 그대로 쓰는 것도 있고 아뭏든 많이 쓰기는 쓴다.
    이 방언 쓰기를 정리하려고 노력은 하나 일조일석(一朝一夕)에는 되지를 않아서 민망할 적이 많다.
    내가 방언을 그렇게 잘 쓰기 때문에 방언 아닌 말이 피해를 당하는 수가 종종 있다. 먼저 이야기한 …”

이 이애기를 쓰고 있는 당자 역시 절라도 태생이기는 하지만 절라도말이라는 게 좀 경망스럽습니다. <천하제1회, 170>

이렇게 내놓는 말조가 과연 졸연찮습니다. <천하제3회, 264>

그러나 이러이러 하네 마는 하고 「마는」이 붙었으니 온승낙이 아니고 반승낙입니다. <천하제4회, 110>

올챙이는 윤장의 영감의 그「마는」이라는 말끝을 덮어씌우느라고 다지려 듭니다. <천하제4회, 110>

동기아이는 아직도 고향 사투리가 가시지 않았읍니다. 허기야 윤장의 영감 같은 사람은 십년이 되었어도 종시 「그러닝개루」를 못 놓치만요. <천하제6회, 164>

말의 뜻에 비해서는 악쎈트가 그대지 강경하던 않습니다. <천하제7회,

또한 '博文 5집(1939년)'에 실린 '續 餘白錄'이란 글에서 '말'에 대한 견해를 다음과 같이 피력하고 있다(원문의 띄어쓰기는 필자가 다시 하였다).

"문장에 있어서(위정 지방어로 써야 할 회화의 경우 말고) 말의 중앙 표준어화는 물론 당연 이상의 당연한 것이다. 그러나 그 표준어화에 있어서 실제의 곤란을 더러 당하곤 한다. '별가리' '새별가리' '벼눌가리' 이 말은 남방에서, 논에서 벤 벼를 논두덕에 가릴 때 그 선후와 형식에 따라 이름하는 각각 다른 말이다.
그런데 사정된 표준어에 그것이 들어 있는지 없는지, 또 들어 있다면 어떻게 취급이 되어 잇는지, 거기까지는 미처 알아보지 못했으나 아마 중앙에서는 쓰이지도 않거니와 알지도 못하는 성부르다. 사실 논의 벼를 보고 와서 '쌀남구'를 구경했다고 했다는 경인(京人)에게 그러한 어휘가 있을 것 같지도 않다.
그러니 그렇다면 그 '별가리'며 '시별가리' '벼늘가리'를 그대로 쓰는 수밖에 없는데. 모를 말이 많다는 소리도 그 어느 적은 일부분은 그런 데서 유래한 것이 아닌가 한다. 또, 그보다 더 쉬운 '데데'하다는 말인데. 데데하다는 것은 요새 말로 하면 소위 껄렁하다는 말이다. 그리고 이 말은 중앙에서도 많이 쓰는 것 같다. 전라도에서는 물론 많이 쓰고 있고.
그런데, 더러 물어보면 '데데하다를 모르는 이가 많고, 또 비교적 좋은 편이라고 하는 문세영(文世榮) 씨의 사전에도 '데데하다'는 빠지고 없고, 이극로(李克魯) 씨더러 물어 보았더니, 표준어의 사정에 들었는지 안 들었는지 당석에서는 기억이 나지 않는다고 해서 시방 나로서는 적선(赤線)을 그어둔 채로 있는 말이다.
이상 한두 개의 예를 둔 것이요. 찾아내자면 수월찮이 있는 성싶다. 그런 만큼 때로는 곤란을 느끼는 적이 많다. 그렇다고. 가령 김남천 씨의 주장대로, 상관없이 지방어를 막 대고 쓰겠느냐 하면 그도 못할 일이고……
조선의 문학이 아직도 문학이 아니고 작문가라는 것을 생각하면, 그런 것쯤 당연한 불비라 하겠지만, 아무려나 그런 것이 아마 정리는 결국 문학의 손으로 해놓아야 할 것이며 자연 주의가 가지 않질 않는다."

244>
　아무턴 그때부터 뚜쟁이집을 어디고 「세게사업사」라고 불렀고 시방은
한개의 공공연한 은어(隱語)가 되어 바렸습니다. <천하제8회, 247>

　채만식은 작품의 지문에서 '절라도말, 고향 사투리, 악쎈트, 은어' 등
등의 용어를 사용하면서 해설을 덧붙이고 있다. 이는 작가가 언어에 대
한 인식이 매우 깊다는 사실을 보여주는 것이라고 말할 수 있다. 『天下太
平春』을 정밀하게 검토해 보면 작가가 얼마나 방언에 대한 이해가 깊었
는지를 살펴볼 수 있다.

　실제로 채만식은 1938년판을 1948년판으로 다시 출판했을 때, 1938
년판에서 썼던 다양한 방언형들을 거의 대부분 표준어로 바꾸고 있다.
이것은 일반 독자를 위해서 고친 것이 분명하지만, 아무튼 원작을 고치
면서 방언을 표준어로 대부분 바꾸었다는 사실은 작가의 방언 인식에 대
한 또다른 일면을 살펴볼 수 있는 계기가 되는 셈이다.

　또한 채만식은 다른 도의 방언에 대해서도 상당한 인식을 하고 있었던
것으로 보인다. 다음의 예에서 그러한 작가의 태도를 엿볼 수가 있다.

　"글쎄요…… 약간 남도사투리가 섞였든 것도 같은데…… 그거 확실히
는 모르겠읍니다."
　"남도라도 전라도 사투리가 다르고 영남 사투리가 다르잖나?" <염마,
315>
　강화 사람이 '서껀'이라든가 '오니까'라든가 하는 사투리를 잘 쓰는 것
을 영호가 알므로 넘겨짚어본 것이다. <염마, 421>
　"대체 아파트 명색이 이리 춥어 어찌 사노?"
　한다. 억양이 말이 다 같이 영남이 사투리가 제법 섞인다. 그 구수한
영남 말투가 넓주름하니 호인(好人)답고 야취(野趣) 있는 그의 생김새허
며 표정, 음성과 꽤 잘 어울려 보인다. <아름다운 새벽, 29>

그 사내는 그 중학생의 등을 턱 치며 허겁스러운 능라주(綾羅州) 사투
리로 "음마, 중학생이 담배 막 묵네요……" 라고 누구더러 들으라는 듯
이 일부러 소리를 높여 말을 하고, <세길로, 414>

특히 채만식은 방언(사투리)14) 구사에 있어서 억양(악센트)의 역할이 매
우 크다는 사실을 인식하고 있었음을 알 수 있다. 이는 채만식이 방언의
억양까지를 생각하고 작품을 쓴 것으로 보이므로 방언을 다룰 때 세심한
주의가 필요할 것이다.15) 채만식은 이러한 방언 사용을 괄호를 이용하
여 표준어를 제시하면서까지 일부러 쓰고 있음을 알 수 있다.

그러자 등 뒤에서, 다뿍 늘어지게 알짜 우리게 사투리와 악센트로
"훌타리는 히여서 무얼 히여어!……"
하는 소리에, 돌려다보나 마나 득수라는 그 사람이었다. <집, 88>
"오널두 늦게 다오냐?"
악센트하며 김만경(金萬頃) 그 등지 농민의, 알짜 전라도(全羅道) 사투
리다. <강선달, 196>
그런 뒤에 영춘은 비로소 애틋한 황해도 사투리와 악센트가 섞이는 말로
"형님을 좀 뵙자든 것은 다름이 아니구요……" <落照, 395>
말의 뜻에 비해서는 악쎈트가 그대지 강경하던 않습니다. <천하제7회,
244>

쌕이(샀이), 갱기찬헌 종(괜찮은 줄), 어매(어머니)가, 을매(얼마), 실갱이
(승갱이), 권연시리(괜시리), 이름인 종(인줄), 쬐깐헌(조고마한), 괴기(고
기), 애맨(애꾸진), 초란이치름(처럼), 귀경(구경)은, 박천(바가지), 동네(동
리), 웃방(건넌방), 접방사리(곁방사리-행낭사리), 인자(인제야), 꽝시리(꽝

---

14) 방언과 사투리의 개념은 다르다. 방언은 '일정 지역의 언어'를 가리키고, '사투리'는 일
정 지역에서만 사용하는 말'을 말한다. 예를 들면 '뜽금없이'는 전라도에서만 쓰는 말
로 이런 말은 사투리라고 할 수 있다.
15) 여기서 '억양'의 개념은 단어의 억양(accent)와 문장의 억양(intonation) 등을 포함하는 것
이다.

우리), 저(겨)묻은개, 구정물통(자수물통), 창사구(창자), 마니래(마누라), 지상(기생), 뺌사댁이(따구), 여수(여호), 되-내기(되윈 서리), 맹(매양)

이러한 작가의 방언 인식 태도를 볼 때, 채만식은 자기의 고향언어인 방언 사용을 통하여 구어체 문장을 구사하고, 작중인물의 성격과 지역성 (토속성)을 묘사하고 작품의 전체적인 분위기를 설정하려고 노력하고 있음을 볼 수 있다.

1) 지문의 구어체적 특징

이 소설의 지문은 구어적이라고 표현할 수 있을 정도로 실제 말에서 볼 수 있는 음운현상, 문법형태, 어휘 및 문장 등이 많이 보인다. 이렇게 지문에서 구어체와 같은 요소를 많이 볼 수 있는 것은 작가가 이 작품을 글로서보다는 말(구어체)로서 글을 쓰고 있다는 증거가 되는 셈이다. 대화와 마찬가지로 지문에서도 발음을 길게 하는 단어를 그대로 써서 구어체를 많이 사용하고 있음을 볼 수 있다.

삼뽀(산보), 일력거(인력거), 달련(단련), 마츰(마침), 해디립니다(해드립니다), 작난감(장난감), 채림새(차림새), 이애기(이야기), 기매킬일입니다(기막힐 일입니다), 아녈말로, 않덜, -치름(처럼), -한테(에게), -기다가(에게다가), -허고(와), -보당/보담(보다), 커지덜(크지를)

저엉정(정정), 괘-니(괜히), 수울술(술술)

이 작품의 지문에서는 구어체에서만 볼 수 있는 문장을 볼 수 있다. 즉 용언의 어간에 연결되어 '현재나 과거 사실에 대해 빈정거림'을 나타내는 '-겠다(요)'의 구성을 쓰고, '용언의 어간 또는 시제 표현의 선어말 어미 뒤에 붙어, 어떤 사실을 무관심하거나 조금 빈정거리는 태도로 전달할 때 반말투로 이르는 종결어미 구성체'인 '-다나(요)'를 쓰고 있다.

고씨의 이애기를하다가 그의남편 창식이말이 나와가니고는 갈피가 그렇게 허트러졌겠다요? <천하제3회, 272>

일흔살 먹은· 영감이 열다섯살 먹은 「애인」 앞에서 나히를 다섯살을 주려 예순 다섯살로 댓겠다요. <천하제6회, 172>

그러나 여기, 잃은살 먹은 허-연 영감택이가 열다섯살을 야바우 쳐서 예순다섯살로 속혔겠다요. <천하제6회, 172>

우리 공자님 말슴에 '소인이 한가히 지낼 것 같으면 아름답지 못한 꿍꿍이를 꾸미느니라'하신 대문이 있겠다요. <천하제6회, 173>

시방 사랑에서는 일흔살 먹은(아—니. 자칭 예순 다섯살 먹은) 징조할 아버지가 열다섯살 먹은 애인과 더부러 그러처럼 구수우하니 「연애」가 얼려가고 있겠다요. <천하제7회, 232>

춘심이 역시 말소리는 강경합니다. 적어도 이댁에서 제일 가고 크고 뚱뚱한 영감님 그어룬한테 다니는낸데 제까짓것 까까중이 되련님이면 소용 있느냔 속이겠다요. <천하제7회, 247>

괘-니 속이굴저서 말이 하구 싶으니가 입을 놀리겠다요. <천하제9회, 326>

"(윤)우리만 빼놓고 어서 망해라!"고 부르지진 적이 있겠다요? <천하제9회, 336>

이미 반세기(半世紀)전, 그리고 그것은 당시의 나한데 불리한 세상에 대한 격분된 저주요 겸하야 웅장한 투쟁의 선언이었읍니다.

해서 윤장의 영감은 과연 승리를 했겠다요? <천하제9회, 336>

세상에 수형처럼 빗 쓴 사람한테는 무섭고 빗 준 사람한테는 편리한 것이 없담니다. 기한이 지내기만하면 거저 불문곡직하고 수형 액면에 쓰인만큼 차압을 해서 집행딱지를 붙여놓고 경매를 한다나요 <천하4, 109>

그리고 조씨는 옥화의 백금반지야 금반지야 다이야반지가 요란한 고흔 손이며 진짜 비단으로 휘감은 옷이며 를 골고루 여색여 보면서 논다 나요 <천하7, 242>

지문의 특징 중의 하나는 작중 화자의 언어로 지문을 서술하는 점이다. 예를 들면 '윤장의 영감'이 자주 사용하는 어휘인 '워너니'가 지문에 나타나고, 태식이가 말하는 어휘가 지문에서 이용되고 있다. 이러한 쓰임은 작자가 구어체적인 문장을 의도하고 있는 것으로 보인다.

워너니 대복이가 누구라고 그걸 범연히 했을 리가 없든 것입니다. <천하5, 146>
태식이는 이'깍쟁이' 요 '도독놈'인 경손이가 압바의 수깔로 압바의 밥을 먹어내는게 밉기도 하려니와 또 맛있는 반찬을 빼았길테니 그래저래 이짐이 나지 않을수가 없습니다. <천하4, 103>

첩어(疊語)의 다양한 사용으로 묘사에 있어서 사실성을 강조하려는 의도가 보인다. 그러나 방언의 측면에서 본다면 이러한 상징을 나타내는 첩어의 사용도 역시 전라도 방언을 구사하는 것으로 해석할 수 있다. 방언의 특징 중의 하나는 현상을 묘사할 때, 말을 쉽게 하는 게 특징이다. 따라서 의성어나 의태어 등을 많이 사용하여 설명하는 것이 일반적이다.

거덤거덤, 거듭거듭, 겨우겨우, 그냥저냥, 그래저래, 끈적끈적, 두구두구, 떠듬떠듬, 또박또박, 뚜렛뚜렛, 뚜벅뚜벅, 밴돌밴돌, 밴들밴들, 벌심벌심, 빈들빈들, 소군소군, 싱글뱅글, 싱글벙글, 싱글싱글, 쌔왈대왈, 씨근버근, 씨근씨근, 씨월데월, 씩뚝꺽둑, 야긋야긋, 어름어름, 어서어서, 여기저기, 오래오래, 옴닥옴닥, 우물우물, 울퉁불퉁, 움질움질, 이것저것, 자꾸자꾸, 자나깨나, 절절절절, 죄용죄용, 직닥직닥, 째금째금, 터덜터덜, 토닥토닥, 펄심펄심, 피장패장, 해뚝번득, 해뚝해뚝, 허덕허덕, 헤룽헤룽, 호령호

령, 휘적휘적, 휘청휘청, 훔치훔치, 홍을홍을, 히죽히죽, 생김생김은, 이러
저러한, 징글징글헌, 뻔적뻔적허게, 긁적긁적합니다, 끔적끔적합니다, 들
락날락합니다, 들뭇들뭇합니다, 호닥호닥합니다, 호령호령해싸니, 심숭삼
숭하거드면.

2) 대화의 방언적 특징

『천하태평춘』에 나오는 대표적 인물은 윤장의 영감을 중심으로 '인력
거꾼, 며느리 고씨, 춘심이, 윤주사, 태식이, 창식이' 등이다. 이들은 '윤
장의 영감'과 '며느리 고씨'를 제외하고는 대체로 서울말을 구사하고 있
다. 그러나 '윤장의 영감'과 '며느리 고씨'는 거의 완벽한 전라북도 방언을
구사하고 있다. 어느 인물의 어떤 점을 어떻게 풍자하고 있느냐 하는 점
은 문학적인 관점이기 때문에 필자는 여기서 그 부분은 구체적인 언급을
삼가고, 방언에 초점을 맞추어 주로 '윤장의 영감'의 대화에 나타나는 방
언을 이해해 보고자 한다.

　윤장의 영감의 성격을 잘 드러내는 말로는 부사인 '워너니'가 쓰이고
있다. 이 말은 이 지역의 방언으로 '그러면 그렇지' 또는 '원체'라는 뜻을
가진 부사인데, 윤장의 영감의 말에서는 주로 어떤 사실을 비아냥거릴
때 나타나고 있다. 부정을 나타내는 부사인 '아니'가 많이 쓰이는 것도
한 특징이다.

　　"(윤)－워너니 아직 있을 틱지－ 그런듸 그러면 왜 이렇게 맨쌀만 히
여먹냐? 응?" <천하제3회, 264>
　　(며느리 고씨) 흥! 뉘놈의 집구석 씨알머리라구 워너니 사람같은 종자
가 생길라더냐!" <천하제4회, 100>
　　"(윤)옳다! 참 잘헌다! 참 잘히여. 워너니 그게 명색 며누리첫것이 시애
비더러 허넌소리구만? <천하제4회, 101>

"(윤)쌍년이라 헐수 읍서! 천하 쌍놈, 우리게 판백이 아전 준평이 자식이 워너니 그렇지 별수있것냐!" <천하제4회, 101> .

"(윤)거 머 청국이 여자 읍녕가부데? 워너니 즈까짓 놈덜이 어디라구 세게서두 첫재 간다넌 일본허구 쌈을헐라구 들것잉가?" <천하제5회, 140>

"(윤)그럴것이네 워너니 일본이 부국갱병 하기루 천하제일이라넌 듸…… 어—참 속이 다 후련허다!" <천하 제5회, 144>

(지문에 나오는 말) 워너니 대복이가 누구라고 그걸 범연히 했을리가 없든것입니다. <천하제5회, 146>

(경손이 모친) "워너니 재갸가 진작 맘 돌리기 잘했지야…… 주제에 무슨 경찰서장은……" <천하제7회, 237>

"(윤)그놈 종학이넌 참말루 쓰것서! 그놈이 어려서 버텀두 워너니 나를 자별허게 따루구 재주두 있구 착실허구 커서두 내말을 잘 듣구 내가 그놈 하나넌 꼭 믿넌다 꼭 믿어, <천하제9회, 337>

윤장의 영감이 구사하는 대화에서는 감탄사가 아주 많이 쓰이고 있다. 감탄사의 종류로는 '글시, 참, 으응(응)' 등이 주로 쓰이고 있는데, 주로 부정적인 이미지를 가지는 단어들이다.

충청 방언의 영향으로 보이는 '글시'는, 지문이나 다른 사람들의 대화에서는 '글세'로 쓰고 윤장의 영감의 말에서는 '글시'로만 나타난다. 이 감탄사는 '남의 물음이나 요구에 대하여 분명하지 못한 태도를 나타낼 때'나 '자기의 의견을 고집하거나 강조할 때' 주로 쓰이는 말이다.

'응(으응)'은 주로 의문문의 뒤에 나와서 '무슨 일이 마음에 들지 않을 때 불평하여 내는 소리'인데, 이를 많이 쓰고 있고, '으응'은 '마음에 차지 않거나 짜증이 날 때 쓰는 말'로서 윤직원 영감의 말에서 많이 나타난다. 또한 '참'은 '매우 딱하거나 어이없는 일을 당했을 때 쓰는 말'인데, '허참, 거참' 등으로 나타난다.

짝 찌질년! 그년은 글시 무어허러 밤낮 그렇게 싸—댕긴다냐? <천하1, 184>

응 그리여. 글시 그런 줄 나두 알기넌 알어. <천하5, 134>

야 이놈아! 어떤 손목아지가 문은 그렇게 훼언허게 열어놓았냐? 응!

……으응? 그놈이 사회주의를 허다니! 으응? 그게 그게 참말이냐? 참말이여?

거참!…… 나는 벨 신통헌 일력거군두 다 있다구 얌전허게 부았지!

비속어(채만식은 '상말'이라고 표현하고 있다.)가 아주 많이 사용되고 있다. '놈'이라는 단어가 100회 이상 쓰이고 있는데, 특히 '죽일놈, 뽑을 놈' 등 극단적인 용어 사용이 잦다. '놈'에 상대되는 '년'이 의도적으로 많이 쓰이고 있다. 일반적으로 '놈'을 써야 자연스러운 어구에도 '년'을 쓴 것은 다분히 의도적인 화법으로 보인다. '찢을 년, 쌍년' 등의 비속어가 쓰이고 있다. 또한 '조저도, 영감택이, 개잡년, 손목아지, 대가리, 목아지, 주둥아리, 배때기' 등의 비속어가 쓰이고 있다. 이러한 비속어 사용은 윤장의 영감의 성격 묘사를 위해서, 또한 작품의 전체적인 분위기를 묘사하기 위해서 의도된 것으로 보인다.

어퍼지면 코달년의 디를 태여다 주구서 <천하1, 173>
권연시리(괜시리) 그년의 디를 갔다가 <천하1, 174>
다 잊어버릴년의 세상 <천하5, 135>

윤장의 영감의 말에는 과도하게 수사의문문의 일종인 設疑法(反問)'이 많이 쓰이고 있다. '설의법'은 자기의 다른 생각을 은근히 표현하거나, 또는 이미 자기가 내린 결론에 동조를 구하는 방법으로 사용되고 있다. 이러한 수사의문문은 청자에게 답을 요구하지 않고 자기가 결론을 내리는 방식의 의문문이기 때문에 화자가 청자를 무시하면서 '자기 식대로 사는 인물'임을 표현하는 것이다.

> "좀 부축을 히여줄 것이지 그냥 그러구 뻐언허니 섰어야 옳단 말잉가?" <천하1, 170>
> " 내일 무엇허러 올랑가?" <천하1, 171>
> "(윤) 자네가 아까 나더러 처분대루 허라고 허잔힛넝가?" <천하1, 171>
> "(윤) 그렇지? 그런디 거 처분대루 허람 말은 맘대루 허람 말이 아닝가?" <천하1, 171>
> 허! 그거참! 이 사람아 사내 대장부가 그렇게 그짓말을 식은 죽 먹듯 헌담 말잉가? <천하1, 172>
> "(윤) 머! 돈ㅅ장? 돈ㅅ장이 무어당가?" <천하1, 172>
> "(윤) 헤헤! 나 참 세상에 났다가 벨일 다 보것네! 아-니 글세 안받어두 졸뜨끼 처분대루 허라던 사람이 인재넌 마구 그냥 일원을 달래여? <천하1, 172>
> "(윤) 아니 이 사람이 시방 나허구 실갱이(승갱이)를 허자구 이러넝가? <천하1, 172>
> 아 이 사람아 돈 오십 전이 뉘애기 이름인 종 (인줄) 아녕가?" <천하1, 172>
> "(윤) 즉다니? 돈 이십전이 즉담말인가? 이 사람아 촌에 가면 땅이 열 평이네 땅이 열 평이여!" <천하1, 173>
> 늙은이 대접두 더러 히여야 젊운사람이 복을 받구 허넌법이네. 그렇잖엉가? 이사람 ……" <천하4, 107>

윤장의 영감의 말에서 독특한 문체는 수사의문문과 추측을 나타내는 구문이다. '-ㄴ가 보다'라는 구성은 우리 국어에서 추측을 나타내는 구성이다. 이 구성은 전북 방언에서는 '-ㄴ개비다, -ㄴ가비다, -ㄴ갑만, -ㄴ갑도만' 등으로 쓰이고 있다. 이 구성이 윤장의 영감의 말에서 많이 나타나는 점이 특징이다. 따라서 윤장의 영감의 성격은 확인되지 않은 사실에 대하여 '막연히 주관적인 추측'을 자주 하는 사람으로 묘사되고 있다.

"(윤) 암만히여두 자네 어매(어머니)가 행실이 궂었덩개비네!" <천하제
1회, 172>

(삼남이)"저는 안그릿서라우. 아마 중마내님이 방금 들어오싯넌디 그렇
게 열어놓았넝개비라우" <천하제1회, 184>

(삼남이)"아마 그렁개비라우" <천하제1회, 184>

"(윤)체에! 시에미가 오래 살면 구정물통(자수몰통)에 빠저죽넌다더니
내가 오래사닝개루 벨일 다 많얼랑 개비네! 인재넌 오래간만에 목구녁의
때를 벳기넝개비다!" <천하제4회, 106>

(대복이)"돈십원 어치나 술을 멕였더니 아마 그값이 넉넉 빠질라넝개
비라우" <천하제5회, 146>

"(윤)그년의 자식이 엇저녁에 (어제 저녁에) 짜게 처먹었넝개비다! 오
줌이 이렇게 짠걸 보닝개" <천하제9회, 321>

"(윤)빌어 먹을년의 자식이 아마 간장을 한종재기나 처먹었넝개비다!"
<천하제9회, 321>

한편 '-간디'는 중세국어의 연결어미인 '-관디'에서 온 구성으로 방언에
서는 종결어미처럼 쓰이고 있다. 그러나 이 구성은 사실은 후행문이 생
략된 것으로, 후행문이 생략되어 '-간디'가 종결어미처럼 쓰일 때는 '수사
의문문'으로 쓰이고 있다. 이 수사의문문은 이미 답을 알고 묻는 의문문
으로 이 구성이 쓰이는 문장의 특징은 화자가 이미 답을 알고 말하는 문
장이기 때문에 이 작품에서는 주로 비아냥거리는 문장에서만 쓰이고 있
다. 모든 예가 윤장의 영감의 말에서만 나타나는 특징을 보이고 있다.[16]

"(윤)타는 차샀말이간디? 그놈 사을 때 값 말이지……" <천하제1회,

---

[16] 수사 의문이란 형식상은 의문문이면서 내용은 평서문과 같은 문으로 순수 의문과는 달
리 청자에게 답을 구하지 않는 것이 특징이다. 왜냐하면 질문자가 이미 그 답을 알고
있거나 정보의 일단을 전제하고 있기 때문이다. 한 화자가 말을 할 때, 수사 의문을 사
용하는 이유는 말의 간접적인 방법을 통하여 특별한 논항을 강조하려는 데 있다
(J.Schmit-Radefeldt, 1977 참조).

179>

　　“(윤)멋허러 또 왔넝가?……. 저녁은 안먹었으면 자네가 설넝탕이라두
한뚝배기 사줄라간디 먹었냐구 묻넝가?” <천하제4회, 106>

　　“(윤)반? 지? 에라끼년! 누가 그런 비싼것 말이간디야!” <천하제6회,
176>

　　“(윤)볼일이랑게 별것 있간디? 맹(매양) 돈이나 탓으로 쫓아왔지, 귀년
시리 돈 소리 헐라거던 아예 내눈앞에 뵈지두 말구 가뻐리라!” <천하제9
회, 334>

'-마는'은 이 소설에서 많이 쓰이고 있다. 이 형태는 특수조사로서 문
장의 종결어미에 붙어, 일단 그 내용을 인정은 하나 그에 대한 의문·불
가능·불만 따위를 나타내면서 그에 구애받지 않는 다른 내용의 문장을
다음에 잇는 특수조사이다. 한 마디로 강한 한정이나 의문·불만을 나타
내는 특수조사라고 볼 수 있다. 이 형태소는 지문과 대화에서 아주 많이
나타나는 특징을 보인다. 이의 사용 역시 윤장의 영감의 부정적인 성격
을 보이는 하나의 요소로 작용하고 있다.

　　내사 무얼 알것넝가 마는 …… <천하4, 109>
　　자네넌 시언헌가부내마는 나넌 돈천이나 더 먹을 돈 못 먹은 것 같아
　서 섭섭허네 <천하4, 111>

결국 채만식은 부정적인 뜻을 나타내는 부사, 감탄사, 비속어, 수사의
문문, 추측을 나타내는 구문, 조사 '-마는' 등의 사용을 통하여 윤장의 영
감의 성격이 천박하고, 괴팍하며, 현실에 부정적인 인물임을 나타내고
있다.

3) 작가의 독특한 부호 사용[17]

채만식 소설의 특징은 방언에서 사용되는 휴지, 억양, 감탄(느낌), 의문 등을 살리려고 노력하고 있다는 점이다. 채만식은 『천하태평춘』에서 말줄임표, 말늘임표, 느낌표, 의문부호 등 각종 부호를 다양하게 조합하여 사용하고 있다. 또한 방언이 갖는 독특한 억양(intonation)을 구사하고 있음을 볼 수 있다. 채만식의 작품에 쓰인 부호는 아래의 예에서 보는 바와 같이 다양하게 나타난다.

이 작품에서는 말줄임표(……)가 무척 많이 쓰이고 있다. 말줄임표의 기능이 할 말을 줄이거나, 말이 없음을 나타내는 것이니만큼, 소설에서 중요한 기능을 담당하고 있는 것이다. 이 작품에서 주로 쓰이는 말줄임표는 '……, !…, …!, !……, ?…, …?, ?……' 등 다양하게 나타나는 것이 특징적이다. 또한 말줄임표를 '…', '………', '…………', '………………', '…… ……… …………' 등으로 써서 말줄임 상태의 가감을 나타내고 있다. 이렇게 다양한 말줄임표를 사용한 이유는 '함축된 여분의 생각, 화자의 의문, 감탄, 확인, 추측 등에 따르는 심리적 여운, 미완된 심리상태나 의식 등을 표현하는 데 효과적이어서'(김홍수, 1997 : 292) 그 상황의 세밀한 묘사를 위하여 사용한 것으로 보인다. 의미상으로는 이러한 기법을 통하여 풍자로까지 연결시키고 있는 것으로 보인다.

> "십전 한푼만 더 줍사요 그리구 체두 퍽 무거우시구 허셨으니깐 헤 ……" <천하1, 173>
>
> "(윤) 야 이사람아!…" <천하1, 168>

---

17) '문장 부호'의 사용에 대한 문제는 채만식의 전작품을 통하여 더욱 깊게 연구되어야 할 것이다. 채만식은 문장 부호를 내면의 감정을 표현하는 중요한 수단으로 사용하고 있으며, 그 다양성이 참으로 놀랍기까지 하다.

"…내가 찔렀으니 어쩔테란 말이냐? 흥! 이놈들, 멀ㅅ정허게 도당 뭉
아갖구 댕기면서 양민들 노략질이나 히여먹구, 늬가 그러구두 성할 줄
알었더냐? 이놈아! ……" <천하2, 156>

"피― 또 붙잡을려구?…" <천하6, 175>

"(윤) 나 욕 으더먹지… 너 매 으더맞지… 그리서사 쓰것냐…?. 그러닝
개루 암말두 허지 말어 응?" <천하6, 178>

"…네가 이놈 관가에다가 찔러서, 내 수하를 잡히게 했단 말이지? 이
놈, 그러구두 네가 성할 줄 알었드냐 이놈 네가 분명코 찔렀지? ……."
<천하2, 156>

"그렇잔히여두 그럴라구 다 그렇게 저렇게 마련을…" <천하5, 146>

"(윤) 그러닝개 그게 다 팔짜라네! 내가 나락으로 해마닥 만석을 추수
받고 돈을 몇만원씩 차구앉어서두 가끔 이렇게 끼니를 굶네그려 …
……" <천하4, 112>

화적이 인가를 처들 와서 잡어 족치는 건 그 집 대주(戶主)와 셈든 남
자들입니다. 그래서 그들의 손에 붓잡히기만 하고 보면, 위선 ……
………원혐으로다가 반죽엄은 되게 문매를 맞어야 합니다. <천하2, 154>

"(윤) 야 이 수언 불효막심한 놈덜아! 그래 …… 느덜은 이놈덜 밤낮
지집 둘셋 으더놓구 ……………… 그러면서 늙은 나넌 이렇게 ……
……… ………… 죽으라구 내버려 두어야 옳담 말이냐? 이수언 잡어뽑
을 놈덜아!" <천하5, 139>

채만식은 이러한 다양한 부호를 통하여 작자가 말하고자 하는 풍자적
인 의도를 표출하고 있는 것으로 보인다.

"(윤) 참 장헌 노릇이여……. 아 이 사람아 글시 시방 세상에 누가 무
엇이 그리 답답히여서 그 노릇을 허구 있것넝가? 자- 보소 관리허며 순
사를 우리 죄선으루 많이 내보내서 그 숭악헌 부랑당 놈들을 말끔 소탕
시켜주 주구그리서 양민덜이 그 덕에 편히 살지를 안녕가? 그러구 또 이
번에 그런 전쟁을 히여서 그 못된 놈의 사회주의를 막아내 주니 <u>원 그렇
게 고맙구 그렇게 장헐 디가 어디 있담 말잉가?</u>…… 어-참 끔직이두 고

<u>맙구 장헌 노릇이네!…….</u>

윤장의 영감이 일본에 대하여 '고맙고 장헌' 느낌을 말하고 있는데, 밑줄 친 문장은 말줄임표를 사용하고 있다. 이 말줄임표는 앞에 나오는 말과는 다른 작자의 심리적인 여운을 나타내고 있기 때문에 이러한 부호는 말로 표현하지 않은 내면적인 의미를 나타내는 기능을 하고 있는 것으로 볼 수 있다. 따라서 작자는 말줄임표의 사용과 그 기능을 통하여 앞의 말의 의미를 반문하는 효과를 유도함으로써 인물을 풍자하고 나아가 그 시대를 풍자하고 있는 것으로 해석할 수 있을 것이다.

그 이외에도 '?!', '!-'과 같은 부호가 복합되어 쓰이고 있고, '(!)', '(?)' 등의 부호가 사용되고 있다. '-, —' 등의 부호는 앞말의 장음이나 발화의 여운 등을 표시하고 있다.

"(윤) 억울허거던 안쓰먼 그만이지…. 머 내가 쓰시요 쓰시요허구 쫓아댕김 억지루 처매낀다덩가?! 그사람참" <천하4, 108>
"(윤)아-니 여보소 이사람!……" <천하제1회, 171>
"빠쓸가지구 아-주 자동차래요" <천하제1회, 179>
괘-니 함부로 잡두리를 했다가는 <천하제6회, 177>
"동 촉이구 무엇이구 제멋대루 나가 도라다니는걸 어떻게 일일히 챔견허라구 그러시우!—. 인제는 나히 열 다섯살이나 먹었으니 아버니두 제발 얼뚱애기거 천허드끼 그러시지 좀 마시우—" <천하3, 262>
대복이는 한달에 한번씩 반드시(!) 목간을 하는데 그 비용은 물론 칠전입니다. 비누를 쓰지 않으니까 꼭 칠전 외에는 수건이나 해지면 해졌지 달은 것은 더 들께 없습니다. <천하5, 148>
고씨는 그만 개밥의 도토리가 되여 바리고 도리어 시어머니 오씨 대신에 며누리 박씨한테, 또다시 시집사리(?)를 하게찜 된 셈평입니다. <천하3, 269>

4) 常用句[18] 및 속담의 사용

채만식은 지문과 대화에서 그 당시의 방언화자들이 즐겨 쓰던 상용구와 속담을 자주 사용하여 방언의 기능을 활용하여 구어적 효과를 극대화하고 작품의 사실성을 획득하는 것으로 보인다. 특히 이 작품에 쓰이고 있는 상용구와 속담은 대체로 저속한 상용구와 속담이 많이 쓰이고 있다. 특히 윤장의 영감의 대화에서는 더욱 뚜렷하게 드러난다.

상용구와 속담은 의미를 함축하여 쉽게 상대방에게 전달할 수 있기 때문에 방언화자들이 많이 쓰는 대화의 방식이다. 따라서 작가는 방언 사용을 통한 사실성을 확보하고, 의미를 함축적으로 표현하기 위하여 이러한 상용구와 속담을 많이 사용한 것으로 보인다.

아 이 사람아 돈 오십 전이 뉘애기 이름인 종 (인줄) 아녕가? <천하1, 172>

고까지껏 어퍼지면 코달년의 디를 태여다 주구서 오십 전씩이나 달라구 허닝개 말이여! <천하1, 173>

그건 왜 그런고 하니 참 귀신이 곡을 할 만치 히한스런 조건이 있습니다. <천하1, 174>

지상(妓生)이며 재인 광대가 다 급살맞어 죽었다덩가? <천하1, 175>

또 죽은 부모를 편산놈의 늘머리 들먹어리듯 들먹어리니 누군들 좋아하겠습니까 <천하1, 172>

그만두소 용천배기 코구녕에서 마늘씨를 뽑아 먹구 말지 내가 칙살시럽게 일력거 공짜루 타것녕가! <천하1, 172>

---

18) 常用句란 용어는 방언에서 아주 일상적으로, 습관적으로 사용하는 어구를 말하는 것으로 속담과는 다른 것이다. 속담은 대체로 비유적이거나 교훈적인 의미를 가지고 한국어 사용자들이 공통으로 사용하는 것인 반면에, 상용구는 특정 지역 사람들이 자기들이 즐겨쓰는 어구를 비유적으로 사용하는 것이라고 말할 수 있다.

이 이외에도 '새수빠진 소리', '서방을 잡어먹었지!', '박천(바가지)들구 '고샅담박질'헐테닝개', '동리(동네) 개 짖넌 소리만두 못넉이닝구나', '오뉴 월 무엇처럼 추욱 처저가지고는', '이마빡에 피두 안말은것두', '양반이 어 디가서 모다 급살마저 죽구 읍뎡갑만', '그 밑구녁 들칠수록 구린내만 나 너만?', '상말루, 줄뜻즐뜻 허면서 안주더라구', '젊운 놈 여대치게', '내시 가 이 앓는 소리 같은 노래도 듣고', '고양이새끼 여대치게', '주둥이가 하 두 방정마지닝개루', '무슨 팔짜가 그리 우나게 좋다던가?⋯', '썼다 벗었 다 하네', '갈빗대 여대치게', '파리 족통 만치두 상관 읍서야!', '처죽일놈 이! 깍어 죽여두 아깝잖얼 놈이!', '오-사 육시를 헐놈이', '짝 찢을 년', '잡아뽑을 놈', '죽일 놈', '천하 시럽의 개아들놈덜이지' 등등의 상용구가 쓰이고 있다.

채만식은 속담을 많이 이용하고 있는데, 『천하태평춘』에 나오는 속담 들은 대체로 다음과 같다.

> 말을 타면 격마도 잡히고 싶은 게 인정이라고 합니다. <천하2, 162>
> 땅집고 헴치기지요. <천하2, 163>

'장모는 사우가 곰보라도 이뻐하고 시아버니는 며누리가 뻐렁니에 애 꾸눈이라도 이뻐는 하는 법', '만만한 년은 제서방 굿도 못 본다더니', '개 밥의 도토리가 되여 바리고', '똥묻은개가 저(겨)묻은개 나무래지', '입이 꽝시리(꽝우리) 구녁 같거던', '늙은이 괄세넌 히여두 애들 괄세넌 안넌다 데 마넌', '옆질러 절받기라더니', '시에미가 오래 살면 구정물통(자수몰통) 에 빠저죽넌다더니', '목구녁의 때를 벳기닝개비다!', '싸움은 말리구 홍정 은 붙이라구 않읍니까?', '아는 질두 물어서 가랬다네', '눈 뜨구서 남의 눈 빼먹넌 세상인줄', '주넌 놈이 아순가? 쓰넌 놈이 아수닝개로', '입에 붙은 말슴', '꿍먹고 알먹고', '서빠닥은 짤뤄두 침은 멀리 비앗넌다더니', '영감 죽구서 무엇 맛보기 첨이라더니', '귀신이 씻나락을 까먹고', '서쪽에서 해가 뜨라구요?', '게집이 셋 뭉여앉어서 이애기라께 나무접시나 엎어젔다 되집어졌다 하기 십상일껏…', '장마의 개올물에 맹공이 떠내려가 듯', '막대를 잃어 바린 장님같이', '개가 똥을 마대지?', '세상에 에누리 읍넌 홍정이 어디 있다데야', '비 올줄 알면 어느 개잡년이 빨래질 간다냐?' 등등의 속담이 쓰이고 있다.

4. 의미의 중의성과 풍자

채만식은 작품 안에서 문맥상 크게 필요하지 않은 문장을 통하여 작자가 말하고자 하는 의도를 중의적으로 표현하고 있는 대목이 많이 눈에 띈다. 또한 특정 어휘를 많이 써서 중의적인 표현을 하고 있는 것으로 보인다.

> "(윤) 아 —니 여보 그래 그런 법이 어디가 있담말이요? 높은 디가 하등이고 나찬 디가 상등이라니! 나는 칠십 평생에 그런 말은 첨 듣것소"
> "그래두 그렇잖습니다. 여기가 상등이고 저 이칭이 하등입니다"
> "(윤) 거참! 그럼 예는 우리죄선(朝鮮) 아니구 저 — 서양국(西洋國)이요? <u>그렇길레 이렇게 모다 꺼꾸루되지?</u>"

극장을 지키는 양복신사와 윤장의 영감이 자리를 가지고 실랑이를 벌이는 대목이다. 자리를 잘못 앉은 윤장의 영감은 대화에서 불필요한 말로 비약을 시켜서 조선과 서양국을 대비시킨다. 여기서 사용된 '그렇길레 이렇게 모다 꺼꾸루 되지?'란 문장에서 '모다'는 '모두다'라는 부사인데,

'거꾸로 된' 것이 모든 것이라는 말을 하고 있는 것이다. 달리 말하면 극
장의 좌석이 거꾸로 된 것처럼, 당시의 모든 일들이 거꾸로 되고 있다는
표현인 것이다. 따라서 당시 일본이 조선을 침략한 현실을 빗댄 것으로
볼 수 있다.

> '윤두껍이'는 피에 물들어 참혹히 죽어 넘어진 부친의 시체를 안고, 땅
> 을 치면서,
> "이놈의 세상이 언제나 망하려느냐!"
> 고 통곡을 했읍니다.
> 그리고 울음을 진정하고는 불끈 일어서더니 이를 북북 갈면서
> "오ㅡ냐, 우리만 빼놓고 어서 망해라!"
> 고 부르짖었읍니다.
>
> "(윤) 이놈의 세상이 언제나 망하려느냐?"
> "(윤) 우리만 빼놓고 어서 망해라!"
> 고 부르지진 적이 있겠다요?
> 이미 반세기(半世紀)전, 그리고 그것은 당시의 나한데 불리한 세상에
> 대한 격분된 저주요 겸하야 웅장한 투쟁의 선언이었읍니다.
> 해서 윤장의 영감은 과연 승리를 했겠다요?

윤장의 영감은 자기 부친이 화적패에게 맞아 죽자 세상을 원망하면서
망할 것을 부르짖는다. 이때의 윤직원이 부르짖는 '망해야 할 세상'은 자
기에게 불리한 세상에 대한 원망이다. 그런데 작품의 후반부에서 다시
이 말을 끄집어내어서 작자는 해설자를 자기로 지칭하여 '나한테 불리한
세상에 대한 격분된 저주요 겸하여 웅장한 투쟁의 선언'이라고 지칭하기
에 이른다.

현실과 타협하여 적당히 살아가는 소인배인 윤장의 영감이 자기에게
불리한 세상에 대하여 격분하고 투쟁을 선언한다는 것은 과장되고 우스

꽝스런 느낌을 주게 되어 윤장의 영감의 성격과 어울리지 않는다. 따라서 이 말은 윤장의 영감의 성격을 풍자하는 동시에 시대상황에 격분하는 작자의 의도를 표출한 것으로 볼 수 있다.

　　그래 돈 사천원을 도무지 허망하게 내어주고는, '윤두껍이'는 망연자실해서 우득허니 한시ㅅ경이나 앉았다가, 비로소 방바닥에 떠러진 종이ㅅ장으로 눈이 갔읍니다. 돈을 받었다는 표를 써놓고 간 것입니다.
　　"허! 세상이 개명을 허닝개루, 불한당놈들두 개명을 헌다?"
　　'윤두껍이'는 빼았긴 돈 사천원이 아까워서 꼬박 이틀동안, 그리고 세상이 또다시 옛날 화적이 나든 그런 시절이나 되고 보면, 그 일을 장차 어찌하나 하는 걱정으로 꼬박 나흘동안, 도합 엿새를 두고 밥맛과 단잠을 잃었읍니다.

　　"(윤) 세상이 다 개명을 해서 좋기는 좋아도 그놈 개명이 지나치니까는 되려 나쁘다. 무언고 하니 , 농지령이야, 소작조 정령이야 하는 천하에 못된 법이 마련되어 가지고서…"
　　소작인 놈들이 건방지게 굴게하기, 그래 흉년이 들던지 하면 도조를 감해 내라 어째라 하기 도조를 올리지 못하게 하기, 모두가 성가시고 뇌꼴스러 볼수가 없다는 것입니다.
　　"(윤) 내 땅 가지고 내 맘대루 도조를 받고 내 맘대루 소작을 옴기고 하는데"
　　어째서 도며 군이며 경찰이 간섭을 하느냐는 것입니다. 도무지 속을 알 수 없고 해서 불평도 불평이러니와 윤장의 영감한테는 커-다란 수수께끼가 아닐수 없던 것입니다.

　　도둑에게 돈을 갈취당한 윤장의 영감은 '세상이 개명을 허닝개루, 불한당놈들두 개명을 헌다?'하면서 현실을 개탄한다. 여기서 문장은 의문문의 형식을 취하면서 어이없다는 뜻을 포함한다. 윤장의 영감의 눈으로 바라본 '불한당놈들두 개명을 헌다'는 세상은 어떤 세상인가? 그것은 '세상이 또다시 옛날 화적이 나든 그런 시절'을 말하는 것으로 윤장의 영감에게는 매우 불리한 세상을 반어적으로 표현한 것이다. 그렇다면 앞에서 이야기한 '세상이 개명을 허닝개루'에서 '개명헌 세상'은 역시 윤장의 영감에게는 불만스런 세상인 것이다. 따라서 '세상이 개명을 했다.'는 뜻은 중의적인 표현으로 보인다. 즉 '개명'이란 단어가 '開明'이란 의미와 동시에, '改名'일 가능성을 보이는 것이다. 윤장의 영감의 입장에서는 일제시대를 '開明한 시대'로 볼 수도 있으나, 작자의 의도는 '改名'을 풍자하기 위한 어휘 사용으로 보인다.[19]

윤장의 영감의 발언이 현실을 개탄하는 대목은 '세상이 다 개명을 해서 좋기는 좋아도 그놈 개명이 지나치니까는 되려 나쁘다.'라는 문장에서 다시 확인된다. 윤장의 영감은 다시 '내 땅 가지고 내 맘대루 도조를 받고 내 맘대루 소작을 옴기고 하는데' 웬 참견이냐며 현실을 비판한다. 윤장의 영감은 이러한 사실을 '커다란 수수께끼'로 생각한다. 작자는 윤장의 영감이 가지는 '커다란 수수께끼'를 독자들에게 생각하도록 유도하면서 풍자를 하고 있는 것이다.[20]

> "(윤) 아 이사람아, 자네 버틈두 날더러 팔짜 좋다구 그렇지 또 남덜두
> 다 날더러 호팔짜라구 그러너니 …… 그렇지만 이 사람아, 팔짜가 존게

---

19) 1939년 11월 일제는 창씨개명을 위한 법을 만들었다. 물론 이 작품이 1938년에 씌여졌기 때문에 창씨개명과는 거리가 멀다고도 볼 수 있을 것이지만, 작자는 당시 신문기자를 할 정도로 정보에 상당히 빨랐을 것이 예상되고, 이미 창씨개명이 있을 것을 짐작하였을 것이다.

20) '수수께끼'라는 어휘는 이미 '공자님과 맹자님이 누가 기운이 더 세었든지 몰으겠다는 말은, 윤장의 영감이 창조해낸 억만고의 수수꺽끼랍니다.'의 문장과 '그러나 장의라는 영광스러운 직함은, 공자님과 맹자님이 팔씨름을 했으면 누가 익였을가? 하는 수수꺼끼로 더부러, 영원히 처졌든 것입니다.'의 문장에서 보였던 것처럼 작자는 '수수께끼'를 통하여 조선시대에 위정을 해온 유학자들을 질타하고 있다. '윤장의'란 명칭에서 '掌儀'란 명칭도 역시 작자가 유학자와 비교하여 '윤장의 영감'을 풍자하기 위하여 만들어 낸 명칭으로 보이고, '윤두껍이'란 별칭에서 '두꺼비'도 역시 엉큼한 인물을 풍자하기 위하여 만들어낸 별칭으로 보인다.

다 무었잉가! 속 몰으구서 괜시리 허넌 소리지 ……. 그저 날 같언 사람
은 말이네 <u>도독놈이 노적(露積)가리 짊어저 가까버서 밤 새두룩 짖구 댕
기는 개, 개신세여! 하릴없이 개신세여!</u>"

윤장의 영감은 자기의 신세를 '밤 새두룩 짖구 댕기는' 개에 비유하고
있다. 개는 인간에 종속된 동물이고 보면 '일제'와 '조선'의 관계를 '주인'
과 '개'로 비유하고 있는 듯하다. '할 일이 없는 개'라는 표현 역시 일제시
대에 어찌할 수 없는 지식인의 고뇌를 엿보이게 하는 대목으로 보인다.
이러한 해석은 이주형(1989 : 618)에서 언급된 「레디메이드 인생」이나 「명
일」은 상황에 대한 작중 인물의 반응의 표출을 지향한 작품이다. 중심적
인 부정의 대상은 지식인과 관련된 사회·역사적 문제들과 지식인 자체
이다. 지식인은 이 사회에서 설 땅을 잃어버린, "푸른 한숨만 쉬는 초상
집의 주인 없는 개들"이라는 말과 맥을 같이 한다.

"네, 그것두 달리 그랬으꼬 마는, 아라사가 쏘삭쏘삭해서 지나의 장개
석이를 충동이를 시켰대요. 이애너 일본하구 싸움 안니? 안해? 이 병신
바보녀석아 그래 그렇게 꿈쩍 못해? …… <u>싸움해라 싸움해. 허기만 허면
내가 뒤에서 한목 거달어 줄테니 응 아무 걱정 말구서 덤벼 들어라. 덤
벼서 싸움만 하란 말이다,</u> 허면 다 좋은 수가 있으니 …… 이렇게 충동
이를 놓았대요"

채만식은 소련이 중국을 충동질을 해서 일본하고 싸움을 하도록 만들
었다는 장면을 묘사하면서 '싸움해라. 다 좋은 수가 있으니……'하면서
거들었다는 표현을 하고 있다. 이러한 내용도 작품에서 역사적인 사실을
예로 삼은 것도 그렇고, 또한 직접화법을 통하여 충동질을 표현하고 있
는 것도 풍자와 관련된 것으로 해석할 수 있을 것이다.

　　"(윤) 참 장헌 노릇이여 ……
　　아 이 사람아 글시 시방 세상에 누가 무엇이 그리 답답히여서 그 노릇
을 허구 있것넝가? 자- 보소 관리허며 순사를 우리 죄선으루 많이 내보
내서 그 숭악헌 부랑당 놈들을 말끔 소탕 시켜주구 그리서 양민덜이 그
덕에 편히 살지를 안녕가? 그러구 또 이번에 그런 전쟁을 히여서 그 못
된 놈의 사회주의를 막아내 주니 원 그렇게 고맙구 그렇게 장헐 디가 어
디 있담 말잉가? …… <u>어-참 끔직이두 고맙구 장헌 노릇이네!</u> ……
　　게 여보소, 이번 쌈에 일본이 갈디 읍시 익이기넌 익이렷대잉?"

　일본이 청나라와 싸운 덕분에 조선이 잘 살게 되었다는 논리로 말하고
있는 윤장의 영감은 밑줄 친 대화에서 '自問自答'을 계속하면서 마지막 에
'어-참 끔직이두 고맙구 장헌 노릇이네!……'라고 말하고 있다. 윤장의
영감의 발화를 모두 살펴보면 감탄사 '참'은 아주 부정적인 이미지로 사
용되고 있다. 따라서 '고맙구 장헌' 표현은 사실상은 부정적인 시각으로
말하고 있는 것으로 해석된다.

　　"(윤) 에-거, 일 십상 잘 되였네. 그리서 그분네 술대접이나 좀 힛녕
가?"
　　"돈십원 어치나 술을 멕였더니 아마 그 값이 넉넉 <u>빠질라넝개비라우</u>"
　　"(윤) 것두 잘 힛네. <u>무엇이구 멕이면 되는 세상잉개루</u> ……. 그럼 어
서 건너 가서 저녁 먹소 시장허것네 ……. 저- 거시기 …… 아니 그만
두구 어서 건너 가서 저녁 먹소. 이따가 이얘기 허지 ……"

　자기 재산을 관리하는 대복이와 나누는 대화에서 이 세상을 '무엇이구
멕이면 되는 세상'으로 판단하는 윤장의 영감의 발언은 '먹이면 되는 세
상이니까, 무엇이든지 대접을 해야 한다'는 뜻이지만 이 말에는 그 세상
에 대한 강한 부정이 들어있다.

"(윤) 어서 오니라, 이년 왜 이렇게 늦개 오냐?"

윤장의 영감은 반가워하면서 욕을 하고 춘심이는 욕을 먹어도 먹지를 안읍니다.

"일찍 올 일은 또 무어 있나요? 오구 싶으면 오구 말구 싶으면 말구 하지요. <u>시방 세상은 자유 세상인데</u>"

춘심이가 단숨에 째와리면서 얼굴 앞에 바루 주저 앉는 것을 윤장의 영감은 멀거니 바라다봅니다.

채만식은 일찍이 48년판을 내면서 그 '再版序'를 통하여 독자들이 윤직원 영감에게만 너무 초점을 맞추는 점을 지적하고 있다. 이런 작자의 의도를 생각해 보면 작자는 윤장의 영감과 관련된 인물들에게서 오히려 풍자의 의도를 부여하고 있지 않은지 하는 생각을 갖게 한다.

위의 예에서도 춘심이가 말하는 '시방 세상은 자유 세상인데'라는 표현도 역설적으로 풍자한 것으로 해석되는 것이다. '오구 싶으면 오구 말구 싶으면 말구 하지요.'로도 충분한 의사를 표현했음에도 불구하고 그 뒤에 다시 '시방 세상은 자유 세상인데'를 부연한 것은 다분히 의도적인 것으로 보인다.

사실상 이 문장은 '시방 세상은 자유 세상인데 오구 싶으면 오구 말구 싶으면 말구 하지요.'라고 써야 하는 문장이다. 이 문장을 도치시켜서 말한 것은 도치된 선행 문장인 '시방 세상은 자유 세상인데'를 강조한 것으로 보인다.

윤장의 영감의 발화에 나타나는 '세상'은 대체로 부정적인 세상으로 나타난다. '헤헤! 나 참 세상에 났다가 벨일 다 보것네!', '욕심 읍시 세상 살라다가넌 제 창사구(창사)뽑아서 남 주어야허네', '눈 뜨구서 남의 눈 빼 먹넌 세상인줄 자네두 알면서 그러넝가?', '나 한번 급살 맞어 뻗어버리면 아무것두 몰으구 다 잊어버릴넌의 세상 ……', '만약에 세상이 도루

그지경이 되구 보면 그 노릇을 어쩐담 말잉가?', '무엇이구 멕이먼 되는 세상잉개루 ……', '세상이 다 개명을 해서 좋기는 좋아도 그놈 개명이 지나치니까는 되려 나쁘다', '이놈의 세상이 언제나 망하려느냐?', '오죽이나 좋은 세상이여? 오죽이나!', '우리 죄선놈 보호히여 주니 오죽이나 고마운 세상이여? 으응?', 등에서 보이는 바와 같이 한결같이 부정적인 세상을 말하고 있다. 이러한 윤장의 영감의 세상에 대한 시각은 윤장의 영감이 가진 인물의 성격과는 판이하게 다른 것이다. 이러한 아이러니는 작자가 언급한 것처럼 '현실의 추(醜)'를 '문학적 미(美)'로 풍자하려는 의도에서 비롯된 것이라 할 수 있을 것이다.

> 만일 '오늘'이 우리한테 새것을 갖다가 주지않고 '어제'와 꼬옥 같은것만 되풀이를 한다면 참으로 우리는 숨이 맥히고 모두 불행할것입니다. 그러나 '오늘'은 '어제'와 같으면서도 다른 (어제치면서도 더 자란난) 오늘치를 우리한테 갖다가 주고 그러하기 때문에 그리하는 동안 인간은 늙어 백바로 백발은 마침내 무덤으로 …… 이렇게 하욤없어도 인류는 하루하루 더 재미있어 간답니다. 그렇듯 반가운 새날이 시방 시작되느라고 동녁이 휘엿이 밝어옵니다. 날이 밝으면 뚜!여섯점 고동이 웁니다. 이 여섯점 고동에 마추어 우리 낡은 윤장의 영감도 새날을 맞느라고 기침을 했읍니다. 대단히 부즈런하고 이 첫새벽(여섯점)에 일어나는 부즈런은 춘하추동 구별이 없이 오십년 이짝 직혀 오는 절대ㅅ대의 습관입니다. 윤장의 영감은 잠이 깨자 매앤 먼점 머리맡의 놋요강을 집어 들고 밤ㅅ새 피에서 걸러 놓은 독소를 뽑습니다. 신진대사라니 새날에 새것을 다려다가 새생명을 떨치기 위하여 묵은 것을 버리는것입니다. 묵은 것의 배설! 그것은 참으로 좋은것입니다.

채만식은 제9회분의 서두에서 해설을 통하여 강력한 내용을 전하고자 한다. 그것은 '재미를 주는' 새날이 있기 때문에 하루하루가 '재미있고, 반가운' 생활이 된다는 논리이다. '새생명을 얻기 위하여 묵은 것을 배설

한다'는 명제, 그러한 명제에 대하여 '참으로 좋은 것'이라는 단언으로 끝난다. 이 단언이 독자에게 주려고 하는 작가의 강력한 메시지로 전달된다. 이주형(1989 : 625)의 언급대로 이러한 장면은 밝은 세상이 오리라는 채만식의 믿음을 반영한 것으로 보인다.

> "(윤) 오죽이나 좋은 세상이여? 오죽이나!"
> 윤장의 영감은 팔 부루걷은 주먹으로 방바닥을 땅— 치면서 성난 황소가 영각을 하듯 고함을 지릅니다.
> "(윤) 화적패가 있너냐아? 도적놈 같은 수령(守令)덜이 있너냐? 재산이 있대야 도적놈의 것이요 목숨은 파리목숨같던 말ㅅ세넌(末世)는 다아 지내가고오 …… 자아 부아라 거리거리 순사요 골골 마다 공명헌 정사(政事) 오죽이나 좋은 세상이여? 남은 수십만명 동병(動兵)을 허여서 우리 죄선놈 보호히여 주니 오죽이나 고마운 세상이여? 으응? 제것 지니구 앉어서 편안하게 살세상, 이걸 태평천하라구 허넌 것이여 태평천하! 그런디 이런 태평천하에 태어난 부잣놈의 자식이 더군다나 왜 지가 편안하게 살 것이지 어찌서 지가 세상 망처 놀 부랑당패에 참섭을 헌담 말이여 으으?"

채만식은 이 작품의 마지막에서 윤장의 영감으로 하여금 '오죽이나 좋은 세상'을 연거푸 되뇌게 한다. 그러나 이 '오죽이나 좋은 세상이여?'의 문장은 의미상으로는 감탄을 나타내면서도 실제로는 의문문으로 쓰이고 있다. 수사법상 설의법에 해당하는 것으로 다분히 역설적인 의도를 표현하려고 노력한 것으로 보인다.

> "(윤) ……이 태평천하에! 이 태평천하에"
> 쿵쿵 발을 구루면서 마루로 나가고 꿇어 앉었던 윤주사와 종수도 따라 일어섭니다.
> "(윤) 그놈이 만석군의 집 자식이, 세상 망처 놀 사회주의 부랑당패에 참섭을 히여? 으응 죽일놈! 죽일놈!"

연해 부루짖는 죽일놈 소리가 차차루 사랑깨로 멀리 사라집니다. 사실은 몹시 사나운 그 포효가 뒤에 처저있는 가권들의 귀에는 어쩐지 암담한 여운이 슴여들어 가뜩이나 어둔 얼굴들을 면면 상고, 말 할 바를 잊고 몸 둘 곳을 둘러보게 합니다. 마치 장수의 죽엄을 맞난 군졸들처럼 ……

채만식은 작품의 마지막에서 윤장의 영감으로 하여금 극도로 흥분된 상태에서 '태평천하'를 거듭 외치게 한다. 그러나 '가권들의 귀에는 어쩐지 암담한 여운이 스며들어' '태평천하'의 이미지를 부정화시킨다. 한 시대를 부정적인 인물의 화신으로 살았던 윤장의 영감은 가권들의 눈에는 '장수의 죽엄'으로 변하게 된다. 채만식은 그 당시의 지배계층과 암울했던 일제시대를 '시체'로 풍자한 듯하고, '몸 둘 곳을 찾는 가권'과 '군졸'을 당시의 식민지하에서 어찌할 수 없어 허둥대는 백성을 풍자한 것으로 볼 수 있다.

5. 결론 – 풍자와 방언의 관련성

이 글에서는 채만식의 『천하태평춘』에 나타난 언어 현상을 방언을 중심으로 개략적으로 살펴보았다. 채만식은 『천하태평춘』에서 구어체(설화체) 형식의 해설을 통하여 작자와 독자의 일치감을 얻으려고 노력했고, 작중 인물들 중 중심인물이라고 할 수 있는 '윤장의 영감'이라는 인물에게 거의 완벽한 전라북도 방언을 구사하게 함으로써 인물의 설정과 분위기 조성을 매우 실감나게 하고 있다. 이제까지 논의한 내용을 바탕으로 이 작품과 방언과의 관련성을 논의해 보기로 한다.

첫째, 이 작품의 지문에서는 일상적으로 가능한 방언이 많이 삽입되어 있다. 이러한 방언은 구어체(설화체)의 형식의 해설에 그 구어성이 보강되어 작자의 의도를 충족시키고 있음을 볼 수 있다. 작자는 작자이면서 해설자인 내레이터와 독자와의 일치감을 획득하고 독자를 쉽게 끌어들이기 위하여 대화체와는 다르지만 상당히 많은 방언을 일부러 구사하고 있음을 알 수 있다.

둘째, 이 작품의 대화에서는 작중인물에 따라 방언 사용이 달라진다. 가장 완벽한 방언 사용은 '윤장의 영감'과 '며느리 고씨'의 대화이다. 특히 윤장의 영감의 대화는 아주 많은 양을 차지하고 있는데, 거의 완벽한 전라북도 방언으로 작가의 방언 사용의 완벽성에 경탄해 마지않는다. 작자는 상당한 방언에 대한 인식과 연구를 통하여 인물설정에 방언을 이용한 흔적을 찾아볼 수 있다.

셋째, 윤장의 영감의 말에는 방언의 특징들—비속어의 사용, 설의법(반문)의 과도한 사용, 수사의문문의 사용, 방언의 특징적인 문장의 사용, 상용구와 속담의 사용, 부정의 의미를 나타내는 감탄사 등의 형태소 사용 등등—이 많이 나타난다. 이러한 특징들은 작자가 그리려는 윤장의 영감의 인물성격과 아주 절묘하게 어울리고 있다.

넷째, 비속어의 사용은 흔히 이 지역에서 '상말'로 많이 쓰는 말이어서 인물의 설정에 구체적으로 기여하고 있다. 수사의문문과 설의법의 과도한 사용도 역시 이미 알고 있는 말을 자문자답하는 형식이어서 윤장의 영감의 성격이 매우 독선적이라는 사실을 보여주고 있다. 또한 부정의 의미를 갖는 감탄사를 많이 쓰고 또한 부정소라 하는 '아니'를 대량 사용함으로써 윤장의 영감의 성격이 매우 부정적인 인물로 설정되어 있음을 볼 수 있다.

마찬가지로 인용되고 있는 상용구와 속담들도 대부분이 윤장의 영감의 발화에서 아주 부정적인 이미지를 가지고 쓰이고 있기 때문에 작자가 독자들이 아주 익숙한 상용구와 속담을 원용하여 인물의 괴팍한 성격을 그리고 있음은 물론, 작중인물들이 처한 상황을 조롱하려는 의도를 볼 수 있다.

다섯째, 작자가 작중 인물 중 중심인물의 성격을 아주 부정적이고, 불만이 가득하고, 괴팍한 성격의 소유자로 그리는 이유는 무엇일까? 이미 언급된 바와 같이 암울한 시대에, 표현의 자유마저 상실한 시대에 가장 어리석은 인물을 설정하여 작중인물이 속한 상황을 쉽고 빠르게 전달하면서 내면적으로는 새로운 메시지를 전달하려고 한 것이다. 채만식은 '문학적 美'를 표현하려고 했다고 말하고 있다. 그 문학적 미는 다름 아닌 풍자를 통한 긍정적인 메시지를 전하려고 했던 것이다. 따라서 그 시대 상황을 이해하면서 풍자를 하기 위해서는 특정지역의 방언 사용이 오히려 효과적이었을 것으로 추정된다. 특정지역의 방언에서 자주 쓰이는 어휘나 문장, 또는 상용구와 속담 등을 통하여 그 시대를 질타하면서 교묘히 위장한 것으로 볼 수 있을 것이다.

여섯째, 『천하태평춘』의 내용을 검토해보면 중의적으로 볼 수 있는 대목이 많이 나온다. 이러한 대목은 글자 그대로의 뜻으로만 해석할 수 없는 내용으로 보이며, 작가가 중의적인 표현을 의도하고 쓴 것으로 이해된다. 작품의 풍자적인 측면은 바로 이러한 중의적 표현에서 잘 드러난다고 할 수 있다. 우리는 이러한 중의적인 문장을 다른 작품들과의 비교를 통하여 세밀히 밝혀내야 할 것이다.

참고문헌

김흥수(1985), 「소설의 방언에 대하여」, 『국어문학』 25.

김흥수(1997), 「박태원의 創作餘錄 '表現 描寫 技巧'에 대한 어학적 小論」, 『한국어문학논고』.

민현기(1977), 「채만식의 풍자소설 연구」, 서울대 석사학위논문.

이기우・임명진 역(1995), 『구술문화와 문자문화』(월터J.옹 지음), 문예출판사.

이동희(1982), 「채만식소설의 문체양상」, 『국어교육논지』(대구교대) 9.

이주형(1989), 「채만식의 생애와 작품세계」, 『채만식전집』 3집, 창작과 비평사.

이태영(1991), 「접속어미 {-관디}의 변천과정과 방언의 {-간디}」, 『국어의 이해와 인식』.

정한숙((1972), 「붕괴와 생성의 미학」, 『민족문화연구』.

채만식(1938), 『천하태평춘』(1회~9회), 『조광』.

채만식(1948), 『태평천하』, 동지사.

채만식전집(1989), 『태평천하』, 창작과 비평사.

채만식전집(1989) 1집-10집, 창작과 비평사.

제8장 | 『혼불』에 쓰인 방언의 기능과
등장인물의 성격

1. 서론

작가 최명희가 쓴 『혼불』은 전북 남원군 사매면을 배경으로 하여 3대에 걸친 세대가 보여주는 삶을 이야기한 대하소설이다. 이 소설은 아주 다양한 언어 사용의 특징을 보여주고 있다. 표준어와 방언 어휘의 혼용, 의미가 확대된 방언 어휘의 과도한 사용, 대화체에서의 정교한 방언 사용 등을 이해하려면 작가가 가지고 있는 언어관, 방언의 기능, 전라도 방언의 특징을 이해해야만 할 것이다.

소설을 보다 정확히 파악하기 위해서는 방언의 이해가 절대적으로 필요하다. 방언의 개념 안에는 어휘뿐만이 아니라, 음운 현상, 통사 현상, 화용 현상, 문체, 억양, 리듬, 음의 고저와 장단, 속담, 상용구 등등이 포함된다.

소설이나 시, 또는 판소리나 고소설에 나타나는 방언은 대체로 해당 지역 방언의 특징을 그대로 담고 있는 경우가 대부분이다. 예를 들면 말에서 자주 쓰이는 음운 현상이나 문법 현상 또는 문체적 특징이 그대로 쓰이는 것이다. 이러한 경우, 작품의 방언은 해당 지역의 언어인 방언을 전체적으로 이해하지 않고는 쉽게 해석할 수가 없는 것이다.

문학작품의 언어 특성을 밝히는 목적은 작품의 언어적인 특성을 통하여 작품의 특성을 규명하는 데 있다. 예를 들면 『혼불』의 음운론적, 형태론적, 통사론적, 의미론적, 문체론적인 해석이 반드시 필요하지만, 이러한 언어 현상들이 궁극적으로 혼불에서 왜 사용되었으며 그 효과 및 의도가 무엇이었는지를 밝혀내는 데 활용되어야 한다.

이 소설이 지향하는 세계의 해석, 작중인물의 성격 규명, 소설의 구성 방식의 해석 등이 우리가 해야 할 문학작품의 특성을 밝히는 일일 것이다.

2. 최명희의 언어관

작가 최명희는 작품 『혼불』의 작업 과정을 밝히는 글(『리브로』 1996년 27호)에서 다음과 같이 모국어에 대한 애정과 언어에 대한 관점을 피력하고 있다.

언어는 정신의 지문

'말'에는 정령이 붙어 있다고 한다. 그래서 말이 '씨'가 된다고 한다. 나는 모국어의 모음과 자음이 어우러져 빚어내는 울림과 높낮이, 장단을 사랑하여 이 말의 씨를 이야기 속에 뿌리는 사람일 것이다.

지금 우리는 백 년이 아니라 천 년 단위가 바뀌려는 세기말의 퇴폐 향락적이며 무의미가 창궐하는 지금, 자본주의 산업사회 정보화 영상시대를 살고 있다. 이러한 가운데 누천년 동안 면면히 우리의 삶이 녹아서 우러난 모국어마저도 단순한 기호로 흩어져 버리려 한다. 모국어는 우리 삶의 토양에서 우리의 생각과 느낌을 품고 길러 정신의 꽃으로 피워 주는 씨앗인데, 진정한 말의 참다운 의미를 담지 못한 탓인가. 요즘은 말을 제일 하찮게 여기는 것 같다.

그러나 언어는 정신의 지문(指紋)이다.

나의 넋이 찍히는 그 무늬를 어찌 함부로 할 수 있겠는가.

나는 『혼불』을 통하여 순결한 모국어를 재생해 보고 싶었다. 전아하고, 흐드러지면서, 아름답고, 정확한 모국어의 뼈와 살, 그리고 미묘한 우리말 우리 혼의 무늬를 어떻게 하면 복원할 수 있을까. 그것은 늘 나를 사로잡는 명제였다.

가장 한국적인 말의 씨앗으로 춘향전이나 심청전 같은 우리식 고유의 이야기 형태를 살리면서 서구 전래품이 아닌 이 땅의 서술방식을 소설로 형상화하여, 기승전결의 줄거리 위주가 아니라, 낱낱이 단위 자체로서도 충분히 독립된 작품을 이룰 수 있는 각 장(章), 각 문장, 각 낱말을 나는 쓰고 싶었다.

이러한 작업을 통해서, 첨단 기술 문명의 시대를 맞아 새로운 도구를 발명할 때마다 무조건 지금까지 가치 있었던 삶과 문화를 여지없이 팽개쳐 버리는 요즘, 차가운 기계와 흘러넘치는 물질과 정보, 그리고 과장으로 포장된 영상으로 인해서 생활이 편리해진 것은 사실이나 오히려 그것들에게 점령당하여 인간이 소외되고 인간끼리의 교통이 끊기어 급기야는 풍요로운데 피폐한 현대인들의 떠돌이 정서에 한 점 본질적인 고향의 불빛을 전할 수만 있다면 나는 이야기 쓰는 심부름을 하는 대리인으로서 더 이상 바랄 나위가 없을 것이다.

아무리 시대가 바뀌고 생활 방법과 도구가 달라져도 영원히 변하지 않는 근원적인 삶의 생명소는 무엇일까.

그것을 찾아서 나는 한 시대의 인간과 문화와 자연을 언어로 건져 나의 모국에 한 소쿠리 모국어로 바치고 싶다. 그 모국어가 나의 생애를 담아 시대의 물살에 징검다리 돌 한 개로 남기를 나는 바란다.

최명희는 모국어인 한국어의 아름다움을 잘 알고 있는 작가였다. 작가의 말처럼 '모국어의 모음과 자음이 어우러져 빚어내는 울림과 높낮이, 장단을 사랑하여' 『혼불』에서 우리말의 아름다움을 한껏 뽐내고 있다. '국어의 울림과 높낮이 장단'을 의식하고 사랑하기까지 했다는 말을 통해서 우리는 최명희가 한국어와 토착 방언이 갖는 다양한 언어의 쓰임, 즉 억양, 리듬감, 음의 고저 장단 등을 이해하고 있었음을 알 수 있다.

지역 방언들이 서로 차이를 보이는 가장 중요한 요소가 바로 '울림과 높낮이 장단'이다. 이 요소가 있음으로 해서 경상도 방언, 전라도 방언, 충청도 방언이 특징을 보이고 있는 것이다. 이러한 가장 기본적인 특징을 최명희는 잘 이해하고 또 사랑하고 있었다.[1]

이러한 방언에 대한 이해를 위해 작가는 나름대로 깊이 있는 학습을 했음이 분명하다. 작가 최명희는 지문을 쓰면서 국어사전을 꼼꼼히 뒤지며 어휘 하나 하나를 사용한 것처럼, 대화에 나오는 방언 사용에서도 남원 지역의 방언을 실제 조사하여 매우 사실적인 방언 구사를 하고 있음을 엿볼 수 있다.

최명희가 말한 '울림'은 작품에서 아주 다양하게 나타난다. 먼저 '소리'를 이용하여 청각적인 이미지를 얻으려고 한 것은 물론이고 '소리'의 이미지의 효과를 높이려고 한 듯하다. '소리'라는 어휘가 일 권에서만 246번의 어휘 빈도를 보이며 쓰이고 있다. 작품 전체에서 약 1,800번 정도가 쓰이고 있다. 『혼불』 연구에서 매우 중요한 어휘로 보인다.

'술렁이다, 사운거리다, 사르락 사르락, 쏴아, 우우우' 등의 의성어 및

---

1) 최명희는 『혼불』에서 방언에 대해 다음과 같이 말하고 있다.
  "긍정, 맞장구, 너무나 당연하다는 뜻, 감탄, 노여움 들은 모두 그 곡조로 알아들어야 했다. 그 곡조는, 말하는 사람의 감정이나 내용, 상황에 따라서 얼마든지 무궁무진 변조가 되었고, 미끄러지거나 채올리거나 툭 자르거나 미묘하게 출렁이는 말의 가락은 마치 노래 같은 생각이 들게 하였다."

의태어인 동사와 부사를 사용하여 소리와 관련된 이미지를 고양시키려고 노력하고 있음도 볼 수 있다. 이러한 '모국어의 울림'을 이용하여 작가는 작품의 내용 하나하나를 아주 세밀하게 묘사하는 것은 물론이고, '울림'의 이미지를 활용하여 사실적인 효과를 높이고 있다.

최명희는 '모국어는 우리 삶의 토양에서 우리의 생각과 느낌을 품고 길러 정신의 꽃으로 피워 주는 씨앗'이라고 말하고 있다. 대부분의 국어사전에 '자기 나라의 말'이라고 정의가 되어 있는데 비하여, 최명희의 모국어에 대한 정의는 인간의 정서가 담긴 바람직한 정의라고 할 수 있다. 어떠한 나라의 사전에서도 이러한 정의를 보기는 어렵다. 최명희의 말에서 우리는 작가가 한국어를 단순히 의사소통의 수단인 언어로 보기보다는 한국의 문화를 이끌어가는 씨앗으로 보고 있음을 엿볼 수 있다. 이 정도의 정의라면 최명희의 모국어에 대한 애정을 전문적인 언어학자, 민속학자, 문화 전문가의 그것과 견줄만하다.

이러한 작가의 전통문화에 대한 애정은 어휘를 통하여 강렬하게 표현되고 있다.

작가 최명희는 우리 전통의 색채어를 통하여 시각적, 감각적 효과를 의도하고 있는 것으로 보인다. 첫 쪽에서부터 '청사 초롱, 청명, 대숲, 대밭, 댓잎, 대바람, 소소한, 시누대, 대실, 물결, 푸른'이라는 어휘를 통하여 푸른색의 색채감을 사용하고 있다. 일 권 전체를 검색해 보면 '푸르다'는 형용사가 약 50번 사용되고 있다. 푸른색은 주로 자연과의 교감을 나타내는 색이기 때문에 최명희는 자연과의 교감을 통하여 자기가 지향하는 마음을 표현하고자 한 것으로 보인다.

우리나라의 신화에서 푸른색은 동쪽을 나타내며 하늘과 물의 상징성을 가지면서 해돋이, 밝음, 맑음 등과 연관된다. 푸른색은 승화의 빛이요, 피안의 빛이기 때문에 초월, 희망을 상징한다. 검정색에 관련된 어휘도 『혼불』에서 약 500개가 쓰일 정도로 많이 나오고 있다. 물을 상징하는 검정색은 흉함, 죽음, 어두움, 공포 등을 상징한다.

최명희는 '낱낱이 단위 자체로서도 충분히 독립된 작품을 이룰 수 있는 각 장(章), 각 문장, 각 낱말을 나는 쓰고 싶었다.'고 말하고 있다. 이러한 의도는 『혼불』에서 여실히 나타나고 있다.

그러한 예로 여성 작가들의 작품에서 볼 수 있는 단락 나누기의 파격을 엿볼 수 있다. 일 권에서만 약 3,300번의 단락이 나뉘어져서 한 쪽에서 10개의 단락을 나누고 있음을 볼 수 있다. 특히 하나의 단문이나 감탄사와 같은 어사를 단락으로 나누어서 단락의 파괴를 통한 표현의 새로운 시도를 엿볼 수 있다.

작품의 곳곳에서 짧은 한 문장을 단락으로 나누어 연속적으로 사용하면서 긴장감을 고조시키는 특유의 단락 나누기를 사용하고 있다. 이러한 단락 나누기는 전통적인 '문장 묶음'이라는 단락의 개념을 무너뜨리는 것으로 볼 수 있다.

'낱낱이 단위 자체로서도 독립된 작품을 이룰 수 있는 낱말'이란 표현을 통하여 보면 최명희는 어휘가 언어 표현의 가장 기본적인 단위임을 인식하고 있었다. 언어를 다루는 소설가로서 아주 분명한 언어관을 가지고 있었다고 볼 수 있다.

그야말로 어휘 하나로도 독립된 작품이 될 만큼 섬세하게 언어를 다루었다는 이야기이고 보면 '손가락으로 바위를 뚫어 글씨를 새긴' 작가의 모국어에 대한 애정을 엿볼 수 있다.

작가 최명희는 '우리의 삶이 녹아서 우러난 모국어'를 재생시키려는 불사조와 같은 정신을 가지고 있었음을 알 수 있다. 모국어라는 언어 속에는 반만년 이어져 온 인간과 자연의 모습, 전통, 문화, 예술의 혼이 살아 숨쉬고 있다는 사실을 깨닫고 있었던 것이다. 그리하여 '유구한 우리나라의 기후와 풍토, 산천초목, 전통적인 우리의 생활 습관, 사회제도, 촌락 구조, 역사, 세시풍속, 관혼상제, 통과의례 그리고 주거의 형태와 복장과 음식이며 가구, 그릇, 치례, 소리, 노래, 언어, 빛깔, 몸짓' 등을 표현하려고 노력했다. 모국어의 아름다움을 알지 못하는 많은 사람들에게 우리 혼이 담긴 모국어의 아름다움을 전하기 위하여『혼불』을 쓴 것이다.

이러한 깨달음을 전하는 이유는 '피폐한 현대인들의 떠돌이 정서에 한 점 본질적인 고향의 불빛을 전하기 위한' 것이었다. '떠돌이 정서'는 바로 한국인의 정체성을 찾지 못하고 방황하는 이 시대의 한국인들이 갖는 불안정한 정서를 말하는 것이다. 이런 사람들에게 우리 문화와 우리 자연의 아름다움을 전하여 한국인으로서 안정된 정서를 갖도록 해 주려는 의도가 있음을 알 수 있다. 언어가 의사전달의 단순한 수단이 아니라 전통과 자연과 인간을 서로 합일시키는 소중한 매체임을 깨닫고 있었다.

3. 『혼불』의 언어적 특징

1) 독창적인 어휘 사용

국어 사전에 없는 어휘인 '꽃심,[2] 꽃빛, 꽃각시, 꽃밥, 꽃자줏빛, 꽃니, 꽃시울, 꽃결'을 작가는 아주 다양하게 사용하고 있다. 어떤 것은 인위적으로 만든 것이 있고, 어떤 것은 방언에서 흔히 쓰는 말을 그대로

---

[2] 최명희(1998)에서는 '꽃심'이란 어휘에 대하여 다음과 같이 말하고 있다.
 "'꽃심'이란 말이 있습니다. '꽃심'이란 말이 사전에 물론 없어요. 그런데 저는 굉장히 그 말도 좋아요. 그리고 저희는 흔히 그 말을 쓰고 있거든요." <271쪽>
 "그래서 저는 아, 왜 '꽃심'이란 말이 없을까 그냥 너무나 애가 타요. 예 있든지 말든지, 난 있으니까…… 사전에 없으면 없나요? 뭐. 그러니까 그냥 저는 써 버린 거예요. '꽃심'." <274쪽>

쓴 경우가 있다.[3]

작가의 인위적인 어휘 사용은 한편으로 모국어의 규칙을 어기는 것으로 보면 문제가 될 수 있다. 그러나 시인과 소설가는 기존의 언어로 표현하기 어려운 것은 단어를 새롭게 조어하여 만들어 쓸 수 있어야 한다. 최명희는 이미 나와 있는 우리의 어휘를 새롭게 조어하여 아주 아름다운 우리말을 만들어 쓰고 있다. 이러한 면은 우리말에 유익한 신조어를 보태는 결과를 낳아서 매우 바람직한 일이라고 할 수 있을 것이다.

> 그러나 그럴수록 얼굴이 꽃빛으로 물들며 고개를 외로 돌리던 <1, 71>
> 어린 날, 살구꽃잎으로 꽃밥을 차려 주던 강실이에게, <1, 136>
> 이 꽃각시 같은 새신랑이네 <1, 190>
> 헝겊 보따리를 웃목에서 꽃니 앞으로 끌어당긴다. <4, 64>
> 봉숭아, 맨드라미의 꽃시울이 한낮의 정적 속에 자지러지는데, <4, 96>
> 손만 보면야 네가 어디 종이라 하겠느냐. 꽃결 같다. <7, 222>
> 버릴 수 없는 꿈의 꽃심을 지닌 땅 <8, 102>
> 꽃열매 꽃안주를 먹고 나니 꽃마음 만발하여 춤을 춰도 <8, 323>
> 만발하여 춤을 춰도 꽃춤이요, 노래해도 꽃노래라. 온 <8, 323>

'고고샅샅'은 국어사전에 없는 말이다. 이 말은 '고샅'을 강조하기 위하여 마치 '자자손손(子子孫孫)'처럼 우리 국어에서 동일 한자어를 중첩하여 명사나 부사를 만드는 방식을 이용하여 명사를 만들어 낸 것이다.

> 삼천리 고고샅샅 강토가 땅덩어리째 옴시레기 일본의 것이고 <5, 262>

---

3) 최명희(1998)에서는 '혼불'이란 용어 사용에 대하여 다음과 같이 이야기하고 있다. "혼불이란 말이 정말 있느냐, 그리고 조어가 아니냐, 그리고 참 뜻은 좋고 상징적인데 얼른 실감이 안 된다. 무슨 뜻이냐 이렇게 물어요. 그런데 저는 오히려 그 질문에 놀랐어요. 왜냐하면 저는 어렸을 때부터 그냥 혼불이라는 말이 몸에 익어 있었거든요" <268쪽>

국어사전에 의하면 인칭대명사 '그네'는 '① 듣는 이에게 가까이 있거나 듣는 이가 생각하고 있는 사람들을 가리키는 삼인칭 대명사 ② 앞에서 이미 이야기한 사람들을 가리키는 삼인칭 대명사'로 쓰이고 있다. 같은 방식으로 '이네, 저네'가 쓰인다.

그런데 『혼불』에서는 '그네'가 '그네들'의 경우에만 국어사전에 맞게 쓰이고 있을 뿐, '그녀'와 같은 의미로 확대되어 쓰이고 있다.

> 강모는 그네가 태산 같기만 하다. <혼불1, 32>

2) 의성어와 의태어의 생산적 사용과 의미 확대

작가는 '술렁이다, 사운거리다, 사르락 사르락, 쏴아, 우우우' 등의 의성어 및 의태어인 동사와 부사를 사용하여 소리와 관련된 이미지를 고양시키려고 노력하고 있다. 표준어인 의성어와 의태어는 물론이고, '개갱갱갱거리다, 닝닝거리다, 뎅그맣다, 뭉시르한, 버언하다, 아슴하다, 일룽거리다, 까작까작, 웅숭웅숭, 봉울봉울, 나훌나훌, 드글드글, 덩클덩클, 우줄우줄, 우렁우렁, 쑤실쑤실, 조근조근, 차락차락'과 같이 방언이거나 의도적으로 만든 것처럼 보이는 의성어와 의태어를 수없이 사용하고 있다.

이렇게 새롭게 만들어진 의성어와 의태어는 작가에 의해서 새로운 의미가 첨가되거나 의미가 확대되는 경우가 많다(고영근, 2001 참조).

> 옹구네 귀에는 그때의 농악소리가 <u>개갱갱갱거리는</u> 것 같았다. <1, 114>
> 꿀벌들의 <u>닝닝거리는</u> 소리가 햇발에 섞여 감미롭게 들린다. <1, 122>
> 경대가…… 장지문 옆 동편 자리에 <u>뎅그맣다</u> <1, 175>
> 흙속에 <u>뭉시르한</u> 바위등이 묻혀 있었던 것이다. <1, 162>
> 창호지에 <u>버언한</u> 새벽빛이 들었다. <1, 247>

등룡은 그렇게 <u>아슴하게</u> 비치고 있었다. <1, 83>
밀화의 구슬들은 <u>일룽거리는</u> 촛불빛을 받아 <1, 29>

허공에서 <u>까작까작</u> 소리가 울린다. <1, 77>
<u>웅숭웅숭</u> 마당으로 들어서는 사람들과 엇갈려 <1, 68>
진분홍과 흰색이 <u>봉울봉울</u> 어우러진 자운영 화관은 <1, 50>
그 소리는 <u>나훌나훌</u> 흔들리는 것도 같았다. <1, 136>
이제 돌아보면 마치 그을음 <u>덩클덩클</u>한 굴뚝 속 같은 한 해 <5, 18>
저희끼리 <u>우줄우줄</u> 모여서 상전에게로 가 <5, 36>
마룻대가 <u>우렁우렁</u> 울리도록 큰 소리로 <5, 247>
터럭이 뻣뻣하고 <u>쑤실쑤실하면서</u> 칼끝처럼 거세게 뻗친 <4, 187>
동쪽편으로 머리를 둘러 <u>둥두렷이</u> 불쑥 솟아 오른 곳이 <1, 163>
집안의 사람들은 …… 장독대 곁에 <u>움줄움줄</u> 모여서서 <1, 265>
<u>조근조근</u> 따지듯이 말하는 품이 <1, 244>
강태는 <u>차락차락</u> 소리를 내며 넘기던 책장 한 끝에 눈을 박고는 <1. 123>

3) 표준어와 방언을 구분하지 않은 어휘 사용

최명희는 다양한 동사와 형용사를 현란하게 사용하고 있다. 특히 형용사의 사용을 매우 즐겨하였다. 작가는 전라도 방언에서 자주 쓰이는 방언을 굳이 표준어와 구분하지 않고 매우 자유롭게 사용하고 있다. 표준어와 방언을 구분하지 않고 모국어로 생각하고 있다는 점이 매우 특징적이다.

사실상 표준어와 방언을 구분하는 일은 매우 위험한 생각이다. 다양한 방언 어휘의 의미 차이를 표준어로 감당해 낼 수가 없는 것이다. 따라서 작가들은 개인이 겪은 문화와 전통과 의미를 세밀히 묘사하기 위하여 표준어보다는 방언 어휘를 적극적으로 사용하는 것은 오히려 당연한 일일

것이다.[4]

'함초롬하다, 매초롬하다, 배또롬하다'와 같은 형용사와 여기서 파생한 '함초롬히, 배또롬히' 등은 표준어로 사용되고 있다. 그러나 다음 예에서 보는 바와 같이 사전에 올라 있지 않은 비슷한 유형의 형용사와 부사를 훨씬 많이 사용하고 있다.

형용사 '새초롬하다, 발그롬하다/발그로옴하다, 볼그롬하다/볼그로옴하다, 가느소롬하다, 가무롬하다, 얄포롬하다, 매꼬롬하다, 쌉소롬하다, 포료옴하다, 반드로옴하다, 희부욤하다'와 여기서 파생한 부사들은 사실상 방언에서 일반적으로 쓰이는 어휘들이다. 따라서 사전에 등재된 사실은 중요한 사항이 아니다. 작가는 자기의 문화적인 배경을 설명하기 위하여 뉘앙스가 다른 이 지역의 방언을 선택하여 쓰고 있는 것이다.

여기서 제시된 형용사들은 음상에 따라서 '-으롬하-'가 많이 쓰이는 형용사를 선택하고 있거나, '-으로옴하-'가 많이 쓰이는 형용사를 선택하고 있다는 점이다. 이것은 최명희가 말하는 음률, 음조를 깊이 생각하고 있는 증거이기도 하다.

> 그 함초롬한 모양이 어쩌면 청승스럽기조차 하다. <2, 137>
> 함초롬히 이슬을 머금어 젖은 만추의 노죽(露竹) <4, 288>
> 서리 같은 이슬이 함초롬이 맺힌 장독들의 정결함. <6, 251>
> 마을 어귀 삼거리 주막의 매초롬한 술어미이다. <3, 274>
> 기색이 매초롬하다. <6, 285>
> 말고삐를 잡는 것이다. 고개를 배또롬히 틀면서. <8, 220>

> 옹구네는 새초롬한 낯빛으로 춘복이한테 으름짱을 놓으며 눈을 <9,

---

4) 중앙집권적인 국가통치를 하기 위해서는 표준어 정책이 필요한 것이지만 지역민이나 작가들의 입장에서는 자기들이 어려서부터 써오던 방언을 쓰는 것이 바람직한 언어 사용인 것이다.

248>

비오리는 비오리대로 <u>새초롬히</u> 앉아만 있다. <6, 283>

새침한 얼굴에 도화색이 <u>발그름하여</u>, 인근 사람들 입살에 어지간히 <3, 286>

호리낭창한 몸매에 봄물이 도는 낯을 <u>발그름히</u> 기울이고는 <5, 285>

까무잡잡헌 낯바닥에 도화색은 <u>발그로옴</u> 돋아나고, 입술이는 물었다는 <7, 186>

<u>볼그롬한</u> 살구꽃빛 연분홍 화장수가 애달플 <5, 202>

탄 얼굴의 눈자위에 당홍색을 <u>볼그롬이</u> 머금은 채, 아닌 척 할깃할깃 <4, 219>

낯바닥끄장 <u>볼고로옴해</u> 갖꼬는. 머이 그렇게 <9, 258>

임서방은 눈을 <u>가느소롬하게</u> 뜨고 어둠 속을 지그시 <4, 144>

초저녁 동산 위에 <u>가느소롬</u> 곱게 뜬 각시 눈썹같이 <5, 38>

늘 반절은 어둠을 머금어 <u>가무롬한</u> 주황색으로 번지던 불빛은 <4, 194>

아니라 물기를 촉촉이 머금은 윤이 <u>가무롬히</u> 흐르고 <9, 57>

비우도 좋고 솜씨도 좋등만, <u>까무로옴헌</u> 낯빤대기 따악 치키들고잉 내가 <7, 313>

낯반대기가 저렇게 핥어논 것맹이로 <u>매꼬롬히</u> 생겠이니 <5, 133>

<u>얄포롬한</u> 입술을 무겁게 다물고 양미간을 깊게 <5, 276>

생김새 곱상하고 자세에 태깔이 있어 <u>반드롬한</u> 만동이가 <5, 322>

익모초 진초록 쓴맛이 <u>쌉쏘롬히</u> 배어들어 <7, 196>

사분지 일이나 될까 하게 <u>가느롬히</u> 깎지만, 그렇다고 너무 굵으면 <5, 225>

연두빛을 머금어 <u>포료옴한</u> 그 달빛은 먼 산 봉우리를 아득히 잠기게 하고 <5, 39>

<u>맨드로옴허니</u> 태가 나서 아조 이뼜제 잉.” <3, 275>

“허기는, 가 생긴 거이 <u>반드로옴헝</u> 거이 어찌 위태위태허드라.” <4, 92>

몰르지 그 가이내는 낯바닥이 <u>반드로옴헝게로</u> 수천양반 이 <4, 107>

바지 해 입히먼 더 좋겠네, <u>보드로옴허니</u> 착 갱기고” 키이익, <5, 286>

어둡다고는 하지만 그래도 <u>희부윰한</u> 기운이 드리워진 하늘이 <3, 144>

그래서 하늘은 오히려 <u>희부윰하게</u> 트이는 것처럼 보인다. <4, 162>

4. 『혼불』에 나타난 전라방언의 특징

작가는 과거의 경험을 그리고 있다. 이때 과거의 경험을 되살리고 묘사하는 가장 기본적인 방법은 자기가 쓰고 듣고 말하던 자기 고유한 언어를 사용하여 묘사하는 것이다. 이때 작가는 이야기를 사실감 있게 전하고 화자와 청자가 동질감을 느끼기 위하여 방언을 사용한다. 자기 고장의 독특한 방언을 사용함으로써 문학작품의 독특한 분위기를 설정하고, 사실감과 현장감을 선명하게 하기 위하여 방언을 사용한다.

문학작품에 나타나는 방언의 어휘는 어휘 하나하나에 작가의 과거의 경험이 묻어 있고, 그 당시의 상황이 배어 있는 말이기 때문에 작가는 이러한 효과를 얻기 위하여 방언을 사용한다. 그러므로 작품을 감상하거나 연구할 때, 해당 방언의 어휘가 주는 미세한 뉘앙스, 곧 정서적 의미를 포착할 수 있어야 한다.

작자가 자기의 고향 방언을 사용하는 것은 상당한 모험이다. 자기 고향 사람이 아니고서는 발화의 뉘앙스, 발화가 주는 다양한 의미를 파악하기 어렵기 때문이다. 그럼에도 불구하고 작자는 모험을 한다. 그 모험이 오히려 작품을 작품답게 하는 데 더 효과적이기 때문이다. 작품에서 방언 사용은 일반적으로 현실방언과는 약간 다르게 정제된 방언으로 구사된다.

최명희의 『혼불』에는 전라도 방언이 아주 많이 사용되고 있다. 대표적인 것은 거멍굴 사람들의 대화에 가장 많이 쓰이고 있다. 작중 화자들의 성격이나 특성을 드러내기 위해서는 매우 당연한 시도라고 생각한다. 그러나 대화문은 물론이고 지문에서도 일상적인 방언을 마치 표준어처럼 사용하고 있어서 좀 더 체계적으로 살펴볼 필요가 있다.

『혼불』의 방언을 살피기 위해서는 대화문과 지문을 나누어서 생각해 볼 필요가 있을 것이다. 첫째는 소위 해설인 지문의 언어에 방언을 많이 쓰고 있는데 의도적인 방언보다는 이 지역에서 아주 일상적으로 쓰이는 방언을 사용하고 있어서 작가가 방언을 의도적으로 구사하는 것이 아니라, 표준어와 방언을 구별하지 않고 모국어라는 관점에서 자연스럽게 통합적으로 사용하고 있음을 엿볼 수 있다. 둘째로 대화체와 독백의 문장에서 사용하는 방언이다. 평민들의 방언을 아주 세밀하게 묘사하고 있는 것으로 보아 작가는 아주 깊이 있게 남원군 사매면의 방언을 연구한 것으로 이해된다.

1) 지문의 방언

소설의 지문에는 방언 사용을 하지 않는 것이 일반적이다. 그러나 최명희는 일반적으로 많이 사용하는 방언을 지문에도 아주 자연스럽게 쓰고 있다.5) 전라도 방언의 대표적인 형태인 '내비두어'를 소제목으로 사용하고 있을 정도이다.6)

다음 예에서 보는 바와 같이 '고실고실하다'는 전라도 방언이고 '고슬고슬하다'가 표준어이다. 그러나 『혼불』에서는 지문에서 '고실고실하다'라는 형용사와 '고실고실'이라는 부사를 쓰고 있다.

---

5) 채만식의 작품에서도 지문에 많은 방언을 자연스럽게 쓰고 있음을 알 수 있다.
6) 최명희(1998 : 291-2)에서는 다음과 같은 이야기를 하고 있다.
　　"물론 이 지문 속에 나오는 말이야 그 표준어가 아주 기본이죠 아주 특별한 경우에 일부러 정취를 위해서 사투리를 그냥 끼워서 섞어 놓은 경우도 있어요 그런데 사실 실생활에서 저희들이 쓸 때, 특히나 남원 사투리는 전라남북도와 경상도 접경 지역이어서 아주 이 말이 특이해 가지고 참 매력적이에요 이 말을 어떻게 좀 이렇게 글 속에 살려 내서 그 글을 읽으면서 저절로 소리를 내고 싶은 심정을 갖게 할까 그런 생각을 가졌었죠"

이렇게 <u>고실고실한</u> 비단·명주의 현란한 색깔들을 만지고 있으니 <4, 83>

등허리에 달라 붙은 삼베 적삼이 어느결에 <u>고실고실해지고</u> <4, 100>

<u>고실고실한</u> 양지녘의 해 바른 흙 속에다 안장하고 싶은 안타까움에 <5, 297>

<u>고실고실</u> 흰 쌀로 고봉밥을 소담스럽게 담어 주고, <7, 202>

연꽃물 먹은 종이들은 어느새 <u>고실고실</u> 말라서 <9, 32>

"아조 머리끄장 깨애깟이 빨어서 <u>고실고실</u> 해 갖꼬." <9, 220>

전라도 방언에서 '옴시레기'는 '모두, 전부'라는 뜻의 부사이다. 이 방언은 '옴싹'이란 말과 더불어 아주 많이 쓰이는 말이고 특히 여성들이 많이 쓰는 말로 이해된다. 작가 최명희는 이 어휘를 대화는 물론이고 지문에서도 많이 사용하고 있다. 작가가 이 어휘가 방언이고 표준어에는 없다는 사실을 모를 리가 없다. 그럼에도 불구하고 작가는 표준어와 방언 어휘를 구분하지 않고 자기의 감정과 뉘앙스를 전달하기위하여 전라도 방언으로 구사하고 있음을 알 수 있다.[7]

남원산성 그 거창헌 거이 입 안으로 <u>옴시레기</u> 들왔다고 허고이 <4, 120>

---

[7] 최명희(1998 : 282-3)에서는 '옴시레기'와 관련하여 다음과 같은 이야기를 하고 있다. "'옴시레기'라는 말도 있습니다. 네, 사전에 있나요? 전라도 사투리인데요, '옴시레기' 얼마나 이뻐요. 이게 '모조리'라는 거하고는 좀 다르잖아요? '모조리'는 뭔가 '깡그리' 이런 뜻이 있지만, '옴시레기', '아유, 옴시레기 왔구나!' '모두 다, 가득' 이런 뜻인데 얼마나 정감이 있어요? '옴시래기' 그럼 귀엽잖아요. 우리 늘 쓰는 말이거든요. 그런데 사전에는 없어요. 네 그래서 좀 우리의 그 넋이 담긴, 우리의 생활이 담긴, 우리의 그리움이나 꿈이나 혹은 그 삶에 대한 해석이 담긴, 이러한 낱말들이 좀 우리 국어사전에 '옴시레기' 들어와 가지고 좀 이렇게 한 소쿠리 가득 옥돌같이 담긴다면 시대의 강물은 거세고 어디로 흘러가는지 모르지만 이 국어사전의 징검다리가 우리들이, 또 우리 후손들이, 또 대대로 어디론가 자기 걸음을 가는 그런 걸음이 물에 빠지지 않고 떠내려가지 않고 그렇게 제자리로 저 가고 싶은 곳으로 갈 수 있게 하는 그런 소중한 어떤 그 건널목이 되지 않을까."

옴시레기 도려내어 가시만 남은 가슴이 없었더라면 <5, 232>
삼천리 고고샅샅 강토가 땅덩어리째 옴시레기 일본의 것이고, <5, 262>
이렇게 옴시레기 비어 버린 <6, 176>
한 나라의 마지막 중추들이 옴시레기 옮겨간 것이다. <8, 146>
말씀들을 하나도 흘리지 않고 상감(象嵌)하여 옴시레기 보듬고 <10, 16>
묏동 속으가 옴시레기 도레도레 찌고 앉었는 꼴이 될랑가 어쩔랑가. <10, 79>

이외에도 다음 지문을 보면 '아까 참, 모가지, 데불다, 조갑지, 메다박던, 깝북, 거치없이, 해반닥한, 노나먹는, 도레도레 둘러앉을, 허새비, 코빼기, 보도시, 이마빡, 새되게, 솔아들었으나, 보고리 채우며' 등 이 지역의 방언을 자연스럽게 섞어서 쓰고 있다.

몇 걸음만 돌아서면 금방이라도 돌이킬 수 있을 듯한 아까 참의 일이건만 그렇게 느껴진다.
을씨년스럽고도 모가지 움츠러드는 한겨울 엄동 추위에 부르르 어깨 떨면서
그러니 강모는 신부를 데불지 않고 혼자 돌아왔지만
그러면 강실은 다른 조갑지에다가 또 꽃잎을 수북이 담아 주었다.

2) 대화체의 방언

『혼불』에 나타나는 대화체는 두 부류로 나타난다. 하나는 청암부인과 그 자손들로 구성된 매안 이씨 가문의 말투로서 방언을 사용하지 않고 중앙어를 구사하고 있다. 품위를 고려하여 문어체에 가까운 격식체를 사용하고 있다(서정섭, 2001 : 393). 작가가 이 계층 사람들에게 현실 방언을 사용하지 않게 하고 있는 것은 양반임을 분명하게 강조하고자 한 것으로

보인다.

또 하나는 거멍굴 사람들을 포함한 평민들의 언어이다. 평민들의 언어는 대화체뿐만 아니라 독백에서도 온통 전라도 방언을 질펀하게 구사하고 있다.

이 소설에서 쓰이고 있는 남원 방언은 평민들의 삶이 매우 사실적으로 드러날 만큼 깊이 있게 반영되어 있다. 어휘는 물론이고, 문법 형태소를 지역에 맞는 방언형으로 정확하게 사용하고 있다.

(1) 정확한 전라도 방언의 구사

① 어휘와 문장에서 장단과 가락을 살리고 있다.

특히 대화에서 감탄사가 길어지고, 어휘가 장음으로 발음되며, 문장의 끝이 가락이 있는 것을 볼 수 있다. 특히 의성어의 경우 장음 표기가 많다.

> "하이고오. 누구는 좋겄다아."
> "시상도 마않이 달라졌단디, 머이 어뜨케 달러졌능가 휘이 귀겡이나 한 번 댕게오까아? 속 터진디."
> "에레서 팽이를 깎어도 말이여, 우리는 기양 대강 숭내만 내 갖꼬는 울둑울둑 헌 대로 치잖이여, 왜. 근디 모갭이 이 사람이 깎어 논 것은 달르드라고. 맨드로옴허니 태가 나서 아조 이뻤제잉."
> "자가 왜 저런다냐. 교옹장허네 기양. 날 잡어먹을랑게비이."
> "달뎅이같이 훠언헌디. 머엇이 어쩐다고들 그래싼당가아."

② 보편적인 음운 변화 현상을 사용하여 사실성을 획득하고 있다.

전라도 방언에서 아주 일반적인 '이모음 역행동화'(챙피허고, 사램이, 한 챔이나, 정신채리시오, 에리단디, 벳기다가, 심쳉이, 심젱이, 뵈기도, 괴기, 욍기든, 쥑일, 취기다, 셍키것는가), '구개음화'(심, 성님, 질, 숭), '고모음화'(목심, 베실) 등이 적용된 어휘를 많이 활용하고 있다.

　　"하앗따, 머, 그런 말도 못허고 산다요? 입은 뒀다 머에다 쓸라고. 말
이사 바로 말이지, 새참이라고 어디 애들 장난맹이로 한 숟구락씩 <u>엥게
주면</u>, 그께잇거 머, 한 볼때기 깨물고 말 것도 없는디."
　　"말이 그렇다 그거이제 머. 무신 못헐 소리 했간디? 내가 서방 없는 년
이라고 <u>성님이</u> 나한티 외나 막말을 허싱만."
　　"그랬다고 또 숭을 바? 그러면 자개들은 왜 <u>숭잽힐</u> 일을 허능고?"
　　"쌀이 없어어, 돈이 없어? 옷이 없어어. 대관절 머이 아숩다고 있는 전
답 다 팔어다 <u>베실이라고</u> 하나 얻드니, <u>무신</u> 존 꼴을 보능고이? 어디 조
게 봅시다."

　　③ 정감있고 습관적인 문법 형태소를 사용하여 친근하고 사실적인 방
언을 구사한다.
　　보조사 '-처럼, -밖에'의 기능을 하는 '-맹이로, -배끼', 수사의문문에
쓰이는 '-간디', 연결어미 '-듯이'의 기능을 하는 '-디끼' 등

　　"하이고오, 신랑 좀 보소. 똑 꽃잎맹이네."
　　"씨? 씨가 머이간디? 일월성신이 한 자리 뫼야 앉어서 콩 개리고 <u>팔개
리디끼</u> 너는 양반 종자, 너는 쌍놈 종자, 소쿠리다가 갈러 <u>놓간디?</u>"
　　"아니, 지어 바치라는 것은 숫짜가 눈깔이 돌아가게 엄청나고, 먹으라
고 냉게 놓는 것은 <u>싸래기만큼배끼</u> 안된디, 그나마 아홉 말에서 서말 여
덜 되 여덜 홉으로 먹을 양설을 깍어 내리머언, 우리는 기양 앉어서 비
틀어져 죽으라는 말이구만잉."

　　④ 하나의 어휘를 다양하게 표기하여 언어의 다양성을 고려하고 있다.
　　표준어와 대응되는 방언형을 구사하는가 하면, 방언형의 경우에도 화
자에 따라서 음상의 차이를 두고 있는 게 특징적이다. '저절로/제절로/지
절로', '남기고/냉기고/넹기고', '잡우댕기고/잡어땡기고', '아무렇게나/아
무케나/암칙게나', '아고매/아이고매/하이고매/아앗따매', '아무껏도/암껏

도’, ‘이렇게는/요렇게는/그렇게는/고렇게는’, ‘저렇고롬/고렇코롬/그렇코
롬’, ‘반드롬하다/반드로옴하다’, ‘발그롬하다/발그로옴하다/볼그롬하다/
볼그로옴하다’ 등이 그런 예이다.

> 모든 일은 <u>저절로</u> 이루어질 게다.
> 그래야 시상이 그런 거잉갑다 <u>제절로</u> 배우제.”
> 그 담은 <u>지절로</u> 터지게 되야 있잉게.

> 첩의 년 머리 끄뎅이나 조께 <u>잡우댕기고</u>
> 이 냥반이 안되겠다 싶어서 문고리를 <u>잡어땡기고</u> 보닝게

⑤ 전라도 방언이 보여주는 대표적인 부사가 많이 쓰인다. 빈도가 높
은 부사를 보면 ‘참말로, 아조, 조께, 딱, 똑, 얼릉, 몬야, 그께잇, 아매,
당최’ 등이 있다.

> “시잇. <u>참말로</u> 시끄러 죽겄네에. 쥐딩이 조깨 오므리고 있드라고.”
> “허어, 장깍쟁이 같은 저것 <u>조께</u> 마셌다고 취헌당가?”

⑥ 방언이 가지는 화용적인 특징을 드러내려고 노력하고 있다.

방언의 특징을 보여주는 현상의 하나는 화용적인 기능을 하는 형태소
들이다. 혼불에서는 ‘무신, 머, 좀, 기양, 참, 인자, 시방, 그렇게, 근디’
등이 매우 높은 빈도로 나타난다.

표준어에서는 부사나 의문사, 감탄사로 쓰이는 것이지만 방언에서 쓰
임은 표준어와는 다르다. 대체로 화용적인 요소로 쓰여서 꼭 표준어의
기능과 일치하지는 않는다.

> “<u>차암</u>, 사람덜 겁없네. 어서 가마니들이나 짜드라고오. 오천 석, 만석

이 <u>무신</u> 지내가는 갱아지 이름이등게비."

"그런디마시 초리청으서 그렇코롬 청실 홍실이 엉케 부러서 갠찮으까
몰라? <u>머</u> 벨 일이사 있것능가잉? 무단헌 생각이제."

⑦ 전라도 방언의 특징적인 어휘를 잘 구사하고 있다.

'지드란헌, 지댄헌, 끄시럼, 빗감도 안히여, 씰닥쟁이, 애돌와서, 애돌
애돌허드라니, 보독씨려, 나분대들, 까깝허제, 씨서리, 귀끔맞게, 들이당
짱에, 의젓잖으면, 쇳대, 말강물, 개완허게'와 같은 어휘는 전라도 방언
에서 많이 쓰이는 방언이다.

(2) 남원의 특징적 방언 구사[8]

남원 방언에서만 보이는 부사 '그께잇, 그꼐잇'(그까짓)가 쓰이는 것으
로 보아 남원 방언이 주를 이룬다고 볼 수 있다.

> "서방 없다고 그렇게 막말 허능 거 아니여, 누가 <u>그께잇</u> 노무 몸뗑이
> 를 내노라고나 허능게비네."
> "아이고매, 쥑일 놈들, 호랭이 물어가고 자빠졌네. 깟난애기 암죽만 낄
> 일라도 <u>그께잇</u> 거 갖꼬는 어림 택도 없겄다."
> "헐 일도 잔상도 없능갑소. 무신 애들맹이로 <u>그께잇</u> 거를 갖꼬 다 트
> 집이다요?"

남원 방언에서는 '것이'를 '거이'로 발음하는 경향이 매우 높다. 실제로 발
화에서 '것이'는 약 250회가 나오는데 비하여 '거이'는 750여 회가 나온다.

---

8) 최명희는 『혼불』에서 남원 방언에 대해 다음과 같이 말하고 있다.
　"남원 말은 다른 곳과 달라 전라남북도와 경상도, 삼도 접경 지역의 여러 고을 사투리
　억양이 묘하게 섞이어 있었다."

시상이 달러진다냐 벤헐래야 벤헐 <u>거이</u> 있어야제잉 농사철 당해서
<u>그거이</u> 머언 씨 탓이라요?

(3) 접촉방언의 특징 구사

전라북도는 지리적 특성상 타도와 인접하고 있는 지역이 많다. 동쪽에
위치한 지역으로는 무주군, 장수군, 남원시가 해당되는데, 무주군은 경
북 금릉과 경남 거창군, 그리고 충남 금산과 충북 영동군에 접촉되어 있
고, 장수군은 경남 거창과 함양군에, 남원시는 경남 함양과 산청군, 그리
고 전남 곡성과 구례군과 인접하고 있다. 특히 전남 방언적인 요소가 아
주 많은 지역인 순창군과 서쪽이 인접하고 있다

따라서 남원시는 전북의 동남쪽에 위치한 지역으로 이곳 역시 전남과
경남방언적인 요소가 강한 곳이다. 이러한 특색으로 그간 음운론의 경우
운봉, 인월 등을 대상으로 한 방언 연구가 상당히 진행되어 왔다.

남원시, 부안군, 고창군, 순창군, 정읍군 일부지역은 전남과 접촉방언
권을 형성하고 있다. 그 접촉방언적인 특징을 살펴보면 다음과 같다.

① 선어말 어미 '-시-'와 대응되는 '-아 겨(게, 기)-'

전남과 접촉하는 지역에서는 '-아 겨-' 또는 '-겨-'가 많이 쓰인다. 이것
은 '-시-'와 대응되는 것인데 역사적으로는 동사 '겨-'가 조동사로 쓰이다
가 문법화하여 현대 방언에서는 '-아겨-'의 구성으로 굳어진 채로 또는
'-겨-' 단독으로 중앙어의 주체존대를 나타내는 '-시-'의 기능을 하고 있
다(이태영, 1988 참조).

노상의 오시다가 무삼 분함 <u>당흐겨소</u>? (길에 오시다가 무슨 분한 일을
당하셨습니까?) <춘향上, 36ㄴ>
어만니 엇지 <u>와겻소</u>? (어머니 어찌 오셨소?) <춘향下, 33ㄱ>

19세기 후기 소설이며 전라방언을 반영하고 있는 '완판본 열녀춘향슈절가'에서는 모두가 '-아 겨-'의 구성을 보여주고 있는데 여기서는 조동사로 쓰이는 것이 아니라 모두 존대의 '-시-'에 대응되는 것으로 쓰이고 있다.

언지 <u>와겼소</u>? 아부지 지금 <u>오겨요</u>?

이처럼 쓰이던 이 구성은 현대 방언에서 그대로 남아서 전자의 경우와 같이 역사적으로 동일한 구성을 유지하는 경우가 있는가 하면 다른 하나는 후자에서처럼 '-아 겨-'의 '-아'가 탈락된 '겨(또는 '게, 기')'가 '-시-'와 동일한 기능을 하고 있다.

"그래 봤자 오백 자 한 또래여. 거그서 거그. 초록은 동색이란 말도 못 들어 <u>뵜겼소</u>? 아이고."
"기양 서겼는디요, 바람이 창게 그랬등가 현기증이 <u>나겼등게비여요</u>."

② 종결어미 '-라우, -제, -ㅂ뎌, -갑서'의 사용

전남과 접촉지역에서는 종결어미로 '-라우, -제, -ㅂ뎌, -갑서, -당가?, -다요?, -로세' 등이 특징적으로 쓰인다.

'-라우'는 해요체의 상대존대법의 종결어미인데 평서문과 의문문에서 쓰이고 있다. 어미 '-제'는 '-지'의 방언형으로 주로 전남이나 전남과의 접촉지역에서 쓰인다. '-습디여?'는 '-습디까?'의 방언형이다. '-을랍디여?'는 수사 의문문으로 답을 요구하지 않는 의문문이다.

가서 멋을 어뜨케 <u>허끄라우</u>? 논 안 매면 땀또 안 <u>나지라우</u>. 그께잇 거 이 머언 약이 <u>되야라우</u>?
부지런히 새끼 꼬아서 짚세기라도 한 커리 더 <u>삼어야제</u>. 벤헐래야 벤 헐 거이 <u>있어야제잉</u>?

(익기가 실으면 잠도 오고 쾨가 무슈하제. 비운 바 업셔도 필지 졀등하
제. 도련임 그 말 한마듸여 말 궁기가 열이엿졔 <춘향전>)

그래, 맥 짚어 봉게로 애기 섰습디여? 이런다고 무슨일이 <u>된답디여</u>. 아
머언 일이 있을랍디여? 머 잘난 사람만 <u>사램이랍디여</u>?

내가 오짐 누는 것도 아매 <u>몰랐능갑서</u>. 긍게 인과응보란 거이 꼭 있기
는 <u>있능갑서</u>.

모올라, 우리들이야 어치케 자세헌 내막을 알 수 <u>있당가</u>? 아이고, 벨
소리를 다 허네, 그래사 <u>쓴당가</u>?

하앗따, 머, 그런 말도 못허고 <u>산다요</u>? 아앗따아, 워찌 고렇코롬 무선
<u>양반이다요</u>?

아이고, 나 좀 보소. 이 옷 쾨벗고 고쟁이바람으로 앉었는 것…… 참
말로 <u>망신이로세</u>.

(봉사 한번 우스면셔 날 찾기 으외로세. 쌍가미 탈 꿈이로세. 뉘시오
니로셰 <춘향전>)

③ 종결어미가 생략된 어근에 존대의 형태소 '-요'가 연결되는 현상

'-라우'체를 쓰는 것이 일반적인데 '해요체'일 경우 위와 같이 종결어미
가 생략된 어근에 존대의 형태소 '-요'가 연결되는 현상이 일반적이다.
이것은 전남방언과의 접촉방언적 특성으로 해석된다.

누가 뒤에서 쫓아오요? 다 안했지만 더허먼 멋 나오요?

5. 방언에 나타난 인물 '옹구네' 발화의 특징

『혼불』의 인물을 살펴보면 양반과 평민으로 양분된다. 방언을 다루는
이 글에서는 평민들의 말에 관심을 갖게 되고, 또 방언을 구사하는 인물
들의 성격을 구명해 볼 필요가 있다.

대체로 '춘복이'는, 중요한 등장인물인 강실이와의 관계를 볼 때, 매우 중요한 인물로 볼 수 있는데, 사실상 춘복이가 구사하는 말을 살펴보면 등장인물의 성격이 뚜렷이 드러나지 않는다.

이 점은 '옹구네'하고는 상당히 다르다. 오히려 옹구네의 방언 구사가 훨씬 등장인물의 성격을 드러내고 있는 걸 알 수 있다. 옹구네는 이 소설에서 여러 계층의 사람들과 접촉하는 아주 특이한 인물로 설정되어 있다. 평민들을 대변하는 대변자요, 양반들과 외부인들과 접촉하면서 이야기를 전개해가는 중개자의 역할도 하고 있다. 『혼불』이 양반을 중심으로 서술된 것 같은데, 한편으로는 '옹구네, 춘복이, 평순네' 등을 부각시키는 점이 특징적이다.

필자가 옹구네의 방언에 관심을 갖는 것도 바로 이런 점 때문이다. 본고에서는 옹구네의 발화를 중심으로 옹구네의 성격을 찾아보고자 한다.9)

옹구네의 성격을 구명하기 위해서는 작품의 전체적인 분석 안에서 옹구네의 성격 파악, 작가가 옹구네의 성격을 묘사한 내용을 통한 성격 파악, 옹구네의 발화를 통한 성격 파악 등을 할 수 있다. 여기서는 주로 발화에 나타난 성격을 파악하면서 작가가 묘사한 내용을 참고하고자 한다.

---

9) 중요 등장인물의 권별 빈도를 내면 다음과 같다. 이 빈도는 권수에 쓰인 어휘를 가지고 빈도를 낸 것이기 때문에 발화 빈도와는 약간 차이를 보인다.

	1권	2권	3권	4권	5권	6권	7권	8권	9권	10권	합계
청암부인	146	172	140	30	42	37	35	8	3	15	628
강모	387	307	128	78	116	34	22	31	10	247	1,360
강실	78	160	33	60	102	269	167	46	129	33	1,077
효원	159	70	43	8	14	169	123	3	64	9	662
오류골댁	9	84	10	11	31	99	84	14	117	18	477
춘복이	15	36	34	116	46	138	112	82	34	4	617
옹구네	29	72	33	112	17	122	130	89	126	23	753
평순네	14	56	32	29	7	2	7	3	1	0	151
공배	21	39	26	72	17	8	77	114	24	17	415
부서방					37					193	230

1) 옹구네 발화의 특징

『혼불』에 나타난 대화의 전체 횟수가 약 3,500회인데 여기서 옹구네의 발화가 약 530여 차례가 된다. 이는 하나의 등장인물이 차지하는 비중이 매우 크게 자리하고 있어서 작가가 옹구네를 통하여 여러 가지 내용을 전하려고 한 것 같다. 옹구네의 발화의 특징은 다른 화자에 비하여 매우 긴 것이 특징이다. 따라서 방언적인 요소가 다른 화자에 비하여 많다.

옹구네라는 인물은 여러 장면에 나타나서 많은 등장인물들과 대화를 나누는 존재로 설정되었다. 작가는 옹구네를 소설을 이끌어가는 핵심 등장인물로 설정하여 평민을 대표하는 해설자의 역할을 맡긴 것으로 보인다.

(1) 자기 중심적이며 치열한 생명력을 가진 인물

① 1인칭 대명사 '내, 내가, 나, 나는, 나도'가 420여 회가 쓰이고 있다.

1인칭 대명사는 빈도상으로 옹구네의 발화 중 가장 많이 쓰인 것이다. 모든 일을 자기의 입장에 빗대어 가정적으로 이야기하는 대화가 많다(나 같으면). 특히 주어로 쓰이는 '내가'가 옹구네의 발화에서 가장 높은 빈도를 보이고 있는데 이것은 옹구네가 주체가 되고자 하는 욕구를 표현한다고 할 수 있다.

> "<u>내가</u> 무신 말 허먼 꼭 그렇게 심지를 박는디 말이여. 머 누구만 얌전허고, 누구는 죄로 갈라고 작정을 했간디? <u>내가</u>, 없는 말 잣어내든 안했응게. 하이고오, 이노무 몸지. 목구녕이 다 쌔애허네 기양. 저만치 궁뎅이를 돌리고 있어서 좀 허그라아."

② 삶에 대한 강한 의욕을 표현하는 '살다' 어휘가 많이 사용되고 있다.

"내가 왜 죽겄냐. 나느은 <u>살란다아</u>. 나는 <u>살라안다아</u>."
"나도 암만 상년이지만 <u>살고</u> 잪지 죽고 잪든 안헝게 그러제."

③ '쥑이다'의 어휘를 사용하면서 전의(戰意)를 불태우는 장면이 많이 나온다. 강한 삶에 대한 애착을 보이는 것으로 해석된다.

"<u>쥑일</u> 테여, <u>쥑이고</u> 말 테여어."

④ '알다'의 빈도 높은 어휘 사용을 통하여 자기의 처지를 수시로 확인하거나, 사건이나 비밀을 간직하고 있는 인물 유형임을 나타내고 있다.

"오냐. <u>알었다</u>. 니 속이 그런 지 내 인자 다 <u>알었다</u>."
"내가 다 <u>안다</u>. 내가 다 <u>알어</u>."

⑤ 작가는 옹구네를 성깔이 있고, 참지 못하며 나서기를 좋아하며, 겁이 없는 인물로 묘사하고 있다.

그네는 한 번 하고 싶었던 말을 결코 참는 법이 없었다.
그네는 나서기를 무척 좋아하는 아낙이다.
입심이 찰지고, 매사에 성깔이 갈고리 같은 옹구네가 끼었다면
겁없는 옹구네의 말도 무서웠다.
옹구네는 결코 기회를 놓치지 않는 아낙이었다.

(2) 현실을 부정하고 절망하는 인물

① 옹구네의 발화에는 '안, 못, 없다, 아니' 등이 많이 쓰이고 있다. 자기 신세에 대한 부정적인 발화가 많은 걸로 보면 옹구네라는 인물이 매우 부정적인 인물임을 알 수 있다.

안 : 000143 (0.92163%) [98.85924%]
안허고 : 000011 (0.07089%) [72.90539%]
아니여 : 000010 (0.06445%) [71.79041%]
못 : 000093 (0.59938%) [96.40371%]
못헐 : 000017 (0.10956%) [78.61562%]
못허고 : 000013 (0.08378%) [75.23202%]
없는 : 000035 (0.22557%) [86.91029%]
없고 : 000013 (0.08378%) [75.48337%]

신랑이 왜 사모관대는 <u>안했시까아</u>
<u>안</u> 오면 어쩔 거이여
머 나 같은 년은 마느래도 아니고 첩실도 <u>아닝게</u> 암칙게나
말이 그렇다 그거이제 머 무신 <u>못헐</u> 소리 했간디 내가
나도 인자 이런 시상 신물나서 <u>못</u> 살겄다
천지간에 귀헌 양반이 상놈만도 <u>못헌</u> 지서리를 헌 거이
내가 서방 <u>없는</u> 년이라고 성님이 나한티 외나
노무 인생잉게 추접시럴 것도 <u>없고</u> 머 넘부끄럴 것도

② 어휘 '죽다'가 100여 회가 쓰이고 있다. 절박한 삶의 현실을 이야기하는 과정에서 죽는 이야기를 많이 하고 있다.

"나는 천지에 혼자요. 나 <u>죽는대도</u> 울어 줄 놈, 씨도 없소이."

③ '인생'이란 어휘가 많이 쓰이는데 앞에서 수식하는 말들이 한결 같이 현실을 무시하거나 비난하는 내용들이다.

'내놓고 사는 노무 인생잉게', '천헌 인생', '상놈의 것들 인생인디', '이런 노무 인생', '이노무 인생', '더러운 년의 인생', '상전 오쟁이를 지고 사는 인생속', '걸릴 것 없는 노무 인생잉게', '매안이 덕 보고 사는 인생들

인디' 등이다.

> "내가 홀에미라고 깜보능게빈디이. 이리 뜯어먹고, 저리 발러먹고, 공
> 것잉게 맘대로 맛보시겨. 그러다가 개 뼉다구멩이로 고샅으다 동댕이쳐
> 도 됭게에. 누가 머래야? 본래 그렇게 <u>천헌 인생인디</u>."

④ '썩다'라는 어휘가 많이 나타나는데 이 말에는 현실에 대한 강한 부
정, 삶에 대한 절망이 배어있다.

'쓸개끄정 썩은 년은', '양반도 죽으면 썩겄제잉', '소리도 없이 곯고 썩
으면', '썩는지 곯는지 암도 몰르게', '뿌랭이 썩는지 모르고', '썩고 삭고
문드러지고', '썩어 문드러져', '썩을 놈의 세상', '썩을놈', '창시가 푹푹 다
썩어서 문드러질' 등이다.

> "나 갈라네. 그런디 한 마디는 허고 가야겄어. 여자가 마음에 한을 품
> 으면 오뉴월에도 서리가 내린다고 안허등게비? 내가 암만 막 사는 년이
> 라고는 허드라도. 쓸개끄정 <u>썩은</u> 년은 아닝게, 내 오장육부에다 바늘 꽂
> 든 말드라고. 무신 일을 헐 때 허드라도, 나를 살살 달개감서 히여. 나 설
> 움게 말고오."

⑤ '일'이란 단어는 명사로서 쓰이거나, '일이다'처럼 서술격조사가 붙
어 사용되는 구문에서 많이 쓰인다. 옹구네의 발화에서는 주로 부정적인
일이 많이 언급되고 있다.

'넘 못헐 일', '누구 존 일', '숭잽힐 일', '강실이 일', '나 잡을 일', '안될
일', '처녀를 날도적질해 오는 일', '소문이 나야 되는 일', '엉겁결에 헌
일', '언감생심 못헐 일', '요상헌 일', '무선 일', '사람 애간장 말릴 일', '대
가리 맞대고 궁리헌 일', '베락을 맞어 사지가 찢어질 일', '몸에 엎친 데
덮친 일', '자식 때미 속상헐 일', '성님이 모르는 일', '오장 갈갈이 찢어지

는 일’, ‘마느래도 허기 쉽잖은 일’, ‘죽는 일’, ‘사참헌 일’ 등이다.

　　“에이, 빌어먹을 놈. 꼭 사람 애간장 말릴 <u>일만</u> 골라감서 허제. 아 왜
　　그렁고오. 시여언허게 좀 못해 주고.”

⑥ ‘그렁게’라는 부사가 40여 회가 쓰이고 있다. 이 말은 표준어 ‘그러
니까’의 방언형이다. 표준어의 경우는 접속부사로서 쓰이는데, ‘앞의 내
용이 뒤의 내용의 이유나 근거가 될 때 쓰는 부사’이다. 방언에서는 대체
로 감탄사 ‘아, 아이, 아이고, 하이고’와 함께 쓰이는 경우가 많고, 이 접
속부사 뒤에 나오는 말들은 대개 부정적인 말이다.

　　<u>그렁게</u> 누가 내놓고 말허간디 속으다 담어 놓고 있을랑게
　　<u>그렁게</u>로 미우나 고우나 한 자리를 파야는 거인디
　　아 <u>그렁게</u> 입도선매 해 부린 쇠여울네는 환장 복통헐 노릇 아닝갑서
　　<u>그렁게</u> 사람은 **뻭**다구를 잘 타고나야 히여
　　<u>그렁게</u> 눈 개리고 아웅이여
　　<u>아이</u> <u>그렁게</u> 참말로 그 작은아씨를 어쩌기는 어쨌당가

⑦ 작가는 옹구네를 ‘한숨’을 쉬고, 타령을 하는 인물로 묘사하고 있다.

　　그것은 항상 옹구네가 내뱉는 <u>한숨</u>에 섞여 터져 나오는 넋두리였다.
　　옹구네의 음성에는 <u>타령조</u>가 섞여 있다.
　　옹구네는 <u>막막한 심정으로</u> 들녘을 바라본다.
　　음복주에 흥건하게 취해서 허벅지 장단을 두드리며 <u>타령조로</u> 사설을
　　하다가

(3) 불확실한 사고를 하는 인물

① 정해지지 않은 불확실한 방법이나 이유를 나타내는 부사 ‘어찌’와

관련된 어휘의 빈도수가 높게 나타난다.

> "대실아씨가 그 일을 아실랑가 어쩔랑가 모르겠네요?"
> "들을라면 들으라제, 사실이 그렁 것을 어쩔 거이여?"

② '모르다/몰르다'는 빈도수가 높은 어휘로 '사람이나 사물, 사실을 알 거나 이해하지 못하다'는 뜻과 '불확실한 사실에 대한 짐작이나 의문의 뜻을 나타내는' 의미가 있다.

> "그나저나, 새서방님 말이여, 그러다가 대실 새아씨도 인월마님짝 나 능 거 아닝가 모르겠어."
> "외나 그런 춘복이를 애기씨가 파고들어 붙들음서 그렇게에 서럽게 서럽게 우시드라요. 왜 그랬능가는 모리겄지마는. 그렇게 춘복이 맘이 어쩠겄소."

③ 옹구네의 발화에서는 의문부호가 붙은 의문문이 약 640회가 나온 다. 의문부호가 없는 의문문까지 합하면 훨씬 많은 의문문이 쓰이고 있 다. 물론 이 의문문에는 수사의문문이 많이 포함되어 있다. 의문문이 많 이 쓰인다는 사실을 통하여 옹구네가 궁금한 사항, 의심이 많은 사람이 고, 또 그것을 알기 위하여 찾아 다니는 인물이라는 것을 알 수 있다. 옹 구네의 발화에서는 의문사 '머, 머(이), 무신, 왜, 누가, 어디'가 많이 사 용되고 있다.

> "안 오면 어쩔 거이여? 아까 총노장수 불러대는 소리 못 들었능가?"

④ 작가는 옹구네를 믿기 어려운 '뱀, 여우'로 묘사하고 있다.

옹구네는 배암같이 서리 튼 속마음을 꼬깃꼬깃 똬리로 쟁여 넣으며, 긴 혓바닥 날름이어 휘감듯이 춘복이한테 차악 감겨든다.

"옹구네 저년이 허는 말은 절대로 안 믿능구만요. 셋바닥이 비얌 같은 예펜네라 한 입에서 몇 가닥 말이 나오능가 알 수가 없는 년잉게요." (공배네 말)

(4) 이기적인 인물

① 옹구네 발화에는 수사의문문의 일종인 '設疑法(反問)'이 많이 쓰이고 있다. '설의법'은 자기의 다른 생각을 은근히 표현하거나, 또는 이미 자기가 내린 결론에 동조를 구하는 방법으로 사용되고 있다. 이러한 수사의문문은 청자에게 답을 요구하지 않고 자기가 결론을 내리는 방식의 의문문이기 때문에 화자가 청자를 무시하면서 '자기 식대로 사는 인물'임을 표현하는 것이다.

　부잣집이서 무신 마늘이 귀헐 <u>거잉가</u>? 썩어나는 거이 마늘이제잉.
　누구는 머 그러고 싶어서 <u>그러능가</u>?
　운수 소관이야 일월성신이나 아시제 누가 알 <u>거잉가</u>.
　내가 머 없는 말을 잦어냈능가, 안헌 일을 했다고 <u>허능가아</u>

② '-간디'는 중세국어의 연결어미인 '-관디'에서 온 구성으로 방언에서는 종결어미처럼 쓰이고 있다. 그러나 이 구성은 사실은 후행문이 생략된 것으로, 후행문이 생략되어 '-간디'가 종결어미처럼 쓰일 때는 '수사의문문'으로 쓰이고 있다.

이 수사의문문은 이미 답을 알고 묻는 의문문으로 이 구성이 쓰이는 문장의 특징은 화자가 이미 답을 알고 말하는 문장이기 때문에 이 작품에서는 주로 '따지거나 비아냥거리는' 문장에서만 쓰이고 있다.

> 우리덜이사 머 이름만 넘으 <u>꺼이간디</u>
> 몸뗑이도 내놔라 허면 그것이 내 <u>몸뗑이간디</u>
> 머 무신 못헐 소리 <u>했간디</u>
> 내가 머 그른 말 <u>했간디</u>
> 꼭 멱을 따야 잡는 <u>거이간디</u>
> 내가 왜 <u>넘이간디</u> 이우제만 살어도 사촌이라고들 허는디 우리맹이로
> 아닝개 아니라 님만 <u>넘이간디요</u> 정들면 다 님이제

③ '무신'은 관형사로서 '반의적인 뜻을 강조하는 말'로 쓰이고 있다.
따라서 대체로 뒷 문장이 주로 수사의문문이 온다.

> 부잣집이서 <u>무신</u> 마늘이 귀헐 거잉가 썩어나는 거이
> 머 <u>무신</u> 못헐 소리 했간디
> 나는 집안에 <u>무신</u> 망신살이여
> 아이고매 정나미야 갔을라고요는 <u>무신</u> 쎄빠질 노무 갔을라고요오

(5) 추측을 잘 하는 인물

① 옹구네의 발화에서 추측을 나타내는 구문이 약 70회 정도로 많이
쓰이고 있다. '-ㄴ가 보다'라는 구성은 우리 국어에서 추측을 나타내는
구성이다. 이 구성은 전북 방언에서는 '-ㄴ게비다, -ㄴ갑만, -ㄴ갑도만'
등으로 쓰이고 있다. 이 구성이 옹구네의 말에서 많이 나타나는 점이 특
징이다. 따라서 옹구네 성격은 확인되지 않은 사실에 대하여 주관적인
추측을 자주 하는 사람으로 묘사되고 있다.

> 율촌샌님도 벨라 심기가 안 <u>좋으싱갑대</u>
> 인자 이 집안도 다 <u>망허능갑다</u> 옛날 같어 봐라 죽으라면 죽어야제
> 그래서 독헌 맘 먹고 입도선매를 <u>했등갑서</u>
> 아니라고 않능 것 봉게로 <u>깅갑만</u>

> 말 못허고 죽은 구신이 <u>씌였능갑소</u>
> 바깥 사둔 <u>양반잉게비여</u> 하앗따아 풍신 좋네에
> 하앗따 기차 하나 사 <u>부렀능게비다</u>
> 꼬막같이 살림끄장 챙겠을 거 <u>아닝게비</u>
> 자개보고 길라잽이 등불 잡어 도라고 <u>허능게비</u> 걱정도 마시겨
> 오뉴월에도 서리가 내린다고 안 <u>그러능게비</u>

(6) 비아냥거리는 인물

① 어휘 '양반'이 약 60여 회가 나오는데 대부분 비하하는 내용이다. 양반에 대한 부정적인 시각을 갖고 있는 옹구네의 성격의 일면을 보여준다. 자기의 신분에 대한 용어로 '상년, 상놈'을 많이 쓰고 있다.

> "대실 새서방님이시다, 왜? 왜 놀래? 하늘 아래 천지간에 귀헌 <u>양반이</u>, 상놈만도 못헌 지서리를 헌 거이 놀라운가? 왜 그렇게 놀래냐고오. 하앗 따아, 눈구녁에 불 씨겄네."
> "나 같은 <u>상년의</u> 팔짜에 과부된 것만도 원통헌디, 거그다가 소복 단장 허고 그림자맹이로 앉어서 지낼 수도 없는 것을, 무신 수로 뽄 냄서 산 당가아?"

② 비아냥거리는 뜻을 가진 감탄사가 많이 쓰이고 있다. '아이(고)'형 (아이구우, 아이고매, 이이고오, 아이고, 아이), '하이고'형(하이고매, 하이고, 하이고오)이 많이 쓰이고, '참', '그리여' 등이 쓰인다. 감탄사는 대체로 긍정적인 문장이 수반되는 데 비하여 옹구네 발화에서는 부정적인 문장이 수반된다.

> 그거이 무신 양반이냐 <u>아이고</u> 꼴 사납다
> <u>아이고매</u> 호랭이 물어가겄네 오살 노무
> <u>아이고오</u> 이 웬수엣녀르 귓구녁은 무신

<u>아이</u> 사람 간단디 내다보도 안헌당가
<u>하이고매</u> 말도 마라 몸썰난다
<u>하이고</u> 정나미야 도치로 장작을 패도
<u>하이고오</u> 오사네

③ 비속어를 적절히 사용하면서 상대를 무시하거나 비아냥거리는 태도를 가지고 있다.

낮바닥, 낮빤대기, 낯짝, 년, 놈, 대가리, 대그빡, 몸뗑이, **뼈다구**, **뼉다구**, 싸가지, 싸다구, 아가리, 오살놈, 웬수, 자빠지다, 지랄허다

④ 작가는 옹구네를 비아냥거리는 인물로 묘사하고 있다.

"에라이, 잡녀르 세상, 어뜬 년은 잘 먹고 잘 사능 거이여, 시방. 다 뚜드러 깨부러 기양. 나도 머 서 발 장대 휘둘러도 걸릴 것 없는 노무 인생잉게 어디 막보기로 해 보까아아?"
목소리를 돋구어 <u>비아냥거리는</u> 옹구네는 눈에 보이는 것이 없다.
도톰한 눈두덩 꽁지에 <u>빈정거림이</u> 묻어난다.
옹구네가 까스르며 <u>비양거리자</u>
입술을 <u>비죽이는</u> 옹구네한테 평순네는 혼자말처럼 덧붙인다.

(7) 입담 좋은 인물

① 옹구네는 간접 인용문을 많이 사용한다. 이 인용문에서는 일상적인 일에 대한 간접적인 이야기를 하기도 하지만, 예문에서처럼 속담이나 상용구를 많이 인용하고 있다. 옹구네가 속담을 많이 인용하는 것으로 보아 입담이 꽤 좋은 인물이며 '나서기를 무척 좋아하는 아낙'으로 설정하고 있음을 알 수 있다.

사램이 몇 펭상을 산다고
어디 가서 먼 짓을 못헌다고
나는 지발도 먼저 죽은 서방 따러 죽었다고
정도 줄러먼 한 간디다 주랬다고
주인 많은 나그네 밥 굶는다고
여자가 마음에 한을 품으면 오뉴월에도 서리가 내린다고 안허등게비
무신 웬수를 졌다고
여자가 가심에 한을 품으면 오뉴월에도 서리가 내린다고 안 그러등게비
발 없는 말이 천 리를 간다고
등잔 밑이 어둡다고
낮말은 새가 듣고 밤말은 쥐가 듣는다고
사흘 굶어 넘으 집 담장 안 넘는 장사 없다고
숟가락허고 젓구락이 한 밥상 한 자리에 나란히 뇌인다고
베룩이도 낯짝이 있다고
생떼 같은 자식끄장 둔 년이 넘의 숫총각 따먹으러 밤마실 댕긴다고
하룻강아지 범 무서운 지 모른다고

사람마동 팔짜 도망은 못헌다는디
안 듣는 디서는 나랏님 숭도 본다는디
개똥밭에 굴러도 이승이 좋다는디
안 듣는 디서는 상감님 욕도 헌다는디
찬물에도 우아래가 있다는디
지내가는 홰냥년을 데꼬 자도 하룻밤에 만리장성을 쌓는다는디
백지장도 맞들면 낫다는디
고슴도치도 지 새끼는 이쁘다는디
늙으면 잠도 없다는디
하룻밤을 자도 만리장성을 쌓으랬다는디
참새도 죽을 때는 짹 허고 죽는다는디
낮말은 새가 듣고 밤말은 쥐가 듣는다는디

② 작가는 옹구네를 '입심좋은' 인물로 묘사하고 있다.

옹구네와 말이 붙어 보아야 득이 될 것은 하나도 없다.
말을 맞받는 것은 옹구네다.
턱을 쳐들고 있던 옹구네는 댓바람에 맞받아서
옹구네는 더욱더 약이 올라 말끝이 착착 감기게 찰져진다.
그렇게도 옹골지게, 저주에 가까울 정도의 모진 예언을 옹구네는 퍼부어댔었다.
매안의 이씨 문중과 원뜸의 고래등 같은 기와집을 향하여 이빨 박는 소리를 곧잘 내뱉었다.

옹구네는 거멍굴에 사는 상민이다. 소설에서 보면 춘복이의 내연녀이고, 효원이와 맞서는 상민의 대표격인 인물이다. 춘복이와 강실이를 이용하여 자기의 욕심을 실현시키려는 야심을 갖고 있는 여인이다. 옹구네는 입심 좋은 인물로 소설에 나오는 여러 인물을 상대하면서 소설을 끝까지 이끌어가는 중요한 인물이다.

옹구네의 방언으로 성격을 진단해보면, 한편으로는 야심이 있고 도전적이며 어느 누구에게도 말로는 지지 않는 지략가이다. 다른 한편으로는 현실을 부정하면서 비아냥거리는 인물이며 '나서기를 무척 좋아하는 아낙'으로 묘사되어 있다.

필자가 판단컨대, 작가는 옹구네와 춘복이를 통하여 상민들의 삶과 양반들의 삶을 대비시키면서 민초들의 삶을 새로운 시각에서 부각하려고 한 것이 아닌가 생각한다. 옹구네는 1권에서부터 10권까지 빠지지 않고 등장하면서 상민들의 애환과 주장을 끊임없이 해대는 반역자로서의 역할을 수행하고 있는 것이다.

6. 결론

『혼불』의 방언은 한 마디로 매우 정교하다. 특히 평민들의 대화는 매우 섬세한 방언으로 이루어져 있다. 감정 처리가 돋보인다. 우리 귀에 익숙한 전라도 특유의 사투리들, 즉 방언의 다양한 어휘의 제시, 수많은 문법 형태소의 사실감, 문장에서 느낄 수 있는 화용적 기능어의 사용, 속담 및 상용구의 제시, 가락과 장단을 느낄 수 있는 음의 표현 등이 마치 눈앞에서 되살아나는 사실감을 주고 있다. 전남 방언과 접촉지역에서 볼 수 있는 각종 어휘와 형태소들이 정확하게 구사되고 있다. 남원 방언이 비교적 자연스럽게 구사되고 있다.

작가의 방언 구사는 단순히 해당 지역의 방언을 조사하여 그대로 쓴 것이 아니라, 작중 인물의 성격을 고려하여 그 성격에 맞게 조정하면서 정제한 방언을 구사하고 있다. 따라서 지문에서 어휘를 하나하나 따지면서 고른 것처럼 방언에서도 매우 사실적인 방언을 공부하여 골라 쓰고 있음을 엿볼 수 있다. 작가로서 매우 당연한 태도라고 말할 수 있다.

모국어라는 관점에서 표준어와 방언을 구분하지 않고 자유스럽게 구사하면서 많은 신조어와 다양한 새로운 방언형을 구사한 작가의 태도는 높이 평가할 수 있다.

작가는 양반과 상민을 나누고 양반의 언어에는 방언이 거의 없고, 상민의 언어는 모두 방언으로 처리하여 반상의 차이를 언어로 나누려 했다. 그러나 양반의 언어라 하더라도 방언을 배제하기는 어렵다. 따라서 이러한 점이 다소 문제가 된다 하겠다.

참고문헌

고영근(2001), 「혼불과 텍스트성 판정의 문제」, 제2회 혼불 문학제 학술발표회 발표초록.

서정섭(2001), 「『혼불』의 언어 현상과 특성」, 『혼불의 문학세계』, 전라문화연구소.

원도연(2003), 「『혼불』의 근대성과 민중성의 사회사적 이해」, 『혼불과 전통문화』, 혼불기념사업회.

이태영(1997), 「채만식 소설 『천하태평춘』에 나타난 방언의 특징」, 『채만식 문학연구』, 한국문화사.

이태영(2000), 「『혼불』과 최명희의 모국어 사랑」, 『전북문단』 29호, 전북문인협회.

이태영(2002), 「『혼불』에 나타난 방언과 언어」, 순수문학 2002 하계 세미나 발표 초록.

전경목(2003), 「『혼불』을 통해서 본 전통기의 종족제도와 신분제도」, 『혼불과 전통문화』, 혼불기념사업회.

최명희(1996a), 『혼불』 1~10권, 한길사.

최명희(1996b), 「『혼불』은 나의 온 존재를 요구했습니다」, 『리브로』 27호, 한길사.

최명희(1998), 「『혼불』과 국어사전」, 『새국어생활』 8권4호, 국립국어연구원.

제9장 │ 윤흥길의 『빛 가운데로 걸어가면』에 나타난 언어·문체의 변화와 그 효용성

1. 서론

「장마」, 「아홉 켤레의 구두로 남은 사내」, 「완장」 등으로 잘 알려진 소설가 윤흥길은 전라북도 정읍시 시기리에서 태어나 익산에서 성장하였다. 초기와 중기 소설에서는 표준어로 된 지문 중심의 소설을 써오다가 후기에 이르러 방언을 포함한 일상어를 중심으로 소설을 쓰기에 이른다. 「황혼의 집」, 「제식훈련 변천 약사」, 「빙청과 심홍」, 「날개 또는 수갑」, 「직선과 곡선」, 「무제」, 「비늘」, 「꿈꾸는 자의 나성」 등은 지문과 대화문이 표준어만으로 이루어지고 있다. 「장마」, 「양」, 「아홉 켤레의 구두로 남은 사내」, 「무지개는 언제 뜨는가」 등은 지문은 표준어로, 대화문은 방언을 사용하고 있다. 초기 소설에서는 지문의 양이 많고 대화문의 양이 적은 게 특징이다. 그러나 후기 소설인 『빛 가운데로 걸어가면』에서는 지문은 표준어와 일상어로, 대화문은 방언으로 이루어져 있고 대화문의 양이 크게 증가한다. 『소라단 가는 길』에서는 지문은 일상어로, 대화문은 방언으로 이루어지는 파격적인 언어 사용의 변모를 보인다.

이 연구에서 다루는 소설 『빛 가운데로 걸어가면』은 1993년에 발표되어 97년에 현대문학에서 소설집으로 나온 작품이다. 여기서 대화체는 완전한 방언으로, 지문은 일상어와 방언이 많이 포함되어 쓰이게 되는데, 이 소설에서부터 윤흥길 소설은 표준어 중심이 아닌 일상어 중심의 언어적 특징을 갖게 되었다. 2004년에 발표한 『소라단 가는 길』에 이르러서는 지문과 대화문을 통틀어 일상어로 소설을 쓰고 있다.

『빛 가운데로 걸어가면』은 저자의 대표작 가운데 하나인 「완장」의 두 주인공, 임종술과 김부월을 다시 내세워 세기말의 우리 사회의 세태를 묘사한 다소 해학적인 소설이다. 사이비 종교의 종말론이 소설의 주된 내용이지만, 두 주인공의 대화를 중심으로 종교, 학벌, 재물과 같은 사회 문제를 다루면서 해학적으로 풍자하고 있다.[1] 이 소설은 1권이 309쪽, 2권이 342쪽으로 되어 있다. 연구를 위해 입력한 전자 자료로는 약 11만 어절이다. 이 가운데 지문은 약 7만 1천 어절이고, 대화문은 약 3만 9천 어절이다.

이 글에서는 윤흥길의 『빛 가운데로 걸어가면』에 나타난 언어와 문체의 특징 중 주로 지문과 대화문에 나타난 방언과 일상어를 살펴서 윤흥길의 언어적 변모가 왜 일어나게 되었는지와 그 효용성은 무엇인지를 살펴보고자 한다.

---

1) 작가는 '작가의 말'에서 '주인공들은 제법 몸집이 크고 힘이 좋은 편이지만 머리가 상당히 모자라는 편이다. 제 아무리 똑똑한 척 해봤자 번번이 손해만 본다. 그들이 벌이는 엉뚱한 행각이 각박해진 오늘날의 세태와 부딪쳐 불화를 낳음으로써 해학적 효과를 기대했다.'고 말한다.

2. 지문의 언어와 문체적 특징

작가는 자신만의 문체를 가진다. 표준어로만 글을 쓰는 작가가 있고, 일상어와 방언을 많이 쓰는 작가가 있다. 전라방언의 경우, 채만식처럼 당시의 시대상황이 표준어와 방언의 구별이 애매하였기 때문에 독자들의 불만에도 불구하고 일상적인 어법으로 소설을 쓴 작가가 있고, 조정래처럼 어휘를 단순화시켜서 이야기 중심으로 이끌어가는 작가가 있으며, 최명희처럼 언어의 기능을 의식하여 의도적으로 어휘를 다양하게 구사하면서 이야기를 이끌어가는 작가가 있다. 충청 방언의 경우, 이문구는 언어를 의도적으로 등장인물의 특성에 맞게 개조하여 쓰는 경우도 있다.

작가는 자신만의 문체를 통하여 등장인물의 성격을 창조해내고 소설의 분위기를 만들어간다. 지문의 경우, 표준어로 쓰는 것이 일반적이지만 방언과 일상어를 자유스럽게 사용하는 경우가 늘고 있다. 지문에서 작가가 등장인물을 3인칭으로 보고 해설하는 경우가 있는가 하면, 서술자가 등장인물의 시점에서 등장인물의 말투로 해설하는 경우도 있다. 따라서 지문에 나타나는 언어적 특징을 통하여 작가가 의도하는 언어의 효용성을 생각할 필요가 있을 것이다.

1) 일상성을 지향하는 태도

이 작품에서는 표준어라 하더라도 고유어를 자주 사용하면서 전통적 정서를 수용하려는 태도를 보이고 있다. 이러한 노력은 지문이 주는 고루함을 벗어나 일상성에 가깝게 접근하려는 태도로 해석할 수 있을 것이다.[2] 다음과 같은 고유어는 윤흥길보다 이전 세대의 작가에게서 볼 수 있는 고유어들이다. 그러므로 윤흥길은 의도적으로 한자어보다는 고유어 어휘를 많이 쓰는 작가로 분류할 수 있다.[3] 이 작품에서 나타나는 고유어는 다음과 같다. 모두 표준어로 등재되어 있다.

> 느적느적하다, 배돌다, 이악스럽다, 잡살뱅이, 물녘(물가), 더껑이, 바특하다, 엇서다, 치신사납다, 퉁바리, 때꾼하다, 바장이다, 능치다, 홧홧하다, 뒤발하다, 민틋하다, 불뚝성, 들그서내다, 안반짝, 앰하다(애매하다), 허구리, 되알지다, 끌탕, 깔축없다, 음충맞다, 엉너리, 미리감치, 바루다, 밑두리콧두리, 종주먹, 퉁노구, 거니, 너나들이하다, 포실하다, 지다위, 감때사납다, 앙감질, 재우치다, 시건드러지다, 매갈잇간, 버성기다, 몬존하다, 노라리, 검질기다, 윽물다, 덧게비

'미리감치, 부지거처'는 윤흥길의 작품에서 용례를 따오면서『표준국어대사전』에 올린 것이다. '미리감치'의 경우, 주로 '일찌감치'가 일반적인데 윤흥길은 이를 변용하여 '미리'라는 부사로 바꾸어 쓴 것이다.

윤흥길은 의성어와 의태어의 경우 소위 첩어를 많이 사용하면서 장면의 구체성을 묘사하고 있다. 대부분의 작가들도 상황을 정밀하고 현장감 있게 묘사하기 위하여 첩어를 많이 사용한다. 이 소설의 지문에서도 표준어, 방언, 개인어를 가리지 않고 장면의 묘사에 어울리면 다양한 첩어를 사용하고 있다.

- 느럭느럭(표준어), 아등바등(표준어), 펀둥펀둥(표준어), 꼬작꼬작, 씨억씨억(표준어), 뚜릿뚜릿, 얼싸절싸(표준어), 더금더금(표준어), 이왈저왈, 지범지범(표준어)

---

2)『표준국어대사전』에 윤흥길의 작품에서 추출된 용례가 약 1,000번 정도 제시되어 있는데 이는 윤흥길 소설의 문학성뿐만 아니라 문장력, 어휘력을 높이 평가한 까닭이다.
3) 윤흥길은 고유어를 많이 쓰는 작가로 분류되며, 따라서 홍명희, 채만식, 최명희 등의 계열에 서 있다고 말할 수 있다.

돈 안 들고, 주변 사람들한테 신세 안 지고, 그러면서도 이 세상에서 <u>아등바등</u> 더럽게 몸부림치며 살았다는 욕된 흔적을 깨끗이 지우기 위해서는 역시 그 방법이 가장 좋겠다는 단순한 생각 때문이었다. <윤흥길, 빛 가운데로 걸어가면, 1997, 1, 32>

속담과 관용구는 대부분의 작가들이 대화체에서 많이 사용하는데 윤흥길의 소설에서는 지문에서 오히려 더 많이 사용하고 있다. 속담과 관용구를 지문에서 많이 사용하는 이유는 등장인물이 하는 대화문과 같은 효과를 얻어 지문에서도 일상성을 얻기 위한 방책인 것이다. 대화문에 사용된 속담과 관용구를 비교해보면 약간의 표준어와 방언 사용의 차이를 제외하고는 크게 다르지 않다.

꼬치에서 곶감 빼먹듯, 조리전에서 체곗돈을 내서라도, 죽기 아니면 까무러치기로, 호강에 미역을 감기기로, 늦게 배운 도둑이 날새는 줄 모르더라고, 아닌밤중에 홍두깨 격으로, 호강에 잣죽 쑤는 소리로, 상추밭에 똥싼 강아지 잡도리하듯, 상추밭에 똥싼 개 꼴로, 풀방구리 쥐 드나들듯, 넘을수록 태산이요 건널수록 장강이었다, 식은죽 가장자리 둘러먹기, 늙은 이빨로 도토리묵 다루기, 떡 쪄놓고 시루 엎은 꼬락서니, 똥뀐 년이 바람독에 가서 서는 식으로, 박복한 년은 보쌈을 당해도 으레 용천뱅이한테 당하게 마련이었다., 팔자 도망은 독 안에 들어도 못 한다더니만, 삼베바지에 방귀 새듯, 죽는 년이 밑구멍 감출 여가가 어디 있겠는가, 동헌에서 곤장 맞고 집구석에 돌아와 계집 패듯, 개구리 수염이나 나면 받을까말까 한 외상을, 배부른 강아지 시래기 다루듯, 재수없는 포수는 곰을 잡아도 웅담이 없다더니만, 호강에 잣죽이라더니만, 자빠진 소 올라타기요 호박에 대침 지르기만큼이나 손쉬운 노릇, 제 버릇 개 못 준다

막가는 판이라고 요 근래 <u>죽기 아니면 까무러치기로</u> 겁 없이 대들곤 하는 계집의 독살에 질려 둘째가라면 억울해하던 그 우난스런 성깔 다 까먹고는 보리흉년 풀떼죽처럼 멀겋게 풀려버린 종술이었다. <윤흥길,

빛 가운데로 걸어가면, 1997, 1, 11>

방언은 일상어 중의 하나이다.[4] 지역에 사는 사람들은 자기 지역의
고유한 방언을 구사한다. 이 소설의 지문에서는 방언을 일상어로 보고
다른 일상어와 자유롭게 사용하고 있다. 즉 유행하던 외래어, 준말, 비속
어를 지문에서 일상어로서 사용하고 있다. 비속어의 경우 직설적이고 원
색적인 표현으로 화자의 감정을 솔직히 드러내는 특징이 있는데 이것이
바로 일상어의 특징이다. 지문에서 방언을 포함한 일상어를 거침없이 사
용하는 이유는 작자의 감정을 그대로 드러내어 직접적으로 표현하면서
독자와 소통을 자유롭게 하기 위한 방책으로 보인다.

- 일상어·방언 : 솔찮이, 노상, 달팍, 난짝, 흠처투성이, 암냥해서, 소
  견구멍, 똥강아지, 지천꾸러기, 파토내기, 먹고대학, 먹고대학생, 먹
  고땡, 고드름귀신, 풍신, 찌럭소, 말종인간, 엉뚱깽뚱하다, 퍼자다, 코
  나발, 낯박살, 화냥잡것, 겁덩어리, 부아받이, 떡쪼가리, 외약눈, 흔털
  뱅이, 섯다판, 삼팔 따라지, 홰까닥, 벗어배기, 대봇둑, 달창이숟가락,
  말쌈지, 뜨더구판, 칼섯바닥, 걸판지다(걸다), 들이당장(갑자기), 속새
  로(속으로), 찔벅찔벅(집적집적), 끙짜(강짜, 강샘), 바꿔치기하다(바꾸
  다), 판속(판국), 각놀다(겉놀다), 꼽쳐먹다(숨기다), 낯박살(면박), 대
  봇둑(물둑), 따복따복(차곡차곡, 차근차근), 맘보자기(마음보), 먹고대
  학생, 벗어배기(대머리), 부아받이, 암냥하다, 얼낌덜낌, 지천꾸러기,
- 준말 : 백줴(백주에), 앰한(애매한), 딥다(들입다), 겔러빠지다(게을러
  빠지다)
- 비속어 : 곱쟁이, 주둥이, 상판때기(얼굴), 늙다리, 비렁뱅이, 소가지,
  똥고집, 짓거리, 옆댕이, 귀싸대기, 뱃구레, 개차반, 눈꿍다리, 똥배짱

---

4) 표준어에 대응하는 말은 일상어이다. 즉 표준어는 인위적이며 '특별한' 언어이고, 일상어
   는 방언, 유행어, 비속어, 관용표현과 같이 일상생활에서 자연스럽게 사용하는 '일상적'
   언어를 말하기 때문에 일상과 비일상이라는 점에서 이들은 서로 대응된다(이태영, 2006 :
   32 참조).

부리다, 꼬랑지를 내리다, 마빡, 턱주가리, 주둥이, 유식쟁이, 농투성
이, 무식쟁이, 논다니, 푼숫덩어리 마누라, 마누라쟁이,

박 장로가 <u>벗어배기</u> 머리를 뒤로 젖히면서 웃음을 참지 못했다. <윤흥
길, 빛 가운데로 걸어가면, 1997, 1, 54>
아직도 잠에서 온전히 깨어나지 못한 부월은 정신나간 목사가 <u>백줴 앰
한</u> 저를 지목하고 헛소리를 하는 거라고 단정했다. <윤흥길, 빛 가운데
로 걸어가면, 1997, 1, 127>

2) 지문의 구어적 특징

작가는 지문에서 등장인물의 목소리를 이용하여 서술하는 방식을 사
용하고 있다. 전통적인 지문을 벗어나 일상적인 대화체를 지문에도 많이
삽입하고 있는데 이는 사실적인 묘사를 통하여 일상성을 획득하려는 작
가의 의도라 할 수 있다.

(1) 등장인물의 시점에서 서술

지문의 서술은 3인칭 시점으로 서술하고 있다. 그런데 서술자가 등장
인물의 목소리를 지문에 인용부호가 없이 직접적으로 인용하여 등장인
물을 부각시키면서 마치 대화를 하고 있는 듯한 현장감을 주고 있다.
다음에 제시한 지문은 마치 등장인물인 김부월이 직접 말하는 듯한 문
체로 쓰고 있다. 실제로 밑줄 친 곳에서 보는 바와 같이 방언의 화자가
사용하는 지역 방언인 '씨월거리고 자빠졌는'과 같은 방언이 지문에서도 그
대로 쓰인다. 이러한 부분이 매우 많은 것이 이 소설의 문체적 특징이다.

"(김부월)얼씨구, 공자님 멘전에다 대고 하날천 따지, 허네."
유리대롱같이 속이 빤히 다 보이는 수작이었다. 김부월이 누구도 저

자신의 삼십여 평생에 걸친 신산스런 인생공부를 통해서 그 정도 세상 돌아가는 이치쯤 이미 입에서 쉰내가 물씬거리도록 실컷 터득하고 난 그 니였다. <u>대문에 마치 똥무더기에 주저앉아서 매화타령 흥얼거리듯 등신스레 한유한 소리나 씨월거리고 자빠졌는</u> 종술의 화상이 그렇게 밉살스러워 보일 수가 없었다.

(2) 등장인물이 지문에 등장함

지문에 독백, 자문과 같은 대화문이 많이 보이는데 이는 작중인물이 독백하는 경우로 자연스럽게 방언으로 이루어져 있다. 다음 예문은 서술자가 등장인물인 임종술의 행위를 서술하다가 갑자기 임종술의 입을 빌려 독백을 하게 한다. 다시 서술자는 임종술의 행위를 서술한다. 이러한 과정이 하나의 의미단락 안에서 이루어지고 있다. 이 작품에서 지문은 단순히 작가가 서술하는 차원이 아니라, 등장인물을 가담시켜 작가와 등장인물이 함께 지문을 써나가는 방식인 것이다. 작가는 지문의 구어적 태도를 유지하여 독자로 하여금 사실감과 현장감을 갖도록 의도한 것으로 보인다.[5] 대부분 지문의 독백이 단락을 나누어 전개되는 데 비해서 이 작품에서는 단락을 나누어 독백임을 구별하지 않고 한 문단의 내용으로 서술하고 있다.

다음 차례로 종술은 이름도 모르고 성도 모르는 그 사장 남편의 보이지 않는 면상을 겨냥해 소리없는 욕설을 차돌멩이같이 날렸다. 미친놈이

---

[5] 최명희의 『혼불』에서도 이러한 지문이 많이 발견된다.
그렇지만 효원은 꼼짝도 하지 않고 기어이 견디어 내고 있다. 그대로 앉아서 죽어 버리기라도 할 태세다. 그네는 파랗게 질린 채 떨고 있었다. 그만큼 분한 심정에 사무쳤던 것이다.
<u>손가락 하나도 움직이지 않으리라.</u>
<u>내 이 자리에서 칵 고꾸라져 죽으리라. 네가 나를 어찌 보고……</u>
이미 새벽을 맞이하는 대숲의 바람 소리가 술렁이며 어둠을 털어내고 있는데도 효원은 그러고 앉아 있었다.

따로 없었다. 그놈이 바로 미친놈이었다. <u>붕알 두 쪽 버젓이 달린 사나 대장부가 그 나이 먹드락 자존심이 뭔지도 몰르고 살었드란 말이냐. 차 라리 섯바닥이라도 작신 깨물고 죽거라, 죽어.</u> 종술은 시한부 종말론에 마누라 빼앗긴 채 느닷없이 오쟁이를 져버린 그 사내의 신세가 한심하다 못해 불쌍하게마저 느껴져 눈앞에 있다면 당장 와락 끌어안아주고 싶은 심정이었다. <윤흥길, 빛 가운데로 걸어가면, 1997, 2, 239>

그 순간 거의 동시에 출발한 종술의 시선과 부월의 시선이 중간에서 딱 맞부딪쳤다. 여자의 말없는 시선이 남자를 상대로 암암리에 이렇게 사주하고 있었다. <u>그러잖어도 우리 둘이서만 죽기가 억울허든 챔인디 마 침맞게 잘 만났네. 어쩌피 죽는 마당에 저 구성자리없는 벗어배기 영감 타악허니 쌔려잡어서 저승질 동무나 삼어뿔고 말드라고.</u> <윤흥길, 빛 가 운데로 걸어가면, 1997, 1, 22>

종술은 더 이상 군말 없이 하 목사의 면전에서 선선히 물러나기 시작 했다. 선지자를 등진 채 고개를 똑바로 하고 앞을 향해 걸어나가면서도 그의 마음 속에 감추인 또 다른 고개 하나가 뒤쪽을 홱 돌아다보았다. 마음 소의 또다른 시선이 하 목사를 무섭게 쌔려보았다. 마음 속의 또다 른 입이 목청껏 외치고 있었다. <u>누가 이기는가 어디 한번 두고 보자, 이 순사기꾼놈아!</u> <윤흥길, 빛 가운데로 걸어가면, 1997, 2, 243>

또한 지문과 지문 사이에 하나의 문장으로 '독백'을 강조하면서 쓰는 예가 많다. 대체로 두 주인공의 독백인데 방언이 많이 섞인 대화체의 독 백을 하나의 단락으로 구별하고 있다. 이러한 기법은 장면의 현장감을 강화하기 위한 기법으로 보인다. 대체로 단락은 이야기의 의미 묶음인데 하나의 대화를 한 단락으로 처리하는 것으로 보아 인물의 성격이나 현장 성을 독자에게 직접 전달하는 효과가 있을 것이다.

<u>썩고 자빠졌네</u>.
  한 차례만이 아니었다. 근엄한 목사와 장로가 곁에 있는 것도 전혀 아
랑곳없이 부월은 같은 욕설을 몇 차례나 되풀이했다.
  <u>썩고 자빠졌네</u>. <윤흥길, 빛 가운데로 걸어가면, 1997, 1, 196>

(3) 대화체의 인용문 사용

지문에 인용문을 많이 사용하고 있다. 간접화법을 위한 표준적인 내용
을 인용하는 경우도 있지만, 직접화법과 같이 대화체의 내용을 인용하는
경우가 많다. 이 경우에 인용부호가 없이 직접 인용을 사용하고 있다.
이러한 인용문의 사용은 지문을 구어적인 성격으로 만들어가는 작자의
의도라 할 수 있다.

  가만두지 않겠다는, 오늘이 바로 네년 제삿날인 줄 알라는, 저런 인간
  안 잡아가고 도대체 뭐 하는지 모르겠다며, 아직은 그럴 만한 실력도 없
  는 돌팔이 교인 주제에 간증이 어디 당키나 한 수작이냐는, 그게 뭐가
  잘못이냐는 이야기였다, 갈라서네 어쩌네였다

(4) 일상어구 사용

대화문에서 쓰는 일상적인 구어체의 어구를 지문에서 아주 다양하게
구사하고 있다. 이는 지문을 통하여 작자와 등장인물과 독자가 사건의
현장에서 하나가 되게 하려는 효과를 노리면서 작가가 의도하는 일상적
인 어법을 구사하려는 특징을 보인다. 일상어구의 예를 제시하면 다음과
같다.

  연놈들, 모든 잡것들을, 임종술이란 작자하고, 끽해봤자, 때빼고 광낸,
  비까번쩍, 미친 척하고, 똑 소리가 나게, 듣도 보도 못한, 콩나물 대가리,
  젓가락 장단, 닝나노 가락, 밑도끝도없이, 임종술은 정말이지 환장할 지

경이었다, 소분지 일에 불과하였다, 그는 생짜로 속병을 앓고 있었다, 미
친 척하다, 가늘게 먹고 가는 똥 누려는 선량한 인간을, 밤송이로 무엇을
까라면 꼼짝없이 까는 시늉, 남편이라고 덜렁 하나 있다는 풍신이, 까락
까락 따지는 법 전혀 없이, 똥 싸놓고 매화타령이었다. 때빼고 광낸 모습
으로 삐까번쩍 요란도 하게, 도적 연놈 잡도리하듯, 개구리 수염 난 다음
에나, 영치기 영차 용을 쓰는 중이었다, 노래기 회쳐먹게 타고난 비위 치
레를 하느라고, 공갈에 꺼뻑 야코가 죽는 기색, 여전히 웃기는 팔도강산
이라는 생각뿐이었다, 고향이고 나발이고, 도가 터버린

표준어를 사용하는 정상적인 지문이라면 구어에서 일상적으로 사용하
는 '고향이고 나발이고', '때빼고 광낸'과 같은 표현을 하기 어렵다. 윤흥
길은 이 소설에서부터 파격적으로 구어체적 문체를 구사하고 있다.

이미 사랑에도 금이 가고 금의환향의 꿈도 깨져버린 종반 세월은 서울
이란 거대한 감옥 안에 갇혀 <u>오도가도 못 하는</u> 신세인 채 원수야 악수야
서로 으르렁대며 밤낮없이 싸우느라 <u>고향이고 나발이고</u> 전혀 안중에도
없었다. <윤흥길, 빛 가운데로 걸어가면, 1997, 1, 17>

임종술과 김부월 부부가 자그마치 십 년 가까이나 벼르면서 꿈꿔온 귀
향은 결코 그처럼 꾀죄죄한 것이 아니었다. 그야말로 <u>때빼고 광낸 모습
으로 삐까번쩍 요란도 하게</u> 고향땅을 다시 밟을 작정이었다. <윤흥길,
빛 가운데로 걸어가면, 1997, 1, 251>

판소리와 유행가를 삽입하여 일상어적인 어법을 보이고 있다. 2권 10
장 3절을 보면 판소리 춘향가의 내용을 인용하고 있고, 지문에서도 유행
가를 삽입하여 마치 대화를 하는 듯한 착각을 불러일으킨다. 노래라기보
다는 대화체의 독백이라고 해야 옳을 것이다.

아무리 보아도 내 낭군이었다. 이리 보아도 내 낭군, 저리 보아도 내 낭군이었다. 앉혀놓고 보아도 내 낭군이고 세워놓고 보아도 역시 내 낭군이었다. <윤흥길, 빛 가운데로 걸어가면, 1997, 2, 225>

마누라의 능란한 변통수에 종술은 박수라도 보내고 싶었다. 역시 뒹굴 자리 보고 씨름판 나가고 누울 자리 보고 발 뻗을 줄 아는 여편네였다. 그러게 내 마누라였다. <u>여보오, 영가암. 왜불러.</u>
"(택시 기사) 당신들 딸 찾는 일허고 나허고 무슨 상관이요? 잔소리 말고 얼른 대절료나 내시요!"
<u>뒤뜰에 매여놓은 뻥아리 한 쌍을 보았소. 보았지.</u>
"(김부월) 안즉도 내 말귀를 못 알아듣겄소? 눈에다 통짜로 집어옇어도 안 아풀 고명딸 도적맞고 눈깔이 확 뒤집힌 애비가 무신 짓인들 못 저질르겄소? (중략)"
<u>으쨌소. 이 뮘이 늙어서 몸보신헐라고 먹었지. 잘혔군, 잘혔어.</u> <윤흥길, 빛 가운데로 걸어가면, 1997, 2, 256>

3. 대화문 중심의 소설 쓰기

윤흥길의 소설은 전체적으로 표준어를 주로 사용하고 지문이 아주 많은 특징을 보인다. 이는 묘사와 서술을 중심으로 하는 소설 쓰기인 것이다. 그러나 이 소설에서는 이전의 소설과 달리 대화문에서 몇 가지 특징을 보이고 있다.

이 소설은 전체적으로 지문보다는 대화문이 월등하게 많아 대화문을 통하여 등장인물의 성격을 묘사하고 있는 소설이다. 주인공인 '김부월'과 '임종술'의 대화의 횟수가 각각 900여 차례에 이를 정도이다. 이러한 특징은 윤흥길의 소설이 서술 중심에서 대화 중심으로, 즉 구어 중심으로 옮겨가고 있는 것을 보여준다. 표준어 중심의 서술에서 일상어 중심의 대화체로 바뀌고 있음을 보여준다.

이 소설의 제7장「돈 놓고 돈 먹기」제1절은 지문이 하나도 없고 대화체로만 되어 있다. 지문을 전혀 쓰지 않은 절을 만든 것은 작자가 해설하는 지문보다는 등장인물들이 일상적으로 대화를 하도록 하여 그 대화만으로도 소설이 되게끔 의도한 것이다. 이는 매우 의도적인 발상이다.

2003년도 작품인『소라단 가는 길』은 연작 소설로 11편의 단편으로 이루어져 있다. 1편「귀향길」과 11편「상경길」은 같은 작품 안에 있는 다른 단편과는 다르게 대화체와 지문을 따로 표시하지 않고 일상적인 말투로 정리하고 있으며 완전한 구어체를 쓰고 있다는 점이다. 이 두 편에서는 인용부호를 쓰지 않고 있는데 이러한 태도는 대화체와 지문으로 나뉘는 소설의 격식을 깨뜨리고 완전한 구어체의 세계를 표현하고자 하는 의도로 해석된다(이태영, 2006 : 39 참조).

이 작품의 두 주인공인 김부월과 임종술의 언어는 방언과 비속어로 되어 있다. 이는 전형적인 어려운 삶을 살아가는 인물을 설정하는 데 쓰이고 있는 방식이다. 이미『천하태평춘』의 윤직원 영감,『혼불』의 옹구네,『태백산맥』의 염상구,『토지』의 임이네 등은 작중에서 악역을 맡고 있는 인물이다. 이들이 구사하는 언어의 특징은 거의 같다고 할 수 있다.

여기서 일반적인 등장인물의 언어 특징을 간략히 제시하는 것은 이 대화문의 언어가 지문의 언어와 너무나 유사하기 때문에 그것을 비교하기 위해 제시하는 것이다.6)

---

6) 등장인물의 성격을 파악하기 위해서는 등장인물의 대화문을 발췌하여 프로그램으로 처리하면 쉽게 성격을 파악할 수 있다. 채만식『천하태평춘』의 윤직원, 최명희의『혼불』의 옹구네, 조정래『태백산맥』의 염상구의 성격을 프로그램으로 처리하여 해석한 바 있다. 여기서는 등장인물의 성격 분석을 하지 않는다.

- **첩어** : 실떡벌떡, 오동포동, 날씬날씬, 솔래솔래(표준어), 탈래탈래(표준어)
- **방언** : 여적지, 깔밋잖다(사전에 등재), 찔벅거리다, 쌔려잡다, 한긋지다, 배통터지다, 똥골뱅이, 암낭하다, 달꽉, 뙤뚱하다, 유명짜하다, 몽씬, 쾌얀시, 무단시, 꽹기찮다, 버팅개질하다, 건덕지, 찌럭소, 얼김에(북한어로 됨), 말쌈지, 원판, 수두룩벅적, 다리몽생이, 어울릴 째비(잡이), 오약씨름, 깨구락지, 나토롬하다, 오매, 와따매, 찌다우 붙다, 피런허고, 남시기(나머지), 뜨더구판, 똥뽀, 사추리(샅), 시건방구지다(건방지다), 나분대다(나부대다), 됩데로(도리어), 무서무서하다(무서워하다), 빛감을 않다(보이지 않다), 야물딱시럽다(야무지다), 요상시럽다(이상하다), 워너니(워낙), 징상스럽다(징그럽다), 걸리적거리다(거치적거리다), 삼시랑(삼신할머니), 시삐보다(깔보다), 휘낀(훨씬), 개붓하다(가붓하다), 객광시럽다(객쩍다), 고닥새(금방), 까락까락(일일이), 남싸다(날래다), 느시렁느시렁(느릿느릿), 따그랭이(딱지), 보리배필(천생배필), 부애풀이(화풀이), 부앳짐(부앗김), 비젓하다(비슷하다), 빼다박다(닮다), 새똥빠지다(엉뚱하다), 새칠로(새로), 서패(허파), 소락배기(큰소리), 수두룩벅적, 숭포, 실떡벌떡, 안암꽈, 어마무시하다, 오손적도손적으로, 일트레면, 자발맞다, 지발덕덕, 짱짜란하다, 펄씨
- **개인어[7]** : 기구절창하다, 어마무시하다
- **외래어** : 빠이빠이, 삐루딩구, 도라무깡, 스도뿌, 와이로 멕이고 빽쓰는 중이다, 쎄빠또맨치로
- **속담, 관용구, 일상어구** : 홍시감 깨물다가 이빨 뿌러질 고따우 그짓말에, 구신 씻나락 까먹는 소리, 니 낯바데기 한번 총천연색 칠십미리 씨네마스코푸다, 니 똥 한번 굵다. 칠십 미리 총천연색 씨네마스

---

7) 작가는 어휘를 창조하는 사람들이기 때문에 장면이나 사실의 표현을 위해서 개인적으로 어휘를 만들고 있다. 이러한 개인어가 지문에서도 쓰인다. 인색무쌍한 세상, 죽어살이(로) 지내다, 곰잠.
　윤흥길의 『소라단 가는 길』에서는 다음과 같은 개인어가 쓰이고 있다(이태영, 2006 참조). 기구절창한, 웬수척진, 난리법석을 떠는, 말품팔이, 귀뚜껑, 온귀, 캄캄일색이다, 지팡몽둥이, 똥국, 타넘다, 날이름, 질겁잔망, 무사무탈하다, 날이날마다, 긁혀나오다, 요란뻑적지근한.

코푸다, 깨구락지 턱쉬염 난 연후에나 밝혀질, 국수 말어내는 솜씨로 수제비는 못 뜨것소?, 마 캐는 중맨치로, 비는 장수 모가지 못 친다고, 울다가 웃으면은 똥구녁에 노랑털 난다, 화무는 십일홍이고 권불십년이라고, 메뚜기도 한철이라고, 오는 방맹이에 가는 홍두깨고 됫박으로 주고 말로 받는다고, 삶은 호박에 이빨도 안 들어갈, 사또 뜬 뒤에 나발 불기고 죽은 자석 붕알 만지기여, 재수 좋은 과수댁은 앉어도 꼭 요강꼭지 우에만 앉고 재수없는 과수댁은 봉놋방에 누워도 꼭 고자 옆에만 눕는다드니만, 목매란 놈이 시암 파드라고, 개도 나갈 구녁 보고 쫓는 벱이라는디, 죄는 개천 도채비란 놈이 짓고 날베락은 당산 고목낭구가 맞는다는 옛말도 못 들어봤디야?, 큰 괴기는 큰 물에서 놀아야 되는 벱이여, 홍시감 먹다가 이빨 뿌러질.

4. 고향의 언어와 그 효용성

작품의 두 주인공인 임종술과 김부월은 전라방언을 사용하고 있다. 그런데 이들이 사용하는 방언은 전북 정읍 방언이다. 성장기를 전북 익산에서 보낸 작가가 왜 굳이 태어난 고향인 정읍 방언을 지향하고 있을까? 윤흥길의 소설의 대부분은 작가의 유년 시절의 경험에서 나온 이야기가 대부분이다. 또한 그 주제와 더불어 지향하는 바가 고향에 대한 그리움이다. 이 소설에서도 임종술의 어머니는 '운암댁'으로, 김부월의 양어머니는 '태인댁'으로 설정하였다. '운암'은 전북 임실과 정읍이 맞닿아 있는 곳이다. '태인'은 전북 정읍군에 소속된 면이다. 따라서 이미 전북 정읍을 생각하고 쓴 소설로 보인다.

작가는 고향을 '화해의 장소', '용서의 장소'로 그리고 있다. 따라서 고향의 방언인 정읍 방언을 많이 사용하는 이유는 개인과 조상의 고향에 대한 원초적 본능, 자기 언어의 원형을 찾기 위한 작업, 고향을 그리워

하는 작가의 무의식적인 세계가 표현된 것이라 말할 수 있을 것이다.[8]

1) 고향의 언어 사용

(1) 정읍 방언의 종결어미 '-라우, -다요?, -ㅂ디여?'

이 작품에서는 전남과 접촉지역에서 주로 쓰이는 종결어미, 또는 종결어미 구성체인 '-라우, -ㅂ디여?, -다요?' 등이 많이 쓰인다. '-라우'는 '해요체'의 상대존대법의 종결어미인데 평서문과 의문문에서 쓰이고 있다. '-다요?'는 전라도의 의문형에서 많이 보이는 '-대요?'의 방언형이라 할 수 있다. '-ㅂ디여?'는 '합쇼체' 상대존대법인 '-ㅂ디까?'의 방언형이다.[9]

> "(김부월) 즘잖으신 으런은 즘잖게 뫼시는 게 마땅헌 도리 아니겄어라우." <윤흥길, 빛 가운데로 걸어가면, 1997, 1, 23>
> "(임종술) 그런디 지가 맡어서 헐 일은 뭣이다요?" <윤흥길, 빛 가운데로 걸어가면, 1997, 1, 53>
> "(김부월) 시상천지 높고 핵교 나온 유식쟁이 잘난 예펜네들만 낱낱이 골라서 연설혀야 된다는 무신 벱이라도 있답디여?" <윤흥길, 빛 가운데로 걸어가면, 1997, 2, 30>

정읍 출신 소설가 신경숙의 소설에서도 전북 정읍 방언의 종결어미가 아주 다양하게 구사되고 있는데, '했어라우, 사팔뜨기여라, 살았지라'에

---

8) 윤흥길은 이 소설집에 실린 '작가의 말'에서 바보형의 인물을 등장시키는 이유에 대해 '아마도 한국인의 원형질을 그런 유형에서 찾고자 하는 무의식적인 노력이 그런 결과로 나타나지 않았을까' 하고 나름대로 추측하고 있다.

9) 최명희의 『혼불』은 남원 방언을 사용하는데 여기서도 '-라우, -다요, -ㅂ디여?'가 쓰이고 있다.
그께잇 거이 머언 약이 되야라우?
머 잘난 사람만 사램이랍디여?
하앗따, 머, 그런 말도 못허고 산다요?

서 보는 것처럼 전남 방언의 영향으로 쓰이는 해요체의 '-라우'가 발음이 약화되어 '-라'로도 실현되는 것을 볼 수 있다. 이는 전남 방언의 영향이 정읍에서 약화되고 있음을 보여주는 것이다.

> 낸 당신한티 거짓말을 했어라우. 한번도 딴사람허군 살아본 적이 없다고 했지마는 검댕이에서 사팔뜨기와 살았지요. 이름이 정말 사팔뜨기여라. 아비가 어려서 장터에서 데려왔는디 내가 두 살 위였지만 그런 것 안 따지고 그냥 지냈지라. 뽀땃한 정을 주지도 않고 그타고 정나지도 아니게 그냥 그렇게 살았지라. 뭔 작정이나 어디 있었남요. <신경숙, 풍금이 있던 자리, 1992, 117-118쪽>

(2) 전남 방언의 부사 '무단시'

윤흥길의 작품에서는 전남 방언인 '무단시'가 자주 보인다. '무담시, 무단시'는 주로 전남에서 많이 쓰는 어휘로 표준어 '괜히'의 의미인 '공연히, 아무 까닭이나 이유가 없이'를 나타낸다. 전북 출신 채만식의 작품에서는 '무단시리'를 쓰고 있다. 윤흥길, 최명희의 소설에서 전남 방언 어휘가 많이 보이는 것은 소설에 나타난 언어가 전남과 접촉하고 있는 지역의 언어를 사용하고 있기 때문이다.

표준어 '무단히'는 '무단(無斷)하-'에서 파생된 것인데 '무단'은 '사전에 허락이 없음. 또는 사유를 말함이 없음'이란 뜻이다. 따라서 '무단히'가 구개음화하여 '무단시'가 되고 다시 '무담시'가 된 것으로 보인다. 기타 방언형으로 '무단시, 무단시리, 무다이, 무담씨, 무답씨, 무단히'가 쓰이고 있다[10](이태영, 2007 참조).

---

[10] 박경리의 『토지』에 '석이 아부지 정한조라는 사람이 조참판 꼴이 보기 싫어서 진주 땅에 자릴 잡을라꼬 작정하고서 식솔을 데리고 평사리로 갔었는데 무담시 아무 죄도 없이 죽은 것은'의 예가 보인다.

"(김부월) 내 말이 바로 그말이여, 이 버꾸야! 백 년 만에 한 번 나올지 말지 헌 기맥힌 귀경감이 될 판인디 우리가 무단시 왜 저 작것들한티 꽁짜로 눈요구를 시켜줘야 되야? 곧 죽으도 그러기는 싫으니깨 인적 없는 구석으로 싸게 자리를 윙겨뿔자, 그런 말쌈지여!" <윤흥길, 빛 가운데로 걸어가면, 1997, 1, 15>

"무담시 당신이 고상허시게 생겼구만요." 대문까지 따라나온 아내가 주눅든 것 같은 소리로 말했다. <조정래, 태백산맥, 2001, 1, 163>

"이 사람아, 자넨 무단시리 치어죽구 싶은가?" <채만식, 金의 情熱, 1987, 489>

나 듣는 연에나 말허까, 무단시 비얌맹이로 그 방정맞은 셋바닥 조께 날룽거리지 말란 말이여. <최명희, 혼불, 1996, 1, 263>

2) 고향과 방언의 역할

이 작품의 두 주인공인 '김부월'과 '임종술'의 대화는 전라방언과 정읍 방언이 주로 사용되고 있다. 기존의 작품과 달리 대화문이 큰 위치를 차지하는 이 소설에서 작자는 다른 소설에서와 같이 악역을 맡긴 사람에게 현실적인 언어를 사용하게 함으로써 전형적인 악역 캐릭터의 성격을 창조하려고 노력하고 있다. 작가가 말한 대로 '바보같은 인물'을 창조하면서도 '해학적'인 모습을 보이려 하는데 이를 돕고 있는 것은 바로 두 주인공이 자유롭게 쓰고 있는 전라방언이다. 방언은 문학이 갖는 '해학적인 기능'을 돕는 기능을 갖는데 이 작품에서도 그 기능을 다하고 있는 것이다.

또한 자기 고향의 언어를 사용하게 함으로써 고향은 모든 과거의 허물을 용서하는 장소이고, 고향의 언어는 모든 것을 감싸 안고 용서하는 데 사용하는 매개수단임을 분명히 한다. 이것은 방언이 갖는 기능인 '정서적 안정감'을 주는 기능과 관련된다.

1권 274쪽 지문에서 고향에서의 화해가 이루어지는 모습을 그리고 있다.

두 남자가 동시에 웃음을 터뜨렸다. 널금저수지 양어장 감시원임을 나타내는 완장이란 물건에서 비롯된 두 사람 사이의 해묵은 유감이 그럭저럭 눅어지는 순간이었다. 당초부터 아예 있지도 않은 일인 양 말끔히 해결될 수는 없는 적대관계였다. 하지만 부월은 부월은 한바탕 요란한 너털웃음 끝에 새삼스레 악수까지 나누는 두 사람을 보면서 오랫동안 자신들의 귀향길을 가로막고 있던 걸림돌 하나가 슬그머니 치워졌음을 실감했다. <윤흥길, 빛 가운데로 걸어가면, 1997, 1, 274>

1권 280쪽 지문에서 '용서'가 나온다. 태인댁의 욕설은 일반적인 언어의 관점에서 본다면 아주 저속한 언어를 사용하고 있다. 그러나 방언이 주는 이면의 의미를 살펴보면 아쉬움의 표현, 서운함의 표현이지 결코 무지막지한 욕설이 아닌 것이다. 반어적인 용법이라 할 수 있다. 이처럼 방언은 사람 사이의 앙금을 해소시키고 용서하게 하는 매개물인 것이다. 우리가 방언에서 사용하는 비속어를 글자 그대로 해석할 수 없는 것도 바로 이러한 이면의 의미 때문이다.[11]

　"(김부월) 요 마당에 이년 입주뎅이가 바작만헌들 무신 소용이것소. 참말로 유구허고도 무언이요, 엄니"
　"(태인댁) 인간 같지도 않은 년! 금수만도 못헌 년!"
　거듭되는 사과에도 불구하고 태인댁은 연거푸 험구를 들이댔다. 하지만 그니는 막심불효를 저지른 몹쓸 수양딸을 어엿한 한 사람의 인간으로 대접하는 기색이 역력했다. 이미 오래 전부터 마음으로 용서하고 있음이 분명했다. 어쩌면 자신의 패물을 훔쳐 야반도주한 수양딸에 대해 애당초 분노나 원망 따위를 품은 적조차 없는지도 모를 일이었다. 떨리는 목소리와 질척질척 젖어 있는 눈자위가 그 증거였다.
　"(김부월) 반분이나마 풀리게코롬 엄니, 내 머리끄뎅이를 와락와락 쥐

---

11) 예를 들면 전라방언에서 동사나 보조동사로 쓰이는 '지랄허다, 먹고 지랄하다'는 글자 그대로의 뜻이 아니라 못마땅함을 나타내는 뜻을 갖는다.

어뜰으시오. 내 살점을 찝어가꼬 내 낯판대기를 실컨 할퀴시오. <윤흥길,
빛 가운데로 걸어가면, 1997, 1, 281>
　"(태인댁) 미친년!"
　불그스레 핏발이 선 눈으로 태인댁을 바라다보면서 부월은 어느새 또
재벌 울음을 장만하기 시작했다. 태인댁은 방금 전에 제 손으로 매몰차
게 물리쳤던 수양딸의 푸짐한 몸집을 도로 힘겹게 끌어안으면서 등을 다
독거렸다.
　"(태인댁) 왔다는 소식 듣고는 그러잖어도 하마 이제나 나타날까 저제나
나타날까 허고 새복부텀 눈깔이 짓물르드락 지달리고 있었다, 이년아."

　평론가 정호웅은 『소라단 가는 길』의 해설에서 '지난 시절 겪었던 일
들, 느낌들의 구체적 실재는 그 경험 현장에서 사용되었던 언어, 곧 사
투리를 통해서만 온전히 되살아날 수 있는 것'이라고 말하고, 그러므로
방언은 '과거를 불러내는 주술의 언어'이며, '과거 속으로 길을 여는 열쇠'
라고 말하고 있다. 결국 작가의 과거와 가족 이야기와 온갖 경험들은 자
기가 사용한 방언을 사용해야만 생생하게 묘사할 수 있을 것이다.

5. 결론

　왜 작가는 후기의 작품인 『빛 가운데로 걸어가면』에 와서 지문에도 일
상어적인 어구를 많이 사용하는가? 윤흥길의 문학적 변용은 여기서 깊
이 있게 검토되어야 한다.
　윤흥길은 일상적인 언어로 돌아가고 있다. 지문의 어휘와 문체가 일상
성을 띠고 있다. 일상적인 표현을 많이 사용하는 것은 지문이 단순히 작
가의 서술이 아니라, 장면에 대한 리얼리즘의 구현이고, 독자를 소설 속
의 현실로 매우 가깝게 안내하려는 배려이다. 표준적이고 인위적인 상태

를 벗어나, 일상적인 대화를 통하여 일상적인 삶과 언어 안에서 우리의 모습을 찾아보려는 작가의 의도라 할 수 있을 것이다.

『소라단 가는 길』에 실린 '작가의 말'을 통하여 보면 윤흥길은 제도로부터의 해방, 기억으로부터의 해방을 추구하고 있으며, 일상적인 여유와 자유를 추구하고 있다고 해석할 수 있다. 언어 역시 표준어를 벗어나 고향에서 자유롭게 쓰던 일상어를 통해 등장인물에게도 자유로울 기회를 부여하고, 작가인 자신도 자유롭게 마음을 표현하고자 노력한 것으로 해석한다.

왜 채만식, 윤흥길, 최명희 등은 지문과 대화문을 구별한 전통적인 소설 쓰기 방식을 벗어나 일상어적인 언어 특징을 보이는가? 이 작가들에게 표준어와 방언은 구별하기 어려운 우리말인 것이다. 보다 원초적이며 일상적인 우리말을 통해 작가의 미묘한 감정을 솔직히 드러내고 싶고, 시대상황을 자세하게 묘사하고 싶으며, 어려서부터 써온 방언을 포함한 일상적인 대화체로 자유롭게 써보고 싶은 바람이 있었을 것이다. 문학에서 다루는 일상어와 방언의 기능이 바로 여기에 있는 것이다.

참고문헌

김홍수(2001), 「소설의 방언에 대하여」, 『문학과 방언』에 재수록, 역락, 287-309쪽.

문금현(1999), 『국어의 관용 표현 연구』, 국어학총서 34, 태학사.

신경숙(1992), 『풍금이 있던 자리』, 문학과지성사.

윤흥길(1977), 『빛 가운데로 걸어가면』 1, 2, 현대문학.

윤흥길(2003), 『소라단 가는 길』, 창비.

이태영(2004ㄱ), 「『혼불』에 쓰인 방언의 기능과 등장인물의 성격」, 『혼불의 언어세계』, 혼불학술총서2, 293-340쪽.

이태영(2004ㄴ), 「문학 작품과 방언 연구」, 『한국어학』 25호, 89-120쪽.

이태영(2004ㄷ), 「문학 작품에 나타난 방언의 기능」, 『어문론총』 41호, 21-55쪽.

이태영(2006), 「윤흥길의 『소라단 가는 길』에 나타난 일상어의 특징」, 『국어국문학』 142, 31-54쪽.

이태영(2007), 문학작품에 나타난 방언검색프로그램(전라방언 편), 국립국어원.

제4부

방언과 어휘

 # 대명사 '누, 누구(誰)'의 변천과정과 방언분화

1. 서론

이 글은 중세국어의 소위 미지칭 인칭대명사[1]인 '누(誰)'가 현대국어(중앙어와 방언)에서 '누구, 누, 뉘, 뉘귀, 뉘기' 등으로 쓰이는 역사적 변천과정을 밝히는 것을 목적으로 한다.

국어사 연구에서 대명사에 관한 연구는 그리 많은 편이 아니며 일반적으로 대명사의 기능과 용법에 치중되어 연구되어 왔다. 그리하여 인칭대명사와 지시대명사의 용법을 밝히는 것이 주된 연구의 내용이었으며 주로 중세국어의 용법에 한정되어 연구되어 왔음은 주지의 사실이다. 아직 근대국어나 개화기 국어 등에서의 쓰임이 연구되지 않았고 더욱이 그 변천과정이 논의된 바는 없었다. 현대국어 연구에 있어서도 '누구'의 의미

---

1) 이숭녕(1981)에서는 '누'를 부정칭이라 명명하고 있다. 한편 김광해(1983)와 김정아(1984)에서는 의문대명사를 대명사의 범주에 넣지 않고 의문사로 처리하면서 의문사는 설명의문의 기본을 이루어 정보를 요구하는 미지항을 표시하는 어사이지 대명사의 기능을 수행하지 않는다고 보고 있다. 그러나 이 글에서는 품사분류의 기준을 따라 일단 대명사로 보고 진행하고자 한다.

자질이 〔+인간, +개인〕임이 밝혀진 바 있고(고성환, 1987 : 76), '누구'를 '어느+사람'의 개념으로 분해될 수 있는 한정의문사의 일종으로 보는 견해(김광해, 1983 : 118)가 있으며, 경남방언에서의 '누'의 쓰임을 살펴본 것(서정목, 1987 : 273) 등이 있을 뿐이다.

최근의 국어사의 문법 연구가 차츰 정밀화되고 구체화 되어가는 이 시점에서 우리의 연구태도도 광범위한 범주의 공시적 연구보다는 하나의 형태소가 어떠한 변천과정 속에서 그 기능과 용법이 달리 쓰이는가를 치밀하게 검토하는 태도로 바뀌어야 한다고 생각한다. 이러한 연구태도는 이제까지의 많은 업적을 기반으로 하여 국어의 변화사를 바르게 기술할 수 있는 자세이기 때문이다.

어휘사 연구에 있어서도 문법사 연구와 동일하게 어휘 하나하나에 대한 밀도있는 조사와 쓰임을 살펴서 그 변천과정을 밝혀내야 할 것이다. 기존의 어휘사 연구에서 '누'에 대한 변화는 문헌자료를 중심으로 하여 몇 줄로 언급한 정도에 그치고 있고 방언 연구에서도 이러한 현상은 마찬가지이다.

국어사 연구에 있어서 우리는 많은 문제점을 안고 있으면서도 쉽게 해결할 수 없는 문제를 가지고 있다. 첫째는 문헌 자료의 이질성을 어떻게 극복하느냐 하는 점이다. 중세국어의 문헌의 대부분이 상류층의 언어로 구성되어 있는가 하면 일부는 대화체를 중심으로 하는 중류층의 언어가 있다. 근대국어에서도 마찬가지인데 어떤 경우에는 방언을 반영하는 많은 문헌들이 동일 선상에서 해석되고 있는 실정이다.

둘째는 문헌이 보여주는 시기가 정확하느냐 하는 문제이다. 이것은 한 문헌의 발간연도가 문제가 아니라 그 문헌이 보여주는 국어의 모습이 어느 시대의 국어인지를 밝혀내는 일이다. 셋째로 문헌어가 각 지역의 방언과 어떠한 상관성을 가지는가를 밝히는 일인데 이것은 국어사를 종합적인 관점에서 기술하기 위해 필요한 것이다. 하나의 어휘가 종합적인 관점에서 검토되지 않고서는 그 형태소의 변화사를 기술하는 일은 요원한 일이라 하지 않을 수 없다.

우리는 '누'의 문제를 다루면서 위와 같은 문제점을 그대로 안고 있지만 최대한 문제점에서 벗어나려는 태도를 취할 것이다. 그 방법으로 문어체와 구어체의 문헌을 구별하고 또는 방언을 따로 명시하려는 태도를 취하면서 해석해 보고자 한다.

따라서 이 글에서 해결하려는 몇 가지 문제는 첫째, '누'로 출발한 인칭대명사의 발달이 '누구'로 변천한 이유는 무엇인가? 둘째, 주격형은 '누가'로 발달하고 다른 것은 '누구'로 변한 이유는 무엇인가? 셋째, '뉘가, 뉘라셔'의 해석은 어떠해야 하는가? 넷째, '누'와 '누구'의 쓰임에 제약은 있으며 그때 제약이 일어나는 이유는 무엇인가? 다섯째, 방언에서 '누, 뉘, 뉘기'등으로 다양하게 쓰이는 변화의 원인과 방언분화로 인한 분포는 과연 어떠한가? 등의 문제를 다루려고 한다.

2. 문헌에서 '누(누구)'의 쓰임

1) 중세국어의 '누(누구)'

후기 중세국어의 대명사 '누(誰)'는 그 품사가 대명사인 관계로 주로 곡용어미가 연결되고 또한 의문형 어미와 연결되어 쓰이고 있다. '누'에 격조사가 연결되는 모습은 다음과 같다.2)

---

2) 후기 중세국어 이전의 문헌에서 '누'를 찾아볼 수 있는 것은 향가인 '처용가'이며 그 예로는 '誰支下焉古'이다. 여기서 문제가 되는 것은 '誰支'의 해석인데, 과연 '支'를 어떻게 해석하느냐 하는 문제는 방언의 해석에 중요한 단서를 제공할 것이다.

(1) ㄱ. 뉘 마ㄱ리잇가(誰能禦之) <龍飛15장>
    ㄴ. 대 버히ᄂᆞ닌 뉘 아ᄃᆞᆯ오(伐竹者誰子) <杜詩1, 23>
    ㄷ. 討賊之功을 눌 미르시리 <龍飛99장>
       어느 누를 더브르시려뇨 <月千52>
       눌을 위코져 ᄒᆞᄂᆞ뇨(誰爲哉) <小諺6, 58ㄱ>
    ㄹ. 눌와 다뭇 議論ᄒᆞ리오(與誰論) <杜詩16, 3ㄴ>

주격의 경우에서 대체로 속격과 같은 '뉘'라고 보고 주격일 경우에는 거성이고 속격일 경우에는 '상성'이라는 견해를 보이고 있으나, 인칭대명사 '누'는 기본형이 '누'이다. 따라서 주격일 경우에는 '누+주격조사 'ㅣ''로 보아야 한다. 이렇게 해석해야 하는 이유는 속격의 '뉘'를 제외하고는 '누'의 쓰임이 근대국어에서 차츰 '뉘'로 굳어져 가는 경향을 보이기 때문이며, 또한 현대국어의 '누+가'의 형성은 '누+주격조사 'ㅣ'>뉘+가 > 누+가'의 변화로 이루어진 것이기 때문에 중세국어에서는 '누+ㅣ'의 구성으로 해석할 수밖에 없을 것이다. 그러한 증거로는 다음과 같은 예가 보인다.

(2) ㄱ. 뉘ᅀᅡ 能히 對答ᄒᆞ려뇨 <釋詳13, 15ㄱ>
    ㄴ. 別室이ᅀᅡ 一千二百이오 <釋詳6, 38ㄱ>
    ㄷ. ᄯᅩ 세가짓 衆生이ᅀᅡ 당다이 가아 나리니 <月釋8, 47ㄱ>
    ㄹ. 그 後에ᅀᅡ 외니 올ᄒᆞ니 이긔니 <月釋1, 42ㄴ>
    ㅁ. 譬喩로ᅀᅡ 비르서 아니라 <法華1, 131ㄱ>
    ㅂ. 漸敎를ᅀᅡ 다 아라 듣ᄌᆞᄫᆞ니 <月千上, 36ㄱ>

(2)에서 '뉘ᅀᅡ'의 구성은 '누+주격조사 'ㅣ'+강세 첨사 'ᅀᅡ''의 구성으로 해석된다. 여기서 'ᅀᅡ'는 어떤 격조사에 후행되어 위치하든 간에 그 문법적 기능을 인정할 수 없는 형태소로서, 단지 '강조'라는 의미를 부여하는

첨사일 뿐이다. 이 'ᅀᅡ'는 위의 예에서 보는 바와 같이 각각 주격, 처격, 조격, 대격조사 등에 후행하는데 이것을 떼어 버려도 그 문장의 성립에는 지장이 없다(홍윤표, 1975 : 72).

속격의 경우에도 '뉘'를 속격형이라고 처리하고 있지만 실제로는 '누+이'의 구성이 '뉘'로 표기된 것일 뿐이다. 강원도 방언에서는 속격의 '누'를 '누에'로 발음하고 있는데 이것은 이미 중세국어에 소급하는 발음으로 추정된다. 또한 이 '누'가 고대국어에는 ㅎ을 종성으로 가지는 체언이었을 것으로 추정되는데(김준영, 1990 : 147) 이러한 견해는 상당한 타당성을 갖는다. 1573년에 발간된 『내훈』에 나타나는 '암수히(2, 5ㄱ), 나조히(3, 11ㄴ)'가 1736년의 『어제내훈』에서는 ㅎ이 탈락되면서 '암쉬(2, 4ㄴ), 나죄(3, 9ㄴ)' 등으로 나타남을 볼 수 있다. 이러한 점에 비추어 보면 중세국어의 속격 '뉘'도 '누히 > 뉘'의 발달임을 알 수 있다.

대격의 경우, '눌, 눌을, 누를' 등의 구성이 보이는데, '눌'은 '누+대격조사 'ㄹ''의 구성이고 '눌을'은 대격조사의 중복형이며, '누를'은 선행 대격조사 'ㄹ'이 연철되어 '를'을 이룬 구성이다. 따라서 이때의 인칭대명사도 '누'가 기본형일 뿐이다.

공동격의 경우, '눌와'가 쓰이고 있는데 이때의 '눌'은 '눌을'이 '누를'로 변하는 대격조사의 복합과정에 있었기 때문에 '누'를 '눌'로 쓴 듯하다. 만약에 이것을 '누+대격조사 'ㄹ'+공동격조사 '와''의 구성으로 본다면 중세국어에서 공동격조사가 대격조사 앞에 쓰이는 일반적인 현상에 맞지 않게 된다. 따라서 우리는 대격조사가 연결되는 경우에도 그 기본형은 '누'로 잡는다.

이렇게 보면 어떠한 격조사가 붙든지 간에 중세국어의 인칭대명사는 '누'가 그 기본형임을 알 수 있다.

한편 중세국어의 인칭대명사 '누'는 설명의문문을 만드는 의문형 어미

'-고'와 공기하게 된다. 다음의 예가 그것이다.

> (3) ㄱ. 뉘 흔 거시잇고 <釋詳11, 27ㄴ>
>   種智낸 사ᄅᆞ미 누고 <月釋17, 34ㄴ>
>   ㄴ. 뉘 마ᄀᆞ리잇가 <誰能禦之(龍飛15장)>
>   ㄷ. 누를 브트뇨 <南明上80>
>   ㄹ. 눌ᄃᆞ려 말ᄒᆞ료 <杜詩2, 2>

중세국어의 의문형 어미 '-가'는 판정의문문에서 의문사 없이 쓰였고, '-고'는 제시된 의문사에 대한 설명을 요구하는 설명의문문에 쓰였다. (3. ㄴ)은 의문사가 쓰였음에도 불구하고 의문형어미로 '-가'가 쓰이고 있는데, 이러한 용례는 주로 『용비어천가』와 『월인천강지곡』에 주로 나타난다. 그러나 이때의 '-가'가 쓰인 의문문은 형식은 의문문이지만 실제로는 화자의 진술을 강조하는 설명문으로 수사의문문임을 알 수 있다. 또한 하라체의 의문형어미로는 '-녀'와 '-뇨', '-려'와 '-료'가 있는데 이들의 구성은 '선어말 어미 '-니-, -리-'+의문형 어미 '-오, -어''로 이루어진 것이다. 이때 '-녀, -려'는 판정의문을, '-뇨, -료'는 설명의문문을 만든다(안병희, 1965 참조).

결국 (3)의 예에 나오는 의문형어미 '-고, 뇨, 료'는 모두 '-고'계열의 설명의문형 어미인 셈인데 이 의문형 어미와 의문대명사 '누'는 항상 그 자리를 함께 하고 있었기 때문에 근대국어에 들어와서 '누고(누구)'형의 의문대명사를 형성하게 된다. 이것은 '인칭대명사 '누'+의문형 어미 '고''가 결합하여 하나의 인칭대명사를 형성한 어휘화의 특이한 용례가 되는 셈이다.

> (4) ㄱ. 누구는 어믜 오라븨게 난 ᄌᆞ식 누구는 아븨 누의게 난 ᄌᆞ식고

<飜老上, 16ㄱ>
ㄴ. 누국 슉(孰) 누굿 슈(誰) <광주본 천자문>

(4)의 ㄱ은 16세기 초기 자료로 추정되는 『번역노걸대』에 보이는 예인데 여기서는 '누구'의 예가 나타난다. 또한 ㄴ은 1575년 광주에서 간행된 『천자문』에 보이는 예이다. 『번역노걸대』와 『천자문』이 구어체를 반영하고 있다고 본다면 이미 16세기에는 구어에서 '누구'가 쓰이고 있었음은 명백하다.

후술할 것이지만 문어적으로는 중세국어에 '누'가 쓰이다가 근대국어에서 '누고(누구)'로 변하는 것을 보여주는데 이미 구어에서 '누구'가 나타나는 것은 어떻게 설명해야 하는가? 이것은 방언차로 설명하는 수밖에는 없을 것이다. 즉, 문어에는 남부방언에서 주로 쓰이던 '누'가 쓰이었고 '누구'는 중부이북 지역의 방언에서 주로 쓰인 것으로 구어체인 『번역노걸대』에 쓰인 것으로 보인다. 그러다가 구어가 문어로 자리하기까지는 얼마간의 시간이 걸렸을 것이 예상되고 근대국어의 문헌어에서 완전히 자리하게 된 것이라고 가정된다.

2) 근대국어(17, 18세기)의 '누(누구)'

중세국어에서는 기본형을 '누'로 가지고 있던 인칭대명사는 근대국어에 들어오면서 그 기본형이 '뉘'로 바뀌면서 '누'와 공존하는 현상을 보여준다.

(5) ㄱ. 뉘 슈(誰) <字會下, 24> <類合下, 6>
ㄴ. 님금 셤기ᅀᆞ오며 남진 셤교미 뉘예셔 더으리오 <內訓序, 3ㄴ>
ㄷ. 형아 아이야 네 술홀 몬져보아 뉘손ᄃᆡ 타나관ᄃᆡ 양지조차 ᄀᆞᆮ

　　순다 <警民 38ㄱ>
　ㄹ. 우리도 그런 줄은 모로돈 아니컨마는 민망호믈 뉘게 니르올고
　　　<原刊捷解 4, 29ㄴ>
　ㅁ. 만일 사룸이 거두디 아니호면 그 뉘 더브러 사로리오 <種德新
　　　編下, 2ㄱ>
　ㅂ. 뉘가 그 가히 친압지 못호기을……아지 못호리요 <斥邪倫音 2ㄱ>
　ㅅ. 내 닙으로 스론 후에 그 뉘라셔 구제홀고 <念佛普勸文 32ㄱ>
　ㅇ. 正官은 뉘시온고 <原刊捷解 1, 15ㄱ>
　ㅈ. 눌노뼈 대쟝을 호고 …… 눌노뼈 운낭관을 호야 <諭中外大小
　　　臣庶倫音 9ㄴ>

　근대국어에서는 격조사가 연결될 때 '뉘'의 형태가 '누'와 더불어 공존하고 있음을 볼 수 있다. 이것은 주격조사의 한 형태인 'ㅣ'가 하나의 음절을 이루지 못하고 쓰이다가 선행체언에 붙어 어휘화가 이루어졌음을 보여주는 것이다. 따라서 위의 예에서 '뉘'는 완전히 굳어진 인칭대명사로 쓰이고 있으며 그 기본형 '누'와 공존하게 된 것임을 알 수 있다.

　『훈몽자회』에서는 '수(誰)'를 '뉘'로 번역하고 있으며, 다른 문헌에서 격조사가 연결된 예로는 '뉘+예셔, 뉘+손디, 게, 뉘+가' 등이 쓰이고 있고, ㅁ의 예에서는 '뉘+(를, 와)+더브러'로 공동격 기능을 보여주고 있으며, ㅅ에서는 '뉘+인용의 '라'+출발점 표지 '셔"의 구성을 보여주고 있다. 또한 존재 전제 및 출발점 표지로 쓰이는 '셔'가 연결된 구성도 보인다. ㅇ은 의문대명사 '뉘'에 주체존대의 선어말어미인 '-시-'가 연결된 예이다. ㅈ은 근대국어에서 격지배 변동으로 대격을 지배하던 '누'가 조격을 지배하게 되면서 '눌노뼈'의 구성이 나타나게 된 것이다.

　여기서 문제가 되는 것은 '뉘라셔'와 '뉘가'의 해석이다. 먼저 '뉘라셔'에 관해서 논의해 보기로 한다.

　'뉘라셔'는 '인칭대명사 '뉘'+인용 표지 '(이)라'+존재 전제의 특수조사

'셔"로 이루어진 구성이다. 이것은 '(이)라'의 형태가 단독으로 존재하는 것과 '셔'가 단독으로 '뉘'에 연결되는 것으로 그 증거를 삼을 수 있다.

(6) ㄱ. 金烏와 玉兎들아 뉘라 너를 좃닐관더 <가곡, p.8>
    ㄴ. 뉘셔 그리 니르옵더니잇가 <계축, p.100>

'뉘라셔'를 '누+이라+셔'로 분석할 수도 있으나 (50)의 '뉘시온고'의 경우처럼 '뉘라셔'가 '뉘시라셔'로 될 가능성을 배제할 수 없기 때문에 우리는 '뉘+(이)라+셔'로 분석하는 것이다.

한편 '뉘가'는 근대국어 후기에 많이 쓰이는 구성인데 이것은 주격조사 '가'의 생성과 관련된 구성이다. '뉘가' 구성은 19세기 자료에서 주로 보이는데 일반적으로 『윤음언해』나 『열녀춘향슈절가(완판본)』 등에서 주로 보이고 있다. 이 '뉘가' 구성은 "누+ㅣ > 뉘'+가'의 변천과정을 거친 것으로 19세기에는 '누+ㅣ, 누+가, 뉘+가'의 구성들이 공존한 것으로 해석된다.

(7) ㄱ을 농시가 보리 농스에셔 나을까 <御製諭湖西大小民人等倫音, 5ㄴ>
    금년 농스가 비록 혈농이라 ᄒ나 <御製諭慶尙道都事兼督運御史金載人書, 2ㄱ>
    그 쉬 쟝춧 십빅에 갓가온더라 <御製戒酒倫音, 20ㄴ>
    잇는 쉬가 만타ᄒ는 되도 <御製諭京畿民人倫音, 4ㄱ>
    뉘가 오늘날 이러혼 흉년을 만나 <御製諭咸鏡南關北關大小士民倫音, 4ㄱ>

이태영(1988 : 101)에서 이미 지적한 바와 같이 『윤음언해』가 보여주는 주격조사의 변천과정을 자세히 살펴보면 '농스가, 농시가'가 공존하고, '쉬, 쉬가'가 공존하고 있는 것은 '농스φ, 농시, 농스가, 농시가', '수φ,

쉬, 수가, 쉬가' 등이 이미 공존하는 상태임을 밝힌 바 있다. 이와 마찬가지의 해석으로 '뉘가'의 경우도 이미 19세기에는 '뉘, 뉘가, 누가'의 구성이 생성되고 있었음을 알 수 있다.

다만 인칭대명사의 경우는 그 생성과정이 '누'로부터 출발했기 때문에 '누+ㅣ>뉘+가>누가'의 과정을 겪은 것으로 해석된다. 그런데 문제는 '누가'보다도 '누구'의 발달이 먼저였다는 데 있는데 왜 '누구가'가 쓰이지 않고 '누가'가 쓰였을까 하는 점이 문제가 된다. 먼저 '누구'의 생성에 대해 생각해 보기로 한다.

근대국어에 들어오면서 이미 중세국어에서 의문형어미와 연결되어 쓰이던 '누고'는 어휘화를 일으키면서 '누고, 누구'로 쓰이기 시작한다.

> (8) 이 벗은 누고고 <平安監營本 重老下, 5ㄱ> (cf. 이 버든 누고 <飜老下, 6ㄱ>)
> 쏘 져 흔 벗은 이 누구고 <重老下, 5ㄴ>
> 랑이 닐오디 누고오 흔대 <勸念1, 1ㄴ>
> 그 중에 누구로 더부러 말ᄒᆞ던 쟈 일인을 불너 두고 <種德新編下 석의록, 36ㄴ>
> 물러간이 긔 누고며 <海東歌謠 p.86>
> 누구 슉(孰) 누구 슈(誰) <石千23, 31>
> 누구는 어미오라븨게 난 ᄌᆞ식이며 <誰是舅舅上孩兒(老上, 14)>
> 누구셔 漁翁의 ᄒᆞ는 일이 閒暇ᄒᆞ다 ᄒᆞ든이 <海東歌謠 p.68>
> 누구 誰 <財物譜4, 196ㄱ>

근대국어에서 의문대명사 '누'가 '누고'로 어휘화되는 이유는 매우 궁금한 사항이 아닐 수 없다. 왜 하필이면 인칭대명사 '누'만 의문형 어미와 결합하여 '누고'를 이루었는가 하는 점이다. 단순히 의문형어미 '-고'와 항상 공기하였기 때문에 그런 것인가 아니면 또 다른 이유가 있는가?

'누'가 의문형 어미인 '고'와 연결되어 하나의 어휘를 이룬 것은 '누고?'가 완벽한 하나의 문장으로 쓰여왔기 때문이 아닌가 한다. 하나의 문장으로 쓰이던 구성이 빈번하게 쓰이다 보면 화자들이 하나의 단어로 인식했을 것이 분명하다.[3]

이러한 경우는 현대국어에서도 그 예를 찾을 수 있다.

> (9) 누군가?
> 그 학생은 누군가?
> 누군가가 오고 있다. (누가 오고 있다)
> 누군가를 뽑아야 한다. (누구를 뽑아야 한다)
> 누군가는 떨어질 것이다. (누구는 떨어질 것이다)

현대국어에서도 '누군가?'라는 문장이 비록 주어가 생략되어 있기는 하지만 하나의 발화로써 완벽하기 때문에 빈번하게 쓰이다 보니 위와 같이 대명사처럼 쓰이고 있는 것을 볼 수 있다. 이처럼 중세국어의 '누고'도 '누군가'와 같은 경로로 변하였을 것으로 추정된다. 중세국어에서는 의문문에서만 쓰이던 '누(고)'가 근대국어에서는 평서문에서도 쓰이는 것을 보면 이미 그 기능이 대명사의 기능으로 바뀌었음을 보여주는 것이다.

『번역노걸대』와 『광주본 천자문』(1575) 이후의 모든 천자문에 '누굿, 누구'로 나타나는 것으로 보면 구어에서는 16세기에 이미 '누고, 누구'형이 완성된 것으로 해석된다.[4] 이 '누고'형이 만들어진 또 다른 이유를 굳

---

3) 문장이 하나의 단어로 어휘화되는 현상은 방언에서 흔히 발견된다. 전북 방언에서도 '날이 저물도록'이 '점드락'이라는 부사로 어휘화되고, '겁이 나다'와 같은 문장이 '겁나다, 겁나게' 등으로 어휘화하는 경우가 있으며, 심지어 '해가 다 가다'와 같은 문장이 '해다 가다, 해다가니, 해다가먼' 등으로 활용하는 경우를 보여준다. 이러한 현상은 빈도가 잦은 문장에서 발생하는데 그 이유는 통사적 긴밀성에 의해 통사적 기능의 상실에 말미암는 것으로 생각된다.

4) 윤홍섭(1986 : 157)에 의하면 『천자문』에서는 모두 '누구(누굿, 뉴굿)'형이 나타난다. 그러나 손희하(1991 : 396)에 의하면 『천자문』에서 '누기'형이 보이는데 이는 1862년의 '행곡

이 문헌에서 찾아본다면 언해되기 전의 원문에 구결로 토를 달았을 때 의문사가 포함된 의문문에는 문장의 맨끝에 의문형 종결어미로 선행어의 말음이 모음이거나 'ㄹ'일 때는 '-오'를 쓰고 그 이외에는 '-고'를 썼는데 이 구결의 영향도 '누고'의 생성에 다소간 영향을 미쳤을 것이다. 이렇게 보는 이유로는 우리 국어에 한문이나 중국어의 영향이 주로 토나 어미류에 많기 때문이다.

현대국어에서 사용되는 '누구'는 '누고 > 누구'의 단순한 변화가 아니라 방언의 영향이라고 여겨진다. 이 '누구'의 이형태가 가장 왕성하게 쓰이는 방언은 함북방언인데 이 방언에서는 '가지고'를 '개지구', '보고'를 '보구' 등 모든 '고'를 '구'로 발음하고 있다. 물론 '고'를 '구'로 발음하는 현상은 충청 이북지역에서 흔히 보는 현상이기는 하지만 '누구'형이 가장 왕성한 함북방언의 영향이라고 생각된다.

이제 주격형으로는 '누구가'가 아닌 '누가'가 생성된 이유를 밝혀 보기로 한다. 중세국어에서 인칭대명사는 그 기본형이 '누'로서 주격형일 경우에는 '뉘'로 표기되었다. 이 주격형은 근대국어에 들어오면서 그 기본형이 주격형일 경우에 완전히 '뉘'로 굳어지게 된다. 그러다가 '가'가 생성되면서 '뉘가'형이 만들어진다. 이 '뉘가'형은 주격조사 '가'가 생성되는 중간과정으로 이 '뉘가'형이 다시 '누가'로 바뀌는 과정을 거쳐 '*누히 > 뉘 > 뉘가 > 누가'의 과정을 겪어 생성되게 된것이다.

'누구가'가 생성되지 않은 것은 이 '누구'는 16세기에 들어와 생성된 것으로 그 쓰임이 '누, 뉘'형과는 다르게 쓰인 것을 알 수 있다. 즉 '누'형은 이미 중세국어 에서부터 그 격조사의 연결이 '뉘(주격), 뉘(속격), 눌, 누

신간본'이다. 이 자료는 전라방언을 반영한 것이다. 한편 19세기 『천자문』인 '육자본'에서는 '누고'형이 쓰이고 있다. 이처럼 『천자문』이 대부분 '누구'인 것은 구어체를 반영하였기 때문이라 생각된다. 구어에서 이미 변화를 보인 것이 문어에 정착하기까지는 상당한 시일이 걸렸을 것으로 추정된다.

를, 눌을(대격), 눌와(공동격)' 등으로 쓰였고 근대국어에서는 '뉘, 뉘가(주격), 뉘(속격), 눌, 눌을, 뉘을(대격), 뉘게, 뉘손티(여격), 눌로(조격), 눌과(공동격)' 등으로 쓰였다.5)

그러나 '누구'는 그 생성이 16세기에 생성된 것이기 때문에 그것이 격을 지배하는 범위가 크게 제한되어 있었다. 즉 이미 '누, 뉘'가 주격, 속격, 대격, 공동격 등을 지배하고 있었기 때문에 '누구'는 조격과 같은 극히 일부의 격과 특히 특수조사(누구는, 누고서) 등과 활용어미류(누고오, 누고고, 누고며 등)에 연결되는 것이 일반적인 현상이었다. 따라서 '누구'는 '누구+가'의 환경을 전혀 가질 수 없었던 것이다. 이러한 이유로 현대국어에서 '누구가'는 쓰이지 않게 되었던 것이다.

그런데 현대 방언에서는 '누가'를 '누구'에 유추하여 '누구가'로 말하는 것을 가끔 볼 수 있는데 이러한 현상은 언어변화에서 아주 자연스러운 현상이라고 할 수 있다. 왜냐하면 현대국어의 공통어에서는 '누구'가 미지칭 인칭대명사로 자리하고 있고 또한 이 '누구'가 방언에 침투하는 현상이 갈수록 심해지는 현상인 바, 오직 '누'를 고집하고 있는 '누가'가 '누구가'로 유추나 혼태현상을 일으키는 것은 충분한 상황을 가진다고 하겠다.6)

---

5) '눌로'는 경남방언에서는 대격으로 기능한다. 함북방언에서 '를'이 '르'로 발음되는데 이 현상과 경남방언의 대격 '로'는 동궤의 것으로 해석된다. 근대국어에서 '눌로'가 대격인지, 조격인지 구별하기 곤란한 경우도 있다. 왜냐하면 '을, 를'이 지배하던 것이 격지배 변동으로 조격 '로'로 바뀌는 예가 많기 때문이다.

6) 이러한 경향은 어린이의 언어습득에서도 찾아볼 수 있다. 3~4세의 말을 배우는 어린이들을 관찰해 보면 대개는 '누가'를 쓰지 않고 '누구가'를 쓴다. 이것은 물론 어린이들이 그들의 규칙을 단순화하여 '누구'를 기본형으로 잡기 때문에 가능한 것이다. 역사적 잔존형인 '누'를 모르는 어린이에게 있어서 '누가'를 쓰지 않고 '누구가'를 쓰는 것은 오히려 규칙지배적인 언어습득인 것이다.

3) 19세기의 '누(누구)'

19세기 후기 자료를 살펴보면 '누'의 쓰임의 일면을 확인할 수 있어 흥미롭다. 여기서는 『열녀춘향슈절가(완판본)』과 『성경직희』 등을 주로 참고하여 서술하기로 한다.

『완판본 열녀춘향슈절가』는 19세기 후기 전라방언을 반영하는 자료이다. 이 자료가 보여 주는 특징은 대명사인 '누'와 '누구'가 전혀 보이지 않고 '뉘, 뉘기' 만이 쓰이고 있음이 특징적이다.

(10) ㄱ. 칙방으셔 뉘가 싱침을 맛년야 <춘향上, 17ㄱ>
　　　뉘가 <춘향上, 13ㄱ> 뉘가 <춘향上, 19ㄴ> 뉘가 <춘향上, 19ㄴ>
　　ㄴ. 사쏘이 호령하되 자니 뉘 말노 알고 티답을 그리하나 <춘향
　　　上, 18ㄴ>
　　　뉘 말 <춘향上, 18ㄴ> 뉘 눈 <춘향上, 38ㄱ> 뉘 간장 <춘향
　　　上, 39ㄴ>
　　ㄷ. 뉘을 밋고 사잔 말고 <춘향上, 41ㄱ> 뉘을 <춘향上, 42ㄱ>
　　　혈혈단신 이닉 신셰 뉘를 밋고 사잔 말고 <춘향上, 43ㄴ>
　　ㄹ. 육친무족 우리 신세 선영 힝화 뉘라 ᄒ며 사후 감장 어이하리
　　　<춘향上, 1ㄴ>
　　ㅁ. 뉘라셔 니 쌀리라 ᄒ리요 <춘향上, 23ㄱ> 뉘라셔 <춘향上, 42ㄴ>
　　ㅂ. 봉사 티답하되 계 뉘기 계 뉘기니 <춘향下, 20ㄱ>
　　　자니가 뉘기여 <춘향下, 30ㄴ> 뉘시오 <춘향下, 30ㄴ> 뉘신
　　　가 <춘향下, 30ㄴ>
　　　잇고 이게 뉘기시오 <춘향下, 33ㄴ>

위의 예에서 보는 바와 같이 '뉘가(주격), 뉘(속격), 뉘을, 뉘를(대격), 뉘라, 뉘라셔(인용)' 등의 조사가 쓰이고 있음을 알 수 있다. 이 자료에서 '뉘, 뉘기'만이 존재하는데 이때 '뉘기'를 '누구'의 이형태로 볼 것인지 아

니면 또 다른 형성과정에 의한 형태인지는 매우 주목되는 사항이다. 본 고에서는 '뉘기'를 두 가지로 해석하고자 한다. 하나는 '누귀 > 누긔 > 누기 > 뉘기'의 변화를 겪은 것이고 하나는 향가에서 보여주는 바와 같이 '*눅+ㅣ > 누기 > 뉘기'의 변화를 겪은 것으로 보고자 한다. '뉘기'가 보여주는 특징은 일반적으로 활용어미와 연결되어 쓰이는 점이다.

아무튼 전라방언에서는 '누구'가 비생산적이었고, 오히려 국어사에서 기본형인 '누'가 '뉘'의 형태로 계속적인 발달을 해온 것으로 해석된다.

18, 19세기 자료인 『셩경직희광익』을 보면 '누구'는 일체 보이지 않고 '누, 뉘'만이 나타남을 알 수 있다(김충효, 1987).

> (11) ㄱ. 뉘 능히 <광익4, 11ㄱ> 뉘 나귀와 <광익8상, 37ㄴ>
>   ㄴ. 뉘가 나롤 <광익6상, 7ㄱ>
>   ㄷ. 누롤 찻느뇨 <광익5, 20ㄱ> 굴ᄋᆞ샤디 누롤 <광익5, 21ㄱ>
>   ㄹ. 네 뉘뇨 <광익1상, 42ㄱ>

『셩경직희광익』은 1790년대에 나타나 『셩경직희』가 이루어진 1892년 이전까지 널리 배포된 한글 필사본인데 이 자료에 의하면 주격형으로 '뉘, 뉘가', 대격형으로 '누롤'이 쓰이고 있다. 의문형어미 '-뇨'가 연결될 때에도 '뉘'가 쓰이고 있음을 알 수 있는데 이것으로 보면 비록 성경자료가 표기상으로 보수적인 면을 띄고 있기는 하지만 이 자료가 한글 필사본이라는 점을 고려할 때 '누'와 '뉘'가 섞여 쓰이고 있었음을 증명하는 셈이다.[7]

그러나 이처럼 쓰이던 인칭대명사는 『셩경직희』에서는 '누구'형이 나타나는 특징을 보인다.

---

[7] 19세기 전북 화산지역어를 반영하고 있는 필사본 『봉계집』을 보면 '뉘그, 뉘라, 뉘라셔' 등 '뉘'만이 나타난다.

> (12) ㄱ. 만일 누구 너희게 말ᄒ거든 굴ᄋ디 쥬ㅣ 쓸더 잇다 ᄒ라 <직
>   희4, 2ㄱ>
>   ㄴ. 뉘가 <직희4, 66ㄴ> 뉘가 <직희5, 4ㄱ> 뉘가 <직희5, 9ㄱ>
>   ㄷ. 둘중에 누구롤 노코져 <직희4, 56ㄱ>
>   ㄹ. 누구인 줄을 <직희4, 15ㄱ>

『셩경직희』는 『셩경직희광익』을 대본으로 하여 성경 대문을 더욱 맞갖게 번역하고 일부는 간략하게 하여 보기 쉽게 하고 한자어를 풀고 오자를 고친 것으로 1892년에서 1897년 사이에 활판 인쇄하여 간행한 것이다.

이 자료에서는 '누구'가 생산적으로 나타남을 알 수 있는데, 이것으로 보면 19세기 말에 '누구'의 쓰임이 일반화된 것으로 보인다. 더욱이 흥미로운 예는 ㄱ의 예인데 이 예에서 '누구'는 주어로 쓰이고 있다. 이것은 '뉘가'를 '누구'로 대체한 것인데 그 당시에 '누구'가 아주 일반화를 보이고 있었음을 알 수 있는 증거이다.

4) 20세기 초의 '누(누구)'

1923년 전주(全州)에서 발행된 『아희들의 셩톄죠비』라는 한글 필사본(필경본) 성경자료를 중심으로 20세기 초의 '누'의 쓰임을 살펴 보기로 한다.[8] 이 자료에서는 '누, 뉘, 누구' 등이 쓰이고 있다. 그 예는 다음과 같다.

> (13) ㄱ. 내가 위태혼 줌에 잇는 것을 뉘가 요셉의게 보ᄒ엿느냐? <9ㄱ>
>   누-가 굿테히 밋게 하엿느냐? <16ㄴ>

---

8) 이 자료는 1923년 전북 전주에서 발행된 천주교 교리에 관한 자료로 필사본(필경본)이다. 성경자료이기 때문인지 전주에서 발행되기는 했으나 전북 방언의 특징이 크게 두드러지지 않는다.

내가 뉘 집안에서 낫넌지 말ᄒ라 <6ㄱ>
첫 죠상들이 구셰쥬– 나실 것을 뉘게 말슴ᄒ셧다던가? <5ㄴ>
누–의게 내 시톄롤 쳥구하엿ᄂ냐? <16ㄱ>
부인들이 누–게 가셔 나 부활한 소식을 젼ᄒ더냐? <16ㄴ>
우리를 항상 직히는 이롤 뉘라 ᄒᄂ냐? <53ㄱ>
ㄴ. 내가 누구인지 너 아ᄂ냐 <1ㄱ>
나의 ᄉ랑ᄒ온 어린 ᄋ희야 뎌들이 너롤 누구라고 부르더냐?
<3ㄱ>
유데아에 와셔 누구의게 무러 나롤 차잣ᄂ냐? <9ㄱ>
누구하고? <10ㄴ>
ᄉ랑스러온 아희야 내가 누구롤 특별히 사랑하엿ᄂ냐? <12ㄱ>
유다스가 누구냐? <14ㄱ>

이 자료에서는 '누의게, 누게' 등은 아주 드물게 쓰이고 '뉘'형이 많이 쓰이고 있는 반면에 '누구'의 쓰임이 아주 일반적으로 쓰이고 있음을 알 수 있다. 그러나 주어에 연결되는 '누구'는 전혀 쓰이지 않으며, '뉘가'도 단 하나의 예만이 쓰일 뿐이고 '누가'형이 주어를 나타내고 있다.

한 가지 특징적인 것은 '누(뉘)'형이 주격과 여격에 주로 관계하고 '누구'형이 여격, 공동격을 지배하고 심지어 대격을 지배하는 일반적인 현상이 보인다.

이상으로 문헌에서 쓰인 '누(누구)'의 쓰임을 시대별로 요약하면 다음과 같다.

15세기	16세기	17 · 18세기	19세기	20세기초	현대국어
누	누	누, 뉘	누, 뉘	누, 뉘	누(가)
	누구	누고, 누구	뉘기, 누구	누구	누구

3. 방언에서 '누(누구)'의 쓰임

1) '누(누구)'의 방언 분포

인칭대명사 '누'는 방언에서의 쓰임이 상당히 차이가 있을 것이 예상된다. 그러나 현재로서는 여러 방언을 종합적으로 정밀하게 검토할 수 없고 현재 알려진 자료에 의해서 방언에서 과연 '누'의 쓰임은 어떠할 것인가를 검토하고 문헌에서의 변천과정과 함께 방언에서의 '누'의 분화를 상보적으로 고려해 보기로 한다. 방언에서의 현상을 간략히 정리하면 다음과 같다.[9]

(14) ㄱ. 전북 방언 − 누가(주격) 누구, 뉘, 누(속격) 누구로(조격) 누구를
(대격)
뉘기다, 누구한티, 뉘안티(여격) 누구허고, 누구랑(공동격)
뉘시오, 뉘기오, 뉘기여(종결어미의 경우)
ㄴ. 전남방언 − 누가, 누기가(주격) 뉘, 누(속격)
누구로, 누기로, 누로, 뉘긴줄, 뉘기로(조격)
누구한테, 누기한티, 뉘한티, 뉘기한티, 누한테(여격)
누구냐, 누기냐, 뉘기냐, 누냐, 뉘시요, 누요,
뉘기시요(종결어미의 경우)
ㄷ. 충남방언 − 누가(주격) 누구, 뉘, 누(속격) 누구로, 누구루(조격)
누구한티, 뉘한티, 뉘게다, 누구게다, 누구에게(여격)
누구냐, 누군가, 누구여(종결어미의 경우)
ㄹ. 충북방언 − 누가(주격) 누, 뉘(속격) 누구로, 누구루, 뉘라, 뉘기

---

9) 이 자료는 『한국방언자료집(한국정신문화연구원 발행)』 강원(2권), 충북(3권), 충남(4권), 전북(5권), 경북(7권)을 참고하였으며, 경남방언은 서정목(1987 : 273)을, 평북방언은 김이협(1981)을, 함북방언은 김태균(1986)을 참고하였다. 전남방언 자료는 김창섭 교수께서 현재 작업 중인 『한국방언자료집(한국정신문화연구원 발행 예정) 전남편』을 보여주신 것이다. 자료를 보여주시고 대화를 나누어 주신 김 교수께 감사드린다.

　　　　　로(조격)
　　　　　누게다, 누구한티(여격)
　　　　　누구냐, 누군가(종결어미의 경우)
　　ㅁ. 강원방언－누가(주격) 누, 뉘, 누에(속격) 누구루, 뉘기루(조격)
　　　　　뉘게다, 누구한테(여격)
　　　　　누구냐, 뉘기냐, 누귀냐(종결어미의 경우)
　　ㅂ. 경남방언－누가(주격) 누(속격) 눌로(대격) 눌로부터(조격)
　　　　　누한테(여격) 누라꼬, 누고(종결어미의 경우)
　　ㅅ. 경북방언－누가(주격) 누구, 누, 뉘(속격)
　　　　　누구로, 누기로, 뉘기로, 누로, 뉘로(조격)
　　　　　누구한테, 누기한대, 뉘기한테, 누한태, 뉘인데, 누긴대(여격)
　　　　　누고, 누구냐, 누구노, 누구고, 누기요, 누기고, 뉘기로(종결어
　　　　　미의 경우)
　　ㅇ. 평북방언－누, 뉘('누구'의 방언형, 속격) 누군(누구는) 누굴(대격)
　　ㅈ. 함북방언－누기, 뉘귀, 뉘기, 니귀(누구의 방언형)
　　　　　누구, 누기, 뉘귀, 뉘기(주격)
　　　　　누구느, 누기느, 뉘귀느, 뉘기느(누구는)
　　　　　누구르, 누그르, 뉘귀르, 뉘기르(대격)
　　　　　누구, 누기, 뉘귀, 뉘기(속격)
　　　　　누구와, 누기와, 누귀, 뉘귀와, 뉘기랑(공동격)
　　　　　누기에게, 뉘기에게(여격)

　　위의 자료를 살펴보면 주격형으로는 거의 대부분 '누가'가 쓰인다. 함
북방언에서만 '누구'형이 쓰이나 일부 지방(함북 온성)에서는 '누가'가 쓰이
고 있음을 볼 수 있다. 이것으로 보면 주격형인 '누가'는 국어사의 변천
과 동궤에 있는 것이다. 또한 속격형도 함북방언을 제외하고는 '누, 뉘,
누구'형이 쓰이고 있는데 '누구'가 쓰이는 것은 중앙어의 간섭으로 해석되
기 때문에 속격형 역시 국어사의 변천과 동궤에 있는 것이다. 특히 강원
방언에서는 '누에'형이 나타나는데 이것은 '*누희 > 뉘'의 변천과정을 보

여주는 예로 보이며 고대국어에서 '누희'로 발음되었음을 보여주는 것으로 해석된다. 여격형의 경우 함북방언과 경북방언을 제외하고는 대체로 '누구, 누, 뉘(게다, 한테)'형이 쓰이고 있음을 볼 수 있다. 경북방언의 경우는 '누구, 뉘기, 누기, 누, 뉘'형이 혼합되어 쓰이고 있음을 알 수 있고, 함북방언의 경우는 '누구'의 이형태가 쓰이고 있다.

특이하게도 조격의 경우는 경남방언을 제외하고는 '누구'형이 쓰이고 있고, 대격형의 경우도 경남방언을 제외하고는 '누구'형이 쓰이고 있거나 쓰일 것이 예상된다. 공동격의 경우도 방언의 경우 '허고, 랑'이 그 조사로 쓰이고 있는데 '누구'형이 쓰이고 있다.

또한 종결어미의 경우 경남방언에서는 '누'형이 일반적이고 다른 방언에서는 '누구, 누기(뉘기)'가 왕성하게 쓰이고 있음을 지적할 수 있다.

이러한 '누, 누구'의 환경이 격조사와 활용어미의 경우에서 제약을 받게 된 것은 '누'형이 이미 중세국어에서 일반적으로 '주격, 속격, 대격, 여격' 등을 지배하다가 16세기에 '누구'형이 완성되면서 이미 '누'가 가지고 있던 영역을 벗어나 '조격, 공동격'과 다른 특수조사를 지배하고 또는 활용어미의 어간으로 쓰였기 때문이다.

2) 향가의 '誰支'의 해석과 방언

향가에서 대명사 '누'의 흔적을 발견할 수 있는 예는 「처용가」에서 볼 수 있는 '誰支下焉古'이다. 이 문장을 해석한 여러 학자들의 견해는 다음과 같다.

> (15) ㄱ. 둘은 누이언고 (소창진평, 1929)
>   ㄴ. 둘은 뉘해언고 (양주동, 1947)

ㄷ. 둘흔 뉘ㅅ해언고 (지헌영, 1948)
ㄹ. 두불깐 누기 까안고 (김선기)
ㅁ. 두블흔 누히 하언고 (서재극, 1975)
ㅂ. 두흘은 뉘△하언고 (김준영, 1990)
ㅅ. 두볼른 누기핸고 (김완진, 1980)

「처용가」에서 문제가 되고 있는 '誰支'의 해석은 위에서 보는 것처럼 다양하다. 이 해석을 크게 대별해 보면 다음과 같다.

(16) ㄱ. 중세국어의 '누, 뉘'
     ㄴ. 경상방언의 '누기, 누히'
     ㄷ. 뉘+ㅅ, △(입성적 표기)

(16ㄱ)의 견해는 곧바로 '誰支'를 중세국어 '누'와 '뉘'로 해석했다는 점에서 '支'의 정체가 여전히 풀리지 않은 채로 남는다. (16ㄴ)의 견해는 경상방언의 '누기(또는 누히)'로 보고자 하는 견해인데, '支'의 해석이 '기'로 된다고 보기 어렵다. 왜냐하면 '支'는 입성적 표기로서 한 음절을 형성하기 어려운 표기(김준영, 1990)이고, 또한 '誰支下'는 현대국어로 '누구의 것'으로 번역되고 방언형으로는 '누야, 뉘야'로 번역되는 것인데 경상방언의 경우나 전라방언의 경우에 속격형일 경우 '누기'는 보이지 않고 '누, 뉘'로 나타나는 점을 고려해 볼 때 향가의 '誰支'가 곧바로 '누기'나 '누히'로 번역되는 것은 바람직하지 않다.

이 글은 ㄷ의 견해를 중시하고자 한다. 다만 '誰'는 중세국어와 방언형을 고려할 때, '누'로 번역되어야 한다. ㄷ의 견해에서 '支'를 입성적인 표기로 보고 'ㅅ, △'으로 해석하고 있는데, 이는 김준영(1990)에서 'ㅎ'의 표기로 수정되었다.

김준영(1990)은 향가의 '支'의 쓰임에 대하여 첫째, 한자의 상성, 거성, 평성 등을 빨리 거두는 입성적 표기로 보고, 둘째, 향가에 'ㅎ'받침 말을 '支'로 표기된 곳이 있는 점, 셋째, 향가시대에 어미의 강세를 나타내는 'ㄱ'이 15세기보다 많이 쓰였는데 그 'ㄱ'이 '支'로 표기된 곳이 있는 점, 넷째, 15세기 말의 표기 중 'ㅭ'이 쓰인 곳에 향가의 '支'가 쓰인 점, 다섯째, 이를 종합하면 향가에 '支'로 표기된 것이 15세기의 'ㅅ△ ㅭ ㄹ'외에 ㄱ받침을 벗어나지 않는다는 점 등을 미루어 '支'는 후두폐쇄음 'ㆆ'에 가까운 것으로 추정하고 있다.

훈민정음에서도 이미 'ㄱㄷㅂㅈㅅㆆ'을 全淸으로 분류하고 있고, 제자해에서 'ㆆ'을 '聲淺'이라고 한 것은 그것이 후두음이 아닌 평음(전청)계열에 속하는 것임을 암시하고 있다(이기문, 1977 : 28)고 해석하고 있다.

이러한 견해로 보면 향가의 '誰支'는 경상방언의 경우를 고려한다 하더라도 '누ㄱ'으로 해석될 수 있을 것이다. 이렇게 해석하는 근거를 삼을 수 있는 것은 많지 않지만 첫째, ㅎ종성체언이 ㄱ으로 변하는 예(우ㅎ>욱)가 있는 점과 둘째, 경상방언이나 전라방언에 나타나는 '누'의 이형태로 '누기, 뉘기'형이 있다는 점, 셋째, 이 '누기, 뉘기'형의 형성은 '누ㄱ+주격조사 또는 접미사 'ㅣ''의 구성으로 이루어진 점 등을 들 수 있을 것이다.10)

한편 『광주본 천자문』(1575년)에서는 '孰'을 '누국 슉', '誰'를 '누굿 슈로 표기하고 있는데 이때의 '누국, 누굿'의 'ㄱ, ㅅ'의 표기가 그 당시의 어느 방언에 존재했던 내파화 현상과 관련되며 또한 향가의 '支'와 관련된 것

---

10) 이와 관련하여 전북 방언에 나타나는 2인칭 대명사의 방언형도 참고가 될 수 있을 것이다. 2인칭 대명사인 '너'의 속격은 '너그(느그)'로 나타나고, 복수형인 '너희'의 곡용은 '느그덜이 · 너기덜이 · 너그가(주격), 너그덜 · 너기덜 · 느그덜 · 너그(속격), 너그덜얼 · 니기덜얼 · 너그럴(대격)' 등으로 나타나는데 이때 '너그, 너기, 느그'형이 우리가 논의하는 '누기'와 관련성을 가질 것으로 보인다.

이 아닌가 한다. 이 『천자문』에서는 ‘도릿 도(道)’와 같이 내파화 현상이 있었음을 보여주고 있다.

따라서 우리는 향가의 ‘誰支’가 방언에 따라 ‘*누ㅎ > 누’의 변화로 ‘뉘’형이 쓰이게 되고 ‘*누ㄱ > 누기 > 뉘기’의 변화로 ‘뉘기’형이 발달했음을 추정할 수 있다. 이때의 ‘뉘기’는 ‘누구’형과는 그 어원이 다른 형태임을 알 수 있다.

3) ‘누’, ‘뉘기’와 ‘누구’의 방언분화

위의 예에서 볼 수 있는 것처럼 전라, 경상 방언을 제외하고는 일반적으로 ‘누구’형의 쓰임이 일반적이다. 이 ‘누구’형은 그 이형태로 ‘누귀, 뉘귀, 뉘기, 누그, 니귀’ 등을 갖는다. 이 ‘누구’형은 우리나라의 남쪽에서 북쪽으로 올라갈수록 그 쓰임이 더욱 많음을 볼 수 있다.

이 ‘누구’형의 이형태의 변천과정은 흥미로운 현상이 아닐 수 없다. 여기서 의문이 되는 것은 왜 문헌의 ‘누고’형이 방언에서는 ‘누구’형의 이형태로만 발전했는가 하는 점인데 이것은 함북방언의 특징과 관련지어 해석되어야 할 것같다. 함북방언의 특징중의 하나는 ‘고’를 ‘구’로 발음하는 특징을 가지고 있다. 예를 들면 ‘가지고’를 ‘개지구’, ‘보고’를 ‘보구’ 등 아주 일반적인 현상이다. 더욱이 『노걸대 언해』를 살펴보면 이 문헌에서 ‘누구’형이 발견되는데 이것은 이 문헌이 함경도 방언을 반영하고 있기 때문인 것으로 이해된다. 이점은 어휘의 여러 면에서도 확인할 수 있다.

따라서 ‘누고’형은 방언의 영향으로 ‘누구’형으로 바뀐 것으로 이해된다. 그런데 함북 방언의 경우에 또하나의 특징은 접미사 ‘-i’가 연결되는 일반적인 현상(예를 들면 ‘조선(朝鮮)’을 ‘되센’)이 있다는 점이다.

이러한 영향으로 말미암아 ‘누구’에 접미사 ‘-i’가 연결된 ‘누귀’형이 일

반적으로 쓰이게 된 것이다. 그러다가 움라우트 현상으로 '뉘귀'가 되었
다. 이 '뉘귀'형은 '누그'형이 있는 것으로 보아 '귀 > 긔 > 기'로 이중모음이
단모음의 변화를 거쳐 '뉘기'와 같은 이형태가 만들어진 것으로 보인다.

그러나 중부 이남 방언인 전라방언과 경상방언에서 보이는 '뉘기, 누
기'는 그 변화가 다른 각도에서 시작되었을 것으로 추정된다.

19세기 후기 전라방언에서도 이 '누구'의 이형태들이 보이고 있는데
이 예는 다음과 같다.11)

> (17) 누구를 살작 돌나보난야 <병진 박, 144>
> 자너가 뉘긴고 <병오춘, 27ㄴ> 너 뉘기을 미드리요 <삼국지3, 180>
> 뉘긔 잇쇼 <심, 182> 게 누긔랄 게 <춘.동, 138>
> 누기를 만나며 <심下, 32ㄱ> 니가 누기라고 <적, 508>

이 자료에서 나타나는 '누구'의 이형태는 대체로 서남방언에서 쓰이는
일반적인 '뉘기'형이 나타난다. 따라서 현대 전라방언에서 나타나는 '뉘
기'형과 전혀 다를 바가 없다. 우리는 이 현상이 전라방언의 일반적인 현
상으로 보지 않는다. 현대의 전라방언이 보여주는 것처럼 오히려 이 방
언권에서는 '누, 뉘'형이 일반적이었고 '누구'의 이형태인 '누기, 뉘기'형이
19세기에 보이는 것은 19세기 후기가 '누구'형이 일반적으로 쓰이고 있
었던 시기였기 때문에 다른 방언의 접촉으로 유입된 것으로 해석된다.
『열여춘향슈절가』에도 '누구'는 전혀 보이지 않고 '뉘'형이 가장 많이 쓰
이며 부분적으로 '뉘기'가 쓰이고 있는 점도 참고된다.

한편 '뉘기'형이 만들어져 쓰이게 된 이유로 우리는 향가의 '誰支'의 예
를 들 수 있다. 이것은 '누구'으로 해석되는데 여기에 주격조사 내지는

---

11) 이 자료는 최전승 교수께서 보여주신 판소리와 완판본 한글고전소설 자료이다. 자료를
　　보여주시고 대화를 나누어 주신 교수님께 감사드린다.

접미사 'ㅣ'가 연결되어 '뉘기'형이 생성되게 된다. 그리하여 경상, 전라방언에서는 '누'형이 존재하고 '뉘기'형이 존재하는데 '누'형의 쓰임이 훨씬 강하고 '뉘기'형은 극히 일부 지역에서만 발견된다. 이러한 사실은 고대국어에서 '누ㅎ'이 하나는 ㅎ이 탈락되어 쓰였고, 하나는 '누ㄱ'의 형태가 쓰이다가 '누기'형을 산출하게 된 것으로 해석된다.

위에 언급한 각 지역의 방언의 예에서 볼 수 있는 바와 같이 남부방언의 경우에는 '뉘기, 누기' 등이 나타나는 데 반하여 북부방언에서는 '뉘귀, 뉘그, 뉘기'형이 나타남을 볼 수 있다. 이것은 방언차가 있었음을 보여주는 것으로 남부에서는 '누, 누ㄱ'형이 우세하게 쓰였고, 북부에서는 '누구'형이 우세하게 쓰였음을 보여준다.

한편 전남 방언에서는 '뉘기가'의 구성이 보이는데 이 구성은 두 갈래로 해석이 가능하다. 하나는 '뉘기'가 일반화되어 현대국어의 '누구가'처럼 '누가'의 '누'를 '뉘기'로 대체한 일반적인 현상으로 볼 수 있고, 다른 하나는 '누가, 뉘가'의 또 다른 방언형으로 볼 수 있는데 만일 후자로 본다면 '뉘기가'형이 다른 방언에서도 나타나야 하는데 전혀 보이지 않는다. 따라서 이것은 전자의 견해와 같은 것이다.

4. 결론

이 글은 문헌어와 방언에 나타나는 미지칭 인칭대명사인 '누, 누구, 누기, 뉘기, 뉘귀' 등의 변천과정을 추적해왔다. 간단한 변화를 겪었던 것으로 기술되었던 이 대명사의 변천과정은 문헌과 방언에서 상당한 차이를 보였으며 그러한 차이는 문헌으로는 도저히 설명될 수 없는 것이었다. 이것을 이 글에서는 방언분화로 해석하였다. 이제 이 글에서 다루어진 내용을 정리하여 결론으로 삼고자 한다.

중세 문헌어에서는 미지칭 인칭대명사의 기본형은 '누'였다. 이 '누'는 설명의문문을 만드는 의문형 어미 '고'와 빈번하게 쓰이게 되면서 근대국어에서는 '누고(누구)'형의 대명사를 형성하게 된다. 그런데 『번역노걸대』와 『광주본 천자문』에 '누구'가 쓰이는 것으로 보면 이미 구어에서는 16세기 초에도 '누구'가 쓰인 것으로 해석된다.

근대국어인 17, 18세기에는 대명사 '누'는 그 기본형이 '뉘'로 바뀌면서 '누'와 공존하게 된다. 이것은 주격조사이던 'ㅣ'가 하나의 음절을 이루지 못하고 쓰이다가 선행체언에 붙어 어휘화한 것이다. 근대국어에서 쓰이던 '뉘라셔'는 '뉘+(이)라+셔'의 구성으로 해석된다. 또한 '뉘가'형은 "누+ㅣ>뉘'+가'의 과정을 거친 것으로 19세기에는 '누+ㅣ', '누+가', '뉘+가'의 구성으로 공존하면서 쓰였다.

'누'는 중세국어와 근대국어에서 그 쓰임에 제약이 있었다. '누'형은 이미 중세국어에서 '뉘(주격), 뉘(속격), 눌, 누를, 눌을(대격), 눌와(공동격)' 등에서 쓰였고 근대국어에서는 '뉘·뉘가(주격), 뉘(속격), 눌·눌을·뉘을(대격), 뉘게·뉘손디(여격), 눌로(조격), 눌과(공동격)' 등에서 쓰였다. 한편 '누구'는 16세기에 생성된 것이기 때문에 문헌에서 그것이 격을 지배하는 범위는 크게 제한되어 있었다. 즉 이미 '누, 뉘'가 주격, 속격, 대격, 공동격 등을 지배하고 있었기 때문에 '누구'는 조격과 같은 극히 일부의 격과 특히 특수조사(누구는, 누고서) 등과 활용어미류(누고오, 누고고, 누고며)에 연결되는 것이 일반적인 현상이었다. 이러한 이유로 '누구'는 '누구+가'를 가질 수 없었던 것이다.

19세기 후기 자료인 『성경직히』에서 '누구'의 쓰임이 일반화된 것을 볼 수 있다. 이 자료에서는 '뉘가'가 쓰일 환경에 '누구'가 주격으로 쓰인 것으로 보면 '누구'의 일반적인 쓰임을 알 수 있다. 20세기 초 자료인 『아희들의 셩톄죠비』에서는 '누, 뉘, 누구'가 공존하고 있으나, 특징적인 것은 '누(뉘)'형은 주격과 여격에 주로 관계하고 '누구'형은 '여격, 공동격, 대격'등을 지배하는 일반적인 현상을 보인다. 또한 '누구'의 쓰임이 빈도상으로 훨씬 많음을 볼 수 있다.

방언에서 '누(누구)'의 쓰임을 살펴보면 매우 다양함을 알 수 있다. 그러나 그 다양한 현상을 크게 대별하면 '누'형은 충청이남에서 주로 쓰이고, '누구'형은 충청이북에서 주로 쓰이는 현상으로 지적된다. 그러므로 남부 방언에서 주로 발견되는 '뉘기'형을 '누구 > 누귀 > 뉘귀 > 뉘긔 > 뉘기'와 같은 변화를 겪은 것으로 해석하지 않고, 기원적으로 '누 ㄱ'형이 기본형인 것으로 보아 '누 ㄱ+ㅣ > 누기 > 뉘기'의 변화를 겪은 것으로 보았다. 따라서 '처용가'에 나타나는 '誰支下焉古'의 '誰支'는 '누기'가 아닌 '누 ㄱ'으로 해석하였다.

하나의 어휘가 변화하는 과정은 의미만이 변하는 것이 아니고 통사적인 현상과 엇물려 있는 경우가 있기 때문에 다양한 변화를 보여주는 것이다. 바로 이 글에서 다룬 미지칭 인칭대명사가 그러한 경우에 속한다고 볼 수 있다.

참고문헌

김광해(1983), 「국어의 의문사에 대한 연구」, 『국어학』 12.

김완진(1980), 『향가 해독법 연구』, 서울대 출판부.

김이협(1981), 『평북방언사전』, 한국정신문화연구원.

김준영(1980), 『향가문학』, 형설출판사.

김준영(1990), 「향가표기에 있어서의 '攴'의 정체」, 『한국 고시가 연구』 소재, 형설출판사.

김충효(1987), 「『셩경직히광익』과 『셩경직히』의 표기법과 문법 형태 비교 연구」, 『그리스도교와 겨레문화』 2, 그리스도교와 겨레문화연구회.

김태균(1986), 『함북방언사전』, 경기대학교 출판국.

방학수(1985), 「재물보에 대한 국어학적 연구」, 석사학위 논문(단국대 교육대학원)

서재극(1975), 『신라 향가의 어휘 연구』, 계명대 출판부.

서정목(1987), 『국어 의문문 연구』, 탑출판사.

손희하(1991), 「새김 어휘 연구」, 박사학위 논문(전남대)

유창돈(1964), 『이조어 사전』, 연세대 출판부.

윤홍섭(1986), 「천자문에 대한 국어학적 연구」, 석사학위논문(단국대 교육대학원)

이기문(1972), 『개정 국어사 개설』, 민중서관.

이기문(1977), 『국어 음운사 연구』, 탑출판사.

이숭녕(1983), 『중세국어문법(개정증보판)』, 을유문화사.

이윤하(1988), 「'(이)라서'에 대한 별견」, 『어문연구』 16-2호, 일조각.

이태영(1988), 『국어 동사의 문법화 연구』, 한신문화사.

『조선말 사전』(1990), 과학원 출판사 간행, 동광출판사 영인.

최현배(1946), 『우리말본』, 정음사.

허 웅(1975), 『우리 옛말본』, 샘문화사.

허 웅(1989), 『16세기 우리 옛말본』, 샘문화사

홍윤표(1975), 「주격어미 '-가'에 대하여」, 『국어학』 3.

황대화(1986), 『동해안 방언연구』, 김일성 종합대학 출판사.

한국정신문화연구원(1990), 『한국방언자료집』 2(강원도 편).

한국정신문화연구원(1987), 『한국방언자료집』 3(충북 편).
한국정신문화연구원(1990), 『한국방언자료집』 4(충남 편).
한국정신문화연구원(1987), 『한국방언자료집』 5(전북 편).
한국정신문화연구원(1989), 『한국방언자료집』 6(경북 편).

제11장 ┃ 전라방언 '내비두다, 내쌰두다'의
어간 재구조화와 의미 변화

1. 서론

이 연구는 전라방언의 '버리다'가 기본형에서 출발하여 '내버리다'와 같은 복합어, '내버려 두다'와 같은 보조동사 구성이 되면서 겪게 되는 음운 변화 및 의미 변화와 아울러, 그 과정 속에서 나타나는 어간 재구조화의 과정을 살피고, 유의적 의미를 갖게 되는 '내비두다, 내쌰두다, 내박쳐 두다, 내던져 두다, 그만두다, 놓아두다, 그냥 두다' 등 여러 어휘 및 구성들과의 의미적 관계를 살피고자 한다.

방언 어휘의 변천 과정은 문헌 자료가 많지 않기 때문에 구체적인 변천 과정을 추적하기가 매우 어렵다. 개체사를 표방하고 있는 어휘 연구의 현실에 비추어 유사한 의미 묶음으로 묶을 수 있는 어휘 항목을 찾아내어 그 어휘들의 개체사 및 관련성을 공시적으로 또는 통시적으로 검토하는 일은 꼭 필요한 작업이다.

특히 음운사와 문법사에 비해 연구가 활발하지 못한 어휘사에 관심을 갖는 일은 균형적인 국어사 연구를 위해서 매우 필요한 일이다. 말이란 어휘를 중심으로 그 의미가 전달되는 것이기 때문에 낱낱의 어휘에 대한 그 역사적 과정을 밝히는 일은 매우 중요한 일이다. 특히 방언 어휘의 경우, 어휘의 변천 과정을 복원한다면 문헌사에서 볼 수 없는 새로운 유형의 변천 과정을 얻을 수 있을 뿐만 아니라, 전체 국어사의 기술에도 큰 도움을 줄 수 있을 것이다.

그간 어휘의 변화에 관한 연구는 변화의 과정인 재구조화, 융합, 문법화, 혼태 등의 범주 중심으로 상당히 진행되었다. 어휘화의 과정에서 보여주는 이런 다양한 현상은 각각의 과정은 다르지만 결국 새로운 어휘를 생성시킨다. 재구조화를 다룬 논문으로는 곽충구(1994ㄱ, 1995), 최명옥(1991, 1993), 최전승(1996) 등이 있으며, 문법화 내지 융합에 의해 새로운 어휘가 생성되는 예는 이승재(1992)와 곽충구(1985) 등이 있다. 이기갑(2006)에서는 복합문이 어미로 문법화하는 과정을 밝히고 있다.

이 연구에서도 역시 재구조화의 여러 과정 중에서 어간이 음운 변화 및 어휘 형태소의 결합에 의해 재구조화되는 방언 어휘화 과정을 살피려고 한다. 특히 전라방언의 어휘에 관한 연구가 많지 않은 실정에서 전라방언 화자들에게 매우 익숙한 '버리다'의 다양한 변화에 관한 연구를 통하여 다양한 어휘화의 과정을 살펴보고자 한다.

2. 복합동사 '내버리다'의 변천 과정

1) '버리다'의 방언분화

중세국어 'ᄇᆞ리다'는 본동사로 쓰일 때, '棄, 捨, 舍, 去, 遺' 등에 대응되어 나타난다. 모두 '내버리다'의 뜻을 공유한다(손세모돌, 1992 : 80). 15세기 형태 'ᄇᆞ리다'는 16, 17세기에는 '불이다'로도 표기되었다. 'ㆍ'가 비음운화되어 어두음절에서 'ㅏ'로 합류하면서 나타난 형태가 18세기의 '바리다'이다. 19세기 말에 '버리다'로 변화하여 현대국어에 이른다(국립국어원, 2008 참조).

> (1) ㄱ. 妻眷 ᄃᆞ외얀디 三年이 몯차이셔 世間 ᄇᆞ리시고 城 나마 逃亡ᄒᆞ
>   샤 車匿이 돌아 보내샤 盟誓ᄒᆞ샤디 道理 일워ᅀᅡ 도라오리라
>   <1447 석보상절, 6:4b>
> ㄴ. 捨ᄂᆞᆫ ᄇᆞ릴씨니 내 恩惠를 ᄇᆞ려 衆生ᄋᆞᆯ 줄씨라 <1447 석보상절,
>   9:6b>
> ㄷ. 棄ᄂᆞᆫ ᄇᆞ릴씨라 <1459 월인석보서, 10a>
> ㄹ. 어버이을 앗참나조 못보매라 ᄒᆞ야 벼슬 불이고 와 효도을 지극
>   이 ᄒᆞ더니 <1581 속삼강, 중, 효, 6a>
> ㅁ. 귀천남녀로쇼 업시 망샹분별 다 바리고 나의 말슴 들어보오
>   <1796 인과곡, 1a>
> ㅂ. 버린 자식 自棄之人 <1895 국한회, 138>
> ㅅ. 棄 버릴 기 <1916 통학경, 34a>

본동사의 경우, 방언에서는 'ᄇᆞ리다 > 바리다 > 버리다 > 베리다 > 비리다' 등의 변화과정을 거쳐, '버리다, 베리다, 비리다' 등으로 나타나고 있다.12)

(2) ㄱ. 아버님은 일찍 세상을 베리시고 어머니 밑에서 살아가지고 참
　　　 그 사람도 없는 사람이여 <전북부안군편, 부안읍, 148>[13]
　　 ㄴ. 근게 젊은 세대에 부모 지자식 버리고 어린 자식 베리고 전장
　　　 에 나가서 죽은 일도 원통헌디 <전북고창군편, 신림면, 1236>
　　 ㄷ. 인자 나는 이미 몸을 베린 사람이라고 근디 그 사람을 두고 어
　　　 찌게 좋다고 딴 디로 가고 <전북정주시1편, 정읍정우1, 724>
　　 ㄹ. 너를 버릴 적으 퍼대기에 양쪽으로 학을 놓아서 수를 놓아서
　　　 그 퍼대기여다 갖다 싸서 비렸노라 <전북군산시옥구군편, 개
　　　 정면, 559>

　보조동사의 경우, 방언에서는 '부리다 > 바리다 > 버리다 > 베리다 > 비
리다', '버리다 > 부리다' 등의 과정을 거쳐, '버리다, 부리다, 비리다' 등
이 쓰이는데 이 어휘들은 된소리화 과정을 거쳐 '뻐리다, 뿌리다, 삐리다'
로도 쓰인다.

(3) ㄱ. 그러고 있는디 형 되는 사람이 그냥 드러누워 버렸다 이말이여
　　　 술자리서 <전북전주시완주군편, 전주시, 69>
　　 ㄴ. 편지를 써가지고 그 인자 그 자기 종을 줌서로 갖고 너는 어서
　　　 가라고 잃으믄 큰일난다고 인자 보내 부렸어 <전북정주시1편,
　　　 정읍감곡1, 615>
　　 ㄷ. 이 천장으 걍 그 집이 걍 몇해 썩어 비린게 헐어진 이런 구녁
　　　 으로 구랭이가 걍 이만한 놈이 <전북정주시2편, 태인면, 152>

(4) ㄱ. 그 이진사를 보내뻐렸어 <전북전주시완주군편, 이서면, 841>

---

12) 『한국방언자료집』에 따르면 경북방언에서는 본동사일 경우에도 '삐리지, 빠리지, 뻐리
　　 지' 등이 쓰이고 있다.
13) 이 글에서 제시하는 예문 중 『전북부안군편, 부안읍, 148』, 『전남승주군편, 낙안면, 636』
　　 등의 출전은 『한국구비문학대계』 중 전북편과 전남편을 제시하는 것이다. 그러나 『전
　　 북고창군편, 신림면, 1236』과 같이 제시되는 전북 고창군편은 1993년 고창군에서 편찬
　　 한 『고창군구비문학대계』를 참고한 것이다.

ㄴ. 또 없어져 뿌렸는디 <전북전주시완주군편, 전주시, 106>
ㄷ. 아주 그양 집이도 안들어가고 죽어 삐릴라고 남산공원으로 올라갔어 <전북정주시2편, 태인면, 122-2>

'버리다'는 '필요가 없는 물건을 내던지거나 쏟거나 하다'의 의미를 가지고 있고, '던지다'는 '(무엇을 딴데 가지고 가서) 버리다'는 의미가 있어 서로 유의어 관계에 있다. 따라서 이 둘은 방언에서 혼태를 일으킨다. 그리하여 '번지다'와 같은 어형이 보이고 조동사 구성과 복합동사 구성에서 '먹어 분지다, 내번지다'로 사용된다.

(5) ㄱ. 아 그런 자식놈이 죄다 먹어 분진게 부모게다 뭐 히드렸어야 헐 것 아닌가? <전북정주시2편, 태인면, 354>
ㄴ. 이 재처 마느래는 이고 오다가 짚싸는데다 탁 보독시려 깨분졌어 <전북정주시1편, 정읍신태1, 397>
ㄷ. 암 절벽이 있는디 거기 가서 수건으로 눈을 딱 가리고서는 그만 툭 떨어져분졌어 <전북부안군편, 부안읍, 32>

2) '내버리다'의 방언분화

'버리다'는 '내다'와 결합하여 복합동사를 형성한다. 『표준국어대사전』의 '내다, 버리다'와 '내버리다'의 의미를 제시하면 다음과 같다.

(6) ㄱ. 내다 : 타동사. ('나다'의 사동사) 안에서 밖으로 옮기다.
ㄴ. 버리다 : 타동사. 1. (…을 …에) 가지거나 지니고 있을 필요가 없는 물건을 내던지거나 쏟거나 하다. 2. 본바탕을 상하거나 더럽혀서 쓰지 못하게 망치다.
ㄷ. 내버리다 : 타동사. 1. 더 이상 쓰지 아니하는 물건이나 못 쓰게 된 물건 따위를 아주 버리다. 2. 관심을 가지지 아니하고 돌보

지 아니하다.

현대국어 '내버리다'는 중세국어에서는 '내여 버리다'의 구성으로 쓰였는데, '내다'와 '버리다'가 각각 본동사로 쓰이다가 어느 시점에서 복합동사가 된 것으로 보인다. 복합동사 '내브리다'가 『순천김씨언간』에 나타나는 것으로 보아 이미 16세기에는 구어에서 활발하게 사용된 어휘이다. 이 문헌에서 '내브려 두다'가 쓰이는 것으로 보면 '내브리다'를 복합동사로 해석할 수 있다.

(7) ㄱ. 아히 시졀브터 일우니 금 은이어나 빗난 오슬 모매 니펴든 믄 득 붓쓰려 내여 브리다니 <1518 번역소학 10:34b>

ㄴ. 춤새롤 졍히 쓰더 눈과 보오리과 발과 소욱을 다 내여 브리고 칼둥으로 두드려 편케 호고 <1670 음식디미방, 10a>

ㄷ. 샹이 굴오샤디 내브린 거슨 무어시뇨 굴오디 이는 신즈의 추마 알욀 말이 아니라 지궁을 내여브린 둣호오니 당시 사롬이 고만이 봉안호엿더니 후의 복릉호고 <17xx 조야기문2, 26b>

(8) ㄱ. 이제란 원간 겨집죵으란 내브려 두어든 자내 브리소 <1565 순천김, 006>

ㄴ. 참봉을 식혀 주마고 호고 돈 일쳔 삼빅냥을 쎄셔 져만 벼술을 엇어 호고 우대구는 그만 내버려 두엇단 말을 호엿거니와 <1896 독립신 1010, 2>

『한국구비문학대계』 전북편과 전남편, 그리고 『한국방언자료집』을 검토하여 정리하면, 전라방언에서 '내버리다'는 다음과 같은 유형으로 사용되고 있다.

(9) ㄱ. 내버리다/내뻐리다ㅡ내벌지/내뻘지, 내번게/내뻔게, 내버니/내뻐니

  ㄴ. 내비리다/내삐리다 — 내빌지/내삘지, 내빈게/내삔게, 내비니/내
      삐니
  ㄷ. 내부리다/내뿌리다 — 내불고/내뿔고, 내분게/내뿐게, 내부니/내
      뿌니14)

(10) ㄱ. 내분지다/내뿐지다 — 내분지고/내뿐지고, 내분진게/내뿐진게
     ㄴ. 내번지다/내뻔지다 — 내번지고/내뻔지고, 내번진게/내뻔진게

  전라방언에서 '버리다'는 '버리다, 비리다, 베리다' 등으로 쓰이고 있다. 전라방언에서 본동사 '버리다'는 '棄'의 의미로 쓰이지만, '베리다, 비리다'는 '잘 못 되다, 못 쓰게 되다'(汚)의 의미를 갖게 된다. 복합동사에서 '내버리다, 내비리다'는 '棄'의 의미로 쓰이지만 '내베리다'는 거의 쓰이지 않는다. 전라방언에서는 '버리다'(棄)와 '베리다'(汚)는 이미 의미분화를 일으킨 것이다. 따라서 '棄'의 의미로 '버려 버려라'는 가능하지만 '베려 버려라'는 불가능하다.

  방언에서 '내버리다'는 '내버리다, 내부리다, 내비리다'로 주로 쓰이고, '내뻐리다, 내삐리다, 내뿌리다'처럼 된소리로도 쓰인다. 전라방언의 '내버리다'는 축약되면서 '내벌다'가 되고, 'ㄹ탈락'으로 '내버다'가 되면서 '내버리다 > 내벌다 > 내버다'의 과정을 거친다. 따라서 위의 예에서와 같은 활용을 보여주고 있다. 이는 '버리다'의 이형태에 따라서 '내벌다, 내빌다, 내불다', '내버다, 내비다, 내부다'와 같은 이형태를 갖는다. 따라서 전라방언에서는 '내비두다'가 가장 많이 쓰이지만 부분적으로 '내버두다/내벼두다, 내부두다'가 쓰이고 있다.15) '내분지다, 내번지다', '내뿐지다,

---

14) '내번게/내빈게/내분게'의 경우는 '내벌-/내빌-/내불-'에 어미 '-ㄴ게'가 연결되면서 'ㄹ'이 탈락된 것이고, '내버니/내비니/내부니'도 역시 '내벌-/내빌-/내불-'에 어미 '-니' 가 연결되면서 'ㄹ'이 탈락된 것이다.
15) 이들 예문을 제시하면 다음과 같다.

내뻔지다'의 경우는 '버리다'와 '던지다'가 유의어이기 때문에 혼태되어 쓰이는 것으로 이해된다.16)

3) '내쏘다, 내박치다, 내던지다'와의 관계

어휘 '쏘다, 박치다, 던지다'는 '내다'와 복합되어 복합동사를 형성한다. 전라방언에서 '내쏘다'는 '내버리다'와 동일한 의미를 나타내며 지리적인 분포의 차이를 보이고 있다.17) 방언의 '내쏘다'의 의미와 구조를 파악하기 위하여 먼저 『표준국어대사전』에서 '쏘다, 박치다, 던지다'의 기본적인 의미를 제시하면 다음과 같다.

> (11) ㄱ. 쏘다 : 타동사. 활이나 총, 대포 따위를 일정한 목표를 향하여 발사하다.
>   ㄴ. 내쏘다 : 1. 거리끼지 아니하고 마구 말을 함부로 쏘아 내지르다. 2. 내던지다. 3. 화살이나 총알을 함부로 쏘다.
>
> (12) ㄱ. 박치다 : 「동」 집어서 냅다 던지다.
>   ㄴ. 내박치다 : 「동」 힘껏 집어 내던지다.
>
> (13) ㄱ. 던지다 : 동사, 손에 든 물건을 다른 곳에 떨어지게 팔과 손목을 움직여 공중으로 내보내다.
>   ㄴ. 내던지다 : 아무렇게나 힘차게 던지다.

새로 씨름을 붙여 노면 박장사가 죽어 눈에 살기 들어 갖고 들왔는디 그냥 내벼둘 것이간디 <전북고창군편, 고창읍, 65>
네부두다 (전남함평) <한민족언어정보화검색프로그램>
16) 『한국구비문학대계』 전북편과 전남편을 참고하면, 표기상으로 '냇버리다'나 '냇뻐리다' 등이 쓰이고 있다.
17) 『한국방언자료집』의 '버리다' 항목에는 '내쏘다, 내쏴버리다'의 예가 전북 김제, 임실, 완주, 익산 등 주로 전북의 핵방언권에서 사용되는 것으로 조사되어 있다.

'쏘다'(射)는 15세기에 '쏘다, 쏘다, 소다'로, 16세기에 '쏘다'로, 17세기에 '소다, 쏘다, 쏘다'로, 18, 19세기에 '쏘다, 쏘다'로 나타나다가 20세기에 '쏘다'로 정착한다(국립국어원, 2008 참조). 따라서 본동사 '쏘다'는 역사적으로 '화살을 쏘다'는 의미와 '벌이 쏘다'(螫, 쏠 석)는 기본적인 의미 외에는 '버리다'의 뜻을 발견하기 어렵다. '버리다'와 '쏘다'의 기본적인 의미는 위와 같거니와 다만 '버리다'는 '내던지다'는 의미가 있고, '쏘다'는 '멀리 날리다'는 의미가 있어서 서로 유사한 의미를 부분적으로 공유하고 있다.18)

표준어에서 동사 '내다'와 '버리다'는 복합동사로 쓰여 '내버리다'를 만든다. 한편 복합동사인 '내쏘다'는 사전에 따라서 표준어로 등재하지 않은 경우가 있다. '내쏘다'는 사전에 등재되어 있지만 실제로『한국방언자료집』의 조사에 의하면 전라북도에서만 쓰이고 있음을 볼 수 있다. 따라서 이 어휘는 전라방언의 고유한 어휘로 볼 수 있을 것이다.

> (14) ㄱ. 그 시어머니는 애기는 내가 난 애기는 죽어서 내쐈다 이렇게
>   생각을 허고 그러고만 살았는디 <전북군산시옥구군편, 임피
>   면, 885>
>   ㄴ. 큰 게울이 깨진 것이 있던갑데 좀 때우고 가라 곤께 때운다고
>   받으갖고 톡 내쏴 탁 깨버렀어 <전남승주군편, 낙안면, 636>

'내박치다'는 전라방언에서 '내북치다, 내부치다'로도 발음이 된다. 국어사전에서는 '내박치다'를 '힘껏 집어 내던지다'로 풀이하고 있다. 그러나 전라방언에서는 '방치하다'의 의미가 첨가된다. 전라방언에서 '내북치다'는 '내팽개치다, 떨어뜨리다'의 의미를 갖는다. 따라서 '내박치다'와 '내

---

18)『우리말 큰사전』에 '쏘다'를 전북과 충남에서 '버리다'의 의미로 쓰는 것으로 싣고 있는 것이 주목된다.

북치다'는 '집어 내던지다'의 의미를 공유하기 때문에 유의어라 할 수 있다. 『전남방언사전』에서는 '네북치다'는 '내팽개치다'의 의미로, '네부치다'는 '내팽개치다, 떨어뜨리다'의 의미로 해설하고 있고, 『우리말 큰사전』에서도 '내북치다'는 '내박치다'와 같다고 기술하고 있다. '내쏘다'의 유의어로 '내부치다'형이 『한국구비문학대계』에서 많이 쓰이고 있다.

> (15) ㄱ. 술을 먹이려던 교모 학생은 성이 버럭 나 가지고 노라를 그대로 의자에 칵 내박치면서 달려들어 때릴 듯이 벼른다. <채만식, 인형의집, 1987, 223>
>
> ㄴ. 그 집은 불행허게도 외아들이 수년 아주 몹쓸 병에 걸려 가지고 돈은 많지만 백약이 무효라 인저는 그냥 죽도록 내박쳐논 집여 <전북부안군편, 하서면, 494>
>
> ㄷ. 그렁게 여자가 또 돌아서서 옴서 그 놈을 내북쳐 부렀어 송장을 혼자 그놈을 논두럭으다가 <전남승주군편, 쌍암면, 271>
>
> ㄹ. 맷돌을 들어갖고는 그 잔치허는디다가 걍 디립다 내부친게 드르르 구른게 아 자자자 앗다 이거 생베락 내린다고 <전북정주시2편, 태인면, 164>

'내던지다'는 전라방언에서 많이 쓰이는 어휘이다. 전북이 고향인 1940년대 소설가 백릉 채만식의 작품에는 '내던지다'가 '내버리다'의 의미로 아주 많이 쓰이고 있다. 오히려 80년대에 채록된 『한국구비문학대계』전북편에서는 그리 많이 발견되지 않고 있다. 따라서 채만식이 활동하던 1940년대에는 '내던지다'가 왕성하게 사용되고 있었음을 알 수 있다. 반면에 '내박치다, 내쏘다'의 예는 극히 적게 나타난다.[19]

---

19) 방언 자료로 활용하는 『한국구비문학대계』는 1980년대에 조사된 자료이다. 그러나 방언 어휘 사용은 시대별로 큰 차이를 보이고 있다. 이를 극복하는 한 방법으로 시대별 문학작품을 활용하는 일이 꼭 필요하다.

(16) ㄱ. 오거나 말거나 보도 않는다고 막 집어 내던지고 <전북남원군
　　　　 편, 산동면, 360>

　　 ㄴ. 잣죽이고 나발이고 사돈 얼굴에다 내던지고 막 도망 오는데
　　　　 <전북전주시완주군편, 고산면, 524>

　　 ㄷ. 기양 그 새끼 무지한 놈이라고 함서 장기판을 들고 그냥 내던
　　　　 져불고 <전남고흥군편, 동강면, 639>

(17) ㄱ. 자유도 인격도 다 내던지고 세 아린아이의 착한 어머니로 모든
　　　　 것을 꿀컥 참고 지내가면 그만이다. <채만식, 인형의집, 1987,
　　　　 98>

　　 ㄴ. 아까는 내던지라더니 이제는 또 잘 갖다 두란다. <채만식, 탁
　　　　 류, 1987, 43>

　　 ㄷ. 밥을 들여주어도 그릇째 내박치고 먹지 아니하였다. <채만식,
　　　　 염마, 1987, 545>

　'내버리다, 내쏘다, 내던지다, 내박치다'의 사전적 의미를 종합해 보면 공통분모가 발견되는데, 버리거나 던지는 태도가 '아무렇게나, 거리끼지 아니하고, 함부로'의 의미를 포함하며, 중요하지 않은 것을 버리거나 던지는 행위를 말하고 있다. 이러한 공통의 의미 때문에 이들은 서로 교체가 가능했던 것이다.[20]

　전라방언을 포함한 문학작품에서는 '내쏘다'가 '말, 인상' 등을 표현하는 데 주로 쓰이는 반면에, '내던지다'는 이를 포함하여 '던지다'의 기본의미를 가지고 포괄적으로 쓰이고 있다.

　전라방언에서는 '집어 내버리다'는 표현이 많이 쓰인다. 이때 아주 많이 사용하는 '집어 내버리다'의 표현은 '집어 내쏘다'와 '집어 내던지다'와

---

20) '내버리다, 내쏘다, 내던지다, 내박치다'와 같이 동일한 '내다'와 복합이 되는 어휘의 경우에 복합어로 인식하기보다는 '내-'를 접두사로 인식할 가능성이 매우 크다. 어휘의 연구에서 관심 있게 살펴야 할 부분이다.

교체되어 쓰이고 있어서 '내버리다, 내쏘다, 내던지다'와의 긴밀한 의미
관계를 엿볼 수 있다.

    (18) ㄱ. 집어 내쏘다(집어 쏘다)—집어 내버리다—집어 내던지다(집어
          던지다)
       ㄴ. 집어 냅싸버리다, 집어 냅싸던지다

    (19) ㄱ. 징채로 떡 허니 받어 받어갖고서는 그 화살을 뽑아서 옆으로
          집어 내쏜다 그말여 <전북군산시옥구군편, 대야면, 658>
       ㄴ. 여봐라 하인을 부르더니 이자식 갖다 종로에 툭 집어 내부러
          라 <전남신안군1편, 임자면, 70>
       ㄷ. 오거나 말거나 보도 않는다고 막 집어 내던지고 <전북남원군
          편, 산동면, 360>
       ㄹ. 한강으다 집어 냅솨 뻐렸어 <전북정주시3편, 북면, 224>
       ㅁ. 아 그런데 정내미가 뚝 떨어지지 집어냅싸던지고 올라 왔어
          <전남장성군편, 황룡면, 408>

3. '내버리다'와 '내버려두다, 내비두다'의 의미 변화

'내버리다'는 또 보조동사 '두다'와 결합되면서 '내비두다, 냅두다'가 되
고, 이 형태는 다시 '냅둬 버리다'의 과정을 거치면서 어간의 재구조화를
일으킨다. '내쏘다'도 역시 '두다'와 결합되면서 '내쏴두다, 내싸두다'가 되
고, 다시 조동사 '버리다'가 연결되는 '내쏴두어 버리다'의 구성이 되면서
어간의 재구조화가 일어난다.

보조동사 '버리다'와 '두다'의 의미를 『표준국어대사전』에서 찾아보면
다음과 같다.

(20) ㄱ. 버리다 :「동」「보」(동사 뒤에서 '-어 버리다' 구성으로 쓰여)
　　　　앞말이 나타내는 행동이 이미 끝났음을 나타내는 말. 그 행동
　　　　이 이루어진 결과, 말하는 이가 아쉬운 감정을 갖게 되었거나
　　　　또는 반대로 부담을 덜게 되었음을 나타낼 때 쓴다.
　　 ㄴ. 두다 :「동」「보」(동사 뒤에서 '-어 두다' 구성으로 쓰여) 앞말
　　　　이 뜻하는 행동을 끝내고 그 결과를 유지함을 나타내는 말.
　　　　주로 그 행동이 어떤 다른 일에 미리 대비하기 위한 것임을
　　　　보일 때 쓴다.

　동사 '버리다'는 '棄'의 의미로 쓰이지만, 전라방언 어휘 '베리다, 비리
다'는 대체로 '잘 못 되다, 못 쓰게 되다'의 의미를 갖는다. 물론 예문 (2
ㄱ, ㄴ)에서 보는 바와 같이 세대별로 차이가 존재하여 나이 드신 어른
들은 '자식을 베리다'를 '죽다'의 의미로 사용하고 있지만 이때 '베리다'도
'잘 못 되다'의 의미를 갖는다. '내버리다'에 '두다'가 연결되면 '내비두다'
가 되면서 '내버려두다'의 의미와는 전혀 다른 '그만두다, 방관하다'는 의
미로 바뀐다. 이러한 현상은 재구조화가 어휘의 새로운 분화를 일으키는
것으로 판단된다. 이것은 또한 '내쏘다'도 마찬가지로, '내쏴두다'와 '내싸
두다'가 '방관하다, 상관하지 않다(放棄).'의 의미를 가지면서 '내쏘다'와는
의미가 전혀 다르게 나타난다.

　복합동사인 '내버리다(棄)'는 보조동사인 '두다'가 연결되어 '내버려두다'
가 된다. 이 '내버려두다'는 다시 축약과정을 거쳐 '내비두다/냅두다'로
바뀐다. '내버리다'가 가지고 있던 '버리다(棄)'의 의미는 '내버려두다 > 내
비두다 > 냅두다'가 되면서 '상관하지 않다'라는 의미를 갖게 된다.

(21)　내비려두다>내비리두다(모음변이)>내비두다(탈락과　축약)>냅두
　　　다(축약)

(9)에서 제시한 '내버리다'의 이형태와 그 활용형을 살펴보면 '내비리다'가 있는데 여기서부터 변화가 시작한 것으로 설명할 수 있다. 실제로 사용하는 예가 『한국구비문학대계』에 보인다.

> (22) 그린게 꿩이란 놈이 저그서 보고 몰그레미 쳐다 보더만 엉금엉금 허니 온단 말여. 그 내비려 뒀어. 내비려 둔게 사태 밑이까장 오드만 짜웃 짜웃 허는 놈을 걍 호므로 냅대 찍어서 그 꿩을 잡었다 그말여. <정주시1편, 정주1, 182>

전라방언에서는 '내비두다, 냅두다'에 조동사 '버리다'가 연결되어 쓰인다. '내버려두다'의 경우에는 조동사 '버리다'가 연결이 되지 않지만 '내비두다, 냅두다'의 경우에는 조동사 '버리다'의 연결이 매우 자유롭다. 이것은 '내비두다, 냅두다'가 이미 어간 재구조화를 거쳐서 하나의 동사로 인식되고 있음을 말해주는 것이다.

> (23) ㄱ. 내비두어 버리다/냅두어 버리다>내비둬 버리다/냅둬 버리다
>   ㄴ. *내버려두어 버리다

'내비두어 버리다'의 변화 과정은 다음과 같다.

> (24) ㄱ. 동사의 어간+동사의 어간(내버리-)
>   ㄴ. 동사의 어간+보조동사(내버려두-)
>   ㄷ. 동사의 어간+보조동사(내비두어 버리-)

복합동사인 '내쏘다'는 보조동사인 '두다'가 연결되어 '내쏴두다'가 된다. '내쏘아두다 > 내쏴두다 > 내싸두다'가 되면서 '내비두다'와 같은 의미인 '상관하지 않다'라는 의미를 갖게 된다. '내쏘다'에 조동사 '버리다'가

연결되면 '내던지다, 내버리다'의 의미를 그대로 갖게 되는 것에 비하여, '내쏘다'에 조동사 '두다'가 연결되면 '상관하지 않다'의 의미로 바뀐다.

> (25) 내쏘아두다>내쏴두다(축약)>내싸두다(반모음탈락)>냅싸두다('냅 두다'와 혼태)

한편, '내쏴두다'의 경우에 다시 조동사 '버리다'가 연결되는 경우가 많다. 이는 화자들이 '내쏴두다'를 하나의 단어로 인식하기 때문인데 바로 의미가 완전히 변했기 때문이다. 따라서 '내쏴두다, 내싸두다'는 어간이 재구조화되면서 의미가 바뀌고 거기에 조동사 '버리다'가 다시 첨가될 수 있는 것이다. 특히 전라방언에서 '내쏴두다'는 '냅싸두다'의 형태로 많이 쓰이는데 이는 '냅두다'의 '냅'과 혼태를 일으킨 형태이어서 어간 재구조화의 변화를 실감케 한다. '내쏴두어 버리다'의 변화 과정은 다음과 같다.

> (26) 내쏘아두어 버리다>내쏴두어 버리다>내싸두어 버리다

> (27) ㄱ. 동사의 어간+동사의 어간(내쏘-)
> ㄴ. 동사의 어간+보조동사(내쏘아두-)
> ㄷ. 동사의 어간+보조동사(내쏴두어 버리-)

한편, 전라방언의 '내비두다'는 부정으로 사용할 때에 '내비 안 두다'가 쓰인다. 전라방언의 '내비 안 두다'는 '내버려 두지 않다'는 뜻으로 비유적으로 '혼을 내주겠다'는 뜻을 가진다.

> (28) ㄱ. 우리 작은아버지를 모욕허는 놈은 내가 내비 안 둔다! <윤홍 길, 소라단 가는 길, 2003, 48>
> ㄴ. "으떤 산서 촌놈이 고러콤 시건방구진 소리를 씨월거려서 황

<blockquote>
대장 자존심을 찔벅거렸다면 요 주먹이 그냥 내비 안 뒀을 것
이요!" <윤흥길, 낫, 2005, 31>
</blockquote>

ㄷ. "깔작이라도 움직이는 놈은 내비 안 둘 챔이여!" <윤흥길, 빛 가운
　　데로 걸어가면, 1997, 2, 270>

ㄹ. "이참에도 나를 놀래묵으면 그 때는 참말로 가만 안둘 것이다."
　　<송기숙, 녹두장군6, 1989, 011>

ㅁ. 이놈으 영감을 가만 안두리라 허고 응 이를 갈아 근께 아버지 명
　　령이고 뭣이고 걍 이놈으 영감을 가만 안 둘라고 이를 갈았어 <전
　　남승주군편, 주암면, 543>

위의 예에서 보는 것처럼 '내비두다'가 재구조화를 일으켜 하나의 단어로 쓰이고 있는데 어찌하여 '내비 안 두다'의 부정문이 나오게 된 것일까? 만일 '내비 안 두다'를 있는 그대로 받아들인다면 '내비두다'의 경우도 '내비 두다'와 같은 조동사 구성으로 처리해야 할 것이다. 그렇지 않고는 부정의 '내비 안 두다'를 설명할 수 없을 것이다.

물론 '내비두다'는 앞서의 여러 과정을 거쳐 어휘화가 이루어졌지만 여전히 조동사 '두다'류의 어휘들과 연관성을 가지고 있다. 이는 다음 장에서 자세히 언급하려고 한다. 전라방언의 '내비두다'와 '내비 안 두다'의 의미적 관계와 가장 밀접하게 연관된 구성은 '그냥 두다, 가만 두다'의 구성이다. 물론 '그냥 두다, 가만 두다'는 단어가 아니라 부사 '그냥, 가만'과 본동사 '두다'로 이루어진 문장이다. 그런데 이 '그냥 두다, 가만 두다'의 구성은 '내비두다'와 의미상으로 매우 유사하여 전라방언에서 아주 익숙하게 쓰이고 있으며, 무엇보다도 '내비 안 두다'와 같은 의미로 '그냥 안 두다, 가만 안 두다'가 매우 자연스럽게 쓰이고 있어서 '내비두다 : 내비 안 두다'는 '그냥 두다 : 그냥 안 두다, 가만 두다 : 가만 안 두다'와 유의적 구성으로 사용되고 있다. 따라서 '내비 안 두다'의 구성은 '그냥 안 두다, 가만 안 두다'에 유추되어 사용되는 구성으로 이해해야 할 것이다.

'내버려두다'의 경우 '내버려 안 두다'는 성립되지 않는다. '내버려두다'의 경우는 여전히 두 가지 의미를 가지고 있다. '버리다'의 의미와 '상관하지 않다'의 의미를 갖는다. 그러나 '내비두다'는 '상관하지 않다'의 의미만을 갖는다. 따라서 이러한 의미를 갖는 '그냥 두다'의 구성과 유추를 일으킨 것으로 해석된다. 어휘와 문장이 의미상으로 유사하여 서로 영향을 주고 있음을 볼 수 있는 아주 특이한 구성이다.

4. '내비두다'와 관련된 유의적 구성의 의미망

'내비두다'의 의미와 관련된 유의적 구성은 '내쌰두다,[21] 내박쳐 두다, 내던져 두다, 그만두다, 놓아두다, 그냥 두다, 가만 두다' 등이 있다. 이들은 전라방언에서 '내비두다'와 충분히 교체되어 쓰일 수 있는 유의적 구성으로 단일어, 조동사구성, 구 등으로 이루어져 있다.

> (29) 내비두다 : 내쌰두다, 내박쳐 두다, 내던져 두다, 그만두다, 놓아두다, 그냥 두다, 가만 두다

어간의 재구조화를 경험한 '내비두다, 내싸두다'는 의미가 달라지면서 '내박치다, 그만두다, 놓아두다' 등의 어휘와 의미적 상관성을 가지고 쓰인다. 유사한 의미를 가진 단어 및 구성들 간의 상관성을 보이면서 의미망을 형성하고 있음이 특징적이다.

'내버려두다'는 『조선말사전』과 『우리말 큰사전』에서는 표제어로 등재

---

21) '내싸두다'는 『표준국어대사전』에서는 '내버리다'의 함경남도 방언으로 처리하고 있고, 『우리말 큰사전』에서는 '내버려두다'의 함경도 방언으로 처리하고 있다.

하고 있다. 『우리말 큰사전』에서는 '건드리거나 상관하지 않고 제대로 두다. 방치하다'의 의미로 해설하고 있다.

'내박쳐 두다'는 전라방언에서 '내방쳐 두다, 내박쳐 놓다'로도 쓰이고 있다. '내박치다'가 여전히 사전적 의미로 사용되기 때문에 어간 재구조화가 일어나지 않고 있다. 따라서 '내박쳐 두다'는 조동사 구성으로 '내비두다'와 유의적 구성을 이루고 있다.

(30) ㄱ. 장갯날이라고 해야 콩나물 대가리 하나 안 질구게 생겼고 헌게 말헐 것도 없이 내박쳐 두고 있다 그날 딱 당헌게 아 내빼 버리고 없지 <전북고창군편, 고창읍, 37>

ㄴ. "아니고 이 점은 못 허겄소" 산통을 걍 내부쳐버려 아 근게 이 점을 허다가 말어 버리니 더 환장허겄지. <전북정주시3편, 옹동면, 362>

ㄷ. 업고 가다 미운께로 이놈이 밤송이 밭이다 탁 내부쳐 버렸어 <전남승주군편, 주암면, 492>

ㄹ. 몹쓸 병에 걸려 가지고 돈은 많지만 백약이 무효라 인저는 그냥 죽도록 내박쳐논 집여 <전북부안군편, 하서면, 494>

'내던져 두다'는 조동사 구성으로 '내비두다'와 유의적 관계에 있다. '내버리다'가 '내던지다'의 의미를 가지기 때문에 '내비두다'와 '내던져 두다'는 전라방언에서 서로 교체되어 쓰이고 있다. 채만식의 작품에서는 '내던져 두다'가 많이 쓰이고 있다.

(31) ㄱ. 안대를 요렇게 둘러서 파얄 것인디 쪼금 비뜰어졌어 이 어 쪼금 삐틀어졌거든 내떤져 뒀드래야 삐틀어지게 파거나 말거나 내떤져 뒀는디 파고서 신체를 늘라고 본게나 짧어 <전북군산시옥구군편, 군산시, 131>

ㄴ. 기왕 뜰아랫방이 비어 있으니 내던져 두느니보다 점잖은 손님

이라도 치고 싶다고 김씨가 이웃에 말을 냈던 것이 <채만식, 탁류, 1987, 100>

ㄷ. 그러나 되어가는 대로 내던져 두거나 걱정을 않고서 지내거나 할 수가 없게시리 절박한 것은 닥쳐오는 앞일이다. <채만식, 탁류, 1987, 247>

ㄹ. 고의는 아니었을값에, 그새 꼬바기 이틀 동안이나 모른 체 내던져 두었으니 <채만식, 냉동어, 1987, 447>

'놓아두다'는 '제 마음대로 하도록 내어 맡기다. 그냥 내버려 두다'의 뜻이다. 방언에서는 '놔두다'로 많이 쓰이고 있다. 전라방언에서 '내비놔두다'가 보이고, 조정래의 작품에서는 '내빌놔두다(내버려놓아두다)'가 쓰이고 있다.

(32) ㄱ. 더 설치고 댕기도록 그냥 놔둬서는 안될 것 같그만이라우. <송기숙, 녹두장군3, 1989, 269>

ㄴ. 에끼놈 워너니 좌수별간은 고사허고 어디가든지 맞어죽을 갬이다 그러고는 그냥 내비놔뒀단 말여 <전북군산시옥구군편, 개정면, 457>

ㄷ. 일언 순전히 그눔이 생사람 잡자고 꾸민 연극인디, 그리 억울허게 당허고도 그눔얼 내빌놔두지 않겠제라? <조정래, 태백산맥, 2001, 2, 292>

'그만두다'는 '하던 일을 그치고 안 하다'와 '할 일이나 하려고 하던 일을 안 하다'의 의미를 갖고 있다. 이 어휘는 아주 부분적으로 '내비두다'의 어휘와 유의적 관계를 갖고 있다. 방언이나 표준어의 구어체에서는 '관두다'가 많이 쓰이는데 이는 '고만두다'의 줄임말로 사용되고 있다. 『한국구비문학대계』(전북)에서는 '놓아두다'보다는 '그만두다'가 훨씬 많이 사용되고 있다.

(33) ㄱ. 도령 보고 사정허기를 이 쌀이 값이 비싼 쌀이요 얼매나 주꺼
나고 돈은 그만 두고 쌀 한 말 줄텐게 송장을 나를 주쇼 <전
북정주시2편, 태인면, 272>

‘그냥 두다’는 전라방언에서 아주 많이 쓰이는 구성으로 ‘내비두다’와
적극적으로 교체되어 쓰인다. ‘그냥 놔두다’로도 쓰인다. ‘가만 두다’도 매
우 유사한 구성으로 쓰이고 있다. 윤흥길의 작품에서는 ‘가만 놔두다’도
쓰인다.

(34) ㄱ. 성은 우가고 이름은 익이여 우익이란 놈인디 그놈이 그냥 아
조 저 어머니를 주먹으로 찧고 그려요 그런 놈을 걍 가만 둬
요? <전북군산시옥구군편, 대야면, 653>
ㄴ. 그라면, 내중에 정 참봉이 느그들을 가만 두겄냐, 가만 안 두
겄냐, 그것도 한번 곰곰이 생각을 해봐라. <송기숙, 녹두장군
7, 1989, 287>

‘내비두다’의 유의적 구성으로 쓰이는 것들은 단일어, 조동사구성, 구
등 매우 다양한 분포를 보이고 있다. 이 연구에서는 방언의 어휘가 매우
다양하게 유의적 관계를 맺고 있음을 확인할 수 있었다.

5. 결론

전라방언에서는 복합동사 ‘내버리다’가 뒤에 조동사가 연결된 ‘내비두
다’로 쓰이면서 어간 재구조화를 겪게 된다. 그리하여 ‘냅둬 버리다’에서
는 ‘내비두다/냅두다’가 완전히 하나의 어휘로 쓰이게 된다. 이 글에서는
이 과정에서 나타나는 ‘내비두다’의 변천과정과 유사한 의미를 갖는 어휘

와 구성의 어휘적 유사성을 밝혀서 그 의미망을 알아보았다..

이 글의 요점을 요약하면 다음과 같다.

첫째, 중세국어 'ᄇᆞ리다'는 '버리다, 베리다, 비리다, 부리다'와 같이 음운 변화를 일으켜서 이형태를 가진다. 이 '버리다'가 '내다'와 복합어로 쓰이거나 조동사로 쓰일 때는 '버리다/뻐리다, 비리다/삐리다, 부리다/뿌리다, 분지다/뿐지다'와 같이 사용된다.

둘째, '내버리다'와 같은 복합동사로 쓰일 때는 '내쏘다, 내던지다, 내박치다'와 유의어 관계를 형성하여 서로 교체되어 쓰이고 있다. 이 어휘들의 사용은 지역적으로 차이를 보이거나, 시대적으로 차이를 보이면서 서로 교체되고 있다. 복합동사인 '내다'는 화자들에게는 마치 접두사로 인식되어 '함부로, 거리낌없이'와 같은 의미를 갖는 것으로 인식되고 있다.

셋째, 복합동사 '내버리다, 내쏘다, 내던지다, 내박치다'에 조동사 '두다'가 연결되면 '내버려두다, 내쏴두다, 내던져 두다, 내박쳐 두다'로 쓰이는데 이때 '내버려두다, 내쏴두다'는 '내비두다/냅두다, 내싸두다/냅싸두다'와 같이 쓰여 하나의 어휘가 되면서 어간 재구조화가 일어났음을 보여준다. 실제로 '냅두다, 냅싸두다'에는 다시 조동사 '버리다'가 연결되어 '냅둬 버리다, 냅싸둬 버리다'가 사용되고 있다.

넷째, '내비두다'의 의미와 관련된 유의적 구성은 '내쏴두다, 내박쳐 두다, 내던져 두다, 그만두다, 놓아두다, 그냥 두다, 가만 두다' 등이 있다. 이들은 상호 시대적으로, 지역적으로, 문어와 구어 상에서 조금씩 차이를 보이고 있어 매우 흥미롭다. '내비두다'는 '그냥 두다, 가만 두다' 등의 구와 유의적 구성으로 교체가 이루어지고 있다. 한편 '그냥 두다, 가만 두다'의 부정인 '그냥 안 두다, 가만 안 두다'에서 유추되어 '내비 안 두다'가 쓰이는 아주 특이한 과정을 보여준다.

참고문헌

곽충구(1985), 「'쎄-(貫)'의 通時的 變化와 方言 分化」, 『국어학』 14, pp.215-236.

곽충구(1994ㄱ), 「强勢 接尾辭의 方言形과 그 文法化 過程에 대하여-북한지역의 방언 자료를 중심으로-」, 『선청어문』 22, pp1-25.

곽충구(1994ㄴ), 「系合 內에서의 單一化에 의한 語幹 再構造化」, 『남천박갑수선생화갑 기념논문집』, pp.549-586.

곽충구(1995), 「語義分化에 따른 單語의 形態分化와 音韻變化-'빻-'과 '부수-'의 경우-」, 『소곡남풍현선생회갑기념논총』, pp.795-815.

국립국어원(2008), 한민족언어정보화 통합 검색 프로그램.

박순호(1993), 『고창군구비문학대계(상, 하)』, 고창군.

손세모돌(1992), 「중세 국어의 '바리다'와 '디다'에 대한 연구」, 『주시경학보』 9, pp.78-93.

윤흥길(1977), 『빛 가운데로 걸어가면 1, 2』, 현대문학.

윤흥길(2003), 『소라단 가는 길』, 창비.

이기문(1977), 『국어 음운사 연구』, 탑출판사.

이기갑 외(1997), 『전남방언사전』, 전라남도.

이기갑(2006), 「한국어의 양태(modality) 표현」, 담화인지언어학 제27회 전국학술대회 발표논문집.

이상규(2001), 『경북 방언사전』, 태학사.

이승재(1992), 「融合形의 形態分析과 形態의 化石」, 『주시경학보』 10, pp.59-80.

창작과비평사(1989), 『채만식전집』.

최명옥(1991), 「語尾의 再構造化에 대하여」, 『김완진선생회갑기념논총』, pp.238-251.

최명옥(1993), 「語幹의 再構造化와 交替形의 單一化 方向」, 『성곡논총』 24, pp.1599-1642.

최명희(1996a), 『혼불』, 한길사.

최전승(1995), 「'르'와 '러' 변칙용언의 再構造化와 관련된 몇 가지 문제 : 19세기 후기 전라방언의 경우」, 『한국어 방언사 연구』 소재, 태학사.

한국정신문화연구원, 『한국구비문학대계』(전남 편 전체).

한국정신문화연구원, 『한국구비문학대계』(전북 편 전체).
한국정신문화연구원(1987), 『한국방언자료집』 5(전북 편).
한국정신문화연구원(1987), 『한국방언자료집』 3(충북 편).
한국정신문화연구원(1989), 『한국방언자료집』 7(경북 편).
한국정신문화연구원(1990), 『한국방언자료집』 2(강원도 편).
한국정신문화연구원(1990), 『한국방언자료집』 4(충남 편).
한국정신문화연구원(1991), 『한국방언자료집』 6(전남 편).
한국정신문화연구원(1993), 『한국방언자료집』 8(경남 편).
한국정신문화연구원(1995), 『한국방언자료집』 1(경기도 편).
한국정신문화연구원(1995), 『한국방언자료집』 9(제주 편).

제12장 ┃ 『봉계집』과 19세기 말 전북 화산 지역어

1. 서론

현대 방언을 연구할 때, 우리가 직면하는 문제 중의 하나는 지역 방언의 역사를 어디에서 찾을 것인가 하는 문제이다. 대부분의 연구자들은 국어사에서 다루는 문헌자료에서 그 역사적인 모습을 찾아 국어사적인 관점에서 논지를 전개시켜 왔다. 이러한 연구태도에 문제가 있음을 알고 있음에도 불구하고 연구자가 찾고자 하는 방언의 역사를 알아볼 수 있는 문헌이 없거나 한정되어 있는 관계로 어쩔 수 없이 국어사적인 관점으로 해석할 수밖에 없었던 것이다.

그러나 최근에 들어와서 문헌자료에 대한 세밀한 검토가 이루어지고 문헌들이 보여주는 방언사적 의의가 검토되기 시작하고, 또한 여러 지역의 방언의 역사를 보여주는 문헌을 찾는 노력이 시작되면서, 차츰 해당 지역 방언의 역사성을 찾으려는 노력이 시도되고 있다. 이러한 노력은 여러 방언의 연구에서 그 흔적을 찾을 수 있다.

최전승(1986)은 19세기 후기 완판 방각본 고소설과 판소리 사설에 나

타난 전라방언의 음운론적 특징을 기술하고 있고, 백두현(1992)는 영남 지방의 문헌에서 발견되는 방언적 특징을 음운사의 관점에서 기술하고 있다. 홍윤표(1991)는 19세기 말의 충남 서천지역어를 방언사적인 관점에서 기술하고 있으며, 백두현(1990)과 김정대(1992)는 영남 지방의 문헌에서 발견되는 방언적 문법형태를 기술한 것으로 주목된다.

이 글에서 소개하려는 『봉계집』은 1894년에 全北 完州郡 華山面 宗里에 살던 朴海寬 翁이 필사한 자료이다. 이 자료의 특징은 그 당시의 화산면의 방언적 특징을 현실음을 살려 그대로 발음한 자료라는 점에 있다. 전북 지방의 방언사적 특징을 찾아볼 수 있는 문헌이 드문 현실에서 전광현(1983), 이병근(1990)에 이어 소개되는 자료이기 때문에 그 방언사적 의의는 적지 않다고 할 수 있을 것이다.

다만 발견되는 방언사의 자료들이 자료상의 한계 때문에 표기법이나 음운현상은 그런대로 보여주는 반면에 방언의 문법사적인 특징들을 제대로 보여주지 않고 있다는 문제점을 안고 있어 이 글에서도 이 점을 피할 수 없는 입장에 있다.

그러나 앞으로 이곳 전북 지역에서도 방언사적 특징을 찾을 수 있는 자료들이 발견될 것을 기대하면서 또한 이러한 방언사 자료를 학계에 보고하는 의미에서 본고를 쓰고자 한다.

이 글에서는 이 자료에 나타나는 표기법과 음운현상을 간략히 정리하고, 특징적인 어휘를 소개하는 정도로 그치고자 한다.

2. 『鳳溪集』과 著者[1]

이 자료는 가로 19cm, 세로 26cm이고 총 50장으로 된 책으로 필사본이다. 이 책의 내용은 朴海寬 翁의 자전적 이야기로 朴海寬 翁이 직접 쓴 것으로 알려져 있다. 그 내용은 저자인 鳳溪(朴海寬 翁의 號)의 일생을 기술한 것으로 선비의 일생이 그려져 있다. 이 자료의 표지에 '甲午 三月 二十五日 始書'라고 쓰여 있는 것으로 보아 1894년에 쓰여진 것이 확실하다. 이때가 저자의 나이가 70세이었다.

저자인 朴海寬 翁은 本貫은 順天이며, 號가 '鳳溪, 悔堂, 悔遷堂'으로 불리웠고, 1824년(甲申) 3월 1일에 전북 진안군 주천면 무릉리에서 출생하여, 어린 시절 전북 완주군 화산면 종리로 이사와 평생을 살다가 1901년(辛丑) 1월 3일에 별세한 분이다. 현재 이 자료의 소장자는 朴海寬 翁의 증손자인 朴天圭(현재 61세)씨로 全北 完州郡 華山面 宗里 910번지에 살고 계시는데 이 분의 증언에 의하면 朴海寬 翁은 주로 자기가 살던 마을과 가까운 충청도 땅으로 학생들을 가르치기 위하여 왕래가 잦았다고 한다.

필자가 박천규 씨를 통하여 이 자료에 나오는 방언형들을 확인해 본 바 현재 본인은 그렇게 쓰지 않는 것이 있지만 어려서부터 어른들의 말에서 거의 대부분 들었다고 말씀을 해주셨다. 또한 화산면 지역이 충청도에 가까운 발음을 많이 한다고 말씀하시고 그 전에는 그런 현상이 아주 심했다고 말씀하셨다. 이것으로 보면 이 자료의 내용은 상당부분이 그 당시의 실제 발음이었을 것으로 생각된다.

---

1) 『봉계집』의 저자인 朴海寬 翁의 親弟의 이름은 朴昕東이고 호는 鼇溪인데 朴天圭씨의 증언에 의하면 오계의 집안에서 후손이 『봉계집』을 거의 그대로 모방하여 『오계집』을 만들었다고 하는데 지금은 분실되어 없어졌다 한다. 만일 이 『오계집』이 발견된다면 『봉계집』과 비교하여 연구할 수 있는 귀중한 자료가 될 수 있을 텐데 매우 안타깝다.

3. 표기법

1) 연철 표기

중세국어의 표기 방식인 연철 표기는 이 자료에서는 주로 분철 표기로 나타나나, 부분적으로 연철 표기를 그대로 사용하고 있으며, 특히 어간 말 자음군의 경우에 마지막 자음이 연철되는 표기를 보이고 있다.

> 일그니(1ㄱ) 져그며(1ㄴ) 시러ᄒ난(1ㄴ) 실코(싫고, 17ㄴ) 물쓸틋ᄒ야(23
> ㄴ) 안친 후의(앉히다, 29ㄴ)[2]

2) 분철 표기

분철 표기에 대한 과도한 의식으로 인하여, 한 형태소 내부에서도 분철 표기가 일반화된 모습을 볼 수 있다.

> 츳자단일(2ㄴ) 안이ᄒ시고(2ㄴ) 돈이라(2ㄴ) 온언(오는, 5ㄴ) cf.오난(5
> ㄴ) 언의(어느, 17ㄴ, 32ㄱ) 쩌단이며(다니다, 23ㄴ) 돈이며(다니다, 27ㄴ)
> 단이ᄃ가(다니다가, 34ㄱ) 진이고(지니고, 34ㄴ)

3) 중철 표기

'ㄱㄱ, ㄴㄴ, ㄹㄹ, ㅁㅁ, ㅂㅂ, ㅅㅅ' 등의 중철 표기가 나타난다. 이 중철표기는 대개 연철표기에서 분철표기로 넘어가는 과정에서 생긴 임시방편적인 표기의 경향이라고 알려져 왔으나, 홍윤표(1993)에서는 중철

---

[2] 이 글에서 괄호 안에 넣은 글자는 대부분 표준어를 써넣었으나 경우에 따라 중세국어나 근대국어형을 참고로 넣고 있다.

표기가 연철표기에서 분철표기로 넘어가는 과정에서 분철표기와 함께 등장한 표기방법임을 주장하고 있다.

> 먹근 후의(35ㄴ) 흔ᄂ이(하나가, 16ㄴ) 아달를(12ㄱ) 돌라돈이ᄃᆨ(돌아 다니다가, 38ㄴ) 걱정홀랴(걱정하랴, 41ㄱ) 성공 못함믈(1ㄴ) 접버녹코(접 어놓고, 35ㄱ) cf.져버너니(접어넣으니, 35ㄴ) 엿시(12ㄱ) 잇시되(1ㄱ)[3] 밀여잇시ᄂ(12ㄱ) 차자왓셔(12ㄱ) 밧시ᄂ(17ㄱ) 눈빗시(눈빛이, 29ㄱ) 맛슬(맛을, 43ㄴ) 꼿슬(꽃을, 44ㄱ) 식글ᄒ믹(시끌하매, 34ㄴ) 악겨두면(아껴두면, 41ㄱ)

4) 된소리 표기

(1) 어두 자음군 표기 : 된소리 표기인 어두 자음군 표기로는 'ᄭ , ᄯ , ᄲ , ᄶ , ᄊ'만이 나타난다. 이와 같이 ㅅ계 합용병서만을 사용한 것은 이 시기의 표기 경향을 그대로 따른 것으로 해석된다.[4]

> 'ᄭ' : 끄셔너냐(4ㄱ) 쑤지씨며(4ㄴ) 껏치를(11ㄱ) 쌈싹ᄒ고(14ㄱ),
> 'ᄯ' : 쓰슬(1ㄴ) 떠논(7ㄴ) 또(9ㄴ) ᄯ라ᄀ더니(15ㄴ) 수쏘의게(15ㄱ),
> 'ᄲ' : 빠진(13ㄱ) 쏘바(27ㄱ) 쎄냐들고(29ㄱ)
> 'ᄶ' : 찟쳐썬이와(16ㄴ) 찌엿는고(21ㄴ) 쬐니믹(34ㄱ)
> 'ᄊ' : 씨니(10ㄱ) 쓰셔(12ㄱ)

(2) 어중의 된소리 표기 : 복합어의 경우에는 복합어 표지인 'ㅅ'으로 된소리를 표기하였고, 복합어가 아닌 경우에는 선행체언의 말음이 'ㄱㄴ

---

3) 朴天圭 씨는 '있어요'를 '잇시오'로 발음하고 있다.
4) 어두의 경음화 현상을 보이는 예로는 '쫏츠니고(4ㄴ) 쫏츠(29ㄱ) cf.좃츠오며(14ㄱ) 쌀마노니(삶다, 18ㄴ) ' 등이 보인다. 그러나 경음화 현상이 예상되는 어휘가 경음화가 일어나지 않은 예도 보인다. 두려시(뚜렷이, 19ㄱ).

ㄹㅁㅂㅅ'일 경우에 후행하는 자음이 된소리로 표기되었다. 그러나 항상 그런 것은 아니고 된소리로 표기가 안되는 경우도 보이는데, 실제의 발음은 된소리였을 것으로 생각된다. 이 경우의 예 중 '말쩨'는 '말(馬)'에 여격조사 '게'가 연결된 것인데 그 '게'가 된소리 표기인 '쩨'로 표기되어 있는 것이 특이하다.

> 시각쎄(23ㄴ) 손찔(손길, 6ㄴ) 교군쏙(삯, 23ㄴ) 문쩐(15ㄱ) 산꼴이(산골, 47ㄱ) 참판쩝(참판집, 49ㄴ) 전쌩(가게, 33ㄴ) 변똔(변돈, 33ㄴ) 골꼴이(5ㄱ) 조흘뜻ㅎ듯(9ㄴ) 말쩨(말에게서, 16ㄴ) cf.놀닐ㄱ(13ㄴ) 불쌍홍게(불쌍한게, 32ㄴ) cf.불상훈(불쌍한, 27ㄴ) 꿈쏙(꿈속, 19ㄱ) 점쫴(점괘, 14ㄱ) 삼쩌니(2ㄴ) 잠쫜(잠깐, 45ㄱ) cf.잠관(잠깐, 39ㄴ) 쉽쓴ㅎ고(쉽다, 5ㄴ) 속절읍쓴(6ㄱ) 반갑쏘득(21ㄴ) 돗쩨(돗대, 25ㄴ) 누엇쓴ㄱ(7ㄴ) 싯쩌니(씻다, 9ㄱ) 안즈쓴ㄱ(앉았다가, 10ㄱ) 촛쓴ㄱ(11ㄱ) 스랏쏜(살았다, 14ㄱ) 죽엇쏜(17ㄱ) cf.죽엇득(17ㄱ) 엇쩌한(어떠한, 32ㄴ)

현대국어에서 어중에서 된소리로 표기되는 예들이 이 자료에서는 음절말에 'ㅅ'이 연결되는 현상이 보이는데 이것은 중세국어나 근대국어의 표기를 그대로 따르는 것이다. 한편 근대국어에서 어간의 첫음절의 말음이 'ㅅ'으로 나타나던 것이 'ㄱ'으로 변하면서 'ㄱㄱ'의 표기로 나타남을 보인다. 이것은 'ㄱㄱ'이 'ㄲ'으로 변화하는 과정에 있었던 것으로 보인다.[5]

> 잇쩌(2ㄱ) cf.잇더(12ㄱ) 밧비(밧ㅂ다, 9ㄴ, 22ㄱ) 악갑지(앗갑다, 11ㄴ) 엇쩌ㅎ야(13ㄴ) 밧분(밧부다, 20ㄴ) 갓득(ㅈ득23ㄴ, 25ㄱ) 박구아메고(밧고다, 23ㄴ) 북구렵쏘득(붓그럽다, 42ㄴ) 악겨두면(41ㄱ) 익기시는(950ㄱ)

---

5) 홍윤표(1991 : 213)에서도 충남 서천지역어에 이와 같은 현상이 있음을 지적하고 있다.

5) 어간말 자음군 표기

이 자료에 나타나는 어간말자음군은 일반적으로 모음이 뒤에 연결될 경우에는 두 번째 받침을 내려쓰는 표기로 쓰이고 있으며, 자음이 연결될 때는 두 번째 받침이 생략되거나 뒤에 오는 자음과 결합하여 유기음이 되고 있다.[6) 중세국어의 '앒'은 ㄹ이 탈락되어 '압ㅎ'으로 쓰이고 있다.

> 'ㄵ' : 안질 즈리(11ㄴ) 느러 안즉(39ㄴ) 안치고(40ㄴ) 안잣써니(38ㄱ)
> 'ㄺ' : 일그니(1ㄱ) 얼거(2ㄴ) 글 익기로(3ㄴ) 닥을(3ㄴ) 닥도(39ㄱ) 발그미(11ㄴ), 늘그리(늙은이, 32ㄱ) 늑도록(36ㄱ)
> 'ㄻ' : 쌀마노니(18ㄴ) 살마도라(39ㄱ)
> 'ㄼ' : 압히(19ㄱ) 압퍼(25ㄴ) 너룻쏘득(21ㄴ) 너룬(11ㄱ) 발펴(19ㄱ)
> 'ㅀ' : 홀터(27ㄴ) 실코(17ㄴ) 시러ㅎ난(1ㄴ) 물쓸틋ㅎ야(23ㄴ)
> 'ㅄ' : 읍난지라(1ㄱ) 읍시며(1ㄴ) 업시며(1ㄴ)

6) 어간말 자음군 단순화 표기

'ㄺ'의 경우는 뒤에 모음이 올 경우에는 연철되는 현상을 보이고, 자음이 오는 경우는 'ㄹ'이 탈락되는 현상을 보인다. '닭'의 경우는 모음이 올 때도 ㄹ을 탈락시키는 현상을 보인다. 'ㄼ'의 경우에도 같은 현상이 보인다.[7)

> 닥을(닭, 3ㄴ) 닥도(닭도, 39ㄱ) 박지(밝지, 5ㄱ) cf.발근(밝은, 11ㄱ) 발그미(밝으매, 11ㄴ) 익둡지(애닯다, 5ㄱ) 늑도록(늙도록, 32ㄱ) cf.늘그리로(늙은이로, 32ㄱ)

---

6) 중세국어의 '만ㅎ-'는 근대국어에서 '많'으로 어간재구조화를 일으키고 있으나 이 자료에서는 중세국어형인 '만ㅎ-'를 그대로 유지하고 있다. 만ㅎ거놀(13ㄴ) 만ㅎ리라(22ㄴ)
7) '넓다'의 경우는 이 방언형이 '널룹다'로 재구조화되어 쓰이고 있다. 널누미(34ㄱ).

7) 종성 표기

종성은 'ㄱㄴㄹㅁㅂㅅㅇ' 등 7종성으로 표기하였다. 어간말과 음절말의 ㅅ과 ㄷ, 그리고 ㅌㅈㅊㅎ 등은 모두 ㅅ과 ㄱ으로, ㅍ은 ㅂ으로 모두 통일하여 표기하였는데, 이 받침은 연철되면서 어간 의식 때문에 'ㅅ, ㄱ' 과 'ㅂ'을 표기한 것으로 해석된다.

> 빗눈(15ㄱ) 밧시눅(밭이나, 17ㄱ) 놉피(20ㄱ) 밋틔로(11ㄱ) 꼿슬(꽃을, 44ㄱ) 녹코(29ㄴ) 직코(30ㄴ)

8) 유기음 표기

어중의 유기음은 유기음인 어간을 표시해 줄 뿐만 아니라, 그 어간말음의 실제 발음까지도 보여주는 표기방식을 따르고 있다. 이것은 음운론적으로 유기음의 폐쇄지속시간이 긴 것을 의미하는 것으로 해석된다(홍윤표, 1991). 곽충구(1980), 홍윤표(1986)에서 이미 지적된 제 2유형의 유기음 표기방식이 주로 쓰이고 있음이 특징적이다.

> 집피(1ㄱ) 덥푸며(1ㄴ) 잡펴(8ㄴ) 급피(9ㄱ, 14ㄱ) 엽히(옆에, 12ㄴ) 압푼(17ㄱ) 놉피(20ㄱ) 놉푸미(28ㄴ) 갑푸리뇨(36ㄱ) 갓트미(1ㄴ) cf. ㄹ튼지라(9ㄴ) 훗터져(5ㄱ) 봇티라(6ㄱ, 10ㄱ) 봇티여(19ㄴ) 봇티며(20ㄴ) 밋틔로(11ㄱ) 싯티아돌(28ㄱ) 닷투와(34ㄴ) 엿티ㅼ지(37ㄱ) 긋치며(1ㄴ) 갓촌(가찹다,3ㄱ) 갓차이(12ㄱ) 밧치니(4ㄱ) 앗침상(6ㄱ) 붓치면(부치다, 9ㄴ) 붓쳐(19ㄴ) 좃초오며(14ㄱ) 쫏츠(29ㄱ) 갓치(같이, 23ㄱ) 훗쳐(흩어져, 25ㄱ) 맛침(39ㄱ) 밀쳐녹코(놓고, 24ㄴ) 수며녹코(24ㄴ) 녹코(놓고, 29ㄴ) 녹커눌(30ㄴ) 짓터니(28ㄱ)[8] 밧쳐녹코(37ㄴ)

---

8) 어간 '짓-(作)'이 '짖-'으로 재구조화되어 쓰이는 예이다. 이러한 어간 재구조화는 '붙들

9) ㄹㄹ의 ㄹㄴ 표기

음절 간 'ㄹㄹ'과 'ㄹㄴ' 표기는 'ㄹㄴ' 표기가 압도적으로 많이 쓰이고 있다. 일반적으로 한자어인 경우에 음절간에서 'ㄹㄹ' 표기가 있고, 동사나 부사 또 조사의 경우 거의 모든 예가 'ㄹㄴ'의 표기를 보여주고 있다. 이러한 현상은 이미 여러 논문에서 지적된 대로 18세기 이후에 'ㄹㄴ' 표기가 많아지고 'ㄹㄹ' 표기가 적어지는 일반적인 현상을 반영하고 있다.

널니(2ㄱ) 올녀보니고(4ㄱ) 달녀드러(4ㄱ) 돌니고(4ㄴ) 과실노(5ㄱ) 걸니니(걸리다, 5ㄴ) 불너드려(6ㄱ) 몰ㄴ보고(6ㄱ) 틀녀곤닷(17ㄴ)

10) ㄹㄹ의 ㄹㅇ 표기

용언의 활용형에서 'ㄹㅇ' 표기가 나타난다.

올엿쩌니(11ㄴ) 밀여잇시ᄂ(12ㄱ) 갈여(12ㄴ)

11) 'ㅇ'의 'ㄴ' 표기

어두에서와 비어두에서 'ㅇ'을 'ㄴ'으로 표기한 예가 무수히 발견된다. 그러나 이것이 실제 발음이었는지는 확실치 않다.9) '모냥'의 경우는 전북 방언에서 실제로 발음되고 있다.

다'가 '붓들다'로 된 예가 보이며(붓뜰고 2ㄴ, 붓들고 14ㄴ), '밭'을 '밧'으로 재구조화한 예가 보인다. 밧시ᄂ(17ㄱ).
9) 朴天圭씨의 증언에 의하면 한자일 경우, 원래의 음을 발음할 경우에 이런 현상이 있음을 지적하고 있으나 한자어가 아닌 경우의 실제 발음 여부는 확실치 않다.

낙을(2ㄱ) 미냥(2ㄴ) 니미(3ㄱ) 닐긔(3ㄴ) 니히(5ㄴ) 보니지(6ㄴ) 압닐(9
ㄱ) 눈물이뇨(눈물이요, 10ㄴ) 모냥이(모양, 3ㄴ)

12) 조사의 표기

(1) 처격 : 처격의 표기는 '-의, -이, -에, -예, -의' 등 다섯 가지만 나
타난다.[10]

'-의'가 가장 우세하게 쓰이고 있는데 이 '-의'는 선행체언의 말음절의
모음이 '-i'로 끝난 경우와 ㅎ종성체언이 연결되는 경우에는 일반적으로
연결되지 않고 있다. ㅎ종성체언이지만 ㅎ이 표기되지 않은 어휘에는
'의'가 연결되는 특징을 보이고 있다.[11] 특수조사인 '-셔'가 연결될 때도
주로 '-의셔'형만을 취한다.

봉셩짜의(1ㄱ) 팔셰의(1ㄱ) 미스의(1ㄴ) 쳔지간의(6ㄴ) 집의(4ㄴ) 안의논
(10ㄱ) 박긔논(10ㄱ) 질의(14ㄱ) 틱산고봉의셔(2ㄴ) 느라의셔(5ㄱ) 집의셔
(17ㄱ) 북문안의셔(15ㄱ) cf.셔울셔(40ㄱ) 영남셔(1ㄱ) 우히셔(5ㄱ, 43ㄴ)

'-이'는 ㅎ종성체언의 경우에 'ㅎ'이 연결되는 경우에만 표기되고 있다.
최전승(1985 : 12)에서는 '-이'는 '-의'의 변이형으로 모음축약에 의한 이중
모음 '의'의 단모음화 현상을 반영한 것으로 해석하고 있다.

---

10) 현대 전북 방언에서는 처격조사가 일반적으로 '-으, -이, -에, -여'가 쓰이는데, '-으'
와 '-이'는 '-의'형의 변이형으로 해석되고, '-여'는 '-에'형의 변이형으로 해석된다.
'-의'형은 역사적 잔존형으로 해석되며, 이 방언에서는 '-에'나 '-이'형으로 통합되었다.
11) 최전승(1985 : 13)에서는 19세기 후기 전라방언에서 脣子音을 체언말음으로 갖고 있는
명사에 연결될 때는 연음되어 원순모음화가 이루어져 '-위' 또는 '-우'와 같은 변이형
(흥부압퓌, 판. 박. 368)을 형성하고 있다고 제시하고 있으나, 『봉계집』에서는 이러한
현상이 전혀 나타나지 않고 있다.

우히셔(5ㄱ)[12] 뒤히로(6ㄴ) 엽히(옆에, 12ㄴ, 29ㄴ) 압히(19ㄱ, 25ㄴ) 돗
써우히(25ㄴ)

'-에'는 체언말 모음이 주로 'i'모음인 경우에 연결되는 특징을 보이고
있다. '-에'의 환경이 주로 선행체언의 말음이 'i'모음 아래인데 이것은
'-예'와 거의 같은 표기로 볼 수 있을 것이다. 현대 전북 방언에서는 '-여'
가 '-예'의 변이형으로 존재하고 있다.[13]

삼월초니닐에(2ㄱ) 팔월십육일에(15ㄴ) 십니에(23ㄴ) 싱시에(26ㄱ) 부귀
에(26ㄱ) 회시에(27ㄱ) 과거시에(42ㄴ)

'-예'는 'i, y' 뒤에만 연결되는데, 이 환경에서 '-의'가 연결될 때도 있다.

둥구리예(4ㄴ) 죠의예(12ㄱ) 비예(20ㄴ) 잔치예(42ㄱ) 차리예(차례에, 42
ㄱ) 소리예(47ㄴ)

'-의'는 체언말음이 유기음으로 끝나는 체언에만 연결되는 특징을 보인
다. 이 '-의'의 쓰임이 극히 제한되어 있는 것으로 보아 이 시기에 주로
쓰인 처격조사가 아니라, 역사적 잔존형으로 보인다.[14]

밋틔(밑에, 30ㄴ)

---

12) 朴天圭 씨에게서 '우서(위에서)'의 발음을 청취할 수 있었는데 '우서'는 '우이서'에서 처
   격조사인 '이'가 탈락된 것으로 해석된다.
13) 朴天圭 씨의 발음에서 '뒤여'를 청취할 수 있었으며 오히려 '뒤여'를 많이 쓴다는 견해
   를 들었다.
14) 최전승(1985 : 12)에서는 19세기 후기 전라방언에서 '밋틔'형에서의 처격형은 '-애'에
   가까운 처격형으로 실제로는 '-에'에 가까운 발음이었을 것이라고 추정하고 있다.

(2) 주격 : 주격조사는 '-ㄱ, -가'와 '-이'가 쓰이는데 현대국어에서와 같이 일반적으로는 선행체언의 말음이 모음일 때는 '-ㄱ, -가'가 쓰이나 '-ㄱ'가 아주 많이 쓰이고 있으며, 자음일 때는 '-이'가 쓰이고 있다. 그러나 선행체언의 말음이 모음인 경우에 '-이'가 쓰이는 현상이 부분적으로 나타나는데 이러한 현상은 역사적으로 ㅎ종성체언의 경우에 주로 나타나고(홍윤표, 1986 : 137), ㅎ종성체언이 아닌 경우에도 연결되는 것은 이러한 역사적인 의식이 그대로 표기에 이어진 것으로 해석된다.

> 봉게ㄱ(1ㄱ) 낭퍼ㄱ(1ㄴ) 츳효ㄱ(2ㄱ) 어스ㄱ(4ㄴ) 션빈ㄱ(5ㄴ) 인가(8ㄴ)
> 비가(24ㄱ) 국직가(27ㄴ) 셔리가(30ㄴ) 닐ㄱ가(48ㄴ)
> 흐ㄴ이(7ㄴ, 8ㄱ, 9ㄴ) 혼ㄴ이(16ㄴ) 닐가이(일가가, 48ㄴ)

(3) 여격 : 여격조사로는 '-의게'가 일반적으로 쓰이고, '-게, -긔, -기'의 표기도 나타난다. 존칭의 '-쎄'는 보이지 않는다. 또한 사람이 아닌 짐승의 경우에 '-게'가 쓰이고 있음이 발견된다. '말쎄'의 '-게'는 '-에게서'의 기능을 한다.

> 션뷔의게(5ㄱ) 빅셩의게(5ㄱ) 모친의게(12ㄱ) 안히의게(13ㄴ) 션빈긔(20
> ㄱ) 하인기(43ㄱ) 말쎄(16ㄴ)

(4) 대격 : 대격조사로는 '-을/를'이 주로 쓰이고 있는데 이들은 현대국어에서처럼 선행체언의 말음에 따라 교체를 보이고 있다. 예외로 선행체언이 모음으로 끝난 경우에 '-을'이 쓰이는 예가 상당히 많은데 이 현상은 실제 발음을 보여주는 것으로 해석된다. 예를 들면 '편지을(9ㄴ, 10ㄱ, 19ㄴ)'의 경우는 예외없이 '-을'이 연결되는데 이것의 실제 발음은 '편질'과 같은 발음으로 ㄹ이 탈락된 것이 아니었는가 생각한다. 이렇게 해

석하고자 하는 이유는 '-를'의 경우는 선행체언이 자음으로 끝났을 때 연결되는 예가 거의 없기 때문이다. '-를'이 자음 아래에 쓰인 용례는 두 개가 보이는데 '아달를(12ㄱ)'은 중철표기로 보이고, '앗침상를(6ㄱ)'은 단 하나의 예외이어서 규칙적인 표기로 보기 어렵다.

역사적으로 모음조화에 따라 쓰였던 '-올/롤'과 이것의 방언형으로 쓰임직한 '-알/랄'은 전혀 찾아볼 수가 없다. 단지 '-얼'의 표기만이 두 용례가 보이고 '-럴'의 표기는 보이지 않는다. '-올'을 '-얼'로 표기한 것은 비록 이 자료에서는 '-을'로 표기하고 있지만 그 당시의 실제 발음이 '-얼'이었음을 보여주는 증거로 생각된다. '-롤'이 모두 '를'로 표기된 것이나 '-랄'의 표기가 전혀 나타나지 않은 것으로 보면 이때의 '-를'의 실제 발음이 전라방언에서 일반적으로 나타나는 '-랄'과는 다른 것이 아니었을까 추측한다.

> '-을' : 맘쎄을(4ㄴ) 짐번수을(8ㄱ) 고기을(14ㄱ) 느라을(24ㄴ) 친구을(45ㄴ)
> '-얼 : 차닐얼(45ㄴ) 향촉얼(45ㄴ)

(5) 속격 : 이 자료에서 속격조사는 거의 모두 '-의'로 나타난다. 이것은 17세기 중기에 속격조사가 이미 '-의'로 합류된(홍윤표, 1986 : 134) 사실에 기인한다. '-이'가 표기된 용례가 하나 발견되는데(씃티아돌, 28ㄱ), 이것도 근대국어 표기가 그대로 지속된 잔존형으로 해석된다. 속격조사 '-에'는 발음이 된 것으로 추측할 수 있으나 표기상으로는 전혀 나타나지 않는다. '-ㅅ'은 복합어의 경우에만 나타나는데 이 '-ㅅ'은 주로 된소리 표기로 해석된다. 복합어에서 '-ㅅ'이 표기되지 않은 예가 발견된다.

> 왕상의 효셩(2ㄱ) 졔즈의 심(3ㄱ) 남의 말(6ㄴ) 수령의 과실(5ㄱ) 씃티
> 아돌(28ㄱ) 옛스람 (22ㄴ) 시닉째(36ㄴ) cf.바드물(21ㄱ) 흐로밤(9ㄴ, 13ㄴ)

(6) 조격 : 조격조사로는 '-으로/로'가 음운론적 이형태로 쓰이고 있는데, '-으로'의 이형태로 '-이로'가 쓰이고, '-로'의 이형태로 '-노'가 쓰이고 있다.

> 압히로(14ㄱ) 관전이로(15ㄱ) 질노(길로, 18ㄱ) 밤느지로(23ㄴ) 무어시로(무엇으로, 32ㄴ)

(7) 주제 표시 특수조사 : 주제를 나타내는 특수조사로는 선행체언의 말음이 자음일 때는 '-은, -언'이 쓰이고 모음일 때는 '-는, -난'이 쓰인다. '-은'이 가장 많이 쓰이고 있으나 '-는'은 전혀 쓰이지 않고 있다. 또한 '-는'은 많이 쓰이나, '-온'은 전혀 쓰이지 않고 있는데 이것과 관련되어서 '-난'은 몇 예가 보이나 '-안'은 전혀 쓰이지 않고 있다. 그러나 '-언'은 몇 예가 보이나 '-넌'은 전혀 쓰이지 않고 있다.

이러한 표기 현상을 종합해 보면, '-온'의 경우는 'ᆞ'가 '으'와 '어'로 변화하여 '-은'으로의 표기가 일반적이었고 실제 발음상으로는 '-언'의 발음이 상당했을 것으로 추측할 수 있으나 자료상으로는 '-언'의 표기가 단 두 예에 불과하다. '-는'의 경우는 'ᆞ'가 그대로 유지되는 '-는'이 가장 많이 쓰이고, 'ᆞ'가 '으'로 변한 '-는'이 전혀 쓰이지 않고 있음이 특징적이고, 'ᆞ'가 실제 발음으로 추정되는 '-난'으로 표기된 예가 몇 개 발견된다.

주제의 특수조사의 표기가 왜 다음의 예와 같이 한정되어 나타났는가 하면, '-온'이 표기는 '-은'을 선택했지만 실제로 '-언'으로 발음되었음을 나타내는 것이고 '-안'으로는 발음되지 않았음을 나타낸 표기이기 때문이고, 또 '-는'의 표기는 실제 발음이 '-난'으로 발음했기 때문에 '-는'과 '-넌'은 전혀 보이지 않는 것이다.

'-ᄋᆞᆫ' : ᄉᆞ람은(3ㄴ) 걱정은(3ㄴ) 상감임은(9ㄱ) 아젼더른(13ㄱ)
'-ᄂᆞᆫ' : 봉게ᄂᆞᆫ(2ㄱ) 북소릐ᄂᆞᆫ(13ㄱ) 션비ᄂᆞᆫ(17ㄱ) 씨기ᄂᆞᆫ(32ㄴ)
'-난' : 육미난(12ㄱ) 노비난(15ㄴ) 죽기난(16ㄱ) 인자난(16ㄴ) 봉냥지도난(19ㄴ) ᄒᆞᄂᆞ난(47ㄴ)
'-언' : 여인더런(12ㄱ) 모친언(15ㄱ)

(8) 특수조사인 '-마다'는 '-마ᄃᆞ/마다'로 쓰이고 이것의 변이형인 '-마닥/마ᄃᆞᆨ'이 쓰이고 있다.15) 이 발음은 현재에도 전라방언에 상당히 많이 쓰이는 것으로 보아서 그 당시 전라방언에 아주 일반적인 방언형이었음을 알 수 있다.

ᄉᆞ람마닥 ᄂᆞᆯ마닥(12ㄱ) 곳마ᄃᆞᆨ(47ㄱ) 들마ᄃᆞᆨ(48ㄱ) 사람마ᄃᆞ(49ㄱ) 닐마ᄃᆞᆨ(49ㄱ)

13) 대명사 표기

인칭대명사인 '너희, 저희' 등은 ㅎ이 탈락한 '너의, 져의'로 나타난다. 이것은 실제 발음을 반영하는 것이겠지만, 현대 전북 방언의 특징인 '너그덜'형이 전혀 나타나지 않는 특징을 보인다.16) 중세국어의 재귀대명사인 'ᄌᆞ갸'가 쓰인 예가 보이며 '졔'로도 표기한 예가 발견된다. 이 '졔'형은 오늘날 전북 방언에서는 '지'로 표기된다. 인칭대명사인 '나'의 표기를 'ᄂᆡ'로 한 표기가 발견된다.

소위 미지칭 인칭대명사로는 '뉘'만이 쓰이고 있고, '누구'형은 전혀 쓰

15) 朴天圭 씨의 증언에 의하면 본인도 '-마다' 또는 '-마닥'이라고 쓰는데 나이드신 분들의 말에서 '-마닥'이라는 발음을 많이 들었다고 했다.
16) 朴天圭 씨는 화산면에서는 '너그덜'이라고 발음하지 않으며 '너이들'이라고 발음한다고 말씀하고 있다.

이지 않고 있다. 중세국어에서 기본형을 '누'로 가지던 미지칭 인칭대명사는 근대국어에서는 그 기본형이 '뉘'로 바뀌면서 '누'와 공존하게 된다. '뉘'는 주격조사인 'ㅣ'가 하나의 음절을 이루지 못하고 쓰이다가 선행 체언에 연결되어 어휘화가 일어났음을 보여주는 것이다. 이 자료에서는 '뉘'만 쓰이는데 이것은 근대국어의 언어현상이 그대로 이어진 것으로 보인다. '누구'형이 쓰이지 않고 있음이 주목된다.[17] 한편 '뉘라, 뉘라셔'의 예를 통해서 '-이라셔'가 '-이라'와 '-셔'로 형태소가 분석됨을 알 수 있다 (이태영, 1992 참조).

> 너의는(너희는, 14ㄴ) 너의도(너희도, 36ㄴ) 져의도(저희도, 19ㄱ) 져의ㄹ(저들이, 39ㄴ) ᄌᆞ갸도(자기도, 29ㄴ) 늬의(나의, 32ㄴ, 36ㄴ, 41ㄴ) 제게 (자기에게, 32ㄴ) cf.너히는(18ㄱ)
> 뉘ㄹ(9ㄱ) 뉘라(18ㄱ) 뉘라셔(10ㄴ)

14) 사동사·피동사 표기

이 자료에서 사동사로는 다음과 같은 예가 보이는데 주로 사동접미사 '-이-'에 의한 파생이 대부분이고 '-기-, -히-, -구-'에 의한 파생도 보인다. 이처럼 '-이-'에 의한 파생이 많은 것은 근대국어시기에 '-이-'에 의한 사동사 파생이 아주 생산적이었기 때문에 그 현상이 그대로 이 자료에 나타난 것으로 보인다. 피동사는 '-히-'에 의한 파생만이 나타난다.

> 경군(검구다, 2ㄱ) 울니며(울리다, 3ㄴ) 틱이고(태우다, 4ㄴ) 보니지(보이다, 6ㄴ) 씨니고(쓰이고, 6ㄴ) 벅기라(벗기다, 7ㄱ) 소기지(속이다, 8ㄴ)

---

17) 19세기 후기 자료인 『열녀춘향슈절가(완판본)』에도 '누'와 '누구'는 전혀 보이지 않고 '뉘, 뉘가'만이 나타나고 있다.

메이고(메게하고, 16ㄴ) 지이고(지게하고, 21ㄴ) 들니고(들게하고, 34ㄱ, 44ㄱ) 안치고(앉게하고, 40ㄴ) 놀니두ㄱ(놀게하다, 44ㄱ) 싱각키미(생각히다, 46ㄱ) 줍피며(잡게하며, 48ㄱ) 안치고(앉히다, 40ㄴ) 발펴(밟히다, 19ㄱ)

4. 음운 현상18)

1) 모음변화

(1) 구개모음화 : 치찰음 아래에서 '으'가 '이'로 변하는 현상이 일어난다.19)

   씨기로(13ㄴ) 실푼(22ㄴ) 무룸씨고(19ㄱ) 잇시되(1ㄱ) 안지며(36ㄴ) 진직(29ㄴ) 질거하심을(46ㄱ) 짐셩(18ㄱ) 벼실(42ㄴ) cf.벼살(28ㄴ)

(2) 원순모음화 현상이 나타난다.

   덥푸며(1ㄴ) 자부며(7ㄱ) 실푸리뇨(10ㄴ) 놉푸미(28ㄴ) 밧부니(39ㄴ)

(3) '르'밑에서 '으'가 '오/우'로 교체되는 현상이 보인다.

   모론두(6ㄴ) 치룬(36ㄱ) 달려두러(16ㄴ) 부루신두(6ㄱ) 누루기로(7ㄴ) 우룸(13ㄱ) 무룸씨고(19ㄱ) 우루시며(19ㄱ) 무릅(35ㄴ) cf.북구렵쏘두(42ㄴ) 죠곰도(1ㄴ) 조고만헌(33ㄴ)

---

18) 이 글을 작성하면서 필자가 드린 잦은 질문에 응해주신 소강춘 교수와 김규남 선생께 감사드린다.
19) 치찰음이 아닌 환경에서도 '으'가 '이'로 변하는 현상이 있다. 노림(놀음, 41ㄱ)

(4) '오'와 '우'모음의 교체 현상이 일어나고 있다. 이 현상은 역사적으로 18세기 후기에 형태소 내부에서 활발하게 일어난 현상이었다(곽충구, 1980 : 90).

얼골(1ㄴ) 즈죠(12ㄴ) 호로밤(13ㄴ) 셔로(3ㄱ) 셔루(5ㄴ) 닷투와(34ㄴ)

(5) 구개자음 다음에 y가 삽입되어 표기되는 현상이 나타난다.

오>요 : 이죠(1ㄱ) 존귀(1ㄴ) 죠곰도(1ㄴ) 죠석(16ㄱ) 자죠(16ㄴ) 죠비(43ㄱ)
우>유 : 슈십연(1ㄱ) 권슈(1ㄱ) 슈척(1ㄴ) 축슈(12ㄴ) 슉질(12ㄴ) 쥬쟝(1ㄴ)
아>야 : 쥬쟝(1ㄴ) 모냐녹커늘(30ㄴ) 쎄냐들고(29ㄱ) 더냐드러(29ㄱ)
어>여 : 봉셩(1ㄱ) 션싱(1ㄱ) 슌쳔(1ㄱ) 와셔(1ㄱ) 졈졈(1ㄴ) 각쳐의(2ㄴ)
에>예 : 황졔(1ㄱ) 칠셰(1ㄱ) 졔즉(3ㄱ) 형졔(10ㄴ) 병셰(13ㄱ) 인졔는(15ㄱ)

(6) 이중모음의 단모음화가 약간 보인다.

봉게(봉계, 1ㄱ) 게시면(15ㄱ) 세게(世界, 17ㄱ) 게희년(20ㄴ)

(7) 모음상승의 경향이 나타난다. 최전승(1986 : 85)은 '어'모음이 어두음절과 비어두음절에서 '으'로 바뀌는 예를 모음상승의 경향을 반영한 것으로 보고 있는데 본 자료에서는 '읍-'에 한정되어 나타난다.

읍난지라(1ㄱ) 읍시(2ㄱ) cf. 업시며(1ㄴ)

(8) '으'와 '어'의 混記가 보인다. 백두현(1992 : 129)은 '죽음(死)'을 '주검'으로 표기한 것은 '으 : 어'의 혼란으로 인한 混記로 보고 있다.

주검(8ㄴ, 23ㄴ) 어런(어른, 31ㄴ)[20]

(9) 원래의 '이'모음을 '의'로 표기하는 현상이 나타난다.[21]

이긔지(6ㄱ) 긔싁이(10ㄴ) 젹션ᄒ긔(10ㄴ) 우긔ᄀ(15ㄴ) 긔운도(18ㄴ)

(10) 장음표기가 발견된다.

오올ᄂᄀ(46ㄴ)

(11) 이중모음에 활음 'y'가 첨가되는 현상이 나타난다.

상예(3ㄱ)[22] 염녜(5ㄴ) 발셰(9ㄱ) 졔우(15ㄴ) 면예(45ㄴ) 졔졀노(13ㄱ)

(12) '이'의 '예'표기가 나타난다.[23]

ᄀ신 졔ᄀ(가신 지가, 15ㄱ) 맘쎼(맘씨, 4ㄴ) 날셰(날씨, 20ㄱ)

(13) '이'모음의 첨가 현상이 나타난다. 이 현상에 나타나는 '이'모음은
주격조사의 영향, 명사파생 접미사의 첨가, 한자음의 영향 등 다양하게

---

20) 朴天圭 씨는 이 단어를 '으른, 으런'으로 발음하고 있다.
21) 최전승(1986 : 218)에서는 '의'이중모음의 단모음화 현상을 다섯 가지로 구분하여 설명
하고 있다. 첫째 중세국어에서 넘어오는 기원적 이중모음, 둘째 제2음절 이하의 위치에
서 'ᄋ'의 제 1단계 변화를 거친 '-익>의', 셋째 비어두음절의 '위'가 원순성 자질의 중
화로 결과된 '-위>의(불휘>불희)', 넷째 순자음 아래에서 원순성 자질의 이화작용에
의한 비원순화(뷔>븨, 퓌->픠-), 다섯째 통합적 과정에서 새로 형성된 '-으>의(그려
기>긔려기)'
한편 원래의 '이'를 '의'로 표기하는 것을 과도교정형이라고 설명하고 있다.
22) 朴天圭 씨는 '상예'를 '상이'로 발음하고 있다.
23) 朴天圭 씨는 '말씨'를 '말쎄'로 발음하고 있다.

해석될 수 있을 것이다.

모지(11ㄴ) 과긔의(24ㄱ) 과긔(26ㄱ) 과개의(42ㄱ) cf.과ᄀ을(32ㄴ) 부지
(父子, 35ㄴ) 지가(者가, 23ㄴ) cf.ᄌᄀ(25ㄱ) 바러고(바라고, 17ㄴ)

2) 구개음화

't 구개음화'는 이미 완성되었으며, 'k 구개음화'와 'h 구개음화'현상이
일어나고 있다.

구지(7ㄱ) 절픕(3ㄱ) 집피(1ㄱ) 젼디지(견디다, 5ㄱ, 34ㄱ) 손쩔(손길6ㄴ)
짓치니(끼치다, 6ㄴ) 짐번수(金번수, 8ㄱ) 지ᄃ리ᄃᄀ(2ㄴ) 지리(길, 4ㄱ, 9
ㄱ) 제우(겨우, 15ㄴ, 32ㄱ) 쩟쳐썬이와(끼치다, 16ㄴ) 격그실(겪으실, 18
ㄱ) 집도록(깊도록, 19ㄴ) 집푼(깊은, 20ㄱ) 찌엿는고(끼다, 21ㄴ) 지ᄃ려
(기다리다, 26ㄴ) 짐옥균(김옥균, 28ㄴ) 집도록(깊도록, 37ㄴ) 찌고(끼고,
38ㄱ) 짓드려(깃드리다, 44ㄱ) 심으로(2ㄴ, 3ㄱ) 심씨고(3ㄴ)

3) 움라우트 현상이 보인다

쌔인(쌓인, 21ㄱ) 니려오며(31ㄴ) 익기시는(아끼다, 50ㄱ) 신냥(7ㄱ) cf.
사양(8ㄴ)

일반적으로 움라우트가 일어나지 않는 제약이 있음에도 불구하고 움
라우트가 일어나는 예는 다음과 같다.

가. 반디시(2ㄱ) 그디지(그다지, 14ㄴ, 16ㄱ) 회셩(효성, 19ㄴ)
나. 뫼냐(모이다, 4ㄴ) cf.모냐(모이어, 10ㄱ) 뵈니며(보이며, 19ㄱ) 뵈이
   는(보이다, 20ㄴ) 뵈여(보이어, 23ㄱ) 뵈닐(보일, 30ㄴ) 쬐니미(쬐이

매, 34ㄱ)
다. 메글(먹을, 12ㄴ) cf.먹넌(12ㄴ)
라. 힉시ᄂ(12ㄴ) 둥힉시니(당하시니, 41ㄱ) 겸힉시니(겸하시니, 41ㄱ)
마. 죄이ᄃᆨ(조이다, 14ㄱ)

여기서 '가'의 예는 움라우트가 잘 일어나지 않는 환경에서 일어나고 있는 예를 보인 것이다. '나'의 예는 두 가지로 해석할 수 있는데 하나는 '가'와 마찬가지로 개재자음이 'ㄴ'일 경우에는 일반적으로 일어나지 않는데 일어난 예로 처리하는 방법과, 다른 하나는 '뵈-, 뙤-, 쬐-'를 어간으로 인식하고 거기에 어미를 연결한 것으로 보아 움라우트로 해석하지 않는 방법이 있다. 이 글에서는 후자일 가능성이 더 큰 것으로 보고자 한다. '다'도 역시 '먹이다'가 '멕이다'로 움라우트되면서 어간을 '멕-'으로 과도 인식한 탓으로 능동에서도 '멕을'과 같이 표기한 것으로 볼 수밖에 없을 것이다. '라'는 어간이 '흐-'와 '히-'로 이형태를 가지고 있음을 보여주는 것으로 움라우트로 볼 수 없을 것이다. '마'는 축약된 어간이 쓰인 것으로 해석된다.

4) 축약 현상이 보인다[24]

겁는 맘(겁느는, 11ㄱ) 반간 맘(반가운, 11ㄴ, 17ㄱ) 외(오이, 12ㄱ) 염예 오니(염려이오니, 15ㄱ) 그시(그사이, 16ㄴ) 존(좋은, 17ㄴ, 27ㄴ)

---

24) 朴天圭 씨는 '배우다'의 활용형을 '밴, 배고' 등으로 발음하는데 이것은 기본형을 '배다'로 갖고 있는 것을 보여준다.

5) 자음동화 현상이 나타난다

비음화 : 몬내(2ㄴ) 층냥(측량, 4ㄴ)논넌(놓는, 33ㄱ) 아란느이득(7ㄱ) 론
　　　　나(놓나, 25ㄴ) 진니(짓다, 35ㄱ)
유음화 : 말뉴흥아(만류, 4ㄴ) 눌니(난리, 24ㄴ)
변자음화 : 손임잉고(손님인고, 22ㄴ) 거러넝긴(걸어넘기다, 27ㄱ) 허망
　　　　흥게(31ㄱ) 넝기고(넘기고, 37ㄴ) 어둑고(34ㄴ) 막겨두고(15
　　　　ㄱ) 흥셕거눌(39ㄱ) 삭갓슬(38ㄱ)

6) 어두 유기음화 현상이 보인다

펼로(별로, 5ㄱ)

7) 첨가 현상이 보인다

눈중의눈(나중에는, 25ㄱ) 인졔눈(이제는, 26ㄱ) 널울널울(너울너울, 41
ㄴ) 난난시(5ㄴ) cf.눈느시(5ㄱ, 22ㄴ)

8) 탈락

ㅎ탈락 현상이 어간 내부에서도 일어나고 ㅎ종성체언의 탈락현상도
일부 나타난다. 모음 사이에서 ㄹ탈락현상이 나타나며, 비어두음절에서
y 앞의 ㄴ 탈락이 일어난다. '두렵다, 어둡다'에서 'ㅂ'을 탈락시켜 부동사
형 어미를 연결시키지 않고 '두려, 어두'를 어간으로 삼는 경향이 있다.

죠의쪽(1ㄴ) 조의쪽(2ㄱ) 죠의(12ㄱ) cf.조히(13ㄴ) 너의논(너희는, 14ㄴ)
겨의도(저희도, 19ㄱ) 고암(25ㄱ) 드무득(5ㄱ) 노득ᄀ(22ㄴ) 무녀노니(43
ㄴ) 머단(멀다는, 17ㄱ) 노지말고(놀지, 20ㄱ) 춤예흔(참례한, 33ㄴ) 엇지

아이(어찌 아니, 41ㄱ) 올엿쩌니(11ㄴ) 밀여잇시ᄂ(12ㄱ) 갈여(12ㄴ) 두려
ㅎ야(8ㄴ) 어두신고(25ㄱ)

5. 어휘

1) 부사는 다음과 같은 것들이 주로 쓰이고 있는데, 충청방언의 영향
과 경상방언의 영향을 엿볼 수 있는 어휘들이 있다.

구지(굳이, 7ㄱ) 두루(39ㄱ) 졈졈(1ㄴ) 홍숭(1ㄴ) 홍샹(1ㄴ) 바로(1ㄴ) 죠
곰도(1ㄴ) 조곰도(2ㄱ) 조곰(34ㄱ) 조금(14ㄱ) 반디시(2ㄱ)25) 손조(손수 2
ㄴ) 일직(2ㄴ) 몬내(2ㄴ) 몬닉(6ㄴ) 니미(이미, 3ㄱ) 셔로(3ㄱ) 셔루(5ㄴ, 6
ㄴ) 그져(4ㄱ) 드시(4ㄱ) 모듯(모두, 8ㄱ) 발셰(벌써, 9ㄱ, 34ㄱ) 즐(9ㄴ) 더
욱기는(6ㄴ) 더우키(더욱이, 10ㄱ) 더욱키(19ㄱ, 22ㄱ) 즈죠(자주, 12ㄴ) 자
죠(16ㄴ) 졔졀노(13ㄱ, 19ㄱ, 21ㄱ) 졀노(6ㄴ, 20ㄴ) 엇지(13ㄴ) 도로려(도
리어, 14ㄴ, 17ㄱ) 도로여(도리어, 15ㄱ) 졔우(겨우, 15ㄴ) 어여(어서, 18
ㄱ) 이윽고(18ㄴ) 범범이(번번이, 27ㄱ) 잠관(잠간, 39ㄴ) 잠깐(잠간, 45ㄱ)
먼예(먼저, 45ㄴ) 암조록(16ㄱ) 암쪼록(20ㄱ) 흐냥(함께, 같이, 11ㄴ, 18ㄴ)
-과 흐냥(11ㄴ) 흥양(13ㄱ)

위 자료에서 '먼저'의 뜻인 '먼예'는 전북지방에서는 일반적으로 '먼야,
먼여'로 나타나는데 이 '먼예'란 발음은 충청방언이나 경상방언의 영향으
로 보인다. '발셰'도 전북 방언에서는 '발셔'가 나타나는데 이것도 같은 영
향인 듯하다. '잠관, 잠깐'은 원순모음화를 보여주는 예인데, 『열녀춘향
슈졀가(완판본)』에서는 '잠간, 잠깐'으로 표기되고 있다.26) '셔로'보다는

---

25) 朴天圭 씨는 천자문을 배울 때, '必'자를 '반디시 必'로 배웠다고 말씀해 주셨다.
26) 『열녀춘향슈졀가』가 남원지역어 내지는 전남방언의 영향을 반영하고 있다고 생각되는
　　데 『봉계집』이 반영하고 있는 화산지역어와는 상당한 발음의 차이가 있었을 것이 예상

'셔루'가 빈도상으로 훨씬 많이 쓰이는 것도 충청방언의 영향으로 보인다.

  펼로(別로, 5ㄱ) 츠츠로(점차, 14ㄴ) 츠려로(차례로, 30ㄱ) 속시로(속으로, 비밀리, 30ㄴ) cf.속시 잇는 글은(30ㄴ)

  위의 부사들은 한자어나 명사에 '-로'가 연결되어 부사로 파생된 것을 보여준다. '속시로'의 '속시'는 '속스이'의 준말로 '안(內)'이란 뜻의 '속'과 '사이(間)'라는 뜻의 '스이 > 시'가 복합된 말로 보이며, 여기에 '-로'가 붙어 부사가 된 것인데, 이 말은 전북 방언에서 흔히 쓰는 말이다.

  누누이(10ㄴ) 닐졔이(4ㄱ) 일졔이(8ㄱ)

  위의 부사들은 한자어에 '-이'가 연결되어 부사로 파생된 것을 보여준다.

  즈시(자세히1ㄴ, 12ㄱ, 12ㄴ, 22ㄴ) 밧비(바쁘게, 9ㄴ, 22ㄱ) 눈느시(낫낫이5ㄱ, 22ㄴ) 난난시(5ㄴ) 갓차이(가깝게, 12ㄱ, 34ㄱ) 반가이(반갑게, 17ㄱ) 무수이(19ㄴ) 질거이(즐겁게, 22ㄴ) 어려이(어렵게, 43ㄴ) 측은이(9ㄴ) 우연이(11ㄱ) 멀니(12ㄴ) 만이(13ㄴ) 두려시(18ㄴ) 둘니(23ㄱ) 쾌이(14ㄱ) 속졀읍시(30ㄴ) 정신읍시(28ㄴ)

  위의 부사들은 형용사의 어간에 '-이'가 연결되어 부사로 파생된 예들이다. 이중에서 경상방언의 영향으로 볼 수 있는 부사로는 '즈시(자세히)'를 들 수 있는데 이 부사는 이미 『捷解新語』 중 원간본에서는 '즈셰', 개수1차본에서는 '즈시', 개수중간본에서는 '즈시'가 나타나는 것으로 보아 '즈셔이 > 즈셰 > 즈시'의 변화를 겪은 것으로 보인다.

된다. 따라서 동일한 전북지역에서 발견되고 또 전북 방언을 반영한 자료라고 하더라도 그 언어적 특징을 살펴 지역적 방언차를 기술해야 할 것이다.

이러최로(2ㄴ, 11ㄱ) cf.이리(32ㄴ) 엇쩌최로(17ㄴ)

위의 부사는 빈번하게 쓰이는 형태로 '이렇게, 어떻게'의 방언형인데 아주 독특한 형태여서 그 형태론적 분석을 하기 어렵다. 다만 현대 전라 방언에서 '이러코롬, 어떠코롬' 등이 쓰이는 것으로 보아 이와 유사한 구성으로 보이며, '이러킈+로'의 구성에서 구개음화를 일으켜 '이러최로'의 구성이 된 것으로 해석된다. '이리(32ㄴ)'가 '이렇게'의 뜻으로 쓰이는 예가 하나 발견된다.

이러구러(이럭저럭, 13ㄱ, 27ㄴ) 미냥(2ㄴ, 23ㄱ)

위의 예는 근대국어의 형태인데, '이러구러'는 '이럭저럭'의 뜻을 가지며, '미냥'은 '미양'으로 '항상'의 뜻을 갖는다.

2) 그밖의 어휘
(1) 짜(1ㄴ) 쌍(21ㄴ) : 'ㅎ'종성이 떨어지고 '땅'의 표기가 나타난다.
(2) 얼골(1ㄴ) : '얼굴'의 방언형이다.
(3) 겅군(2ㄱ) : 방언형 '검구다'로 '검다'의 사동사이다.
(4) 죠의 쪽(1ㄴ) 조의 쪽(2ㄱ) 죠의(12ㄱ) 조히(종이, 13ㄴ) : 중세국어 '죠희'의 변천형이다.
(5) 갓촌(3ㄱ) : '가깝다'의 방언형으로 '가찹다'이다.
(6) 모냥(3ㄴ) : '모양'의 방언형으로 실제의 발음을 반영한 것으로 보인다.
(7) 끄셔닉냐(4ㄱ) : '끌어내다'의 방언형으로 '끄시다'이다.
(8) 맘쎄(4ㄴ) : '맘씨'의 방언형이다.
(9) 염녜(5ㄴ) : '염려'의 방언형이다.

(10) 복물(3ㄴ) : '封物'의 표기이다.

(11) 작논(4ㄴ, 28ㄱ) : '장난'의 표기이다.

(12) 작만ᄒ-(29ㄴ, 36ㄱ) : '장만하다'의 표기이다.

(13) 바리리뇨(7ㄱ) : '바라다'의 방언형으로 '바래다'이다.

(14) 이몽자몽(7ㄴ) : '非夢似夢'을 지시대명사 '이, 저'에 유추하여 적은 것으로 방언에서 흔히 나타나는 어휘이다.

(15) 종뇽ᄒ(8ㄱ) 종뇽ᄒ야(25ㄱ) : '조용하다'는 뜻의 근대국어의 '죵용ᄒ-'이다.

(16) ᄒ로밤(9ㄴ, 13ㄴ) : 근대국어의 'ᄒ로'이다.

(17) 족ᄒ(9ㄴ) : '조카'란 뜻의 근대국어의 '족하'이다.

(18) 썻치(11ㄱ) : '거적'이란 뜻의 방언형으로 '겉이'가 구개음화와 된소리를 겪은 어휘이다.

(19) 만ᄒ거눌(13ㄴ) 만ᄒ리라(22ㄴ) : '많다'의 뜻인 중세국어의 '만ᄒ-'이다.

(20) 무름씨고(14ㄱ) 무룸씨고(19ㄱ) : '무릅쓰다'의 방언형이다.

(21) 틀녀근듸(17ㄴ) : '다르다'의 뜻으로 '틀리다'가 쓰이고 있다.

(22) 고상(18ㄱ, 23ㄱ, 32ㄱ) : '고생'의 방언형이다.

(23) 전희도라(18ㄱ) 살마도라(39ㄱ) 푸러듸고(18ㄱ) : '-다오'의 방언형이다.

(24) 눌세(20ㄱ) : '날씨'의 방언형이다.

(25) 걸쐰(21ㄱ) : '걸뜨다(위로 뜨다)'의 표기이다.

(26) 너룻쏘듸(21ㄴ) : '넓다'의 뜻으로 '너르다'가 '널룹다'로 재구조화된 형태이다.

(27) 넘, 눔(23ㄱ) : '남'의 방언형이다.

(28) 눕씌니(24ㄱ) : '날뛰다'의 방언형이다.

(29) 눌니(24ㄴ) : '난리'를 발음대로 표기한 것이다.

(30) 총을 노으며(25ㄱ) 총을 노니(25ㄴ) : '쏘다'의 뜻으로 '놓다'가 쓰이고 있다.

(31) 뒤눕는(25ㄴ) 뒤눕든(28ㄱ) 뒤누며(29ㄱ) : '뒤눕다'로 '뒤집히다'의 뜻이다.

(32) 쩌러치니(25ㄴ) : '떨어뜨리다'의 방언형이다.

(33) 져러크(26ㄴ) : '저렇게'의 표기이다.

(34) 벼살(28ㄴ) 벼실(42ㄴ) : '벼슬'의 방언형이다.

(35) 어런(31ㄴ) : '어른'의 방언형이다.

(36) 느구(33ㄴ, 36ㄱ) 느귀냐(37ㄴ) : '나귀'의 방언형이다.

(37) 웨는(41ㄱ) : '웨치다'의 뜻으로 근대국어의 '웨다'이다.

(38) 쓸흐고(43ㄱ) : '끌다'의 뜻으로 보인다.

(40) 어덕(6ㄴ) : '언덕'의 방언형이다.

(41) 눈물을 실치며(14ㄴ) : '슬치다'로 '닦다'의 방언형이다.

(42) 뫼(26ㄴ) : '묘'의 방언형이다.

(43) 회세에, 회시에(27ㄱ) '會試'의 표기이다.

(44) 홀 져긔(31ㄱ) 제(32ㄱ) 갈 젹의는(32ㄱ) : '-적에'의 표기이다.

(45) 기느(38ㄱ) : 소위 지정사인 '이다'의 방언형으로 '기다'를 나타낸다.

(46) 노림(41ㄱ, 44ㄱ) : '놀음(놀다의 명사형)'의 방언형이다.

(47) 느락(47ㄱ) : '벼'의 방언형이다.

(48) 소리, 소리예(47ㄴ) : '소리'의 표기로 '소리'가 쓰이고 있다.

(49) 지조(47ㄴ) : '재주'의 중세국어형이다.

(50) 션비(20ㄱ, 43ㄱ) 션븨(5ㄱ, 8ㄴ) : '선비(士)'의 표기이다.

(51) 목심(25ㄴ) : '목숨'의 방언형이다.

6. 결론

　이 글은 1894년 全北 完州郡 華山面 宗里에 살던 朴海寬 翁이 쓴 『鳳溪集』
에 대한 표기법과 음운현상, 그리고 어휘를 중심으로 간략히 기술하였다.

　이 자료는 19세기 말에 쓰여진 것이지만 저자의 나이가 그 당시 70
세이었기 때문에 19세기 중엽의 언어사실을 보여주는 것으로 볼 수 있
다. 이 자료는 面 단위 특정 지역의 방언의 역사를 보여준다는 점에서 아
주 중요한 자료라고 말할 수 있을 것이다.

　필자는 이 글을 작성하면서 朴海寬 翁의 증손자인 朴天圭 씨를 만나 여
러 가지를 물어보는 과정에서 몇 가지 방언 연구의 방법을 생각해 보게
되었다. 하나는 증손자인 朴天圭 씨가 先親과 祖父의 말씨를 기억하고 있
다는 사실에서 3, 4대에 걸친 방언의 비교 작업이 가능하다는 점이고,
또 다른 하나는 朴天圭 씨가 어린 시절 千字文을 배웠던 그 당시의 발음
을 그대로 알고 있기 때문에 천자문을 그 지역의 방언형으로 복원할 수
있다는 점이다. 셋째로는 '華山面 宗里'가 忠南과 접경지역이고 전북 무주
군과도 가깝기 때문에 인접방언의 영향을 조사하여 이 『봉계집』과 비교
를 할 수 있는 방법이 있다.

　필자는 문법적인 고찰을 미룰 수밖에 없었다. 그것은 이 자료 역시 다양한
문법현상을 보여주지 않고 있기 때문이다. 그러나 부분적으로 보게 되는 문법
현상은 좀 더 다른 방언사 자료가 확보되는 대로 연관지어 해석해 보고자 한다.

　연대가 확실하면서 일정 지역의 방언의 역사를 보여주는 자료는 우리
에게 아주 소중한 자료일 수밖에 없다. 그 자료는 국어사의 해석에 지대
한 공헌을 할 뿐만 아니라 방언자료의 해석에도 큰 역할을 해주기 때문
이다. 우리는 이러한 방언사 연구가 공시적인 방언 연구와 더불어 전체
국어사 연구에 도움이 되기를 희망하면서 마무리하고자 한다.

참고문헌

곽충구(1980), 「18세기 국어의 음운론적 연구」, 『국어연구』(서울대) 43.

김정대(1992), 「『수겡옥낭좌전』에 반영된 경상도 방언 문법적 요소에 대하여」, 『가라문화』(경남대) 9.

김규남(1991), 「전북 방언의 ㅂ불규칙 활용과 재구조화」, 『어학』(전북대) 18.

김중진외(1992), 『국어 표기법의 전개와 검토』, 한국정신문화연구원.

백두현(1990), 「영남 문헌어에 반영된 방언적 문법형태에 대하여」, 『어문론총』 24.

백두현(1992), 「영남 문헌어의 음운사 연구」, 『국어학총서』 19, 국어학회.

소강춘(1989), 『방언분화의 음운론적 연구』, 한신문화사.

이병근(1990), 「'家禮釋義'의 국어자료」, 『강신항교수회갑기념논문집』.

이태영(1992), 「대명사 '누, 누구(誰)'의 변천과정과 방언분화」, 『춘강유재영박사화갑기념논총』.

전광현(1983), 「'蘊各書錄'과 정읍지역어」, 『국문학논집』(단국대) 11.

최전승(1985), 「19세기 후기 전라방언 자료의 표기법에 대하여」, 『어학』(전북대) 12.

최전승(1986), 『19세기 후기 전라방언의 음운현상과 그 역사성』, 한신문화사.

홍윤표(1985), 「'歷代千字文'과 서부 동남방언」, 『선오당김형기선생팔질기념논총』.

홍윤표(1986), 「근대국어의 표기법 연구」, 『민족문화연구』(고려대) 19.

홍윤표(1987), 「근대국어의 어간말자음군 표기에 대하여」, 『국어학』 16.

홍윤표(1991), 「'初學要選'과 19세기말의 충남 서천지역어」, 『김완진박사회갑기념논총』.

홍윤표(1993), 「근대국어 한글문헌의 중철표기에 대하여」, 『정신문화연구』 16-1.

제 5 부

방언과 문법

제13장 전북 방언 연구사
-문법연구를 중심으로-

1. 서론

이 글은 전북 방언의 문법 연구사를 검토하고, 앞으로의 전북 방언 연구의 방향과 과제를 점검하는 데 그 목적이 있다.

전라북도는 지리적으로 대한민국의 서남쪽에 위치하고 있으며 서쪽은 서해안, 남쪽은 전라남도, 동쪽은 경상도, 그리고 북쪽은 충청도와 접촉하고 있다. 지리적인 여건으로 볼 때도 전북은 타지역과 많은 교류가 있음을 짐작할 수 있다. 기존의 연구업적을 살펴보면 음운론일 경우, 남원과 무주 등 약간 특징을 보이는 곳이 집중적으로 연구되었음을 쉽게 알 수 있다. 특징적인 지역의 방언을 집중적으로 연구한 것은 그 지역이 전북 방언을 대표하는 핵방언적 특징을 보이는 곳이어서가 아니라 접촉방언적인 성격을 강하게 나타내고 있기 때문임을 알 수 있다.

'특징적인 지역'에서 '특징적'이란 말은 중앙어 내지 다른 방언과 비교해 볼 때 그렇다는 것이다. 전체 한국어 내지 전북 방언의 체계를 고려할 수 없는 상황이었기 때문에 그처럼 특징적인 현상에만 관심을 갖게 되지 않았을까 생각한다. 전북 방언은 10 모음체계를 가지고 있기 때문에 어휘에서 특징이 없다고 말한 것이 아닐까 생각된다.

그러나 독특하고 특징적인 언어현상만이 그 방언을 대표하는 언어현상일 수 없음은 자명하다. 왜냐하면 전체 국어의 문법과 같거나 유사한 경우가 더 많을 것이기 때문이다. 특징적인 방언현상만을 찾아 기술하는 방법은 그리 바람직하지 못하다. 그 특징 역시 그 방언의, 더 넓게는 한국어의 언어현상과 밀접히 관련되어 있는 하나의 언어 현상일 뿐이기 때문이다.

전북 방언 연구가 부진한 근본적인 이유도 바로 이처럼 특징적인 지역 외에는 언어 현상이 다양하지 않을 것으로 미리 짐작한 데 있다. 중앙어를 연구하는 사고방식으로 방언을 대하고, 행정구획에 따른 지명이나 도명 단위로 방언을 연구하며, 연구 지역의 문화나 교통 등 언어외적인 면을 무시한 채로, 어쩌면 이질적일지도 모를 특징에만 관심이 집중된다면, 전북 방언 연구는 체계를 잡지 못한 채 오랫동안 표류하게 될 것이다.

공시적으로 존재하는 한국어 가운데는 중앙어와 방언이 있다. 사실상 중앙어도 하나의 방언인 바에야 다른 방언과 그 특성이 크게 다를 바가 없다. 우리가 방언을 중요하게 생각하는 것은 언어의 다양성에도 있지만 무엇보다도 한국어의 하위언어로서 존재하는 방언 연구를 통하여 국어의 내적 체계인 언어 규칙을 잡으려는 데 있는 것이다.

방언이 가지는 장점 중의 하나는 그것이 국어의 역사의 흐름 속에 존재하면서 잔존형 또는 잔존 규칙을 상당히 보유하고 있다는 점이다. 우리의 방언 연구의 출발이 바로 국어사의 해명을 위해 방언을 보조자료로 이용하려고 시작된 것임을 보아서도 쉽게 알 수 있다.

방언의 문법 연구는 중앙어의 문법 연구와는 그 방법이 상당히 다르다. 대체로 중앙어의 연구에서는 예를 논리에 맞으면 다 해당되는 것으로 처리하는 데 비하여, 방언의 연구에서는 해당 지역의 일반적인 언어 현상에 맞는 예를 들게 된다. 이때 중앙어의 연구에서는 살피기 힘든 새로운 언어현상들이 도출될 수 있는 장점을 가지고 있기 때문에 새로운 문법범주를 찾아내거나 또는 기존의 범주의 영역을 확대할 수 있는 힘을 가지는 것이 방언 연구의 장점이다. 그러므로 방언 연구에 있어서 조사 방법, 조사 기술, 조사 대상, 조사 영역 등은 끊임없이 새로워져야 되고 또 그러기 위해서 연구되어야 할 것이다.

전북 방언의 연구사는 이미 김완진(1975), 이돈주(1979), 이승재(1987), 이태영(1992ㄱ), 최전승(1991)에서 언급된 바 있다. 특히 최전승(1991)에서는 음운론을 중심으로 한 전북 방언의 연구 경향과 문제점이 논의된 바 있고, 필자로서는 음운론에 관하여 언급하는 것이 무리가 있어, 전북 방언의 문법 및 어휘 연구 등에 한정하여 그 연구사를 기술하고자 한다.

따라서 이 글에서는 전북 방언의 문법 연구를 중심으로 그 연구 현황을 살펴보고, 전북 방언 연구의 문제점을 제시하며, 전북 방언 연구의 향후 과제를 제시하고자 한다.

2. 전북 방언의 문법 연구

이 시점에서 남한 방언의 문법 연구를 개괄해 보면 그런대로 문법 연구가 진행된 방언은 제주도 방언이다. 이 방언은 국어사의 잔존형을 수 없이 보여주고 있다는 점과 다른 방언과 상당히 다른 모습을 보여 주고 있는 관계로 일찍이 관심의 대상이 되었던 것이다. 그 다음으로 경상 방언(경북·경남)인데 이 방언은 성조언어이기 때문에 음운론에서 관심을 보인 것 만큼 문법론에서도 관심을 보여 왔다. 이 관심은 다분히 그 지역 출신인 국어학자들이 많이 양산된 데 연유하는 것이었다. 전라방언 중 전남 방언도 그 지역 출신 학자들이 고향말에 대해 관심을 가지고 연구하고 있는 관계로 상당한 정도의 연구 업적이 나오고 있다. 그리하여 방언을 대상으로 한 문법연구에 관한 책을 보면 제주(이숭녕, 1978 ; 강정희, 1988 ; 성낙수, 1992 ; 문순덕, 2003 ; 강정희, 2005), 강원(이익섭, 1981), 경남(서정목, 1987 ; 정영주, 1993), 경북(최명옥, 1980 ; 이상규, 1999), 전남(김웅배, 1991 ; 이기갑, 2003), 충남(한영목, 2008) 등이 있을 뿐이다. 그 나머지 충북, 경기, 전북 등은 일부 논문으로 연구가 진행되고 있을 뿐 체계적인 문법연구 업적이 보이지 않고 있다. 이러한 현상은 그 지역 출신의 학자들이 방언문법에 관심을 크게 쏟지 않고 있기 때문인 것으로 보인다.

1) 전북 방언 문법 연구의 현황

전북 방언의 문법을 다룬 논문은 40편 정도이다. 이중 석사학위 논문이 4편이고 박사학위 논문은 한 편도 없다. 문법범주별로 살펴 보면 존대법, 형식명사, 종결어미, 격조사, 선어말어미, 특수조사, 접속어미, 대명사, 의문법, 단어형성, 혼효현상 등이고, 그 밖에 문체, 어휘연구, 지명연구 등이 있다.[1]

(1) 존대법

최태영(1973)은 전북 동남부 지역인 남원을 중심으로 하여 존대법에

---

1) 방언의 문법 연구의 문제점을 논의하는 이 글에서 사실상 이제까지 발표된 논문에 대해서 논평이 있어야 할 것이지만 필자는 이 글에서 소개되는 모든 논문에 대한 개별 논평은 하지 않는다. 그것은 평자의 관점에 따라 다를 것이기 때문인데 필자 역시 아직 이들 논문을 평할 입장이 아니라고 생각한다.

관하여 공시적으로 논의한 논문으로, 존경법과 겸양법, 그리고 공손법으로 나누어 다루고 있다. 존경법과 겸양법은 용언의 활용형과 조사 및 대명사, 그리고 복문에서의 쓰임을 살피고 있고, 공손법에서는 공손법의 등급을 평대, 하대, 존대, 반말 등 네 등급으로 나누어 문체별로 쓰임을 살피고 있다.

김중진(1976)은 전북 서부(고창)지역어를 중심으로 하여 경어법에 관하여 논의한 석사논문(전북대)이다. 이 논문에서는 주체경어법, 객체경어법, 상대경어법을 다루고 있는데, 상대경어법을 해라체, 하게체, 해요체(하시요체), 하시기라우체 등 네 등급으로 나누어 살피고 있다.

최전승(1990)은 판소리 사설에 반영된 19세기 후기 전라방언의 특질을 경어법 체계를 중심으로 기술한 논문이다. 이 논문은 국어사에서 방언사 자료가 드문 현실에서 19세기 후기의 언어 사실을 보여주는 판소리 사설을 자료로 하여 경어법을 체계화하려고 시도한 점에서 매우 의미있는 논문이다. 이 논문에서는 상대경어법의 등급을 반말체, 해라체, 하소체, 하오체, 합쇼체 등 다섯 등급으로 나누어 종결어미에서 이루어지는 상대경어법의 특징을 기술하고 있다.

최전승(1991)은 19세기 후기를 전후하여 전주에서 간행된 판소리계 완판 방각본 고소설과 신재효가 개작한 판소리 사설을 자료로 하여 19세기 후기 전라방언의 경어법 체계 가운데 반말 형태의 발달과정과 부름말의 호응관계와 인칭대명사의 높임관계를 파악하려고 하였다. 최전승(1990)과 최전승(1991)은 문헌에서 찾아보기 힘든 방언사 자료를 이용하고 있다는 점에서 다양한 예가 발견되는 특징을 보인다.

이태영(1996)은 전남과 전북 지역에서 두루 쓰이고 있는 '-ㅂ디어?' 구성이 '-습ᄂ잇가?'에서 변화되는 과정과 공시적인 경어법상의 위계 및 '-ㄹ랍디어?' 구성의 수사의문문적인 특징을 밝히려고 노력한 논문이다.

(2) 형식명사

이승재(1980)는 중앙어의 '-는가보-'에 대응되는 구성으로 '-는 갑-'을 들고 이때의 '갑'은 형태론적 재구성에 의하여 형식명사가 되었다고 해석하고 있다. 이 논문은 방언의 언어현상이 중앙어와는 달리 나름대로 변화를 하여 독특한 구성체로 발전하였다고 주장한 논문이다.

(3) 종결어미

김중진(1984)은 전북 서남방언의 종결어미에 대한 기능을 밝히려고 한 논문으로, 종결어미를 평서법, 의문법, 명령법, 감탄법, 청유법 등으로 나누어 고찰하고, 상대경어법의 위계를 해라체, 하게체, 해요체 등으로 삼등분하여 기술하고 있다.

이윤구(1985)는 무주 안성지역어를 중심으로 의문형 어미에 대한 공시적 체계를 밝히려고 한 석사논문(대구대)이다.

최전승(1996)은 19세기 후기 지역방언의 다양한 자료에서와 20세기 초엽의 국어에서 산발적으로 출현하는 아주낮춤의 종결어미 '-ㄹ다'와 예사낮춤의 '-ㄹ세/-ㄹ시/-로시/-이시/-시'의 형성과 방언적 발달을 연구한 논문이다.

(4) 격과 조사

홍윤표(1978)은 전주방언에 나타나는 격조사와 특수조사의 기능과 의미를 밝힌 논문이다. 특히 처격조사 '-에'에 특수조사 '-가'가 연결되는 '-에가' 형태를 찾아낸 최초의 논문이다.

이태영(1983)은 석사학위(전북대) 논문으로 전라북도 임실군, 진안군, 완주군 등 세 곳을 조사한 자료를 가지고 격조사의 쓰임을 구조적으로 연구한 것이다. 이태영(1985)은 전북 방언에 나타나는 특수조사 '-가'와 국어사에서 나타나는 주격조사 '-가'와의 관련을 주장한 논문이다. 최전승(2004)에서는 19세기 전라방언의 처소격 조사의 변화를 해석하고 있다.

(5) 선어말어미

김중진(1979)은 고창지역어에서 발견되는 '-겨(게)-'를 중앙어의 선어말 어미 '-시-'에 대응되는 형태로 해석한 논문이다.

이태영(1987)은 전남과 접촉지역에서 발견되는 선어말 어미 '-아/어 겨 -'의 구성이 중세국어의 언간자료에서부터 통시적으로 어떻게 변화되어 왔는가를 밝힌 논문이다.

(6) 특수조사

이태영(1984)는 이 방언에 쓰이는 '에가, 한테가, 을가, 로가' 등에 쓰이는 '가'가 동사 '가-'의 활용형 '가(아)'가 문법화한 것으로 해석한 논문이다. 이태영(1986)은 전북 방언에서 쓰이는 특수조사의 공시적인 의미한정 기능을 밝힌 논문이다. 최전승(2004)에서는 방언형 '은(는)커녕'의 문법화 과정을 밝히고 있다.

(7) 접속어미

서정목(1989)은 중부 방언의 '-(으)려(고)'와 남부 방언의 '-(으)ㄹ라(고)'가 표면상으로는 양대 방언권 사이의 현저한 차이로 부각되지만 통사구조나 의미구조상으로는 완전히 동일한 것으로 해석한 논문이다.

이태영(1991)은 중세국어의 접속어미 {-관디}가 역사적으로 어떻게 변천되어 왔는지를 검토하고 수사의문으로 쓰이는 방언의 {-간디} 구문과의 상관성을 밝힌 논문이다.

(8) 종결어미

최전승(2004)에서는 문헌에 나오는 전라방언 종결어미 '-ㄹ다'와 '-ㄹ세/-ㄹ시/-시'의 변화과정을 밝히고 있다.

(9) 대명사

이태영(1992ㄴ)는 중세국어의 미지칭 인칭대명사 '누(누구)'가 '누구, 누, 뉘, 뉘귀, 뉘기' 등으로 변하는 역사적 변천과정과 방언분화를 다룬 논문이다.

박근형(1997)은 전주 방언에 나타나는 '거시기'를 대명사로 규정하고, 아울러 '거시기하다'가 동사나 형용사를 대용하는 대용언으로 기능하고 있음을 밝히고 있다. 또한 '거시기'와 '거시기하다'의 의미와 기능을 상황을 고려하는 담화분석적 방법을 도입하여 연구하고 있는 석사논문(외국어대)이다.

(10) 혼효현상

이승재(1983)은 전북 서부지역(부안)에서 주로 쓰이는 '달부다'가 중앙어의 '틀리다'와 뒤섞여 '틀부다'를 생성하기까지의 혼효형 형성과정을 논의한 논문이다.

(11) 단어형성

최전승(1988)은 19세기 후기 전라방언에 반영된 명사파생 접미사 '-이'에 의한 음성변화와 어휘 대치에 관한 논문이다.

김창섭(1992)은 전북 방언의 단어형성을 다룬 논문으로 합성과 파생에서 전북 방언의 특징을 잘 보여 준다고 생각되는 몇 예를 대상으로 언어지도를 그리고 단어형성 방식의 지역적 분화와 전파에 대하여 논의한 논문이다.

(12) 문법론 일반

김홍수(1992)는 전북 방언의 통사적 특징을 개괄한 논문으로, 인칭대명
사 '느그, 즈그', 의존명사 '야, 치, 놈', 특수조사 '-맹이로', 보문적 파생
의 '-코롬', 인용문 '-야고', 선어말어미 '-느-' 등을 다루고 있다.

이태영(1992ㄱ)은 전북 방언의 문법적 변화의 방향에 대하여 개괄한 논
문으로 전북 방언을 핵방언과 접촉방언으로 나누어서 문법화, 융합현상,
접속어미의 종결어미화 과정, 어휘화, 혼태현상 등을 개괄적으로 다루고
있다. 이태영(2010)에서는 융합형 '-ㄴ고니'의 변화과정과 화용적 특성을
언급하고 있다.

(13) 문체

김홍수(1985)는 소설 작품에서 방언이 주는 효과에 대해 언급한 논문
으로 전북 방언을 담고 있는 소설에 대한 연구라는 점에서 매우 주목되
는 논문이다.

이태영(1997)은 채만식의 소설 '천하태평춘'에 나타난 방언을 중심으로
연구하여 지문과 대화에 나타난 방언을 살펴 작중인물의 성격규명에 도
움을 주려고 노력한 논문이다. 최전승(2004)은 시어에 나타나는 '기룹다'
와 '하냥'을 국어학적인 입장에서 해석하고 있다.

이태영(2004ㄱ, ㄴ)은 여러 문학작품에 나타나는 방언의 기능을 살피고
있고, 이태영(2004ㄷ)에서는, 『혼불』에 나타난 방언의 기능과 인물의 성
격을 분석하고 있다. 이태영(2006ㄱ)은 작가 윤흥길의 『소라단 가는 길』
에 나타난 일상어의 특징을 분석하고 있으며, 이태영(2009)은 윤흥길의
『빛 가운데로 걸어가면』에 나타난 문체의 변화를 언급하고 있다.

(14) 어휘

이익섭(1970)은 무주군 무풍지역어를 중심으로 방언 어휘와 사회언어학적 측면에서 접촉관계를 논의한 논문이다. 전광현(1983ㄱ)은 전라북도의 말에 대한 일반적인 특징을 제시하고 있지만 그중 특징적인 어휘를 여러 가지 제시하고 있다. 이태영(2000ㄱ)은 완판본 한글 고전소설에 보이는 방언을 다루고 있고, 이태영(2000ㄴ)은 전라방언의 대표적인 어휘를 소개하고 있다. 이태영(2006)에서는 문학작품에 나타나는 전라방언 어휘와 그 연구 방법을 소개하고 있으며, 이태영(2010)에서는 문학작품에 나타나는 전라방언의 어휘를 소개하고 있다.

전북대 국어문학회(1982, 1983, 1984)는 각각 부안군, 고창군, 남원군을 한국정신문화 연구원에서 발행한 '방언조사 질문지'의 순서대로 대체로 정밀하게 조사한 자료이다.

이 이외에 자료모음집의 성격을 띠고 있는 대표적인 업적으로는 한국정신문화연구원에서 간행한 『한국방언자료집 5(전북편)』이 있다.

(15) 지명

김준영(1990ㄴ)은 전북, 충북, 강원, 서울의 소지명 중 그 어원을 쉽게 파악할 수 없는 3만여 개를 취하여 어원을 밝힌 것이다.

2) 방언 문법 연구의 문제점

한국의 방언 연구를 살펴보면 몇 가지 특징적인 현상을 발견하게 된다. 첫째는 방언의 어휘에 관심을 보여 어휘를 채집하는 일차적인 작업이 많다는 것이고, 둘째는 이러한 어휘를 바탕으로 음운론이 가장 왕성하게 발전하여 왔다는 점이다. 셋째는 음운론이 체계적인 연구를 보인 것에 비하여 문법에 관한 연구는 체계를 고려하지 않고 특징적인 문법 현상을 다루어 왔다는 점이다. 넷째로는 음운론과 문법론에 관한 연구 등이 상당히 특징을 보인다고 생각하는 지점을 집중적으로 연구하고 있음을 볼 수 있다.

전반적인 방언의 문법 연구를 살펴보면 몇 가지 문제점을 찾을 수 있다. 첫째는 방언의 체계를 인정하면서도 실제로는 문법 체계를 중심으로 연구하는 경우가 많지 않다는 점이다. 둘째는 조사 지역의 단위가 군단위를 중심으로 조사되고 있는데, 행정구역인 군단위의 조사에서 한 두 지역의 조사만으로 그 군의 방언을 대표할 수 없다는 점이다. 셋째는 조사하는 항목이나 현상이 정밀하게 조사된 것이냐 하는 점을 지적할 수 있다. 중앙어의 인식이 선행된 상황에서 조사한 항목이나 현상은 엄격히 말하면 그 지역어의 현상이 아니다. 적어도 그 지역어의 여러 현상을 충분히 숙지한 연후에 그 지역어의 인식을 바탕으로 조사되어야 한다. 넷째, 방언의 독자적인 체계를 지나치게 강조한 나머지 전체 한국어와의 관련성을 무시하고 연구가 진행되는 경우가 상당수 있다는 점이다. 독자적인 체계를 강조하기보다는 하위 언어의 방언차로 보고 전체 한국어의 체계 안에서 그 역사와 더불어 문법 현상을 해석하는 것이 바람직할 것으로 생각한다.

이제 왜 전북 방언의 문법 연구가 부진한가에 대하여 살펴보기로 한다.

첫째, 방언 문법을 연구하는 연구자가 부족하다.

그간 전북 방언의 문법분야를 담당한 연구자는 앞에서 본 바와 같이 고작 10여 명에 불과하다. 현재 공시적인 방언문법을 담당하는 연구자는 거의 없다고 해도 과언이 아니다. 석사학위논문이 고작 4편이고 박사학위 논문은 음운론이 4편 이상인 데 비하여 한 편도 없다. 전북 방언에 대한 문법 연구는 주로 통시적인 방언문법 연구가 2~3명에 의해 이루어지고 있는 형편이다.

둘째, 연구자들의 연구의욕이 부족하다.

소창진평으로부터 시작된 이 지역의 방언문법 연구는 음운론 등에 비해 현저하게 차이가 난다. 이것은 국어학자들이 이 지역의 방언이 다른 지역의 방언에 비해 큰 특징을 가지고 있지 않다고 잘못 인식하기 때문이다. 따라서 사전 조사가 없이 선입견을 가지고 이 방언을 대하는 연구자는 자연 연구의욕이 부족할 수밖에 없을 것이다. 이러한 사실은 대체로 중앙어와 비교할 때 특징이 있는 경상방언과 전남방언이 비교적 많은 연구가 되어있음을 보아서도 비교된다.

셋째, 방언의 문법 현상을 해석할 다양한 연구 영역과 새로운 연구방법론이 제시되지 않고 있다. 국어학을 하는 연구자들이 방언문법에 관심을 가지려고 해도 어디서부터 손을 대야 할지 막막하다. 이것은 국어학의 다른 대상들에 비해 연구의 범위가 너무 넓고 연구 방법이 서있지 않기 때문이다. 대체로 이제까지의 전반적인 방언의 문법연구를 보면 형태소를 중심으로 하는 방언 연구가 주를 이루어왔고 비교적 최근에야 통사적·의미화용적 연구가 진행되고 있다. 그러나 유감스럽게도 이 지역에 대한 연구는 이 벽을 뛰어 넘지 못하고 있다. 북한을 제외하고 남한지역의 방언 중 문법연구가 대체로 부진한 방언이 바로 전북 방언이라고 생각한다.

넷째, 방언 연구에 대한 인식이 잘못되어 있다.

국어사 연구가 주를 이루던 60년대나, 외국의 이론을 흡수하기 위하여 중앙어 연구에 노력한 최근의 국어연구의 상황과 중앙어 집중적인 우리나라의 연구풍토에서는 자연히 방언은 보조적인 자료 그 이상이 되지 못하였다. 그럼에도 불구하고 방언의 음운론 연구는 상당한 수준에까지 이르렀으나 방언의 문법론은 여전히 낮은 수준에 머물고 있다. 국어 연구는 중앙어나 방언 또는 국어사가 개별적으로 연구될 것이 아니라 종합적으로 연구되어 전체 국어의 현상을 파악하는 데 목표를 두어야 할 것이다.

다섯째, 방언문법 연구는 연구자에게 많은 노력을 요구한다.

국어학의 다른 연구영역이 이론과 자료에 의해 연구된다면 방언 문법 연구는 그 바탕 위에 자료조사를 위해 현장조사를 다니면서 많은 시간과 정력 그리고 비용이 든다는 점을 추가할 수 있다. 이렇게 해서 끝나지 않고 조사한 시간의 몇 배나 되는 시간 동안 자료를 분석해야 한다는 이중고를 가지고 있다. 실제로 방언의 문법연구가 크게 진전을 보지 못하는 이유 중 가장 큰 것은 바로 이 점일 것이다.

3) 방언 조사 방법의 문제점

(1) 질문지 사용법의 문제

일반적으로 방언을 연구하기 위하여 자료를 채록하고자 할 때, 흔히 질문지를 사용한다. 질문지를 사용하는 이유는 예상되는 항목을 미리 가지고 가서 질문을 통하여 빠짐없이 언어 현상을 찾으려는 데서 비롯된다. 오늘날 방언 조사시 질문지 사용은 절대적으로 당연한 것으로 생각한다. 물론 질문지 사용은 필요하다. 그러나 질문지를 사용하는 것이 절대적인 것이거나 반드시 선행되어야 할 작업이라고는 말할 수는 없다.

음운론과 형태론 그리고 어휘의 경우에 미리 예상되는 현상을 도출시키기 위하여 표준어로 된 질문지를 작성한다. 대개의 경우는 한국정신문화연구원에서 만든 질문지가 사용되고 있는 형편이다. 이때 우리가 찾고자 하는 국어학적 현상을 미리 예상할 수 있는가? 그러면 단지 그러한 예상되는 현상을 찾기 위하여 질문지를 사용하는가? 그렇지 않다. 우리가 방언을 조사하는 목적은 방언조사자의 의도에 따라 상당히 다를 것이지만 아무튼 미리 예상되는 현상을 인정한다면 역으로 예상할 수 없는 현상도 인정해야 한다. 사실상 한 지역의 방언을 연구한다고 할 때 예상되는 현상이 예상되지 않는 현상보다 많거나 적음을 따질 수 없는 형편에 있음을 알고 있다. 그렇다면 우리가 한 지역의 방언 조사에 있어서 예상할 수 없는 현상이 있음을 인정하고 보다 순수한 입장에서 현지조사를 하는 것이 보다 더 정밀한 언어현상을 찾아내는 입장이 될 것이다. 이러한 입장은 방언의 문법연구에서는 필수적으로 요청되는 바이다. 음운론이나 어휘론을 위한 어휘채취와는 달리 방언의 문법을 연구하기 위해서는 오히려 질문지의 사용을 억제해야 하며 다만 보조적인 수단으로 사용되어야 한다.

(2) 질문지와 이야기체와 자연발화의 차이

현실적으로 질문지를 사용하지 않고 조사하는 방법은 많은 시간과 경제력 그리고 많은 힘이 소모되기 때문에 어려운 방법임에는 재론의 여지가 없지만, 보다 더 정확한 언어자료를 얻기 위하여는 이러한 고통을 감수해야 하는 것은 당연한 일일 것이다. 실제 현장에서 조사한 경험에 의하면 방언 문법의 현상이 질문지에 의한 방법과 대화하면서 이야기를 듣는 방법 그리고 자연발화 자료의 경우가 상당한 차이를 보이고 있음을 알 수 있었다.[2]

첫째, 질문지에 의한 자료는 시간을 절약하고 예상되는 현상을 도출하기 위하여 바람직하지만, 예상할 수 없는 현상을 찾을 수 없는 단점과

---

[2] 필자는 학생들과 함께 매년 시행하는 '학술조사'에서 질문지에 의한 조사와 피조사자의 이야기를 듣는 방법, 그리고 조사자를 의식하지 못한 현지인들의 대화를 차례로 조사하고 학생들에게 각 방법에 의해 조사된 자료를 놓고 의견을 나누어 본 바, 처음 조사에 참여한 학생조차도 감각적으로 상당히 다름을 이야기하였다.

피조사자가 이중언어를 사용할 가능성이 농후하다는 단점이 있다.

둘째, 조사자가 피조사자와 대화를 하면서 주로 이야기(설화 등)를 듣고 그 이야기를 자료로 삼는 경우가 있다. 이 경우에 피조사자는 조사자를 의식하게 되고 조사자의 태도나 질문 등에 영향을 받게 되어 말을 조심하게 되는 경향도 있다. 무엇보다도 이 경우에 문제가 되는 것은 이야기체에서는 다양한 문법현상이 나타나지 않는다는 데 있다. 이것은 이야기체와 자연발화의 문체가 다르다는 것을 의미한다.

셋째로 자연발화에 의한 자료는 많은 시간을 조사해야 하고 또 그러한 환경을 설정하는 데 애로사항이 많을 뿐만 아니라, 조사 후에도 많은 시간과 정력을 들여 자료를 정리하고 분석해야 한다는 단점이 있다. 그러나 이야기체와는 비교가 되지 않을 만큼 많은 문법현상이 나타난다는 점이 가장 큰 장점으로 꼽힌다. 이러한 점에서 방언 문법 연구는 일차적으로 자연발화를 채취하여 연구하여야 하고, 그 후 분석된 것을 토대로 하여 미진한 것과 의문나는 사항을 질문지로 작성하여 보조적으로 사용해야 할 것이다. 이미 만들어져서 사용되는 질문지는 조사자의 의도와 다를 경우가 많고, 또한 중앙어의 문법에 맞추어 작성된 것이기 때문에, 먼저 자연발화를 통하여 얻은 해당 지역 방언의 언어지식을 활용하여 자기 나름대로 작성하는 것이 가장 바람직한 방법이 될 것이다.

(3) 피조사자(informant) 선정

방언의 문법연구를 위한 조사방법은 일대일의 조사보다는 동질의 현지민들이 많이 모이는 노인회, 양노당 또는 장날이나 동네의 행사에 참석하여 조사하는 것이 바람직하다 하겠다. 이렇게 하면 여러 사람의 대화 안에서 짧은 시간에 많은 문법 현상이 도출될 수 있기 때문이다. 물론 이때에 이질적인 주민이 있는지 신경을 써야 한다. 이것은 조사자의 조사기술에 속하는 문제이다.

조사자가 사용하고 있는 방언이 아닌 경우는 물론이고 조사자가 화자가 되는 방언일지라도 직관을 남용하여 임의로 자료를 만들어내거나 분석하여서는 아니 되며 또한 중앙어의 언어의식에 사로잡혀 방언을 조사하는 태도는 방언의 문법연구에서는 반드시 경계되고 불식되어야 한다. 만일 조사자가 2, 30대이고 피조사자가 6, 70대의 노인이라면 조사자의 직관이 피조사자의 언어사실과 동일하다고 볼 수 없기 때문이다.

3. 전북 방언 문법 연구의 방향과 과제

1) 문법 연구

전북 방언의 문법 연구를 위한 연구 방향과 과제는 다음과 같이 정리할 수 있다.

첫째, 방언 문법 연구를 전반적인 문법 체계 안에서 연구해야 한다.

특징적인 방언 현상에 관심을 갖는 현재의 방언 연구의 풍토는 그리 바람직하지 않다. 자칫 타방언과 비교되는 특징적인 언어 현상만이 방언이라는 잘못된 개념을 갖게 될 것이기 때문이다. 방언은 그 지역 전체의 언어체계를 말하는 것이기 때문에 오히려 문법 체계의 전반을 이해하면서 특징적인 것이 수렴될 수 있도록 노력해야 한다. 현재의 전북 방언 연구는 주로 통시적인 연구가 진행되고 있는데, 공시적인 문법 현상에 대한 연구가 아울러 진행되어 상호 보완성을 갖도록 연구되어야 할 것이다.

둘째, 사회방언학, 방언지리학, 화용론 등 다양한 연구 방법과 영역이 필요하다.

가. 사회방언학적 연구 : 언어내적인 기술의 차원에서 벗어나 살아 있는 역동적인 언어 현상을 설명하기 위해서는 사회 방언학적 연구가 필요하다. 현대 방언학 연구의 새로운 방향은 방언지리학에서 도시 방언 중심의 사회 언어학적 연구를 지향하고 있다. 그러므로 전북 방언 내에서 문법 층위의 언어현상에 대한 다양한 계층과 연령 스타일의 차원에서 일어나고 있는 문법변화와 변이에 대한 새로운 인식이 있어야만 종합적인 입장에서 전북 방언이 갖고 있는 문법적 체계를 이해할 수 있게 될 것이다. 방언화자는 일부 계층이 아니라 이 지역의 모든 사람들이다.

나. 방언지리학 : 전통적인 방언지리학에서는 무엇보다도 수집된 방언 자료로 방언지도를 만드는 일을 일차적인 과제로 삼아왔다. 전북 방언의 경우 음운론에 의한 일부 방언지도가 작성된 경우는 있지만 문법론, 어휘론에 의해 작성된 경우는 없다. 실제로 각 층위별로 방언지도가 작성되어야만 방언구획을 설정할 수 있어 방언권을 나눌 수 있을 것이다. 군단위의 광역단위보다는 면단위를 중심으로 하는 방언 조사와 지도 작성이 필요하다.

다. 화용론적 연구 : 방언이 실제 화용상의 '발화(utterance)'라는 점에서 문장(sentence)과 구별되는데, 방언은 언어의 실제적 사용이기 때문에 이 방면의 심도 있는 연구가 요구된다.

셋째, 연구자의 보다 정밀하고 심층적인 연구 태도가 요망된다.

가. 특징적인 문법현상만 다루는 태도를 피하고 방언문법의 체계 또는 전체 문법의 체계를 고려해야 한다. 물론 방언의 특징적인 변화 현상 곧 방언차를 무시해서는 안 된다. 그러기 위해서는 통사론과 형태론의 제 현상을 이루는 형태소가 면밀히 조사되어 정리되어야 한다.

나. 정밀한 자료 조사에 의한 연구가 필요한 시점이다. 아직까지 전북 방언의 문법연구는 그 조사 목록조차 제시되지 않고 있다. 이제까지의

연구를 반성해 보면 고작 몇몇 지역어의 극히 일부의 문법 현상에 치우쳐 있었다. 또한 그 자료가 정밀한 자료 조사에 의한 것이었는지 자문할 필요가 있다. 앞으로의 연구는 정밀한 자료조사는 물론 심층적인 형태소 분석과 문장 분석이 반드시 뒤따라야 할 것이다.3)

다. 질문지에 의한 문법현상의 조사는 재고되어야 한다.

정신문화 연구원에서 발행한 『방언조사 질문지』는 음운론과 어휘론 등을 연구하는 자료 조사에서 크게 기여한 것이 사실이다. 그러나 문법론에서의 기여도는 그리 크지 못하다고 생각한다. 그것은 그곳에 실려 있는 항목들이 중앙어에 기초한 매우 일반적인 것이고 또한 양도 매우 적기 때문이다(대명사, 조사, 경어법, 시제, 사동·피동, 연결어미, 보조동사, 부사 등). 실제로 방언 조사에서 자연발화의 자료를 조사해 보면 질문지로는 도출될 수 없는 많은 문법현상이 있을 수 있음을 알게 된다. 일차적인 문제로 조사방법이 문제가 되는데 제보자의 이야기가 대화체냐 아니면 설화를 구술한 발화냐에 따라 상당한 차이를 보여준다. 예를 들면 대화에서는 융합 현상이나 접속과 종결어미의 다양함을 볼 수 있는 반면에 이야기체에서는 그렇지 못하다. 이러한 현상은 『한국구비문학대계』를 통하여 확인할 수 있다.

라. 중앙어를 중심으로 하는 국어학적 사고에서 벗어날 필요가 있다.

중앙어에 익숙해 있고 오히려 방언에는 익숙치 못한 경우가 많은데, 그 고장에서 태어난 조사자라 하더라도 자기 고장의 방언을 익숙하게 인지하는 것은 그리 쉬운 일이 아니다. 감각적으로 조사 지역의 말을 터득

---

3) 자료의 정확성을 문제로 제기한 논문은 대표적으로 이승재(1985)를 들 수 있다. 이승재(1985)는 경기 지역의 청자 경어법을 논의하는 논문에서 서울 경기 지역에서 별로 사용되지 않는 단어나 어미가, 표준어를 논의하는 자리에서 거론되는 경우가 많고 경어법을 다룬 논문에서 해당 지역 방언이 아닌 다른 방언자료를 예로 들어 논의하는 경우가 많음을 지적하고 이 지역의 순수한 자료가 무엇인지를 밝히는 작업이 우선되어야 할 것이라고 강조하고 있다.

하지 않고는 정밀한 문법현상의 조사는 기대하기 어렵다. 이것은 역으로 조사자의 대부분이 중앙어에 익숙한 사고를 하고 있기 때문에 그런 것이다. 조사자나 분석자의 머리에 담겨진 중앙어의 문법 지식을 벗어나 조사 지역의 말을 관찰하는 것은 매우 중요하다.

마. 이론과 자료가 조화된 논문이 나와야 한다.

무릇 언어학은 자료를 통해서 이론이 나오고 가설이 제기되는 것인데 사실상 우리 한국어 연구를 보면 아직 이렇다 할 이론이 없는 실정이다. 따라서 우리의 이론을 세우기 위해서는 보편성 있는 외국의 이론을 수용하고 이를 새롭게 적용시켜야 할 것이다. 그러나 방언 연구에서는 논문을 자료 중심적으로 쓰고 있는 점이 지적된다. 경상방언의 경우는 이미 변형문법의 이론을 가지고 적용하고 있는 경우(서정목, 1987)를 볼 수 있다.

바. 방언 연구에도 컴퓨터를 이용한 연구가 진행되어 보다 많은 자료를 검색할 수 있는 여건이 되어야 한다. 그러기 위해서는 우선 기존에 나온 방언 자료(예를 들면, 『한국구비문학대계』, 『한국방언자료집』 등)를 입력하여 검색하여 활용하여야 할 것이다.

넷째, 방언사의 정립을 위해 국어사와의 관련성을 추구해야 한다.

방언의 특징 중의 하나는 사적인 특성을 가지고 있다는 점이다. 이미 음운론의 경우 중세국어에 관심이 모아졌던 60년대의 연구에서 방언을 보조자료로 이용하였고 최근에도 끊임없이 관련성을 추구하고 있다. 그러나 문법연구에서는 국어사와 방언의 관련성을 추구하는 논문이 아주 적은 형편인데 이것은 국어사 자료와 방언의 자료 조사에 너무 시간을 빼앗기기 때문이라 생각한다. 그럼에도 불구하고 방언사의 정립과 전체 국어사의 새로운 해석을 위해서는 반드시 그 관련성이 탐구되어야 할 것이다. 방언은 국어의 역사를 보여주는 무한한 바다라고 할 수 있다.

한편 방언의 역사를 보여주는 자료로는 대표적으로 간찰(편지)이 있는

데 현재 전라북도에 소재되어 있는 간찰은 상당수에 이르고 있다. 또한 방언의 역사를 볼 수 있는 문헌을 찾는 일이 시급하다. 현재는 완판 방각본 고소설, 필사본 고소설, 판소리 사설 등에서 방언의 역사를 찾아볼 수 있다.

다섯째, 인접 접촉방언과의 비교 연구가 매우 필요하다.

우리가 사용하고 있는 전북 방언이라는 행정구역에 의한 방언의 명칭은 그 지리적 언어적 특징이 매우 애매한 용어이다. 일단 접촉 지점의 정밀한 연구를 통하여 전북 방언이 어떠한 접촉방언적 성격을 띠고 있는가를 밝히는 것이 중요하다. 이미 지적되고 있는 바와 같이 전라북도는 전라남도, 경상남북도, 충청남북도와 접촉하고 있는 바, 13개군 중 핵방언권을 제외하고는 면단위로 타도와 인접하고 있는 실정이다. 따라서 전북 방언은 엄격히 이야기 하면 사실상 접촉방언적인 성격이 강한 방언이라고 말할 수 있다. 실제로 남원에 가면 전남과 경남방언을 들을 수 있고, 고창·부안·순창·정읍 등에 가면 전남방언을, 완주군(비봉·화산)에 가면 충청방언을 사용하고, 장수에서는 전남·충청·경상방언을 혼합해서 쓰고 있는 실정이다. 방언 연구가 이제 어느 정도 진척이 되었다고 보는 이 시점에 전체 국어 문법의 체계를 잡기 위해서도 접촉방언간의 비교 연구가 절실하다고 하겠다.

여섯째, 핵방언과 접촉방언적 성격이 규명되어야 한다.

전북 방언의 특징은 대개의 방언이 그런 것처럼 핵방언과 접촉방언적 성격으로 이루어져 있다. 어느 지역의 방언이 핵방언이고 그 핵방언의 특징은 무엇이며, 어느 지역들이 접촉방언적 성격을 띠고 있는지 또 어떠한 접촉방언적 현상을 갖고 있는지에 대한 연구는 아직 구체적으로 시도된 바 없고 일부 접촉방언적 현상을 중심으로 그 특징들이 통시적인 현상과 결부되어 연구되었거나 또는 공시적으로 음운론적인 연구가 시도되었을 뿐이다.

핵방언이란 순수하게 전북 사람들이 쓰는 방언을 말하는데 이는 사실상 지극히 추상적인 용어이다. 접촉지역이 아닌 곳은 말할 것도 없고 접촉방언지역 사람들도 상당량의 핵방언을 쓰고 있는 것은 사실이다. 우리가 핵방언권을 지정하는 것은 극히 상징적인 의미를 갖는다. 사실상 접촉지역이 아닌 곳을 일부 선정하여 핵방언권으로 상정하더라도, 군단위로 또는 면단위로 언어차가 존재하기 때문에 전북 방언의 핵방언권을 군단위나 면단위로 상정하는 것은 불합리하다. 그러나 전북 방언 중 접촉방언적 요소를 제외한 방언을 핵방언이라고 해야 한다면 우선 접촉지역이 아닌 지역이 우선 고려되어야 할 것이고 그 다음 접촉방언 중 전북 방언의 특징을 찾아내야만 할 것이다.

일곱째, 한국의 전체 방언과의 유기적인 해석이 시도되어야 한다.

최근 개방화의 물결에 따라 이북의 방언 연구 논저가 유입되고 있는 바, 이들 논저와 또 이미 나온 방언 사전(김이협, 1981 ; 김태균, 1986)을 참조해 보면 우리의 전체 방언이 보여주는 언어현상이 참으로 다양함을 알 수 있다. 국어사의 문헌자료가 보여주는 언어현상이 그 시대의 모든 언어사실을 보여주지 못하고 극히 일부 계층의 언어사실을 보여주고 있는 바, 이러한 역사적 관점의 증거를 포착하기 위해서도 한 지역어나 일부 방언만이 국어사와 연계되어 연구되는 것도 바람직한 방법은 아니다. 더한층 높은 차원의 연구는 다른 여러 방언과의 관련성을 심층적, 유기적으로 연구해야만 우리가 바라는 국어의 참모습을 이해하게 될 것이다. 또한 국어사의 문헌 중 방언을 반영한 문헌이 많은데 이것은 해당 지역의 방언을 이해하지 않고는 도저히 이해할 수 없는 경우가 있을 것이다. 따라서 국어사의 문헌을 올바르게 이해하기 위해서도 전체 방언의 현상과의 상관성을 고려해야 할 것이다.

여덟째, 방언의 형태론적 연구에 관심이 모아져야 한다.

문법론을 통사론과 형태론으로 나눌 때, 전북 방언의 형태론 연구는 거의 볼 수 없다. 이러한 현상은 다른 방언 연구에서도 마찬가지다. 이 것은 형태론 연구자가 적기 때문이라고 하지만 형태론은 통사론으로 가 는 길목이라고 할 수 있기 때문에 형태소의 정밀한 분석과 특히 형태론 에서 중요시하고 있는 단어형성(Word-formation)의 문제에 관심을 기울여 야 한다. 방언이 보여주는 단어 형성 문제 중 접사에 의한 파생이나 복 합어 형성 문제 그리고 어휘화 등의 문제는 대단히 흥미로울 뿐 아니라, 중앙어 연구에서 보기 힘든 다양한 예와 규칙을 발견하게 될 것이다.

2) 어휘 연구

첫째, 특징적인 몇몇 어휘에 대한 연구를 지양하고 체계적인 어휘연구 가 필요하다. 물론 전북 방언의 어휘를 다룬 자료집이 나와 있기는 하지 만, 그것이 전북 방언의 어휘의 모든 것은 아니다. 전문적인 어휘 채집 과 정리 분석을 통하여 의미론의 규칙이 찾아지도록 노력해야 할 것이 다. 음운론을 위한 어휘 채집이 아닌, 의미론을 위한 어휘 채집, 이 지역 사람들이 자기 언어에 대하여 이해할 수 있을 정도로 구체화된 사전이 체계적으로 이루어져 전북 방언 사전을 편찬할 수 있는 날이 속히 와야 할 것이다.

둘째, 사회언어학적인 측면의 어휘 연구가 필요하다.

어휘는 의미와 관련된 것이긴 하지만, 어휘가 생성될 때는 해당 지역 의 문화와 밀접한 관련을 가지는 것이 특징이다. 또한 어휘는 계층간에 달리 쓰이는 경우가 흔하고, 접촉되었을 때 특이한 어형으로 변하는 경 우도 많다. 따라서 일정 방언의 연구에서 계층별, 문화별, 직업별 등의 사회언어학적인 입장이 고려되어야 할 것이다.

셋째, 어휘에 의한 방언 구획의 문제가 다루어져야 한다.

전북 방언을 의미론적으로 연구한 업적이 드물기도 하지만 방언 구획을 설정한 논문은 없는 셈이다. 방언 구획이 음운, 통사, 의미 중 어느 한 가지로만 설정되면 그것은 바람직하지 못하다. 세 현상이 동시에 적용될 수 있도록 어휘에 의한 방언 구획 설정도 시도되어야 할 것이다.

넷째, 다른 학문 분야(생물학·동물분류학 등)와 연계해서 동식물·어류 등의 어휘, 특히 방언형을 채집하여 어휘·음운연구에 도움을 받을 필요가 있을 것이다.

다섯째, 방언의 어휘사에 관한 연구가 진행되어야 한다. 방언은 어휘의 바다라고 할 만큼 어휘도 다양하고 그 변화도 매우 다양하다. 이러한 점으로 보면 국어사와 관련하여 방언의 어휘사를 체계화하는 일이 매우 중요할 것이다.

3) 지명 연구

옛 지명을 연구하는 일은 국어학적으로 매우 중요하다. 그것은 어휘를 제공하면서 어휘의 생성과정을 밝힐 수 있고 또한 발음으로는 음운론적인 작업을 할 수 있기 때문이며, 나아가 역사적인 사실이나 역사적인 문화도 이해할 수 있기 때문이다. 그러나 지명연구는 젊은 학자들이 하기는 애로가 많으므로 선배 학자들의 관심이 필요하다.

4) 문체 연구

'문체론'이란 말이 어학에서는 생소한 듯하나 문학작품에 나타난 방언적 요소를 연구하는 데는 꼭 필요한 분야이다. 따라서 '시, 소설' 등에 나타나는 방언에도 관심이 필요하다. 최근에는 시에 나타난 방언 어휘를 연구하는 현대문학의 연구가 활발하게 이루어지고 있는 바 방언학을 하는 학자들의 관심이 요구된다. 전북 방언을 다루고 있는 소설(고소설 및 현대소설)과 시 자료는 상당수에 이른다. 이들 문학 작품에서 방언이 주는 효과의 문제를 다루는 것도 방언 연구자들이 해야 할 것이다.4)

4. 결론

방언은 전체 한국어의 하위언어이다. 그러므로 방언은 현대국어나 역사성을 띤 국어와 동등한 자격을 가진다. 이제까지 보조적인 자료로만 다루어져 온 방언자료에 대한 태도는 매우 소극적인 태도에 지나지 않는다. 방언이 보여주는 언어현상은 글이 아닌 말이기 때문에 우리말 연구에서는 오히려 문헌보다도 더 중요한 의미를 갖는다. 또한 방언은 강한 역사성을 가지고 있어 때로는 고대국어에까지 소급될 수 있는 현상을 보여주기도 한다. 방언 연구의 큰 장점은 중앙어와는 상당한 차이를 보이는 언어현상을 다양하게 보유하고 있다는 점이다. 방언의 언어 현상은 중앙어와 국어사를 해석하는 데 결정적인 기여를 할 수 있을 것이다.

전북 방언도 이런 점에서 전혀 예외가 아니다. 특징이 없다는 말도 연구자들의 선입견에 지나지 않는다. 특징이 접촉방언적 특징만을 이야기해서는 아니 되며 핵방언적인 특징이 우선 고려되어야 하는데 그러한 연구는 전혀 보이지 않는다. 전북 방언의 문법 연구가 활성화되려면 정말

---

4) 덧붙여서 특정 지역의 방언에서 주로 쓰이는 상용구나 속담, 또는 구어체의 연구 방법 등이 필요할 것이다.

한 자료 조사와 분석에 의한 근본적이고 기초적인 작업들이 우선되어야 하며 접촉방언적 성격 규명에 노력해야 할 것으로 믿어진다. 그런 후에 전북 방언의 핵방언적 성격을 다른 방언과의 비교를 통하여 규명해야 할 것이다.

지금까지 여러 문제와 과제가 부각되었지만 이를 실현시킬 기제는 마련되어 있지 못한 실정이다. 무엇보다도 국어학에 관계하는 이 지역의 많은 학자들이 전북 방언의 문법론에 관심을 갖고 그쪽을 전공할 학자를 양성해야 할 것이고, 토박이 화자가 아닐지라도 관심을 갖고 각자 전공 분야에서라도 틈틈이 연구해야만 앞으로 전북 방언의 문법연구가 활성화될 것이고 이 방언의 연구가 전체 문법을 연구하는 데 기여하게 될 것이다.

참고문헌

강정희(1988), 『제주 방언 연구』, 한남대 출판부.

강정희(2005), 『제주방언 형태 변화 연구』, 역락.

고영근(1983), 『국어 문법의 연구-그 어제와 오늘-』, 탑출판사.

김규남(2010), 『말』, 전북의 재발견 연속물, 전라북도.

김웅배(1991), 『전라남도 방언 연구』, 학고방.

김이협(1981), 『평북방언사전』, 한국정신문화연구원.

김태균(1986), 『함북방언사전』, 경기대학교출판부.

김태엽(1996ㄱ), 『경북말의 높임법 연구』, 태학사.

김태엽(1996ㄴ), 「방언 문법 연구」, 『내일을 위한 방언 연구 소재』, 경북대 출판부.

문순덕(2003), 『제주방언 문법 연구』, 세림.

서정목(1987), 『국어 의문문 연구』, 탑출판사.

성낙수(1992), 『제주도 방언의 통사론적 연구』, 계명문화사.

이기갑(2003), 『국어 방언 문법』, 태학사.

이돈주(1979), 「서남방언 연구에 대한 검토」, 『방언』 1.

이병근·이승재(1985), 「방언학의 연구」, 『국어학 연구사』(고영근 편) 수록, 학연사.

이상규(1999), 『경북방언 문법 연구』, 박이정.

이숭녕(1978), 「제주도 방언의 형태론적 연구」, 『국어학 연구선서』 5, 탑출판사.

이승재(1985), 「경기지역의 청자경어법 어미에 대하여-의문법을 중심으로-」, 『방언』 8.

이승재(1987), 「전북방언의 연구와 특징에 대하여」, 『국어생활』 8, 국어연구소.

이익섭(1981), 『영동 영서의 언어분화』, 서울대 출판부.

이태영(1992), 「전북방언 문법연구의 현황과 과제」, 『전라문화논총』 5.

전광현(1983ㄱ), 「전라북도의 말」, 『한국의 발견(전라북도 편-뿌리깊은 나무)』 수록.

정영주(1993), 『경상도 토씨 연구』, 홍문각.

주갑동(2005), 『전라도 방언사전』, 수필과비평사.

최명옥(1980), 『경북 동해안 방언 연구』, 영남대 민족문화연구소.

최명옥(1990), 『국어연구 어디까지 왔나』(방언 편), 동아출판사.

최전승(1991), 「전북방언 연구 경향과 문제점 : 음운론을 중심으로」, 『김영배선생회갑
　　　　　　기념논총』.

한영목(2008), 『충남 방언 문법』, 집문당.

〈전북 방언 관련 논저 목록〉

(음운)

강병희(1991), 「순창방언의 음운론적 연구」, 연세대 석사논문.

권병로(1983), 「무주방언의 움라우트 현상」, 『어학연구』 2, 군산대.

권병로(1987), 「무풍방언의 음운변화에 관한 연구」, 『어학연구』 6, 군산대.

권병로(1987), 「무풍지역어의 음운론적 연구」, 전북대 박사학위논문.

김규남(1987), 「부안지역어의 음운론적 연구」, 전북대 석사학위논문.

김규남(1991), 「전북방언의 ㅂ불규칙 활용과 재구조화」, 『어학』 18(전북대).

김규남(1994), 「「石南歷史」의 표기와 음운론적 특징」, 『국어문학』 29

김옥화(1994), 「고창방언의 이중모음화에 대한 통시적 연구」, 『국어연구』 121, 서울대.

김완진(1975), 「전라도 방언 음운론의 연구방향 설정을 위하여」, 『어학』 2(전북대).

김종원(1959), 「정읍지방의 방언연구」, 『문경』 8(중앙대).

김종진(1990), 「전북 익산지역어의 음운론적 연구」, 전주대 석사논문.

김중진(1992), 「'ㅂ'어간 교체의 음운론적 연구 : 전북방언을 중심으로」, 『춘강 유재영 박사 화갑기념논총』, 이회문화사.

김해정(1977), 「전북 익산 방언의 음운론적 연구」, 전북대 석사학위논문.

김해정(1978), 「전북 익산방언의 기초 어휘 조사」, 『국어문학』 19.

김해정(1979), 「전북 익산방언의 음운론적 연구」, 『야천 김교선선생 정년기념논총』, 형설출판사.

김해정(1982), 「전북 임실 방언 연구」, 『논문집』 4, 우석대.

김해정(1987), 「전북 선유도 방언 연구」, 『한국언어문학』 25.

김해정(1991), 「전북 위도방언의 음운」, 『인문논총』 2(우석대).

김형규(1971), 「전라남북도 연구」, 『학술원 논문집』 10, 학술원.

박종희(1979), 「중간자음 탈락과 그 흔적에 대하여 : 전라방언을 중심으로」, 『향토문화 연구』 2(원광대).

서주열(1981), 『전라·경남방언의 등어지대 연구』, 정화출판문화사.

소강춘(1983), 「남원지역어의 음운론적 연구」, 전북대 석사학위논문.

소강춘(1984), 「음운 경계의 위계에 대하여－남원지역어를 중심으로－」, 『한국언어문학』 23.

소강춘(1988a), 「전북방언의 모음조화 현상에 의한 공시적 언어 분화에 대하여」, 『국어국문학』 99.

소강춘(1988b), 「움라우트 현상에 의한 전북방언의 공시적 분화상에 대하여」, 『어학』

15(전북대).

소강춘(1989), 「전북방언의 공시적 언어분화에 관한 연구」, 전북대 박사학위논문.

소강춘(1993), 「구개음화의 통시성과 그 공시적 분화상에 관한 연구-전북방언을 중심
　　　　　으로-」, 『국어문학』 28(전북대).

송순강(1986), 「전북 서부방언의 한 연구」, 『방언학연구논문집』 전라도편.

오종갑(1991), 「전라도 방언의 자음 음운현상」, 『들메 서재극박사 환갑기념논문집』, 계
　　　　　명대출판부.

오종갑(1994), 「19세기 후기 전라방언의 모음 음운현상과 제약」, 『인문연구』 16-1(영
　　　　　남대).

이경자(1978), 「전라도방언의 모음배합에 관한 연구」, 『어문논집』 3(충남대).

이경자(1979), 「전라도방언의 모음 음운배합에 관한 연구」, 『논문집』 6-1, 충남대 인문
　　　　　과학연구소.

이규창(1968), 「된소리에 관한 고찰-전북지방을 중심으로-」, 『군산교대 논문집』 2.

이규창(1984), 「전북방언 개관」, 『어학연구』 3(군산대).

이기동(1983), 「임실지역어의 음운론적 연구」, 『한국언어문학』 23.

이기동(1986), 「임실지역어의 모음교체」, 『어문논집』 26(고려대).

이기동(1990), 「전북 부안지역어의 음운론적 고찰」, 『한국어학신연구』, 한신문화사.

이길재(1991), 「남원지역 방언의 음운변화에 대한 연령별 연구」, 전북대 석사학위논문.

이돈주(1979), 「서남방언 연구에 대한 검토」, 『방언』 1, 한국정신문화연구원.

이병근(1971), 「운봉지역어의 움라우트 현상」, 『김형규박사송수기념논총』, 일조각.

이병근(1971), 「현대 한국방언의 모음체계에 대하여」, 『어학연구』 7-2(서울대).

이병근(1976), 「<세갱이>(土蝦)의 통시음운론」, 『어학』 3(전북대).

이상신(1983), 「장수지역어의 연구와 특징에 대하여」, 『국어생활』 8.

이승재(1987), 「전북방언의 연구와 특징에 대하여」, 『국어생활』 8.

이용호(1984), 「남원지역어의 모음 음운현상」, 계명대 석사논문.

이은규(1979), 「전라북도방언의 비어두모음 기술문제」, 『향토문화연구』 2(원광대).

이익섭(1970), 「전라북도 동북부 지역의 언어분화」, 『어학연구』 6-1(서울대).

이태영(1993), 「『봉계집』과 19세기말 전북 화산지역어」, 『국어문학』 28.

임성규(1988), 「전북 방언의 음조와 강세」, 『국어국문학』 100.

전광현(1970), 「『권념요록』에 대하여」, 『낙산어문』 2, 서울대 국문과.

전광현(1976), 「남원지역어의 어말 U-형 어휘에 대한 통시음운론적 고찰-이중모음의
　　　　　사적 변화와 관련하여-」, 『국어학』 4.

전광현(1977), 「전북 익산지역어의 음운론적 고찰」, 『어학』 4(전북대).

전광현(1981), 「전라북도 옥구지역의 음운론적 고찰」, 『국어학논집』 10(단국대).

전광현(1983ㄴ), 「영동·무주지역어의 음운론적 고찰」, 『동양학』 13(단국대).

전광현(1983ㄷ), 「『온각서록』과 정읍지역어」, 『국어학논집』 11(단국대).

정경용(1988), 「설천지역어의 언어분화상에 관한 연구」, 성균관대 석사논문.

정영인(1988), 「전북지역어의 치음에 대한 역사적 고찰」, 『논문집』 10(우석대).

정주환(1981), 「전북방언의 고찰 : 특히 서남 고창방언을 중심으로」, 『논문집』 7(전북
　　　　　　대부속 간호전문대학).

최전승(1982), 「비어두음절 모음의 방언적 분화−(u-i)와 접미사 i의 기능−」, 『백영 정
　　　　　　병욱 선생 환갑기념논총』, 신구문화사.

최전승(1986), 『19세기 후기 전라방언의 음운현상과 그 역사성』, 한신문화사.

최전승(1990), 「판소리 사설에 반영된 19세기 후기 전라방언의 특질−경어법체계를
　　　　　　중심으로−」, 『한글』 210호, 한글학회.

최전승(1991), 「전북방언 연구 경향과 문제점 : 이론과 실증간의 거리」, 『남북한의 방
　　　　　　언연구−그 현황과 과제』, 경운출판사.

최전승(1992), 「남원방언의 담화 스타일에 나타난 음운현상의 변이와 변화의 방향−움
　　　　　　라우트 현상을 중심으로」, 전북방언의 특징과 변화의 방향(공동연구논
　　　　　　문−『어학』 19집) 소재.

최전승(1997), 「춘향전 이본들의 지역성과 방언적 특질」, 『오당조항근선생화갑기념논총』.

최전승(1995), 『한국어 방언사 연구』, 태학사.

최전승(2004), 『한국어 방언의 공시적 구조와 통시적 변화』, 도서출판 역락.

최전승(2009), 『국어사와 국어방언사와의 만남』, 도서출판 역락.

최태영(1978), 「전주방언의 움라우트 현상」, 『어학』 5, 전북대.

최태영(1979), 「전주방언의 이중모음」, 『국어문학』 19.

최태영(1981), 「전주지역어의 음운론적 연구」, 전북대 박사학위논문.

최태영(1982), 「전주지역어의 몇 가지 음운현상」, 『백영 정병욱선생 환갑기념논총』, 신
　　　　　　구문화사.

최학근(1976a), 「전라도 방언연구(음운편 : 모음)」, 『국어국문학』 70.

최학근(1976b), 「전라도 방언연구(음운편 : 자음)」, 『김형규박사정년퇴임기념논문집』.

한영균(1980), 「완주지역어의 움라우트 현상」, 『관악어문연구』 6.

(문법)

김중진(1976), 「전북 고창지역어의 경어법 연구」, 전북대 석사논문.

김중진(1979), 「존대소 ‘−겨−’에 대하여−전북 서남방언을 중심으로」, 『국어문학』 20.

김중진(1984), 「전북 서남방언의 종결어미」, 『국어문학』 24.

김창섭(1992), 「전북방언의 단어형성」, 전북방언의 특징과 변화의 방향(공동연구논문

　　　　　　　　－『어학』 19집) 소재.

김홍수(1992), 「전북방언의 통사적 특징」, 전북방언의 특징과 변화의 방향(공동연구논
　　　　　　　　문－『어학』 19집) 소재.

박근형(1997), 「‘거시기’류 대용어에 대한 연구－전주 방언을 중심으로－」, 한국외대
　　　　　　　　석사학위논문.

서정목(1989), 「중부 방언의 ‘-(으)려(고)’와 남부 방언의 ‘-(으)ㄹ라(고)’」, 『이정정연
　　　　　　　　찬선생회갑기념논총』.

이승재(1980), 「남부방언의 형식명사 ‘갑’의 문법」, 『방언』 4.

이승재(1983), 「혼효형 형성에 대한 문법론적 고찰」, 『어학연구』 19-1(서울대)

이윤구(1985), 「무주 안성지역어의 의문형어미 연구」, 석사학위논문(대구대).

이태영(1983), 「전북방언의 격조사 연구」, 전북대 석사학위논문.

이태영(1984), 「동사 ‘가다’의 문법화에 대하여－전북방언을 중심으로－」, 『국어국문
　　　　　　　　학』 92.

이태영(1985), 「주격조사 {가}의 변화기제에 대하여」, 『국어문학』 25.

이태영(1986), 「전북방언의 특수조사에 대하여」, 『국어문학』 26.

이태영(1987), 「동사 ‘겨다’의 문법화 과정」, 『한국언어문학』 25.

이태영(1988), 『국어 동사의 문법화 연구』, 한신문화사.

이태영(1991), 「접속어미 {-관디}의 변천과정과 방언의 {-간디}」, 『갈음김석득교수회
　　　　　　　　갑논총』.

이태영(1992ㄱ), 「전북 방언의 문법적 변화의 방향」, 전북방언의 특징과 변화의 방향
　　　　　　　　(공동연구논문－『어학』 19집) 소재.

이태영(1992ㄴ), 「대명사 ‘누, 누구(誰)’의 변천과정과 방언분화」, 『유재영교수회갑기념
　　　　　　　　논총』.

이태영(1996), 「전라방언 ‘-ㅂ디어?’ 구성의 의문법과 경어법」, 『국어문학』 31.

이태영(1997), 「전라방언의 이해(1)」, 『문맥』, 전주시문인협회.

이태영(1998), 「전북 방언 연구사」, 『방언학과 국어학』.

이태영(2010), 「전라방언 융합형 ‘-ㄴ고니’의 문법과 화용적 특성」, 『언어문학』 75.

전광현(1972), 『전라북도 동남방언의 연구』, 1972년도 문교부 연구보고서.

최전승(1988), 「파생법에 의한 음성변화와 어휘 대치의 몇 가지 유형에 대하여」, 『한
　　　　　　　　글』 200호.

최전승(1990), 「판소리 사설에 반영된 19세기 후기 전라방언의 특질－경어법 체계를
　　　　　　　　중심으로－」, 『한글』 210.

최전승(1991), 「19세기 후기 전라방언의 경어법에 대하여」, 『김완진선생회갑기념논총』.

최전승(1992), 「조건관계 접속어미의 한 유형 ’-거드면’의 기능 : 19세기 후기 전라방

언 자료와 <독립신문>을 중심으로」, 『이규창박사정년기념논문집』.

최전승(1996), 「아주낮춤의 종결어미 '-ㄹ다'와 예사낮춤의 '-ㄹ세/-ㄹ시/-시'의 형성
　　　과 방언적 발달」, 『선청어문』 24.

최전승(2004), 「중세국어 '-논 커니와'에서 공시적 방언형 '은(는)커녕' 계열까지의 통
　　　시적 거리」, 『한국어 방언의 공시적 구조와 통시적 변화』에 소재.

최전승(2004), 「아주낮춤의 종결어미 '-ㄹ다'와 예사낮춤의 '-ㄹ세/-ㄹ시/-시'의 형성
　　　과 방언적 발달」, 『한국어 방언의 공시적 구조와 통시적 변화』에 소재.

최전승(2004), 「19세기 후기 전라방언의 처소격 조사 부류의 특질과 변화의 방향」,
　　　『한국어 방언의 공시적 구조와 통시적 변화』에 소재.

최태영(1973), 「존대법 연구-전라북도 동남부 지역을 중심으로-」, 『어학』(전북대) 1.

홍윤표(1978), 「전주방언의 격연구」, 『어학』(전북대) 5.

홍윤표(1984), 「현대국어의 후치사 {가지고}」, 『동양학』(단국대) 14.

(어휘)

김종훈(1959), 「정읍지방의 방언연구」, 『문경』(중앙대) 8.

김형규(1974), 『한국방언학』, 서울대 출판부.

최학근(1978), 『한국방언사전』, 현문사.

김해정(1978), 「전북 익산방언의 기초어휘 조사 연구」, 『국어문학』 19.

박영자(1963), 「춘향전에 나타난 방언에 대하여」, 『청파문학』(숙명여대) 3.

이익섭(1969), 『충청 경상도 접경의 전라북도 방언의 연구』, 문교부 학술연구보고서 15.

이익섭(1970), 「전라북도 동북부지역의 언어분화」, 『어학연구』 6-1(서울대).

이태영(2000ㄱ), 「완판(전주판) 방각본 한글 고소설의 서지와 언어」, 『21세기 국어학의
　　　과제』.

이태영(2000ㄴ), 『전라도 방언과 문화 이야기』, 신아출판사.

이태영(2006), 「방언 어휘의 자료 정리와 연구 방법-문학작품의 어휘를 중심으로-」,
　　　『방언학』 4집, 59-84쪽.

이태영(2007), 『방언 이야기』, 국립국어원 편(공동 집필), 국립국어원 국어자료총서1,
　　　태학사.

이태영(2010), 『문학 속의 전라 방언』, 글누림.

전광현(1977), 「남원지역어의 기초어휘 조사 연구」, 『야천 김교선 선생 정년논문집』.

전북대 국어문학회(1982), 「제3차 학술조사 보고서-부안군 산내면-」, 『국어문학』 22.

전북대 국어문학회(1983), 「제4차 학술조사 보고서-고창군 무장면-」, 『국어문학』 23.

전북대 국어문학회(1984), 「제5차 학술조사 보고서-남원군 일원-」, 『국어문학』 24.

『한국방언자료집』(1987), 전라북도편 5, 한국 정신문화 연구원.

소창진평(1922),「전라북도 及 충청북도 방언」,『조선교육』6-5.
점구방지진(1931),「전북 전주 及 경남 창녕의 古名에 관하여」,『청구학보』4호.

(컴퓨터처리)
소강춘(1994),「방언자료의 전산처리에 대하여」,『정신문화연구』17-3.
이태영(2003),「방언 말뭉치의 전산화와 활용」,『한국어학』21호.

(지명)
김준영(1990ㄱ),「현대어에서 찾을 수 있는 古語의 殘影」,『한국 고시가 연구』(형설출
　　　　판사) 부록1.
김준영(1990ㄴ),「지명의 어원연구」,『한국 고시가 연구』(형설출판사) 부록2.
김준영(1991), 지명 연구 노우트, 미발간.
유재영(1972),「전북지방 전래 지명의 연구」,『원광대논문집』6.
유재영(1974),「杯山의 명칭에 대한 고찰」,『국어국문학연구』(원광대) 1.
유재영(1977),「익산 지모밀 지명고」,『마한백제문화』(원광대) 2.

(문체)
김홍수(1985),「소설의 방언에 대하여」,『국어문학』25.
이태영(1997),「채만식 소설『천하태평춘』에 나타난 방언의 특징」,『국어문학』32.
이태영(2004ㄱ),「문학 작품에 나타난 방언의 기능」,『어문론총』41호
이태영(2004ㄴ),「문학 작품과 방언 연구」,『한국어학』25호.
이태영(2004ㄷ),「『혼불』에 쓰인 방언의 기능과 등장 인물의 성격」,『혼불의 언어세계』,
　　　　혼불학술총서2.
이태영(2006ㄱ),「윤흥길의『소라단 가는 길』에 나타난 일상어의 특징」,『국어국문학』
　　　　제142호.
이태영(2006ㄴ),「지역 언어의 가치와 시의 방언」,『시와 사람』42.
이태영(2009),「윤흥길의『빛 가운데로 걸어가면』에 나타난 언어·문체의 변화와 그
　　　　효용성」,『국어문학』47.
최전승(2004),「詩語와 方言－'기룹다'와 '하냥'의 음운·형태론과 의미론－」,『한국어
　　　　방언의 공시적 구조와 통시적 변화』에 소재.

제14장 ▍전북 방언의 문법적 변화의 방향

1. 서론

　전북 방언의 특징은 대개의 방언이 그런 것처럼 핵방언과 접촉방언적 성격으로 이루어져 있다. 어느 지역의 방언이 핵방언이고 그 핵방언의 특징은 무엇이며, 어느 지역들이 접촉방언적 성격을 띠고 있는지 또 어떠한 접촉방언적 현상을 갖고 있는지에 대한 연구는 아직 구체적으로 시도된 바 없고 일부 접촉방언적 현상을 중심으로 그 특징들이 통시적인 현상과 결부되어 연구되었거나 또는 공시적으로 음운론적인 연구가 시도되었을 뿐이다.

　핵방언이란 순수하게 전북 사람들이 쓰는 방언을 말하는데 이는 사실상 지극히 추상적인 용어이다. 접촉지역이 아닌 곳은 말할 것도 없고 접촉방언지역 사람들도 상당량의 핵방언을 쓰고 있는 것은 사실이다. 우리가 핵방언권을 지정하는 것은 극히 상징적인 의미를 갖는다. 사실상 접촉지역이 아닌 곳을 일부 선정하여 핵방언권이라 상정하더라도, 군단위로 또는 면단위로 언어차가 존재하기 때문에 전북 방언의 핵방언권을 군단위나 면단위로 상정하는 것은 불합리하다. 그러나 전북 방언 중 접촉 방언적 요소를 제외한 방언을 핵방언이라고 해야 한다면 접촉지역이 아닌 지역이 우선 고려되어야 할 것이고 그 다음 접촉방언 중 전북 방언의 특징을 찾아내야만 할 것이다.

전북 방언의 핵방언적 성격을 띠고 있는 지역으로는 전주를 중심으로 하는 완주군 일부와 김제군, 임실군, 진안군의 일부가 해당된다. 접촉방언적 성격을 띠고 있는 지역은 동서남북으로 나누어 동으로는 무주군, 장수군, 남원군이 충청, 경상, 전남방언과 접촉하고 있고 서로는 옥구군, 김제군 등이 충청방언과, 부안군, 고창군이 전남방언과 접촉하고 있다. 남으로는 고창, 정읍, 순창, 남원군이 전남방언과 접촉하고 있고 북으로는 익산, 완주, 진안, 무주군이 충청방언과 접촉하고 있다

전북 방언의 특징을 언급하기 위하여서는 각 지역어의 방언현상이 공시적으로 군단위나 또는 면단위로 면밀히 조사되어야 한다. 또한 그것을 바탕으로 접촉방언적인 성격을 규명하기 위하여 비교연구가 되어야만 구체적인 전북 방언의 특징을 찾아낼 수 있을 것이다. 그러나 그러한 작업은 순서가 있고 시일을 요하는 것이기 때문에 이 글에서도 그러한 부담을 전적으로 안을 수는 없는 일이다.

이 글은 이러한 입장을 고려하여 앞으로의 연구를 위해 전북 방언의 핵방언적 특징과 접촉방언적 특징을 언급하고 '문법 변화'의 측면을 중심으로 하여 공시적으로 변화가 일어나고 있는 현상과 이미 통시적으로 변화를 보인 현상을 중심으로 전북 방언의 문법 현상을 고찰하고자 한다.

2. 전북 방언 문법의 핵방언적 특징

1) 문법화

문법화란 일정한 의미를 가지고 쓰이던 실사가 문법적인 기능을 가지는 허사로 바뀌는 현상을 말하는데, 전북 방언이 보여주는 특징적인 문법화 현상으로는 대체로 다음과 같은 것을 예로 들 수 있다.

> (1) -이가 : 총각이가서 농사를 지로 들로 감서
> -에가 : 요 욱으가 대발이 죽 깔렸어
> -기가 : 내기가 무신 돈이 있어?
> -로가 : 내가 조리로가서 쌀을 이는디
> -을가 : 내가 조리로 쌀을가서 이는디

(1)의 예에서 보는 '-이가, -에가, -기가, -로가, -을가'의 '-가'는 동사 '가'의 문법화에 의해 특수조사로 쓰이는 예이다. 이때의 '가'는 주제화와 연관이 있는 듯하다.

> (2) ㄱ. 호미로 밧을 매는디
> ㄴ. 호미로다가 밧을 매는디
> ㄷ. 호미를 가꼬(가지고) 밧을 매는디
> ㄹ. 호미를 갖다가 밧을 매는디
> ㅁ. 호미로 갖다가 밧을 매는디
> ㅂ. 여러분이 우리 선생님을 갖다가 초대해 주셔서 감사합니다.

(2)에서 보는 '-다가'는 '가지다'의 의미를 갖는 것으로 방언에서는 '가꼬, 갖다가' 로도 쓰이고 있다. 이들 형태들은 '-을 다가 > -로 다가'의 격 지배 변동을 거친 것인데 이때 문장이 복문에서 단문으로 바뀐다. 방언

에서 볼 수 있는 예로는 (2)의 ㄹ과 ㅁ이 그 예이다. ㅁ의 예에서 '갖다가'는 문법화한 것으로 '강조'를 하는 기능으로 바뀐 것이다. ㅂ의 예에서 '갖다가'는 문법적으로 전혀 필요치 않는 것이지만 이것이 쓰이면 선행 형태를 강조하는 표현이 된다.[1]

(3) ㄱ. 손이다 얼었네!
　　(cf. 손이# 다 #얼었네, 손이 # 다얼었네)
　　얼굴이다 깨졌네
ㄴ. 벨말씀을다 듣건네
　　과자를다 사주시고
　　우리 집이를다 오시고

일반적으로 '다'는 부사로 쓰여 '모두'의 의미를 갖는다. 그리하여 이 방언에서는 '모두다(모다), 죄다, 전부다, 거의다(거짐다)'의 복합형이 쓰이는 것이 일반적인 현상이다. 또한 이 '다'는 '다먹다, 다가다'처럼 동사 앞에 붙어 동사를 형성하기도 하고 '내일 소풍은 다갔다'처럼 동사에 선행하여 문장의 뜻이 부정이 되게 하는 경우도 있다.

그러나 (3)의 경우처럼 '-다'의 쓰임이 동사에 붙는 것도 아니고 부사로 쓰이는 경우가 아닌 특이한 쓰임의 용례를 찾아볼 수 있다. 이것은 부사이었던 '다'가 특수조사로 문법화한 것임을 알 수 있는데 (3ㄱ)은 주격조사 뒤에서, (3ㄴ)은 대격조사 뒤에서 쓰여 예상치 못한 결과에 대한 놀람을 문장의 한 성분을 중심으로 강조하는 기능을 하고 있다.

---

1) 동사 '가지다'는 '갖다가'의 구성과 '가지고(가꼬)'의 구성으로 문법화를 일으켜 사용되고 있는데 현대국어의 특수조사 '-서'는 구어에서는 '-가지고'로 쓰이고 있다. 또한 '갖다가, 가꼬'는 비단 전북 방언뿐만 아니라 타도 방언에서도 일반적인 언어현상으로 발견되고 있다.

2) 융합현상

융합이란 통사적으로 긴밀한 문법적 환경에서 두 형태소가 전후의 형태소를 탈락시키면서 하나의 구성체를 이루어 변화하기 이전의 통사구성과 문법적으로나 의미론적으로 기능과 의미의 변화를 일으키는 현상을 말한다.

국어에서 융합현상은 별로 관심을 일으키지 못한 항목인데 그 이유는 현대국어를 다루는 대부분의 연구가 문어체를 중심으로 하였고 구어체를 소홀히 하였기 때문이다. 그러나 방언은 구어인 관계로 축약이나 융합현상이 심한 편인데 특히 인용문에서 보여 주는 융합현상은 대단히 흥미롭다. 이 경우 융합되지 않은 인용문 구성과 융합된 구성간의 통사. 의미상의 차이가 있을 것이 예상된다.

> (4) -머시다(고 허)냐? (무엇이라고 허냐), -머시단가? (무엇이라고 허는가?)
> ㄱ. 이것이 머시다냐?(*이것을 머시다냐?)
> ㄴ. 이것을 머시다(고 허)냐?(*이것이 머시다고 허냐?)
> 자가 머헌다냐?, 자가 머헌다(고 허)냐?
> ㄷ. -담서 (다(고 허)면서)
> 거그는 방애를 소가 돌린담서? (*돌린다(고 하)면서)
> 연탄소독이 소독이담서(이람서)? (*소독이라(고 하)면서)

융합현상은 주로 종결어미와 접속어미에서 일어난다. 이 융합현상의 종류는 상당히 많기 때문에 여기서는 특징적인 현상만을 다루기로 한다. (4)에서 볼 수 있는 것처럼 ㄱ와 ㄴ에서 어미 ‘-다(고 허)냐’의 경우는 ‘-다냐’로 융합되어 나타난다. ㄱ에서처럼 ‘머시다냐’를 ‘무엇이라고 허냐’로 본다면 ㄱ의 예문은 비문이 되어야 하고 오히려 괄호안의 예가 맞는 문

장이 된다. 그러나 실제로 언어사용시에는 정반대가 된다. '-다냐?, -단
가?'가 이 방언에서는 융합형으로서 다른 기능을 하고 있는 것으로 해석
할 수밖에 없다.

ㄷ의 경우에서도 '-다면서'가 '-다(고 하)면서'라면 괄호안의 문장은 비
문이 되고 만다. 괄호안의 문장이 정문이 되기 위해서는 후행문이 있어
야만 가능하다. 그러나 후행문이 생략되면서 접속어미가 종결어미화 되
어가는 이 방언의 특징을 고려한다면 ㄷ의 괄호안의 문장은 비문이고 '-담
서'는 '-다(고 하)면서'와는 그 기능을 달리하는 새로운 융합형임을 알 수
있다.

(5) ㄱ. 갈라(고 허)ㄴ다 : 갈란다('가겠다'는 뜻), 갈라곤다('갈 예정이
다'는 뜻)
ㄴ. 맹길란가?, 맹길라고 허는가?
자네가 맹길란가?, 자네가 맹길라고 허는가?
ㄷ. 올라(고 하)ㅂ니다(비가 올라고 합니다, 영희가 올라고 합니다)
올랍니다(*비가 올랍니다, 내가 올랍니다)

중앙어의 '-으려'에 해당하는 형태소로는 '-을라'(물론 이것은 더 분석될
수 있다.)가 있는데 이것이 선행하는 인용문에서는 융합현상이 빈번하게
일어나고 있다. ㄱ에서 '-고 허-'가 생략되면 '갈란다, 갈라곤다' 등의 융
합형이 생기는데 이때 '갈란다'와 '갈라고 헌다'는 그 의미의 차이를 보인
다. '가겠다'는 의지의 표현이고 후자는 '갈 예정이다'는 의미를 나타낸다.
이것 역시 융합형과 융합하기 전의 문장과는 통사, 의미상으로 큰 차이
를 보인다고 하겠다.

이와 유사한 것으로는 ㄴ을 들 수 있는데, '-고 허-'가 생략된 '맹길란
가?'는 청자의 의지를 묻는 의문문이고, 생략되지 않은 문장은 청자의

'예정' 여부를 묻는 의문문이다. 이것을 구체적으로 입증하는 예문은 ㄷ 인데, '-고 하-'가 생략된 '올랍니다'는 '오겠습니다'의 뜻으로 화자의 '의지'를 나타내는 문장이다. 괄호안의 예문처럼 주어가 무의지의 주어일 경우는 문장이 비문이 된다. 그것은 '올랍니다'와 '올라고 합니다'의 문장이 근본적으로 의미를 달리하고 있음을 증명하는 것이다. 여기서 '올라고 합니다'는 예정으로서 주어의 선택에는 제약이 없음을 알 수 있다.

(6) ㄱ. 허 ㄹ라(고 허)니, 서는, 면, 도, 는디, 머는, 다가
　　　밥 먹을라먼 먹어라(*밥 먹을라고 허면 먹어라)
　　　훔칠라고 허다가─'훔치는 행위'의 간접 표현(비현장성)
　　　훔칠라다가─'훔치는 동작'의 직접 표현(현장성)
　　ㄴ. 보고 잡다─보고자서
　　　니네 형이 보고자서 왔니라, 니성을 보고자 내가 왔다
　　ㄷ. 보고 싶다─보고파서

'-을라'는 다른 접속어미와 융합현상을 잘 일으키는데 대표적인 것은 (6ㄱ) 이다. '-을라고, -을라니, -을라면, -을라도, -을라다가' 등이 그 예인데, 이 때도 역시 '-고 허-'가 생략된 문장과 생략되지 않은 문장과는 상당한 의미차를 보이고 있다. 예문에서 보는 것처럼 화자나 청자의 '의지'를 표현할 때만 융합형이 가능하고 그렇지 않은 경우는 예정을 나타낸다. 괄호안의 문장이 이상한 것은 '-을라면'이 의지를 표현하고 '-을라고 허면'은 예정을 나타내기 때문에 그 의미차 때문에 이상하게 느껴지는 것이다.

또한 아직 완전히 변한 것은 아니지만 하나의 가능성은 '훔칠라다가'가 '훔치는 동작'의 직접 표현이면서 현장성을 띠고 있는 반면에, '훔칠라고 허다가'는 '훔치는 행위'의 간접표현이면서 비현장성을 띠고 있다는 점인

다. 물론 이것은 극히 일면의 경우이고 해석에 있어서 부분적인 것이지만 앞으로 융합형이 되어간다면 이런 기능도 가질 것이 분명하다.

융합현상이 보여주는 것으로 흥미있는 것은 중앙어에서 소위 '목적'을 나타내는 것으로 분류하고 있는 '-고자'의 경우인데, 이것은 '-고 잡-'의 구성이 융합된 것으로 해석된다. 이때의 '잡-'은 중앙어의 '싶-'에 대응되는 것으로 조동사 구성을 이루다가 융합되어 '-고자'의 구성을 이룬 것으로 보인다.[2]

한편 전북 방언에서는 조동사 '잡다'의 '자'가 융합을 일으키는 반면에 중부 이북지역에서는 '먹고파'와 같이 '싶다'의 '시'가 생략된 'ㅍ'이 융합을 일으키는 특징을 보인다. 대표적으로 함경도 방언에서는 이런 현상이 거의 모든 경우에 일어나고 있다. 이런 현상은 남부방언과 중부이북방언간의 방언차를 보여주는 하나의 특징이라 하겠다.

3) 접속어미의 종결어미화 과정

이 방언의 접속어미는 특이한 형태소를 많이 가지고 있다. 예를 들면 '-으면서'가 '-음서'(일부 지역에서는 '음스로')로, '-니(까)'가 '-닝게, -닝게로'로, '-으려고'가 '-을라고'로 실현되고 있다. 전북 방언의 특징적인 현상의 하나는 접속어미였던 형태소가 마치 종결어미처럼 보이게 기능한다는 점이다. 예를 들면 '-간디, -ㅁ서, -ㄴ게' 등 여러 형태소가 있는데

---

2) 또 다른 융합현상으로는 '는가 보-'에서 융합된 '-갑-'을 들 수 있다. 물론 이 경우도 완전히 전북의 모든 지역에서 융합된 것은 아니며 일부 지역에서 이런 현상이 나타나고 있다. 이때의 '갑'은 형식명사의 기능을 띠고 있다. 이승재(1980)는 이때의 '갑'은 중앙어의 '가 보-'와는 그 기저형이 다르다고 보고 있으나 전북 방언의 경우는 같은 것으로 보지 않을 수가 없다. 왜냐하면 '갑'만을 예외적인 처리로 취급하기 곤란하고 방언분화의 기술이 전체 국어 변화의 기술과 일치해야 할 것이기 때문이다.

이것은 우리로 하여금 어미 형태소 목록을 작성하는 데 어려움을 갖게
한다. 흔히 동일한 형태소를 접속어미와 종결어미 두 가지로 다 쓰이고
있는 것으로 보고하는 경우가 있는데 이것은 좀 더 정밀한 분석이 요구
된다.

(7) ㄱ. 얼매나 되게 일을 혔간디 잠을 이렇게 자는가?(접속문)
    ㄴ. 목포 갈라먼 어뜨케 갈라가디?(설명의문)
    ㄷ. 차 타고 가지 걸어가가디?(자문)
    ㄹ. 야달시에도 밥 안먹간디?(판정의문)
    ㅁ. 그 뇌미 여그 와서 살게 생겼간디.(평서문)

중세국어의 접속어미 '-관디'는 선행문에 반드시 의문사를 가지고 후행
문은 의문문으로 끝나는 문장에서 쓰이는 원인이나 이유를 나타내는 형
태소였다. 이러한 기능은 근대국어까지 지속되다가 19세기 후기 판소리
사설에서는 선행문의 의문사가 없어지고 대신 답이 될 수 있는 내용이
나오면서 후행문이 생략되는 문장이 나타난다. 이때의 문장은 이미 화자
가 답을 알고 있거나 충분히 답을 예상하고 있는 반어적인 문장이란 점
이 특징적이다. 이것은 중세·근대국어의 '-관디'구문이 수사적인 표현의
문장으로 일부 바뀌었음을 의미한다.

전북 방언의 '-간디'구문을 살펴보면, 첫째로 중세·근대국어와 같은
의문사가 있는 의문문에서 쓰이는 접속어미로 기능하는 경우, 둘째로 자
문의 형식을 띠면서 주절이 생략된 구성으로 수사의문인 경우, 셋째로
주절이 생략된 구문으로 판정의문의 기능을 수행하는 경우, 넷째로 주절
이 생략된 구성으로 평서문으로 기능하는 경우 등 여러 기능을 보여주고
있다. 이러한 기능은 대부분 반어적인 용법을 보이고 있다.

이처럼 방언의 '-간디'구문이 다양한 기능을 보이는 것은 '-간디'가 종

결어미로 쓰이기 때문이 아니라, 수사의문의 형식을 가지면서 문말의 수
행억양에 의해 그렇게 됨을 알 수 있다. 그러므로 '-간디'는 접속어미로
해석된다. 다만 앞으로 의문사가 쓰이는 전통적인 접속어미의 기능이 다
른 형태소로 넘어가고 그러한 문장이 쓰이지 않게 된다면 앞으로 방언의
'-간디'는 접속어미라기보다는 다른 기능을 하는 형태소로 해석해야 할
것이다(이태영, 1991 참조).

이론적으로는 접속어미로 가능한 어미들이 이 방언에서 오히려 접속
어미의 예는 드물고 문말에서 마치 종결어미처럼 쓰이는 빈도가 훨씬 많
다는 사실이 우리의 관심을 끌고 있다. 이미 이러한 현상에 대하여 임홍
빈(1984)에서는 둘 다 같은 접속어미로 보고 문말에 나타나는 경우는 수
행－억양에 의해 의문문처럼 보이는 현상일 뿐이라고 지적하고 있다. 이
방언에서 보이는 예를 들면 다음과 같다.

(8) ㄱ. -랑게(당게) : 조선홀태는 아까 그것이랑게
    ㄴ. -대야(래야) : 변소를 새로 허다가 떨어졌대야.
    ㄷ. -담선?(담서?, 람서?) : 꼬랑지를 잡아 돌린담서?
    ㄹ. -거든 : a : 그가 왜 왔지?
              b : 철수가 왔거든.

(8)의 '-ㄴ게, -어야, -ㅁ서' 등이 인용문에서 융합이 되어 쓰일 때, 더
욱이 그것이 접속어미로 기능하는 형태소들이면서도 종결문에서 쓰이고
있는 것은 우리에게 해석상의 어려움을 가져다 준다. 그러나 분명히 다
른 점은 이 접속어미들이 인용문에서 융합된 상태로 종결문을 이루고 있
다는 사실이다. 그렇다면 종결문에서 쓰이는 접속어미들은 종결어미로
처리해야 하는가? 우리의 해석은 일률적인 답을 내리기 어렵다는 것이
다. '-간디'의 경우처럼 '-ㄴ게' 등은 분명히 접속어미로 처리해야 할 것이

다. 그러나 ㄷ의 경우에는 문제가 다르다. (4ㄷ)에서 본 것처럼 '-담서'를 '-다고 하면서'로 처리하면 뜻이 전혀 다른 문장이 되기 때문이다. 이럴 경우에 우리는 그 변화를 인정하는 측면에 서고자 한다. 즉 종결어미화 하는 과정을 보이는 것으로 해석할 수 있을 것이다.

ㄹ의 경우 종결어미화한 것으로 단정지을 수 없는 것은 국어사의 잔존형이 남아 있기 때문이다. '-거든'은 현대국어에서는 일반적으로 '-으면'의 뜻을 가지고 있다. 그렇기 때문에 b의 예에서 '-거든'을 종결어미로 보려는 견해가 있을 수 있다. 그러나 역사적으로 보면 '-거든'은 '-매, -므로, -는데, -면'과 같이 다양한 의미를 가지고 있었기 때문에 b의 예문도 '-므로'로 해석하면 '철수가 왔으므로 그가 왔다.'는 구문이 되어 접속어미로 해석되는 문장이다.

4) 어휘화

어휘화(Lexicalization)는 문법화와 비교되는 개념으로 한 형태나 구성이 애초에 가진 의미를 벗어나 새로운 의미를 가지는 '실사화'를 말한다. 이 어휘화는 국어의 여러 어휘에서 찾아볼 수 있으나 이 방언에서는 부사를 생성하는 어휘화가 특징적이다. 이곳에서는 부사를 중심으로 하여 어휘화의 한 측면을 살펴보기로 한다.

(9) -졈드락 : 졈드락 머허는 거여?
    드락 : 점드락(날이 저물도록)-하루 종일, 온종일
        날새드락(날이 새도록)-밤새
        밤새드락(밤이 새도록)-밤새, 내내
    [adv[vs x(날새다, 저물다, 밤새다)] + [adv suf 드락]]

여기서 '졈드락'이라는 부사는 '날이 저물도록'이라는 문장이 부사가 되어 '온종일'이란 뜻을 가진다. '졈드락'에서 '-드락'은 '밤새드락, 날새드락' 등으로 쓰이면서 '-드락'이 부사파생 접미사와 같은 기능으로 변하고 있다.

> (10) 겁나게 : 돈이 겁나대
> 　　　　돈이 겁나게 많네
> 　　　　무엇을 이렇게 겁나게 허는가?
> 　　　　겁나게, 직사나게, 허벌나게, 풍신나게, 신나게, 열나게, 불나게
> 　　　　[vs[s[n겁, 신, 열, 불]+[v 나-]]]+[adv suf 게] → [adv[n]+[adv suf 나게]]

여기서 '겁나게'라는 부사는 '겁이 나다'라는 문장이 '겁나다'라는 동사로 쓰이면서 부사형성 접미사 '-게'에 의해 부사가 된 것이다. 이 부사는 '아주, 매우'란 뜻으로 쓰이기도 하고 때로는 '많이'라는 뜻으로 쓰이기도 한다.

그런데 이 경우에 '겁나, 신나, 풍신나' 등의 어간에 부사화접미사 '-게'가 연결된 것으로 간단히 생각할 수 있으나 '직사나, 허벌나' 등은 사실은 '즉사하-, 허발하-'에서 변화된 것이라 생각되기 때문에 '나게'가 하나의 형태소처럼 쓰이고 있음을 확인할 수 있다. 따라서 (10)의 경우는 자동사 '나'가 쓰이는 문장이 동사화되었다가 부사화 접미사 '-게'의 연결로 부사화되고 이것이 굳어지면서 '-나게'를 부사파생 접미사로 인식한 결과 생산적인 규칙이 적용되게 된 것으로 해석된다.

> (11) 이따, 이따가, 이따금
> 　　　　이따(가) 만나서 이애기 허자고
> 　　　　이따금 만나서 이애기 허자고

'-있+접속어미 '-다가"에서 전성된 '이따가, 이따금'은 부사로 쓰여서 각각 '얼마 후에, 가끔'이라는 의미를 갖게 되었다.

이처럼 문장이 어휘화하거나, 동사가 문법화하는 예는 이 방언에서도 아주 많은 예를 찾아볼 수 있는데 이러한 현상은 언어변화의 측면을 연구하는 데 중요한 단서를 제공하는 것이다.

(12) ㄱ. 기가 맥히다 → 기맥히다
    ㄴ. 해(가) 다 가다 → 해다가면, 해다가니, 해다가도 : 저물다
    ㄷ. 밤낮 → 밤나>팜나
    ㄹ. 맨날(만날) → 맨나

(12) ㄱ, ㄴ은 하나의 문장이 동사적인 성격을 띠면서 어휘화되는 경우이다. '기맥히게, 기맥힌' 등이 쓰여 부사일 경우는 '아주'의 의미를 갖고 동사일 경우는 '어처구니 없다, 훌륭하다' 등의 뜻을 갖는다. '해가 다 가다'의 경우가 '해다가다'로 쓰이면 '저물다'의 뜻으로 쓰이는데 이 '해다가다'는 '해다가면, 해다가니, 해다가도' 등으로 활용을 하는 것으로 보아 동사로 변하고 있음을 알 수 있다.

한편 복합어인 '밤낮'이 부사로 쓰여 '밤나, 팜나'로 실현되는데 이 뜻은 '항상' 이라는 부사로 기능하고 있다. 의미가 같은 '맨날'이 '맨나'로 쓰이고 있음도 볼 수 있다.

5) 혼태(blending)

(13) 보고+더러=보러
    달부다+틀리다=틀부다
    낮찹다+얕다=얕찹다

억지로+일부러=역부러
모두+다=모다
늘+항상=늘상
처음에+첫번에=첨먼에

혼태(blending) 현상은 어느 방언에나 있는 일반적인 현상이어서 중요한 현상으로 인식되지 않은 것이 사실이다. 그러나 어휘 변화의 일면을 보여주는 아주 특징적인 현상으로 이 현상 나름대로 일정한 규칙이 존재함을 엿볼 수 있다. '보다'의 활용형 '보고'가 뒤에 인용문을 동반하면서 여격표지로 쓰이는 것은 문어에서 '드리다'의 활용형 '드려'가 여격표지로 기능하는 것과 동일하다. 그런데 방언형인 '-더러'와 혼태되어 '-보로, -보러'로 쓰이는 데 이러한 혼태 현상은 반드시 같은 기능을 하는 경우에만 가능하다는 점에서 '-보로'는 완전한 여격표지임을 말해준다.

이미 이승재(1983)에서 지적된 바와 같이 '같다-다르다', '맞다-틀리다'의 의미상 반대되는 의미를 갖는 어휘에 있어서 '같다-다르다' 대신에 '같다-틀리다'를 쓰고 있는데 이때 '다르다'가 부안 지역어에서 '달부다'로 쓰이기 때문에 화자들이 '같다-틀리다'의 관계에서도 '틀부다'를 쓰고 있음이 지적되었다.

이러한 현상은 '높다-낮다'의 관계에서 이 방언에서는 '높다-낮찹다'라고 쓰는데 이것이 '깊다-얕다'의 관계에도 유추되어 '깊다-얕찹다'로 쓰이고 있다. 이러한 현상은 의미가 비슷한 어휘들 간에 유추에 의해 서로 혼태가 일어날 수 있음을 보이는 것으로 어휘 변화의 한 면을 살필 수 있는 계기가 될 수 있을 것이다.

이러한 혼태현상은 단순히 어휘적인 혼태뿐만 아니라 문법형태소의 혼태가 있는 바와 같이 역사적으로도 그러한 예가 상당수 있을 것이 예상되지만 현재로서는 뚜렷한 것을 찾아내지 못하고 있다. 다만 한 가지를 예를 든다면 현대국어의 존칭 주격조사라고 하는 '-께서, -께오서, -께옵서'의 경우 '-끠셔'와 '-겨셔, -겨오셔, -겨옵셔'가 혼태되어 '-께서'가 형성된 것을 들 수 있을 것이다. 이 혼태현상은 방언을 나이차에 의해 조사해보면 쉽게 찾을 수 있는 현상이다.

3. 전북 방언의 접촉방언적 특징

1) 접촉지역의 지리적 특징

전라북도는 지리적 특성상 타도와 인접하고 있는 지역이 많다. 동쪽에 위치한 지역으로는 무주군, 장수군, 남원군이 해당되는데, 무주군은 경북 금릉과 경남 거창군, 그리고 충남 금산과 충북 영동군에 접촉되어 있고, 장수군은 경남 거창과 함양군에, 남원군은 경남 함양과 산청군, 그리고 전남 곡성과 구례군과 인접하고 있다. 서쪽에 위치한 지역으로는 옥구군, 김제군, 부안군, 고창군이 있는데, 옥구군은 비록 금강에 의해 나누어져 있지만 충남 서천군과 인접해 있고, 김제군, 부안군은 서해와 맞닿아 있다. 고창군은 서해와 맞닿아 있고 전남 영광과 장성군에 인접하고 있다. 남쪽으로는 고창군, 정읍군, 순창군, 남원군이 있는데 정읍군은 전남 장성군에, 순창군은 전남 장성, 담양, 곡성군에 인접하고 있다. 북쪽으로는 옥구군, 익산군, 완주군, 진안군, 무주군이 있는데, 익산군은 충남 부여와 논산군에, 완주군은 충남 논산과 금산군에, 진안군은 충남 금산군에 인접하고 있다. 전주에서 남쪽에 위치한 임실군만이 유일하게 접촉지역이 없는 셈이다.

무주군은 전북의 동북부에 위치해 있으면서 이제까지 많은 학자들이 관심을 보인 바와 같이 언어접촉이 강하게 보이는 곳이다. 무풍면의 경우 오히려 경상방언에 가까울 정도의 언어현상을 보이고 있으며, 북쪽의 면들은 충청방언과 접촉방언권을 형성하고 있다. 장수군은 동으로는 경남과 남으로는 전남과 북으로는 무주군과 인접하고 있는데 이곳 화자들의 언어는 다중방언(전라, 경상, 충청)을 사용하는 특징이 있다. 남원군은 전북의 동남쪽에 위치한 지역으로 이곳 역시 전남과 경남방언적인 요소가 강한 곳이다. 이러한 특색으로 그간 음운론의 경우 이곳을 대상으로 한 연구가 상당히 진행되어 왔다.

옥구군은 일부지역에서 충남방언과 접촉방언적인 성격을 보이고 있다. 특히 해안의 경우에 조업지점이 서천 앞바다일 경우가 많기 때문에 충남방언적인 요소가 상당히 존재하고 있음을 예상할 수 있다. 익산군은 현지에 가보면 현지인들의 문화나 말이 충청도의 그것임을 느낄 수 있을 정도로 접촉방언적 성격이 강한 곳이다.

완주군은 전북의 한 중앙에 위치하여 남북으로 길게 뻗어 있고 그 안에 전주시가 자리하고 있는 관계로 비봉, 화산, 운주면은 충청방언과 접촉방언적 성격을 강하게 가지고 있으나, 다른 면은 대체로 전북 방언의 핵방언적 성격을 가진다. 진안군은 완주군과 인접해 있어서 일부 지역은 핵방언적 성격을 가지며, 북쪽지역은 충청방언적 요소가 상당히 있을 것으로 예상된다. 임실군은 비록 타도와 접촉지역이 없어 핵방언권에 있다고 할 수 있지만 부분적으로 면단위에 따라 접촉방언적 성격이 있을 것으로 예상된다. 김제군은 대체로 전북 방언의 핵방언적인 성격을 가지고 있으나 서해안 지역은 충남방언과 접촉하고 있으며 남쪽지역도 부안과 정읍군과 접촉하고 있으므로 전남방언적 요소가 일부 있을 것이 예상된다.

부안군은 서해안과 인접해 있고 전남과는 직접적인 접촉지대가 없으나 고창과 정읍군과 인접해 있으므로 전남방언과 접촉방언적인 성격이 매우 강한 곳이다. 고창군은 전북의 남서쪽의 가장자리에 자리하고 있고, 전남과 접촉지역이어서 매우 강한 접촉방언의 성격을 가지고 있다. 정읍군은 전남방언과 접촉방언적 성격을 가지며 김제, 임실, 순창, 부안, 고창군과 인접해 있어 면단위로 언어차가 다양할 것이 예상된다. 순창군은 북쪽의 전지역이 전남과 접촉하고 있고 동쪽은 남원군과 인접하고 있어 전남방언적 요소가 상당히 많은 지역으로 꼽히고 있다.

2) 접촉지역의 문법적 특징

(1) 전남 접촉방언권의 특징

부안군, 고창군, 순창군, 정읍군 일부지역은 전남과 접촉방언권을 형성하고 있다. 이 지역의 특징을 살펴 보면 선어말어미 '-시-'에 대응되는 '-겨-'가 쓰이고 종결어미에서 '-라우', '-댜, -ㅂ댜, -갑서' 등이 접촉방언적 성격으로 나타나며, 연결어미 '-아/어'가 생략된 어근에 존대소 '-요'가 연결되는 특징을 보인다. 어휘에서는 '달부다, 틀부다', '앙거(앉어)' 등이 나타난다

① 선어말 어미 '-시-'와 대응되는 '-아 겨(게, 기)-'

전남과 접촉하는 지역에서는 '-아 겨-' 또는 '-겨-'가 많이 쓰인다. 이것은 '-시-'와 대응되는 것인데 역사적으로는 동사 '겨-'가 조동사로 쓰이다가 문법화하여 현대 방언에서는 '-아겨-'의 구성으로 굳어진 채로 또는 '-겨-' 단독으로 중앙어의 주체존대를 나타내는 '-시-'의 기능을 하고 있다(이태영, 1988 참조).

이 구성은 역사적으로는 '겨다'동사의 변화에서 유래하고 있는 것인데 이 동사가 '시다(이시다)'동사와 방언분화를 일으켜 전라방언에서는 '겨다'

에서 변한 '-아 겨-' 구성이 쓰이고 중부이북에서는 '시다'에서 변한 '-시-'
가 존대의 선어말 어미로 쓰인 것이다.

(14) ㄱ. 비록 아므리 심심혼 이리 이셔도 무으믈 자바 아므려나 편히
　　　 겨소 <순천김씨간찰, 49>
　　 ㄴ. 문밧끠셔 열아흐랜날 제흐려 흐시다니 미리 아라겨소 <상동, 97>

위의 자료는 충청방언을 반영한 간찰로 1592년 이전으로 추정되는 자
료인데 이 당시에 이미 구어에서는 '겨다'가 본동사나 조동사로서 쓰이고
있음을 알 수 있다. 여기서 ㄴ의 '겨다'는 조동사 구성에서 쓰이고 있는
데 전라방언에서 '겨-'가 조동사 구성을 유지하고 있음을 알 수 있다.

(15) ㄱ. 노상의 오시다가 무삼 분함 당흐겨소? <춘향上, 36ㄴ>
　　　 어만니 엇지 와겻소? <춘향下, 33ㄱ>
　　 ㄴ. 아짜 와셧든 님이 싱시예도 와셧단이 꿈니야 싱시든야 <별춘
　　　 향전 357>

동사 '겨다'는 19세기 후기 소설이며 전라방언을 반영하고 있는 『완판
본 열녀춘향슈졀가』에서는 모두가 '-아 겨-'의 구성을 보여주고 있는데
여기서는 조동사로 쓰이는 것이 아니라 모두 존대의 '-시-'에 대응되는
것으로 쓰이고 있다. 그 증거로는 이 지역에서 발견된 필사본 고소설인
『별춘향전이라』(1917년)에는 '와셧든'이 나오는데 이것은 '-아 겨-'의 '겨'
를 '-시-'로 대응한 것이다. 이것으로 미루어 틀림없이 '-아 겨-'구성을 존
대 표현으로 썼던 것이 분명하다.

(16) ㄱ. 언지 와겻소?
　　 ㄴ. 아부지 지금 오겨요?

이처럼 쓰이던 이 구성은 현대 방언에서 그대로 남아서 (16ㄱ)의 경우와 같이 역사적으로 동일한 구성을 유지하는 경우가 있는가 하면 다른 하나는 (16ㄴ)에서처럼 '-아 겨-'의 '-아'가 탈락된 '겨(또는 '-게, -기')'가 '-시-'와 동일한 기능을 하고 있다.

이러한 현상은 문어체인 문헌에서는 전혀 찾아볼 수 없는 것으로 오직 구어체를 반영하는 자료에서만 찾을 수 있다. 이것은 이미 중세 이전부터 '겨다'와 '시다'가 방언분화되어 쓰이고 있었음을 증명하는 것이다. 실제로 중세국어의 문헌에서는 '겨다'가 동사로 쓰이고 있는 예를 찾기 어렵다.

'-아 겨-'의 구성과 선어말 어미 '-겨-'의 쓰임은 전북 방언보다는 전라 방언에서는 거의 모든 지역에서 '-시-'대신에 사용되고 있는 것으로 보면 역사적으로 남부방언에서는 '겨다' 동사가 쓰이다가 오늘날과 같이 쓰이면서 '-시-'와 방언분화를 일으킨 것으로 해석된다. 전북 방언에서는 고창지역이 가장 왕성하게 쓰이고 있다.

② 종결어미 '-라우, -제, -ㅂ뎌, -갑서'의 사용

전남과 접촉지역에서는 종결어미로 '-라우, -제, -ㅂ뎌, -갑서' 등이 특징적으로 쓰인다.

> (17) ㄱ. 옷이 너무 커라우
>   새패랭이는 잘 살았더래라우
>   어디 가신지 몰라라우
>   벌써 돈 쌀 다 실어 보내서 집안 걱정 없은개 걱정 말게라우
>   아이고 집이 가서 보니 웃어죽겄으라우
>   ㄴ. 아 그러다가 제가 죄되면 어떻게 하게라우?
>   그러면 어쩌케 허끼라우?

왜라우?

ㄷ. 내가 가서 그 돈을 따올라우
그럼 집이 가서 물어 볼라우

위의 예는 부안 지역에서 쓰이는 예를 뽑은 것인데 이미 김중진(1984)에서는 고창지역에서 '-라우'가 특징적으로 많이 쓰이고 있음을 지적한 바 있다. 이 '-라우'는 해요체의 상대존대법의 종결어미인데 평서문과 의문문에서 쓰이고 있다. 이 종결어미는 전남방언의 영향으로 전북의 서남방언에서 주로 쓰이고 있으며 중앙어의 '-요'에 해당하는데 이 형태를 종결어미로 볼 것인지 아니면 단순한 존대소로 볼 것인지에 대해서는 의문의 여지가 있으나 중앙어의 '-요'와는 다르게 문장의 끝에서만 나타난다는 점에서 종결어미로 처리하는 것이 바람직할 것이다. ㄷ의 예는 '-라우'를 가진 예로 처리하는 경향이 있으나 이때는 미래를 나타내는 '-ㄹ라-'(물론 이 구성은 더 분석될 수 있다)에 '-우'가 연결된 것이기 때문에 '-라우'체의 종결어미로 처리해서는 안 된다.

(18) ㄱ. 이웃집에 어떤 여자가 하나 살았었는데 …… 떡을 꼭 가지고
옵디다.

ㄴ. 저런 게 뭣을 알라댜? (더냐?)
너 데려다 주는디 그 눔이 한 말 없댜? (더냐?)
외국을 간다해도 니 맴이야 변할라디야?

ㄷ. 아 요자식들이 낮이 우리 각시를 사갔더냐?
나허고 정을 통했은개 나허고 살라냐?

ㄹ. 낮으사 죽을랍댜? (더냐?)

ㅁ. 뭐 죄로 갈랍댜? (디어)
아 이런 말이나 될라디여? (디어)

ㅂ. 어트개 살린댜? (다냐?)

ㅅ. 서장이 됐댜 그려서 서장이 됐데야 (대야)

서로 내우간에 행복하게 서로 잘허고 살았댜 (대야)

위의 예도 부안지역어를 자료로 삼은 것인데 접촉방언적 특색을 나타내는 흥미있는 예문이며 또한 국어사와도 연관된 예로 생각된다. 이미 김중진(1984)는 고창지역어를 다루면서 의문법의 해라체의 종결어미로 '-디아'를 논의한 바 있다. 위의 예문 중 ㄴ의 예에서 어미에 나타나는 '-댜'는 '-디야, -디아'로도 발음되는데 결국 이 형태들이 축약되면서 '-댜'가 되는 것이다. 이 '-댜'의 앞에는 선어말어미로 '-디-'를 선행하는데 이는 '-더-'의 이형태일 뿐이다.

이 '-댜'는 중앙어의 '-더냐'에 대응되는 것인데 전남과 접촉된 지역에서만 발견되는 점으로 보아서 핵방언적인 요소가 아님이 분명하다. 이 '-댜'가 쓰이는 의문문은 설명의문문만을 나타내는 것이 아니라 자문이나 답을 이미 알고 있는 수사의문문으로도 쓰이는 특징을 보이면서 전북 핵방언의 '-간디'와 유사한 점을 보이고 있다.

이 '-댜'의 형태소 분석을 '-더냐'로 했다면 이것은 중앙어의 직관이 작용한 것이다. 이미 이 지역의 화자들도 중앙어의 영향으로 '-더냐'를 쓰는 예문이 ㄷ에서 발견된다. 우리는 이 '-댜'를 '-디아' 또는 '-디야'로 분석하고자 한다. 그 이유는 ㄹ과 ㅁ에서 '-ㅂ댜/뎌?'가 발견되기 때문이다. 이 '-ㅂ댜/뎌'는 '-ㅂ디아/어'로 분석되는데 ㄱ과 같이 '-ㅂ디다'의 예문이 이 지역에서 아주 흔히 쓰이고 있다. '-ㅂ디다'는 역사적으로 '-ㅂ더이다'에서 변천한 것으로 보이는데, '-ㅂ댜/뎌'도 '-ㅂ디어/아'로 분석된다.

한편 ㅅ의 예처럼 같은 '-댜'로 발음될지라도 평서법에서만 쓰이는 '-대야'가 있다. 이것은 '-다고 히야'에서 융합된 것으로 해석되기 때문에 의문법에서 쓰이는 '-댜'와는 구별된다.

이 의문형으로 쓰이는 종결어미 '-댜, -ㅂ댜' 등은 좀더 면밀한 조사와 국어사와의 관계를 치밀하게 검토해야 할 것으로 생각한다.

③ 종결어미가 생략된 동사의 어근에 존대의 형태소 '-요'가 연결되는 현상

(19) ㄱ. 안 오요? (cf.안 와요?)

　　　언제 오요? (언제 와요?)

　　　가보요 (가봐요)

부안 지역어에서는 '-라우'체를 쓰는 것이 일반적인데 '해요체'일 경우 위와 같이 종결어미가 생략된 어근에 존대의 형태소 '-요'가 연결되는 현상이 일반적이다. 이것은 전남방언과의 접촉방언적 특성으로 해석된다.

4. 결론

이 글에서는 전북 방언의 문법현상을 주로 국어사적 측면과 관련시키고, 또 문법변화의 측면을 주로 다루었다. 그리고 접촉방언적 현상을 이 방언의 특징적인 현상으로 보는 태도를 견제하기 위하여 핵방언적 특징과 접촉방언적 특징으로 나누어 언급하였다.

그리하여 동사 '가-'와 '가지-'가 특수조사로 '문법화'하는 과정과 부사 '다'가 특수조사로 변하는 과정을 기술하였다. 그리고 긴밀한 문법적 환경에서 두 형태소가 전후의 형태소를 탈락시키면서 하나의 구성체를 이루어 이전의 통사구성과 문법적으로나 의미론적으로 기능과 의미의 변화를 일으키는 '융합현상'을 살펴보았다. 이 방언에서 융합은 주로 종결어미와 접속어미 등에서 일어나는데 방언은 구어인 관계로 이 현상은 엄청나게 일어나고 있으며 이러한 현상으로 말미암아 새로운 문법변화가 예측된다.

이 방언에서는 접속어미이었던 형태소가 종결어미화하는 과정을 보이는 예들이 있는데, '-간디/가디/가니', '-당게/랑게', '-담선/담서/람서', '-랑게/당게' 등이 대표적인 예이다. 그러나 이러한 현상은 담화상에서 화자나 청자가 알고 있거나 또는 아는 것으로 전제되는 후행문이 생략된 현상으로 이해되는데 그럼에도 불구하고 후행문이 생략된 것으로 해석할 수 없는 현상이 발견되고 있어 주목된다.

이 방언에서는 문장이 어휘로 변하는 어휘화가 많이 일어나고 있으며 기능이나 의미가 유사한 어휘나 문법형태소가 서로 뒤섞이는 혼태현상이 왕성하게 일어나고 있음을 알 수 있었다.

전북은 접촉지역이 많은 관계로 충청, 경상, 전남 등과 언어접촉이 심한 편인데 본고에서는 전북의 서남지역을 중심으로 전남과의 접촉방언적 성격을 다루었다. 그 결과 선어말어미 '-시-'에 대응되는 '-아 겨-' 또는 '-겨-'가 방언분화되어 쓰이고 있음을 알았고 종결어미 '-라우'가 '-요'에 해당하면서 쓰이고 있고 또한 의문법에서 '용언의 어간 +ㅂ뎌?'의 구성이 쓰이고 있음을 알았다. 여기서 '-ㅂ뎌'는 '-ㅂ디다'와 관련되는 것으로 '-ㅂ+디+어/아?'의 구성으로 의문법을 형성함을 보았다. 이때의 '-어/아'는 단순한 반말체가 아닌 국어사에서 볼 수 있는 의문형어미로 추정된다. 한편 종결어미 '아/어'가 생략된 채 동사의 어간에 존대의 형태소 '-요'가 연결되는 현상도 지적된다.

참고문헌

김중진(1976), 「전북 고창지역어의 경어법 연구」, 전북대 석사논문.

김중진(1979), 「존대소 '-겨-'에 대하여-전북 서남방언을 중심으로-」, 『국어문학』 20.

김중진(1984), 「전북 서남방언의 종결어미」, 『국어문학』 24.

서정목(1989), 「중부 방언의 '-(으)려(고)'와 남부 방언의 '-(으)르라(고)'」, 『이정정연
　　　　　찬 선생 회갑 기념 논총』.

안명철(1990), 「국어의 융합 현상」, 『국어국문학』 103.

안명철(1991), 「인용구문 융합의 특성」, 『김완진선생회갑기념논총』, 민음사.

이기문(1972), 『국어사개설』, 민중서관.

이승재(1980), 「남부방언의 형식명사 '갑'의 문법」, 『방언』 4.

이승재(1983), 「혼효형 형성에 대한 문법론적 고찰」, 『어학연구』 19-1(서울대)

이윤구(1985), 「무주 안성지역어의 의문형어미 연구」, 석사학위논문(대구대).

이익섭외(1983), 『국어문법론』, 학연사.

이익섭(1984), 『방언학』, 민음사.

이지량(1985), 「융합형 '래도'에 대하여」, 『관악어문연구』 10.

이태영(1984), 「동사 '가다'의 문법화에 대하여-전북방언을 중심으로-」, 『국어국문
　　　　　학』 92.

이태영(1986), 「전북방언의 특수조사에 대하여」, 『국어문학』 26.

이태영(1987), 「동사 '겨다'의 문법화 과정」, 『한국언어문학』 25.

이태영(1988), 『국어 동사의 문법화 연구』, 한신문화사.

이태영(1991ㄱ), 「접속어미 {-관디}의 변천과정과 방언의 {-간디}」, 『갈음김석득교수
　　　　　회갑논총』.

이태영(1991ㄴ), 「근대국어 {-끠셔}, {-겨셔}의 변천과정 재론」, 『주시경학보』 8.

임홍빈(1984), 「문 종결의 논리와 수행-억양」, 『말』 9.

최전승(1988), 「파생법에 의한 음성변화와 어휘 대치의 몇 가지 유형에 대하여」, 『한
　　　　　글』 200호.

최전승(1990), 「판소리 사설에 반영된 19세기 후기 전라방언의 특질-경어법 체계를
　　　　　중심으로-」, 『한글』 210.

최전승(1991), 「19세기 후기 전라방언의 경어법에 대하여」, 『김완진선생회갑기념논총』.
한국정신문화연구원(1987), 『한국방언자료집』 3(충북 편).
한국정신문화연구원(1987), 『한국방언자료집』 5(전북 편).
한국정신문화연구원(1989), 『한국방언자료집』 7(경북 편).
한국정신문화연구원(1990), 『한국방언자료집』 2(강원도 편).
한국정신문화연구원(1990), 『한국방언자료집』 4(충남 편).
한국정신문화연구원(1991), 『한국방언자료집』 6(전남 편).
홍윤표(1978), 「전주방언의 격연구」, 『어학』(전북대) 5.
홍윤표(1984), 「현대국어의 후치사 {가지고}」, 『동양학』(단국대) 14.

제15장 ▌접속어미 {-관디}의 변천과정과
방언의 {-간디}

1. 서론

이 글은 중세국어의 접속어미 {-관디}가 쓰이는 구문이 현대국어에 이르기까지 통사·화용적으로 어떤 변화과정을 거쳤으며, 전북 방언과는 어떠한 상관성을 가지고 있는가를 밝히는 데 그 목적이 있다.

국어 문법사 연구는 고대국어로부터 현대국어에 이르는 변천과정을 연구하는 분야로 연구대상이 되는 국어는 주로 문헌어에 국한되어 연구되고 있다. 그러나 우리가 다루고 있는 문헌은 주로 일부 계층(특히 상류층)의 언어를 반영하고 있는 것이기 때문에 우리 국어 전체를 가리키는 것은 아니다. 우리가 이러한 자료의 한계를 극복하는 방법은 여러 가지가 있을 것이지만 그중 가장 효과 있는 방법의 하나는 방언사를 국어사와 연계시켜 상보적으로 연구하는 방법이 될 것이다.

방언의 문법연구는 대체로 일정 지역어를 대상으로 하는 문법범주별

연구이거나 특이한 문법현상을 탐색하여 다른 방언과의 차이를 드러내는 연구가 대부분이었다. 그런데 일정 지역의 방언은 국어의 하위언어이기 때문에 그 방언만이 가지는 독자적인 특징을 인정하더라도, 마땅히 전체 국어의 일부로서 다루어야만 한다. 방언은 역사성이 강한 언어이기 때문에 방언을 따로 떼어 방언사로 기술하기보다는 전체 국어의 문법사, 음운사 등 국어사와 긴밀한 상관성을 고려하면서 연구해야만 국어사의 해석이나 방언의 해석에 서로 상보적으로 도움을 줄 수 있을 것이다.

물론 문헌어와 방언을 이처럼 함께 다루는 일은 문어와 구어라는 차이를 무시하는 결과를 낳게 된다. 그러나 엄격히 말하면 우리가 다루는 중세국어는 극히 일부 계층에서 쓰였던 문어였으며 사실상 대다수의 국민이 사용했던 언어는 구어인 각 지역의 방언이었다. 그러므로 우리의 국어사 연구는 우리말보다는 우리글에 치중되어 온 셈이다. 우리의 인식이 어디에 머물러 있든지 간에 현재로서 우리가 극복해야 할 과제는 문헌자료의 한계를 어떻게 극복하느냐 하는 것이기 때문에 이러한 모순이 있음에도 불구하고 문헌어와 방언을 일단 동일한 국어자료로 놓고 연구하고자 하는 것이다.[1]

이 글에서 다루려고 하는 {-관디}는 문헌상으로는 18세기까지만 나타나다가 그 이후 중앙어의 문헌에서는 나타나지 않으며 다만 방언적 요소가 강한 19세기 후기 판소리계 소설에서 나타나는 것을 볼 수 있다. 또한 우리나라 전 지역에서 사용되고 있으며, 지역에 따라서 통사적 기능이 약간 다를 것이 예상된다.

이 글에서는 중세국어에서부터 현대국어에 이르기까지 {-관디}가 관

---

1) 필자의 생각으로는 방언 연구와 문헌어 연구에 있어서 문장과 발화의 구분은 필요하다고 생각한다. 그러나 현재의 입장으로는 그러한 구분을 뚜렷이 구분하여 연구할 만한 시점이 되지 못하기 때문에 일단 동일선상에 놓고 연구하고자 한다.

여하는 문장의 통사적 구성의 변천과정과 그 기능의 변천을 살펴보고, 둘째로 방언의 {-간디}와는 어떠한 상관성을 가지는가 하는 문제와 방언의 {-간디}가 보여주는 또 다른 기능을 찾아보는 데 목적이 있다.

2. 기존 논의의 검토

현대국어의 접속어미를 다룬 최근의 업적(주로 박사학위 논문)을 살펴보면 {-관데}를 접속어미로 다룬 논문은 한 편도 없다. 이것은 현대국어에서는 {-관데}가 접속어미로서의 기능을 상실해 가면서 다른 형태소(예를 들면 '-기에, -길래' 등)에 그 기능을 넘겨주고 있는 것으로 해석된다.

현대국어에서 {-관데}가 소실되어감을 나타내는 또 하나의 증거는 사전에서 이 형태소를 등재하고 있기는 하지만 '옛스러운 표현'이라고 지적하는 점이다. 최현배의 『우리말본』에서도 같은 점을 지적하고 있다.

-관데 : 어떤 사실에 대하여 그 까닭을 캐어 물을 때 쓰는 연결어미. -기에. *네가 뭐- 그리 뽐내느냐? ＜국어대사전＞
 -관데 : 어떤 사실에 대하여 그 까닭을 캐어 물을 때 약간 예스럽게 표현하는 연결어미. -기에. * 그대가 누구이- 나를 찾으시오. ＜새우리말 큰사전＞
 -관데 : 용언의 어간이나 체언 기타의 용언형에 붙는 접속형 토. 옛스러운 글체의 색채를 띠게 할 경우에 쓰인다. 의문으로 제기되는 어떤 원인, 근거 등을 나타낸다. * 비가 얼마나 왔- 물소리 저다지 요란하뇨? 그대가 누구이- 말없이 여기를 들어오는고? 내게 무슨 상관이- 그 자가 그런 참견을 할가? ＜조선말 사전＞
 -관데 : 어떠한 사실에 대하여 그 까닭을 캐어 물을 때, 끝 맺지 아니하는 말끝.(-간데, -건대, -기에, -길레, -길레) * 네 힘이 얼마나 세-, 그

렇게 뽐내느냐? 요새 무엇을 하-, 한번도 오지 아니하오? 그게 무엇이-, 그다지 귀히 여기시오? <조선말 큰사전>

-관데 : 용언의 어간 및 '이다'의 '이'에 붙는 접속어미로 어떤 사실의 원인, 근거, 이유를 묻는 의미를 나타낸다. 옛스러운 표현이다. * 네가 무엇이-, 그리 뽐내느냐? 네가 뭐-, 대드느냐? 무엇이 그렇게 무섭-, 벌벌 떨고 있어? <조선어대사전>

-관대(-완대) : (이 꼴은 잘 쓰히지 아니함)

우리 임 계신 데는 무삼 약수 갈혔관대, 가면 올 줄 모르는고?(p.300)

초로같은 인생들아, 일생이 얼마관대, 염불 한 번 아니하고 세간만 탐착하냐?(雜歌)

너는 무엇이완대, 이내 단꿈 울어 깨나?(p.561) <우리 말본>

따라서 우리의 논의도 현대국어(중앙어)는 제외하고 중세·근대국어와 방언으로 한정하고자 한다. 기존의 논의를 살펴보면 방언의 {-간디, -가디, -가니}를 접속어미로 다루는 견해가 있고, 접속어미에서 종결어미화한 것으로 보는 견해가 있다. 그러나 우리의 태도는 방언의 {-간디}를 접속어미로 보느냐 아니면 의문을 나타내는 종결어미로 보느냐하는 극단적인 견해보다는 그 변천과정에 의한 공시적인 언어현상이 어떻게 전개되고 있는가 하는 점을 살펴보고 그 현상을 다양하게 설명하려고 한다.

3. {-관디}의 역사적 변천

중세국어의 {-관디}는 원인, 조건을 나타내는 접속어미로 이 형태소가 쓰이는 선행문에는 의문사가 오며, 후행문은 의문문으로 끝나는 특징을 보인다.

{-관디}는 이형태로 {-곤디}, {-완디}가 있는데, {-완디}는 /ㄹ/, /ㅣ/,

지정사 '-이-', 선어말어미 '-으리-' 밑에서는 'ㄱ'이 탈락된 형태이다(허웅, 1975).

(1) ㄱ. 文殊師利 부텻긔 술오샤딕 世尊하 이 菩薩이 엇던 善本을 시므며 엇던 功德을 닷관딕 能히 이 大神通力이 이시며 엇던 三昧ㄹ 行ᄒ니잇고(修何功德관딕 而能有是大神通力ᄒ며) <법화7, 16ㄱ>

ㄴ. 엇뎨 이 ᄀᆮᄒ 기픈 法을 듣ᄌᆞᆸ디 몯ᄒ관딕 엇뎨 釋迦牟尼佛所애 비르서 듣ᄌᆞ오몰 술오뇨 (豈得不聞如是深法이완딕 豈於釋迦牟尼佛所애 是言聞也오) <금강72-3>

ㄷ. 엇뎨 어로 著ᄒ리완딕 著디 아니타 니ᄅᆞ료(云何可著이완딕 而說不著고) <능엄1, 75ㄱ>

ㄹ. 이 男子아 … 엇던 다른 術을 뒷관딕 能히 한 毒을 이긇다 <월석21, 118ㄱ>

ㅁ. 스승니미 엇던 사ᄅᆞ미완딕 우리 獄門 알픠 와 겨시니잇가 <월석23, 82ㄱ>

ㅂ. 이제 三乘ㅅ 처ᅀᅥ메 四蹄를 뭇 몬져 標ᄒ시니 法이 ᄒ마 달옴 업거니 四蹄 ᄯᅩ 엇뎨 크디 아니관딕 聲聞이 觀ᄒ야 位 져고매 잇다 니ᄅᆞ리오 <영가하, 62ㄱ>

ㅅ. 일싱이 언메완딕 슈힝 아니ᄒ야 방일ᄒ니오 <발심27ㄱ>

ㅇ. 쥬인공아 … 일싱이 언메완딕 닷디 아니ᄒ야 희틱ᄒᄂ뇨(一生이 幾何ㅣ완딕 不修懈怠ㅣ오) <야운79ㄱ>

ㅈ. ᄀᆽ득 노ᄒᆫ 고래 뉘라셔 놀내관딕 블거니 뿜거니 어즈러이 구는디고 <송강2, 6ㄱ, 관동>

ㅊ. 네 뎔이 언머나 ᄒ관딕 먼 북소리 들리ᄂ니 <송강2, 17>

ㅋ. 무어시 우읍관듸 滿山紅綠이 휘드러 웃는도야 <해동 p.38>

중세·근대국어의 접속어미 {-관딕}가 쓰이는 문장은 의문문으로 선행문에는 반드시 '엇던, 엇뎨, 언머, 무엇, 뉘, 므스(므슴), 몇' 등의 의문사가 나오는 설명의문문이다. 따라서 후행문에 나타나는 의문형어미로는 {-고}, {-뇨}, {-오}, {-다}, {-료}, {-가} 등의 어미들이 쓰이고 있다. ᄒᆞ라체의 의문형어미로는 1, 3인칭에 쓰이는 {-뇨, -료, -오}, 2인칭에 쓰이는 {-고, -다} 등이 있다. ᄒᆞ쇼셔체의 의문형어미로는 {-가}가 있다. 이러한 어미 외에도 문학작품에 쓰인 예에서 볼 수 있는 것으로는 '-도야'와 '-니잇고, -니잇가'에서 '-잇고, -잇가'가 생략된 '니'가 쓰이는 것을 볼 수 있다.

(2) ㄱ. 이 므스 일이옵관ᄃᆡ 이대도록 어렵사리 니ᄅᆞ옵시ᄂᆞᆫ고 <원간첩해 5, 21ㄴ>

ㄴ. 前例대로 ᄒᆞ면 언메나 주엄즉 ᄒᆞ관ᄃᆡ 이제 엇디 져그뇨 <박해 상, 3ㄴ>

ㄷ. 長門 咫尺이 언머나 가렷관ᄃᆡ 薄行 劉郎은 ᄭᅮᆷ의도 아니 뵈며 長信宮門을 닷고 아니 연단 말가 <가사16, 152>

ㄹ. 므슴 일에 너ᄅᆞᆯ 두루관ᄃᆡ 엇지 이런 말을 내ᄂᆞ니 <삼역5, 20ㄱ>

ㅁ. 이 집의셔 자미 그 몃히완ᄃᆡ 져근 졍셩이 ᄉᆞ뭇디 몯ᄒᆞ야 ᄆᆞᆺ춤내 이예 보옵ᄂᆞᆫ 효험이 업ᄉᆞ니 늣기ᄂᆞᆫ 회푀 더옥 ᄀᆞᆫ졀ᄒᆞ라 <어제 훈서, 2ㄴ>

ㅂ. 네게 무어ᄉᆞᆯ 져ᄇᆞ렷관ᄃᆡ 반ᄒᆞᄂᆞᆫ다 <오륜행실 2, 30ㄱ>

{-관ᄃᆡ}는 위의 예에서 보는 바와 같이 18세기까지는 문헌상에서 별다른 차이 없이 중세국어와 같은 기능을 수행하고 있었다. 그러나 19세기부터는 문헌어(문어)로는 찾아보기가 어렵고, 방언적 성격이 강한 구어체의 문장에서만 찾아볼 수 있게 된다. 그러나 문헌상에서는 18세기까지만 나타나지만 실제로 구어상에서는 그 이전에도 쓰였을 것으로 짐작된다.

18세기까지 문헌에 보이던 {-관ᄃᆡ}의 구문과는 달리 19세기 후기의 판소리계 소설에 나타나는 {-관ᄃᆡ}의 구문은 통사적 구성은 유사하지만 의문문으로서 쓰이는 기능이 차이를 보이고 있다.

그 차이는 중세국어로부터 18세기까지의 {-관디}의 구문이 오직 설명의문문이었던 점에 비하여 19세기 이후의 {-관디}의 구문은 다양해졌다는 점이다. 그 하나는 설명의문문을 그대로 받은 것이고, 다른 하나는 문장의 구성은 같지만 상대방에게 정보를 요구하는 설명의문문이 아니라 자기 자신에게 자문(自問)하거나 반문(反問) 하는 문장이다. 그리고 남은 하나는 이제까지 보이지 않던 후행문(주절)이 생략되어 종속절만 남은 문장이다.

접속어미로서 설명의문문에 쓰이는 구성은 현대 방언에서도 그대로 유지되고 있는 바, 이 구성은 우리의 논의에 출발점이었기 때문에 여기서는 논의하지 않기로 한다. 문제는 19세기 자료에서 나타나는 '자문(또는 반문)'과 후행문이 생략된 것으로 보이는 종속절만 남은 문장에 쓰이는 {-관디}를 어떻게 해석하느냐 하는 일이다.[2]

(3) ㄱ. 앗씨 앗씨 큰 아씨 마오 마오 그리 마오 멀고 먼 철이 질의 뉘
　　　　보랴고 와겨관디 이 괄셰가 웬이리요? 익기씨가 아르시면 지러
　　　　야단이 날 거시니 너머 괄셰 마옵소셔 <춘향하, 31ㄴ>(향단이
　　　　가 월매에게 하는 말)
　　ㄴ. 무슨 물이 믹켜관듸 일어케 못오는고? <춘남. 36>
　　ㄷ. 엇덜 놈의 팔자관디 사궁지슈되단 말가? <완심, 상. 26ㄱ>

(4) ㄱ. 오날 전역쑨이관듸? <춘동. 134>
　　　　"미인을 보난 법이 달아리 쵹불아리 이형가 졔일 좃타 쏫갓튼
　　　　져 얼골과 눈갓튼 져 살거리 츄파갓튼 눈밉시로 홍 목익여 쩌

---

2) 이 글에서 제시한 19세기 후기 자료인 판소리 사설 자료는 최전승(1990)에서 재인용한 것이다. 이 자료의 출처를 확인할 때 자세히 보여주시고 의견을 나누어 주신 최전승 교수님께 감사드린다.

보난 양잉도갓튼 입슈알노 스랑 게워 웃난 것을 흐나도 못보고
셔 귀먹은 즁마키득기 쇼경의 즈리 쥐듯흐기만 흐여니면 무슨
재미 잇건난야 셩가시다 썩 버셔라”
츈향은 한 말식만 하여 “오날 젼역뿐이관듸”
“어허 이아 딱흐구나”

ㄴ. 홍보 안이간듸? <병진본. 박홍보, 138ㄴ>
    호방 : 즈늬 홍보 안인구?
    홍보 : 홍보 안이간듸
    호방 : 즈늬 엇지 왓늬?

ㄷ. 늬가 돈을 달나짜듸? <변, 564>
    경을 다 읽근 후에 “즈늬 경치를 엇디흐랴나”
    져 기집 이론 말리 “경치나 셔울 빗이나 여긔 잇쇼”
    돈 흔냥 늬여주니 “늬가 돈 달나짜듸”
    “거 시곰흔 것 인난가”
    “어 아시시오 졈즌흔 터에 그게 무슨 말슴이오”

ㄹ. 졈심 어더 먹으랴고 쩌어줄테관듸? <완심, 하. 28ㄴ>
    심봉사 : “쳔리 타향의 발셥흐여 오난 사롬다러 방이 슈으라 흐기
            를 늬집안 어론다러 흐듯 흐늬 무엇시나 좀 줄나면 쩌여
            주졔”
    아주머니 : “이고 그 봉사 음흉흐여라 주기는 무어슬 주어 졈심이
            나 어더 먹졔”
    심봉사 : “졈심 어더 먹으랴고 쩌어줄테관듸”
    아주머니 : “글어흐면 무엇슬 주어 고기나 줄가?”

                        ·

 위의 예문 중 (4)는, 앞에서 검토한 {-관듸}가 쓰인 의문문이 모두 설
명의문문인데 비하여, 상대방에게 답을 요구하지 않는 ‘자문’ 또는 ‘반어
문’이다. 이들 자료가 문학작품에서 따온 것이라 하더라도 19세기 후기

자료에서 보이는 {-관듸}가 쓰인 문장은 결코 중세·근대국어의 문장과 그 기능이 같지 않다.

한편 예문 (4)를 검토해 보면 접속문 중 후행문인 주절이 생략되어 종속절로만 문장이 끝난 경우를 볼 수 있는데 '오날 전역뿐이관듸', '홍보 안이간디', '늬가 돈 달나싸듸', '졈심 어더 먹으랴고 씨어줄테관디' 등이 그것이다. 여기서 이 문장을 주절이 생략된 것으로 보고 주절을 복원시킨다면 그것은 다음과 같은 문장이 될 것이다.

> (4)′ ㄱ. (날이)오날 전역뿐이관듸 (이렇게 재촉하십니까?) – 다른 날 저
>   녁도 있다는 뜻
>   ㄴ. (내가)홍보 안이간디 (몰라서 물어요?) – '내가 홍보다.'는 뜻
>   ㄷ. 늬가 돈 달나싸듸 (이러시요?) – 나는 돈이 필요치 않다는 뜻
>   ㄹ. (내가)졈심 어더 먹으랴고 씨어줄테관디 (나한테 그런 소리를
>   하느냐?) – 나는 점심을 얻어 먹으려는 게 아니라는 뜻

주절이 복원된 예문이 중세·근대국어와 다른 점은 첫째로 주절을 복원한다고 해도 설명의문문이 될 수 없다는 점이다. 둘째로 {-관듸}구문에는 종속절에 반드시 쓰였던 의문사가 위의 예문에서는 보이지 않는다는 점이다. 셋째로 복원된 문장에 쓰인 {-관듸, -간디} 등이 중세·근대국어와는 다르게 현대국어의 '-기에, 길레' 등으로 항상 교체되는 것은 아니고 교체되는 경우가 있다 하더라도 어색하다는 점이다. 넷째로 말하는 화자가 상대방에게 답을 묻는 설명의문문이 아니라 화자가 이미 답을 알고 있거나 또는 간접적으로 답을 전하는 문장이다. 그것은 (4ㄴ)에서 '홍보 안인マ?'에 대한 답변으로 '홍보 안이간디'라고 답하는 것으로 증명되는 셈인데 이것은 {-간디}가 쓰인 구문이 이미 설명의문문의 기능을 벗어나 수사적 용법으로 쓰였기 때문에 답으로 가능한 것이라고 설명할

수 있다.

결론적으로 19세기 후기 자료에 보이는 {-간듸, -간듸} 등은 중세·근대국어의 {-관듸}와 그 기능이 같은 경우도 있지만 이미 변화의 단계에 접어들어 수사의문의 기능을 보이는 것으로 해석할 수 있을 것이다.

다만 여기서 우리가 지적해야 하는 것은 왜 후행문인 주절이 생략되어 종속절만 남아 수사의문의 기능을 하느냐는 것이다. 중세국어에서 {-관듸}구문은 인과구문으로 종속절에 의문사가 있기 때문에 발화의 초점은 당연히 종속절에 있었다. 그러다가 19세기 후기에는 위의 예문에서 보는 바와 같이 종속절에 의문사가 없어지고 의문사 대신에 의문의 대상인 답이 나와 있다. 그러므로 화자는 이미 답을 알고 있으면서 물어 보게 되는 수사적 표현을 쓰고 있는 셈이다. 이때 종속절에 이미 답이 나왔기 때문에 결과의 표현인 주절의 기능은 약화될 것이 분명하다. 그것은 이미 화자와 청자가 알고 있는 전제된 내용을 되풀이 하는 셈이 되기 때문에 생략이 가능한 것으로 보인다.

결국 종속절이 수사적 표현으로 바뀌면서 주절은 이미 청자나 화자가 알고 있는 전제된 내용이기 때문에 생략된 것으로 생각된다. 그러므로 위의 예에서 보는 바와 같이 복원한 주절의 의문문은 이미 전제된 내용이기 때문에 생략되는 것이다. 따라서 19세기 후기 자료의 {-간듸}는 수사 의문문의 접속어미라고 말할 수 있을 것이다.

4. 방언에서 쓰이는 {-간디}의 기능

중세국어의 {-관듸}는 제주방언에서는 {-관데}로 쓰이고 전북 방언에서는 {-간디}, {-가디}, {-가니} 등으로 쓰인다. 따라서 이 형태소의 역사적 변천은 대체로 '관뒤(kwandai)('w'와 'ᆞ'의 탈락) > 간듸('ㅡ'탈락) > 간디(ㄴ, ㄷ의 탈락) > 가디, 가니'의 과정을 거친 것으로 보인다.

　방언에서 {-간디}를 다룬 기존의 견해를 요약해보면 대체로 다음과 같다.

　　ㄱ. {-간디}의 '가'를 의문 첨사 '-가'에서 발달한 것으로 추측하고,
　　　　중세국어에서 체언, 계사 뒤에 쓰이는 의문 첨사 '-가'가 동사 어
　　　　간에 직접 통합된다는 점이 중세국어의 용법과 다르다고 보는 견
　　　　해(이승재, 1987 : 85)
　　ㄴ. {-간디}는 중세국어의 접속어미 {-관뒤}를 이어 받으며 접속어미
　　　　{-은데}와 관련되는 경남방언의 {-건데}의 음성 실현형에 지나지
　　　　않는다고 보는 견해(서정목, 1987 : 196)
　　ㄷ. {-간디}를 화자가 청자에게 궁금증을 물어보는 의문형 어미로 보
　　　　는 견해(이윤구, 1985 : 21)
　　ㄹ. 연결어미 {-관듸}는 의문 종결어미로 끝나는 후속 주절이 생략되
　　　　어 종결어미의 기능으로 전환된 면모를 보여주며 그 결과 의문문
　　　　의 서법이 그대로 이 어미에 옮겨 왔으나 19세기 후기 전라방언에
　　　　서는 현대와 같이 반어의 수사 의문문으로 발달하였다고 보는 견
　　　　해(최전승, 1990)

　여기서 ㄱ의 견해는 이미 서정목(1987)에서 지적된 바와 같이 전체 국어 문법체계에서 볼 수 없는 변화과정을 상정하고 있기 때문에 납득하기 어렵다. ㄷ과 ㄹ은 {-간디}가 접속어미에서 종결어미로 변하여 쓰이고 있다는 견해로 {-간디}를 종결어미의 목록에 넣는 견해인 반면, ㄴ의 견해는 표면상 종결로 쓰이고 있지만 그것은 후행절이 생략된 것이지 절대로 종결어미가 될 수 없다고 보는 견해이다.

　서정목(1987)은 동일한 언어형식을 접속어미, 의문법어미, 평서법어미 등으로 중복하여 등재시키는 일은 언어 기술의 간결성과 합리성에 비추어 볼 때 비경제적인 일이라 주장하고 접속어미가 문말에 위치했을 때,

의문 어미처럼 보이는 경우가 있긴 하지만 그것들 자체는 의문 어미가 아니고 원래의 접속어미로서의 기능을 충실히 수행하고 있다고 해석하면서 결론적으로 접속어미로 끝난 문장에 의문의 수행억양이 걸리면 그 문장이 의문문처럼 해석된다고 보고 있다.[3]

이렇듯 이제까지의 방언의 {-간디}에 대한 견해는 대체로 양극단— 하나는 접속어미일 뿐이다는 견해와 접속어미에서 종결어미화한 것이다는 견해—이 대립을 이루고 있는 셈이다.

최근까지 방언의 {-간디}에 대한 해석은 극히 일부분의 자료를 가지고 해석했기 때문에 다양한 면모를 가진 {-간디}의 기능을 소홀히 지나치지 않았는가 하는 반성을 하게 한다.

수많은 어형들이 역사적으로 의미를 달리 하고, 문법적 기능과 범주를 달리 하게 되는 변화를 겪어오고 있는 이 시점에서 필자의 관점은 방언의 {-간디}구문이 중세국어의 {-관디}구문과 동일하다고 보지 않는다. 이미 앞에 예시한 사전류가 보여주는 '-관데'의 예문은 중세국어의 예문과 전혀 다를 바가 없는 '-관데'가 접속어미로 기능하는 대표적인 예문들 뿐이다. 그러나 방언이 보여주는 '-간디'의 구문은 다양하다.

전북 방언의 {-간디} 구문은 다음과 같은 구성을 이루고 있다.

ㄱ. 중세국어의 설명의문문을 그대로 유지하는 경우.[4]

---

3) 수행억양이란 용어는 임홍빈(1984)에서 사용한 것으로 언어행위로서의 구체적인 언어 수행, 즉 언표내적 효력(illocutionary force)과 관련하여 각 문장의 끝에 걸리는 문장 억양을 말한다. '수행억양'은 구체적인 화자의 구체적인 청자에 대한 현실적인 발화에 나타나는 억양이라는 특성을 강조하기 위한 것이다.
4) 제주방언을 조사한 박용후(1988)에 의하면 {-관데}가 쓰이는 용법은 중세국어와 같은 설명의문문을 그대로 유지하는 경우에만 해당된다.

언매나 덥관데 똠을 그영 흘럼서?(얼마나 덥기에 땀을 그리 흘리는가?)
강물이 얻매나 더럽관데 고기가 웃어졋어?(강물이 얼마나 더럽기에 고기가 없어졌어?)

ㄴ. '자문'의 형식을 띠면서 주절이 생략된 구성으로 수사의문인 경우.

ㄷ. 19세기의 자료와는 전혀 다르게 {-간디}가 주절이 생략된 구성으로 판정의문문의 기능을 하는 경우.

ㄹ. {-간디}가 의문문을 구성하지 못하고 평서문의 종결어미로 기능하는 경우.

(5) ㄱ. 얼매나 되게 일을 혔간디 잠을 이렇게 자는가?

　　ㄴ. 아니 아버니하고 헐 사람이 없는디 자네가 누구간디 날 보고 아버지라고 그러냐?

　　ㄷ. 부인이 무신 죄를 졌간디 그러시냐?

(6) ㄱ. 아 각시 두었다가는 언지 써먹을라가니?

　　ㄴ. 목포 갈라먼 어뜨케 갈라가디?

　　ㄷ. 시방 쌀 한말 얼매씩 잡간디?

(5)의 예문은 전형적인 중세국어의 {-관틱}구문으로 전북 방언에도 남아 있는 유형이다. (6)의 예문은 주절이 생략된 문으로 종속절의 의문사를 보아서도 후행문이 생략되었음을 바로 알 수 있다. 이처럼 후행문이 생략된 설명의문문의 경우에는 주절이 생략된 종속절에도 의문의 수행억양이 걸리면 의문문의 기능을 할 수 있다고 볼 수 있다. 물론 이때 의문의 기능은 {-간디}가 하는 것이 아니라 수행억양이 하는 것이다. 기존의 논의의 대부분에서 사용된 예의 유형은 대략 (5)와 (6)과 같은 유형이었다.

　그러나 이러한 유형이외에도 다른 유형의 예문이 있다. 그것은 바로 다음의 예문이다.

이디가 어디관데 큰소리여?(여기가 어데길래 큰 소린가?)

(7) ㄱ. 사람치고는 다 허지 뭐 어디 따로 있는 것이간디?

　　ㄴ. 그전이는 시집 갈라면 그것 안타면 시집 가까디?

　　ㄷ. 있어 왜 없간디?

　　ㄹ. 그리도 구정을 크게 쉬지 누가 달리 쉬간디 ?

　　ㅁ. 누집이든지 가면 내가 차라도 한잔 마시고 오지 내가 그냥 오
　　　　간디?

　　ㅂ. 아 쬐깐헌 놈 살라면 알아봐야지 누가 개판다고 괴암 질르고
　　　　다니가니?

　　ㅅ. 개가 없간디? 왜 천지가 갠디

　　ㅇ. 여자도 여자 얼챙이가 없간디?

　　ㅈ. 그라느면 누가 가라고 허간디?

　　ㅊ. 다 어디서 태어났간디?

　　ㅋ. 차 타고 가지 걸어 가가디?

　　ㅌ. 그놈을 갖다가 주리를 튼게 안 불 수 있간디?

　이 예문은 ㄴ에 해당되는 '자문'의 형식을 취하면서 주절이 생략된 구
성을 가지고 수사 의문의 기능을 하고 있는 경우이다.

　수사 의문이란 형식상은 의문문이면서 내용은 평서문과 같은 문으로
순수 의문과는 달리 청자에게 대답을 구하지 않는 것이 특징이다. 왜냐
하면 질문자가 이미 그 답을 알고 있거나 정보의 일단을 전제하고 있기
때문이다.

　반면에 순수 의문(WH-Question)은 항상 하나 이상의 가능한 직접적인
답을 가져야 한다. 순수 의문은 정보의 요청이고 수사 의문은 정보를 제
공하는 경향이 있다. 한 화자가 발화를 하는 데 있어서 서술문을 사용하
지 않고 수사 의문을 사용하는 이유는 말의 간접적인 방법을 통하여 특
별한 논항을 강조하려는 데 있다(J.Schmidt-radefeldt, 1977 참조).

　일반적으로 수사 의문은 긍정의 형태로 부정의 내용을 서술하는 경우

와 부정의 형태로 긍정의 내용을 서술하는 경우가 있다.

(7)의 예문을 보면 후행문이 생략된 채로 발화된 문장이 수사적 표현으로 쓰여 청자에게 답을 구하기보다는 오히려 이미 화자가 답을 알면서 물어보거나 혹은 자문하는 경우이다. (7ㄱ, ㄷ, ㄹ, ㅋ)을 보면 이미 답이 자문의 앞에 나와 있는 것을 볼 수 있다.

한편 이 발화들이 의문의 형식이냐 아니냐 하는 문제가 생기는데 항상 의문의 형식만을 취하는 것은 아니다.5) 문미가 상승되는 수행억양이면 의문이 되지만 문미가 하강되는 수행억양이면 평서문과 같다. 물론 평서문인 경우에도 주절이 생략되었음은 마찬가지다.

    (8)　ㄱ. 이사를 요리 오가디?
        ㄴ. 야달시에도 밥 안먹간디?
        ㄷ. 누가 그걸 알간디?
        ㄹ. 돈 가져 오시간디요? (돈 가꼬 외기써요?)

(8)의 예문은 주절이 생략된 채로 판정의문문의 형식을 띠는 예문인데 이때 이 예문이 판정의문의 형식을 띠는 것은 문미상승의 수행 억양 때문이다. 물론 (4)의 예문이 화자가 답을 어느 정도 예상하는 물음일 수도 있지만 문제는 설명의문문이 아니고 판정의문의 형식을 띤다는 데 있는 것이다. 이것 역시 중세·근대국어와는 달리 {-간디}구문이 변하였음을 보여주는 예문이다.

    (9)　ㄱ. 산으다가 크게 헐 수 있가디.
        ㄴ. 배깥주인이 없지 안주인도 없간디.

---

5) 필자는 학생과 여러 사람들에게 이 자료를 제시하면서 주절이 생략된 {-간디}구문이 의문인지 평서문인지를 물었는데 대부분 구별하기 힘들다고 대답하였다. 이러한 현상은 바로 수행억양에 의한 차이 때문이다.

ㄷ. 그런 소리 허먼 쓰간디.

ㄹ. 나도 자식 하나 있어가꼬 갈쳐가꼬 대핵교 대니고 있지만 그
   뇌미 여그 와서 살게 생겼간디. 대핵교 다니는 놈이 무덜 거여
   어터게 살어?

(9)는 다른 유형과는 달리 의문문의 형식을 갖지 않고 주절이 생략된 채로 평서문의 형식을 갖는 발화이다. 그런데 이 발화는 평서문처럼 보이지만 화자가 반대하는 내용의 의미를 함축하고 있다. 따라서 반어적 문장이라고 할 수 있다. 이 발화들이 평서문과 같이 보이는 것은 문미하강의 수행억양이 작용하였기 때문이다. 만일 이렇게 보지 않으면 {-간디}는 의문어미, 평서법어미, 접속어미, 등으로 분리되어야 할 것이다. 국어의 종결어미는 서법과의 관련을 갖는 것이어서 그 형태소의 의미가 뚜렷하지 않은 반면에 국어의 접속어미는 의미를 뚜렷이 갖는 형태소이므로 두 어미 사이의 차이는 매우 큰 것이다. 우리가 비록 {-간디}로 끝난 발화를 들었다고 할지라도 그 발화의 {-간디}가 주는 강한 의미를 배제할 수는 없을 것이다. 그 의미는 서법과의 관련성에서 오는 것이 아니라 그 형태소 자체가 가지는 접속의 의미를 나타내는 것이다. 결국 (9)의 발화도 수사적 표현에 의한 것이라고 말할 수 있다.

그런데 여기서 한 가지 언급해야 하는 것은 주절이 생략되고 종속절만 남은 발화가 이미 위에서 본 것처럼 주절과 종속절을 갖춘 발화보다 훨씬 더 많이 쓰이는 문제를 어떻게 해석할 것인가 하는 점이다.

이미 우리가 이제까지 살펴본 바로는 중세·근대국어의 {-관디}구문은 19세기 후기 자료에서 그 변화를 보았고 방언에서는 더 다양한 변화를 보여주고 있었다. 이럴 때 예상할 수 있는 것은 앞으로는 전북 방언에서 {-간디}가 접속어미로 쓰이면서 주절을 생략하지 않는 문은 차츰

없어지고 그것을 다른 형태소가 대신할 것이라는 점이고 또 하나는 그렇게 될 때 주절이 생략된 발화를 단일 발화로 인정해야 하는지 아니면 계속 주절이 생략된 발화로 보아야 하는지는 좀 더 깊은 천착이 필요하리라 생각한다.

5. 방언의 접속어미와 종결어미의 관계

공통적으로 방언에 나타나는 특징적인 현상 중 하나는 이론적으로는 접속어미로 나타나는 것이 일반적인데도 불구하고 접속어미가 종결문에 나타나는 현상이다.

이론적으로는 접속어미로 가능한 어미들이 이 방언에서 오히려 접속어미의 예는 드물고 문말에서 마치 종결어미처럼 쓰이는 빈도가 훨씬 많다는 사실이 우리의 관심을 끌고 있다. 이미 이러한 현상에 대하여 임홍빈(1984)에서는 둘 다 같은 접속어미로 보고 문말에 나타나는 경우는 수행-억양에 의해 의문문처럼 보이는 현상일 뿐이라고 지적하고 있다. 이 방언에서 보이는 예를 들면 다음과 같다.6)

> (10) ㄱ. -도만(-노만, -느만) : 거그는 밧을 감서도 소 두마리를 채우도만.
> ㄴ. -고만 : 신식 쟁기를 그리났고만
> ㄷ. -지(만) : 주대다 곤줄을 걸어야 쟁기가 가지.
> ㄹ. -랑게(당게) : 조선홀태는 아까 그것이랑게
> ㅁ. -대야(래야) : 변소를 새로 허다가 떨어졌대야.
> ㅂ. -담선?(담서?, 람서?) : 꼬랑지를 잡아 돌린담서?

---

6) 19세기 자료에서 보이는 이러한 현상에 대해서는 최전승(1990) 참조.

    ㅅ. –거든 : a : 그가 왜 왔지? b : 철수가 왔거든.

　(10)의 예들은 종결문으로 쓰이고 있지만 경우에 따라서 접속어미로도 완벽하게 기능하는 경우가 있다. 이 어미들은 통사적으로 접속어미로 분류해야 하지만 화용상으로 종결문에서 쓰이는 것이 문제가 된다. 이것은 앞에서도 언급한 바와 마찬가지로 변화의 단계, 즉 종결어미화하는 과정을 보이는 것으로 해석할 수 있을 것이다.

　다만 아직 종결어미화한 것으로 단정지을 수 없는 것은 국어사의 유형(遺形)이 남아 있기 때문이다. (10ㅅ)에서 ‘–거든’은 현대국어에서는 일반적으로 ‘–으면’의 뜻을 가지고 있다. 그렇기 때문에 b의 예에서 ‘–거든’을 종결어미로 보려는 견해가 있을 수 있다. 그러나 역사적으로 보면 ‘–거든’은 ‘–매, –므로, –는데, –면’과 같이 다양한 의미를 가지고 있었기 때문에 b의 예문도 ‘–므로’로 해석하면 ‘철수가 왔으므로 그가 왔다.’는 구문이 되어 접속어미로 해석되는 문장이다.

6. 결론

　우리는 이제까지 문헌에 나타나는 {–관디}와 방언에서 찾을 수 있는 {–간디}를 대상으로 그 상관성과 변화과정을 해석하려고 노력해 왔다. 그러나 그 결과는 아직 분명한 것은 아니었다고 하더라도 일단의 사실을 엿볼 수 있었다. 이제 앞에서 논의한 내용을 요약함으로써 결론으로 삼고자 한다.

　중세국어의 접속어미 {–관디}는 선행문에 반드시 의문사를 가지고 후행문은 의문문으로 끝나는 문장에서 쓰이는 원인이나 이유를 나타내는 형태소였다. 이러한 기능은 근대국어까지 지속되었다. 그러다가 19세기 후기 판소리 사설에서는 선행문의 의문사가 없어지고 대신 답이 될 수 있는 내용이 나오면서 후행문이 생략되는 문장이 나타난다. 이때의 문장은 이미 화자가 답을 알고 있거나 충분히 답을 예상하고 있는 반어적인 문장이라는 점이 특징적이다. 이것은 중세·근대국어의 {-관딕}구문이 수사적인 표현의 문장으로 일부 바뀌었음을 의미한다.

한편 방언의 {-간디}구문을 살펴본 결과, 첫째로 중세·근대국어와 같은 의문사가 있는 의문문에서 쓰이는 접속어미로 기능하는 경우, 둘째로 자문의 형식을 띠면서 주절이 생략된 구성으로 수사의문인 경우, 셋째로 주절이 생략된 구문으로 판정의문의 기능을 수행하는 경우, 넷째로 주절이 생략된 구성으로 평서문으로 기능하는 경우 등 여러 기능을 보여주고 있었다. 이러한 기능은 대부분 반어적인 용법을 보이고 있었다.

이처럼 방언의 {-간디}구문이 다양한 기능을 보이고 있는 것은 {-간디}가 종결어미로 쓰이기 때문이 아니라 수사의문의 형식을 가지면서 문말의 수행억양에 의해 그렇게 됨을 알 수 있었다. 따라서 우리는 {-간디}를 접속어미로 해석하고자 하였다. 다만 앞으로 의문사가 쓰이는 전통적인 접속어미의 기능이 다른 형태소로 넘어가고 그러한 문장이 쓰이지 않게 된다면 앞으로 방언의 {-간디}는 접속어미라기보다는 다른 기능을 하는 형태소로 해석해야 한다는 예상을 할 수 있었다.

이 글에서는 인과 구문이 수사의문으로 변하기까지의 요인을 정밀하게 밝혀내지 못했고, 접속과 종결문에서 쓰이는 다른 형태소들과의 유기적인 해석을 시도하지 못했음을 안타깝게 생각하며 이 문제는 후일로 미루고자 한다.

참고문헌

고영근(1987), 『표준 중세국어 문법론』, 탑출판사.

박용후(1988), 『제주방언연구』, 과학사.

박종갑(1982), 「의창지역어의 수사의문문에 관한 연구-의미·화용론적인 측면을 중심
　　　　　　으로-」, 석사학위논문(영남대).

서정목(1987), 『국어 의문문 연구』, 탑출판사.

신기철·신용철(1980), 『새우리말 큰사전』, 삼성출판사.

이기종(1988), 「국어 인과구문에 관한 연구」, 석사학위논문(한남대).

이승재(1987), 「전북 방언의 연구와 특징에 대하여」, 『국어생활』 8, 국어연구소.

이윤구(1985), 「무주 안성 지역어의 의문형 어미 연구」, 대구대 석사학위.

이희승(1961), 『국어대사전』, 민중서림.

임홍빈(1984), 「문 종결의 논리와 수행-억양」, 『말』 9.

허 웅(1975), 『우리 옛말본』, 샘문화사.

허 웅(1989), 『16세기 우리 옛말본』, 샘문화사.

리의도(1990), 『우리말 이음씨 끝의 통시적 연구』, 어문각.

최전승(1990), 「방언문학으로서 <판소리 사설>에 반영된 19세기 후기 전라방언의 특
　　　　　　질-경어법 체계를 중심으로-」, 『한글』 210.

최현배(1946), 『우리말본』, 정음사.

『조선말 사전』(1990), 과학원 출판사 간행, 동광출판사 영인.

J.Schmidt-Radefeldt(1977), "on so-called 'rhetoric' questions", Journal of pragmatics 1,
　　　　　　North-Holland Publishing Company.

大阪 外國語大學 朝鮮語研究室 編(1985), 『朝鮮語大辭典』, 角川書店.

1. 서론

중앙어의 '왔습디까?'의 문장에서 '-습디까?'는 '용언의 어간에 붙어, '하오'할 자리에 그가 경험한 사실을 묻는 뜻을 나타내는 종결어미'(국어대사전, 1991)로 정의되어 있다. 이 정의에 따르면 '-습디까?'는 하나의 종결어미로 처리되고 있고, '하오체'의 상대 경어법상의 위계를 가지며, 시제상으로 과거의 경험을 묻는 서법의 선어말어미인 '-더-'와 관련되어 있음을 알 수 있다.

'-습디까?' 구성을 하나의 종결어미로 처리하는 관점은 매우 규범적인 것이다. 사전에 정의된 대로 '용언의 어간에 붙어, '합쇼'할 자리에 물음을 나타내는 종결어미'인 '-습니까'가 현재의 시제를 보이고 있는 데 비하여, '-습디까?'가 과거의 시제를 보이고 있다는 점에서 대비가 되는 이 구성들은 시제의 차이 하나만으로도 더 분석되어야 할 것이다.

전라방언에서 '-ㅂ디어?' 구성은1) '장으 무시 쌉뎌?(시장에 무가 쌉디까?)'란 발화에서 확인되는데, 이 발화의 '쌉뎌?'는 일견 중앙어의 '쌉디까?'와 동일한 구성으로 여겨질 수 있다. 중앙어의 규범문법에서 '-ㅂ니까?'와 '-ㅂ디까?'를 하나의 구성체로 처리한 태도에 비추어 이 방언의 '-ㅂ디어?'도 하나의 구성체로 처리해 버리면, '-ㅂ디어?'에 대한 설명은 더 이상의 여지가 없을 것이다. 그러나 전라방언의 '-ㅂ디어?' 구성은 중앙어와 상관성을 가지면서도 다양하게 변화된 방언적 특징을 보여주고 있다. 첫째로, '-ㅂ딩겨/등거?, -ㅂ디껴/겨?, -ㅂ디어/아?, -ㅂ뎌/댜?, -ㅂ디여/야?, -ㅂ디요?' 등의 구성이 보이며, '-(으)ㄹ라' 구성에 다시 '-ㅂ디어?'가 연결되는 '-(으)ㄹ라-+-ㅂ디어?, -(으)ㄹ라-+-ㅂ딩겨?' 등의 다양한 구성이 보인다. 둘째로, '-습-'의 유무에 따라 존대의 등급을 달리하는 '-디어/아/여/야?, -디/데?, -(으)ㄹ라-+-디어?' 등의 구성이 나타나는데, 이러한 현상을 통하여 '-습-'이 독립된 형태소로 기능하고 있음을 볼 수 있다. 셋째로, 미정(未定)의 양상을 나타내는 선어말어미 '-리-'를 포함하는 구성체인 '-(으)ㄹ라-'에 '-ㅂ디어?'의 구성이 연결되면 수사의문문으로 기능하는 특징을 보이고 있다. 예를 들면 '멋허러 갈랍디여? 갈 일 없응께 안 갈라우.'와 같은 발화에서는 '-ㅂ디어?'의 구문이 自問 또는 反問으로 쓰여 수사의문문으로 쓰이고 있다. 이런 현상은 '-ㅂ디어?'의 구성이 일반적으로 '과거의 사실이나 경험'만을 나타내는 현상과 다른 면을 보이고 있다. 넷째로, '-ㅂ디어?'의 구성은 화자의 연령에 따라 그 쓰임에 큰 차이를 보이고 있고, 연령에 따라 그 변화의 양상을 달리하고 있음도 흥미롭다.

따라서 이 연구는 이러한 문제점을 중심으로 전라방언의 의문문에서

---

1) 여기서 사용하는 '전라방언'은 실제로 '-ㅂ디어?' 구성이 쓰이고 있는 전남지역과 전북의 일부지역 곧 고창군·부안군·정읍군·순창군·남원군 등 전남지역과 접촉된 지역의 언어를 말한다.
　'-ㅂ디어?' 구성은 본문에서 보는 바와 같이 다양하게 나타나고 있다. 기술의 편의상 '-ㅂ디어?'를 대표로 삼아 서술하기로 한다.

쓰이는 '-ㅂ디어?' 구성의 변화 과정과 경어법상의 공시적인 기능을 밝히는 데 목적이 있다.2)

2. '-ㅂ디어?' 구성의 상대 경어법 체계

전라방언의 '-ㅂ디어?' 구성은 전라남도 전지역에서 쓰이고 있고, 전라북도에서는 전남 지역과 접촉지역인 남원군·순창군·고창군·정읍군·부안군 등에서 주로 쓰이고 있다.3) 따라서 '-ㅂ디어?' 구성은 전라방언의 특징적인 구성으로 볼 수 있을 것이다.

이 연구에서는 중앙어에서 나누고 있는 경어법의 등급에 따라(남기심·고영근, 1993 : 331) '합쇼체(아주높임), 하오체(예사높임), 하게체(예사낮춤), 해라체(아주낮춤), 해요체(두루높임), 해체(두루낮춤)' 등 여섯 등급 체계를 기준으로 하여 논의를 전개하고자 한다.4)

---

2) 필자가 수행한 방언조사 방법을 간략히 밝히면 다음과 같다.
　첫째, 필자는 『한국구비문학대계』(한국정신문화연구원 발행) 전북편(5-1에서 5-7까지)과 전남 함평군(6-2)·해남군(6-5)·장성군(6-8)편, 충남 보령군(4-4)·부여군(4-5)편, 전북 고창군청에서 발행한 『고창군구비문학대계(上·下)』 등을 참고하여 예문을 채록하였다.
　둘째, 현지조사를 위하여 전남 영광군·장성군·담양군·곡성군·구례군 일대, 전북 고창군·부안군·순창군·남원군·정읍군 일대, 충남 서천군 일대를 답사하면서 채록 및 확인하였다.
　셋째, 조사방법은 자연채취법을 우선적으로 하여 실제 발화에서 쓰이는 상황을 인지하고, 그 후 질문지를 작성하여 보완하는 방법을 취하였다.
3) 필자가 현지 조사한 바에 의하면, 충남 서천군의 화자들은 거의 쓰지 않는다고 말하고 있다. 이 점은 전라방언의 화자들이 그 쓰임을 인식하고 있는 점과는 다른 점이다. 그러나 『구비문학대계』를 통해서 살펴보면 충남 보령군이나 부여군 등에서도 일부 그 쓰임이 발견되고 있다.
　뒤서 무슨 소리 납디야? <충남 보령군, 766>
　허허 왜 멀응개 흠이라구 안합디야? <충남 부여군, 245>
4) 이기갑(1982)에서는 전남 북부 방언의 상대높임 체계를 중앙어와 비교하여 5등급으로 나누고 중앙어의 '하오체'가 전남 북부 방언에 없음을 지적하고 있다. 그리하여 '하십시오-허씨요, 하오-?, 해요-헤라우, 하게-허소, 해라-헤라, 해-헤'로 등급을 나누고 있다.

1) 합쇼체

이 지역에서 쓰이는 '합쇼체'는 '-ㅂ딩겨/등거?, -ㅂ디껴/겨?, -ㅂ디어/
아?, -ㅂ뎌/댜?, -ㅂ디여/야?, -ㅂ디요?' 등의 구성이 쓰이고 있다. 이
구성들은 6, 70대 화자들의 경우에는 '-ㅂ딩겨?' 구성을 상대를 가장 높
이는 구성으로 쓰고 있으나, 5, 60대의 경우는 오히려 '-ㅂ딩겨?'보다는
나머지 구성을 합쇼체로 쓰고 있다. 6, 70대 화자들이 '-ㅂ딩겨?' 구성을
가장 높은 등급으로 분류하는 이유는 역사적으로 '-습더잇가'에서 발달한
잔존형이어서 그렇게 인식하고 있는 것으로 해석된다.

(1) '-ㅂ딩겨/등거?'

중세·근대국어의 '-습더잇가'의 구성에서 '-더이- > -데/듸- > -디-'의
변화를 겪고, 또한 의문형 어미인 '-가'가 '-짜'와 '-가'로 실현될 때, 모음
변이를 겪으면서 '-껴/겨/거' 등으로 실현되고 있다. '-ㅂ딩겨'의 'ㅇ'은 선
어말어미 '-이-'의 'ㆁ'이 남아있는 역사적 잔존형으로 보인다.5) (1ㅂ)에
서처럼 '-ㅂ딩겨?'의 구성은 '-ㅂ딩교?'의 구성으로도 나타나는데, 이 구
성은 상대 존대 형태소 '-요'의 빈번한 사용에 견인되어 '-ㅂ딩겨?'의 '-겨'
의 '-여'를 '-요'로 바꾸어 사용하는 것으로 이해된다. (1ㅅ)의 '줍딩기야?'
는 '줍딩갸?'의 '갸'를 '기야'로 발음한 것이다.

> (1) ㄱ. 보리밥이 밥일랍딩겨?6) <전남>
>
> ㄴ. 우게서 허락 헌데로 헐랍딩겨? <전남>
>
> ㄷ. 집이가 고것을다 헸읍딩겨? <전남>

---

5) 이런 현상은 근대국어 문헌인 『捷解新語』에서 빈번히 쓰이고 있음을 볼 수 있다.
　아룸다와 ᄒ닝이다 <原刊捷解1, 10ㄴ>
　극진히 니르심이로송이다 <原刊捷解6, 2ㄴ>
6) 예문 (1ㄱ~ㄷ)은 이기갑(1982 : 155~6)에서 인용한 것임. '-ㅂ딩겨?'의 구성은 일반적으
로 60세 이상의 노년층에서만 사용되는 구성으로 '합쇼체'에 해당하는 구성이다.

ㄹ. 장으 무시 쌉딩겨? <전남 영광읍>

ㅁ. 장으 무시 쌉등거? <전북 부안군>

ㅂ. 장으 무시 쌉등교? <전북 부안군>

ㅅ. 전에는 이렇게 끼미에 뀐 돈을 안 줍딩기야? <전남 해남읍, 42>[7]

(2) '-ㅂ디꺼/겨?'

이 구성은 '-ㅂ딩겨?' 구성에서 'ㅇ'이 탈락되어 생성되었거나, 또는 중앙어의 '-ㅂ디까'에서 '-까'의 모음변이로 인하여 '-ㅂ디꺼>-ㅂ디껴?'의 변화를 일으킨 것으로 상정할 수 있다. 이 구성은 전남지역에서 주로 쓰이는 특징을 보인다.[8]

(2) ㄱ. 장으 무시 쌉디겨/껴? <전남>

ㅇ. 아이 별과 본답디껴? <전북 고창읍, 39>

ㅈ. 아 내일 별과 뵌답디겨? <전북 고창읍, 106>

(3) '-ㅂ디어/아?, -ㅂ뎌/댜?, -ㅂ디여/야?'

'-ㅂ디어/아?'가 축약되면 '-ㅂ뎌/댜?'로 나타난다. 이 구성은 '-ㅂ디겨/-거?'의 구성에서 i모음 밑에서 '-겨/거'의 'ㄱ'이 탈락된 형태로 보인다. '-ㅂ디껴?'의 구성에서 '-껴'의 'ㄲ'이 탈락되었다고 볼 수도 있으나, 음운론적으로 그럴 가능성이 매우 희박하기 때문에 '-ㅂ디겨/거?'에서 'ㄱ'이 탈락된 구성으로 해석하고자 한다.[9] 이렇게 보면 '-ㅂ디어?' 구성은 '-ㅂ딩겨/

---

7) 출전에 쪽 번호가 있는 것은 한국정신문화연구원에서 발행한 『한국구비문학대계』를 표시하는 것이다.

8) 필자는 전북과 전남의 접촉지역에서 이 구성의 쓰임을 화자들에게 물어 확인하였다. 전북 지역의 화자들은 잘 쓰지 않는다고 답한 반면에, 전남지역 화자들은 자주 쓴다고 답하였다. 이러한 사실은 언어 간섭이 있는 접촉지역이라 하더라도 방언권에 따라 분명한 차이가 존재함을 보여주는 예라 할 수 있다.

9) 허웅(1975)에서는 의문형 어미 '-가'가 '-으니-'와 '-으리-' 뒤에서 '-아'로 변동한다고 보고, 의문형 어미 '-아, -야, -여'는 모두 '-가'에서 나온 변이형으로 보고 있다. 이 글에서

거?〉-ㅂ디겨/거?〉-ㅂ디여/어?'의 변화 과정을 겪은 것으로 해석된다.

(4ㄱ, ㄴ)에서 보는 바와 같이 의문형 종결어미에서 자음이 탈락되는 현상은 '-ㅂ니껴?'의 구성에서도 동일하게 이루어지고 있는데, 빈도상으로는 아주 적다. (4ㄷ, ㄹ)에서처럼 '-ㅂ니겨/거?'의 구성이 '-ㅂ니어〉 -ㅂ녀'의 구성으로 실현되고 있는 것이다.

'-ㅂ디여/야?'의 구성은 '-ㅂ디어/아?'의 구성에서 모음동화에 의해 생긴 구성인 듯하다.10) 빈도상으로는 '-ㅂ디야?'보다 '-ㅂ디여?'가 훨씬 많이 쓰인다.

(3) ㄱ. 장으 무시 쌉디어? 〈전남, 전북〉
    ㄴ. 그러면 민 년이나 되았다고 헙디어? 〈전남 함평군, 83〉
    ㄷ. 그 자식들 어디로 갑뎌? 〈전남 장성군, 533〉
    ㄹ. 아버지 뭐라고 헙디여? 〈전남 장성군, 533〉

(4) ㄱ. 선생님 기십니겨? 〈전북 고창읍, 116〉
    ㄴ. 주인님은 어찌서 들어오십니껴? 〈전북 고창읍, 147〉
    ㄷ. 가십니까? - 가십니여? 〈전북 김제군, 한국방언자료집5, 246〉
    ㄹ. 엄니가 싱겠답니여? (어머니가 심었답니까?) 〈전남방언〉11)

(4) '-ㅂ디요?'

존대의 형태소인 '-요'가 이 구성에서 쓰여 이 방언에서는 '-ㅂ디요?'라

───────────────

논의하는 '-ㅂ디여?'의 '-여'가 중세국어의 이런 변이형들과 관련되어 있는 것으로 보인다.
    슬후미 이어긔 잇디 아니ᄒᆞ니아 〈두시언해7, 14〉
    이ᄂᆞᆫ 百丈人 히몰 得ᄒᆞ니아 馬祖人 히몰 得ᄒᆞ니야 〈몽산화상, 31〉
    四海ᄅᆞᆯ 년글 주리여 〈용비어천가 20장〉
10) '-ㅂ디여?'의 구성과 '-ㅂ디야?'의 구성은 같은 구성이다. 전라방언에서는 '-ㅂ디여?'의 구성이 빈도상 우세하게 쓰이고 있는 반면에, 충청방언에서는 '-ㅂ디야?'가 우세하게 쓰이고 있음이 발견된다.
    뒤서 무슨 소리 납디야? 〈충남 보령군, 766〉
    저 사람덜 올러가다 흐유 합디야? 〈충남 보령군, 958〉
11) 이 예문 하나는 김웅배(1985)에서 인용함.

는 아주 특이한 구성체가 존재한다. 이 '-ㅂ디요?'의 구성은 '-요'의 일반적인 쓰임에 유추되어 쓰게 된 것으로 해석된다. 이 구성이 합쇼체로 쓰이고 있다는 사실은 (5ㄷ)에서는 선어말어미 '-시-'에 대응되는 '-아 게-'가 쓰이고 있다는 사실에서 이미 주체(곧 청자)가 존대되는 사실에서도 알 수 있고, (5ㄹ)에서도 화자가 청자에게 자기를 낮추어 '소인'이라고 하는 사실에서도 알 수 있다.

> (5) ㄱ. 그 정자나무 가지가 몇 가지나 됩디요? <전북 부안군, 341>
> ㄴ. 그 묘가 어떠십디요? <전북 정읍군1, 406>
> ㄷ. 아 어이 우리 어마이를 엇찌 꾕괴이(공교롭게) 만나겠읍디요?[12]
>   <전남 함평군, 694>
> ㄹ. 소인도 알먼 머 별 거시기 있을랍디요우? <전남 함평군, 746>

(5) '-(으)ㄹ라-+-ㅂ딩겨?, -(으)ㄹ라-+-ㅂ디어?'

'-(으)ㄹ라'[13) 구성에 다시 '-ㅂ디어?'가 연결되어 '-(으)ㄹ랍디어?'구성이 되면 이 문장은 '自問' 또는 '反問'이 되면서 수사의문문으로만 기능하는 특징을 갖는다. 중앙어의 경우는 '-하겠습니까?'는 가능하지만 '*-하겠습디까?'는 불가능한 데 비하여 이 방언에서는 '-하겠습니까?'의 뜻으로 '-할랍디여?'를 쓰고 있는 것이 특징적이다. '-(으)ㄹ랍디여?'의 구성은 '-(으)ㄹ라'에 과거 사실을 존대하여 의문하는 구성체인 '-ㅂ디여?'가 연결된 것으로 보인다.

> (6) ㄱ. 설마 나를 때리기사 헐랍딩겨?
> ㄴ. 지가 어린 것이 맷 되나 지고 갈랍디여? 마히 줘도 필요 없을
>   것이요 맷 되 줘서 보냅시다. <전남 함평군, 109>

---

12) 이 예문에서 쓰이고 있는 '-겠-'의 '-게-'는 '-아 겨(게)-' 구성으로 '-시-'와 같은 기능을 한다.
13) 이 '-(으)ㄹ라' 구성의 구조에 대해서는 서정목(1989), 이기갑(1987) 참조.

ㄷ. 내부둣시요 뜨거우먼 지가 돌아 안 눌랍디여? <전남 함평군, 456>

2) 해요체 : '-(더)ㄴ가요?'

전라방언에서 '-ㅂ디어?' 구성과 관련된 해요체는 '-(더)ㄴ가요?'가 쓰
인다. 이 구성은 화자에 따라 '합쇼체'로 생각하는 화자도 있으나 대부분
은 해요체로 사용하고 있다. 이 구성은 '-더-+ㄴ가+-요'의 구성체이다.

(7) 장으 무시 싸던가요?

3) 하게체 : '-(더)ㄴ가?'

전라방언에서 '-ㅂ디어?' 구성과 관련된 하게체는 '-(더)ㄴ가?'가 쓰인
다. 이 구성은 '-더-+-ㄴ가'의 구성인데, 전남북 모든 지역에서 하게체의
구성으로 쓰이고 있다.

(8) 장으 무시 싸던가?

4) 해라체

전라방언에서 '-ㅂ디어?' 구성과 관련된 경어법 중 '해라체'는 '-디아/
야?, -디/데?, -드냐/나?, -(으)ㄹ라+-디여?'가 있는데, 이 지역의 화
자들은 제일 나이 어린 사람들에게 '-디/데?'를 쓰는 경향이 있다.

(1) '-디아/야?, -디/데?, -드냐/나?'
'장으 무시 싸디아?'에서 쓰이는 것처럼 '-디아/야?, -디?' 구성이 이

방언에 존재한다(김중진, 1894 : 175). 이 구성은 일견 중앙어의 '-더냐?'에 대응되는 듯하다.14) 그러나 '-디아/야?'의 구성에서 '-아/야'가 탈락될 수 있음이 중앙어와 다르다. 예문 (9)에서 보는 바와 같이 '묻더?'는 안되지만 '묻디?'는 자연스럽게 구성되고 있다.

30대 미만의 화자들은 '-디야?'에서 '-야'를 탈락시키고 '-디?'만을 쓴다. 30대 미만의 화자들은 '-디야?'의 '-야'를 이 방언의 해라체의 어미인 '-야'와 동일시 하고 있기 때문에 이미 해라체에서만 쓰고 있는 '-디야?' 구성에서 '-야'의 기능 부담량을 제로화하는 것으로 이해된다.

또한 '-습-'을 첨가하면 '합쇼체'의 구성이 되고 첨가하지 않으면 '해라체'가 되어 그 변별력을 보여주고 있다. '-디야?'의 '-야'는 이 방언의 특징적인 어미인 '-야'와 관련되어 있음을 보여주고 있다(3.2. 참조). 한편 '-디야?'가 쓰이는 구성은 '*-디요?'가 쓰일 수가 없다. 이러한 현상은 손윗사람에게 쓰는 '-ㅂ디어?'와 구별되어, '-디야?'는 손아랫 사람에게만 쓰는 구성이기 때문에 '-요'가 쓰일 수 없는 것으로 보인다.

(9ㅅ)의 '-드냐/나?'는 주로 전남 지역에서 쓰이고 있다. 이것은 중앙어의 '-더냐?'와 같은 것으로 보이는데 이곳 화자들이 이중 언어를 사용하는 현상으로 해석된다.

---

14) 이 방언에서는 '-디야?' 구성이 하나는 중앙어의 '-더냐?' 구성을 이루고, 다른 하나는 '-다냐?'의 구성을 이루고 있다. 따라서 표면적으로만 보면 이 두 구성간에 혼란을 가져올 수가 있다. 그러나 이 두 구성은 분명히 구별이 된다.
'장으 무시 싸디야?' 구성은 '장으 무시 싸디?' 구성처럼 '-야'의 생략이 가능하다. 이 예처럼 '-더냐?'와 관련된 '-디야?' 구성은 '-야'가 생략이 가능하다. 그러나 다음 예에서 보는 바와 같이 '-다냐?'와 관련된 '-디야?' 구성에서는 '-야'가 생략되면 비문이 되는 특징이 있다.
  어트개 살린댜? (어떻게 살린다냐?) <전북 부안군, 433> (cf.*살린디?)
  저것이 누구 새끼디야? (저것이 누구 새끼다냐?) <전남 함평군, 125> (cf.*새끼디?)
  아 이놈이 미쳤디야 엇쨋디야? (아 이놈이 미쳤다냐, 어쨋다냐?) <전남 함평군, 187> (cf.*엇쨋디?)

(9) ㄱ. 그 구봉선생이 너보고 뭔 말을 묻디야? 쇠끔을 물읍디다 <전북
　　　정읍군3, 35>

　　ㄴ. 그 구봉선생이 너보고 뭔 말을 묻디?

　　ㄷ. 그 구봉선생이 너보고 뭔 말을 묻데?

　　ㄹ. *그 구봉선생이 너보고 무슨 말을 묻더?

　　ㅁ. *그 구봉선생이 형님보고 뭔 말을 묻디요?

　　ㅂ. 그 구봉선생이 형님보고 뭔 말을 묻습디야?

　　ㅅ. 장으 무시 싸드냐/나?

(2) '-(으)ㄹ라-+-디여/야?'

　'-(으)ㄹ라디여/야?'의 구성은 일견 중앙어의 관점에서 보면 '-(으)려
더냐?'의 구성으로 보기 쉬우나, 그런 관점으로 해석되는 것이 아니다.
이 경우에도 '되겠습니까?'와 대응되는 '될라디여?'에 '과거의 회상'을 나
타내는 '-디-'가 쓰이고 있음이 특징적인데 이것 역시 '디여?'의 구성이
'-ㅂ디여?'의 구성과 관련되어 굳어진 채로 쓰이고 있음을 보여준다. 이
구성에서는 '-디야?'의 '-야'가 생략될 수가 없다. 또한 '*-(으)ㄹ라디요?'
처럼 '-디요'가 쓰일 수가 없다. 그 이유는 이 구문은 손아랫사람에게 하
는 말이기 때문이다.

(10) ㄱ. 아 이런 말이나 될라디여? <전북 부안군, 362>

　　ㄴ. 설마 나 때리기사 헐라디야? <전북 정읍군2, 27>

　　ㄷ. *설마 나 때리기사 헐라디?

　　ㄹ. *설마 나 때리기사 헐라디요?

(11) ㄱ. *설마 나를 때리기사 헐라던가?/헐라던가요?

　　ㄴ. 비가 올란가/올라는가?

　이 구성에서 특이한 것은, (11ㄱ)의 예에서 보는 것처럼 '-ㅂ디어?' 구

성에서 보이는 '해요체'인 '-(더)ㄴ가요?'와 '하게체'인 '-(더)ㄴ가?'가 연결
되지 않고 있는 점이다. 이러한 현상은 이 구성들이 이미 변화를 일으켜서
'-ㅂ디어?' 구성이 갖고 있는 경어법의 체계를 따르지 않는 것으로 보인다.

이와 유사한 (11ㄴ)은 '-(으)ㄹ라＋-ㄴ가'의 구성을 분명히 갖추고 있
다. 그러나 이 발화는 화자의 '단순 추측'의 발화이다. 반면에 '-ㅂ디어?'
나 '-디어?'가 '-(으)ㄹ라'에 연결되어 쓰이는 발화는 '명제에 대한 강한
부정'의 의미가 있는 발화로 쓰이고 있다. 따라서 자문하고 자답하는 형
식의 발화이기 때문에 굳이 청자를 구체적으로 상정하지 않고 존대와 하
대의 두 부류로만 나누고 있는 것으로 보인다.

전라방언에서 '-ㅂ디어?' 구성과 관련된 상대경어법 체계는 다음과 같
이 요약할 수 있다.

	합쇼체	해요체	하게체	해라체
전북	쌉딩겨? 쌉디어? 쌉디요? (쌉디겨/껴?)	싸던가요?	싸던가?	싸디야? 싸디? 싸데? (싸드냐?)
	헐랍딩겨? 헐랍디어? 헐랍디요? (헐랍디겨/껴?)			헐라디여?
전남	쌉딩겨? 쌉디어? 쌉디요? 쌉디겨/껴?	싸든가요?	싸든가?	싸디야? 싸디? 싸데? 싸드냐/나?
	헐랍딩겨? 헐랍디어? 헐랍디요? (헐랍디겨/껴?)			헐라디여?

이 표에서 알 수 있는 것은 전남지역에서는 '-ㅂ디겨/껴?'의 구성이 모두 쓰이고 있는데 비하여 전북지역에서는 부분적으로 나타난다. 또한 '-드냐?'의 경우도 마찬가지다. '-(으)ㄹ랍디겨/껴?'는 전라방언의 화자에 따라 사용 여부가 다르게 나타난다.

3. '-ㅂ디어?' 구성의 변화 과정

1) '-이-'와 '-습-'의 경어법적 특징

역사적으로 '-습니까'와 '-습디까?'는 다음과 같은 구조를 갖는다(이현희, 1982 : 72, 이경우, 1990 : 54 참조).

> (12) '-습니까' : '-습ᄂᆞ잇가' > '-습닛가' > '-습네까'
>   '-습닛가' > '-습니까'
>   '-습디까' : '-습더잇가' > '-습뎃가' > '-습데까'
>   '-습딋가' > '-습디까'

현대국어에서 '-습니까?'의 구성은 '-습ᄂᆞ잇가'의 '-ᄂᆞ이-'가 '-니- > -늬-'의 과정을 거쳐 '-니-'로 굳어진 것이다. 그러나 현대국어의 화자들이 '-습니까'의 구성에서 공손법의 '-이-'의 기능을 인식하고 있는지는 매우 불투명하다. '-습니까'의 '-니-'가 '-ᄂᆞ이-'의 결합체인 것은 분명하지만 그렇다고 해서 현대국어에서도 '-이-'의 기능이 살아 있다고 말하기는 매우 어렵다. 필자는 언어변화의 측면에서 현대국어의 '-습니까'의 '-니-'는 '-ᄂᆞ이-'가 축약되면서 화석화된 것으로 보는 것이 바람직하다고 생각한다. '-이-'의 기능이 약화되는 과정은 이미 근대국어 초기에 'ㅇ'음의 약화와 소멸로 말미암아 종결어미의 축약현상이 규칙적으로 나타나는 것으로 증명할 수 있다. 축약된 종결어미형인 '-쇠, -외, -닉, -데, -새' 등은 '-이-'와 관련되어 있음에도 불구하고 '합쇼체'가 아닌 '하오체'로 쓰이게 된 사실은 이미 구어체에서 '-이-'의 공손법 기능이 변화를 일으켰음을 보여주고 있는 것이다.

> (13) ㄱ. 代官들도 혼 고대 잇습닉 아롬답ᄉ외 여긔 오ᄅᆞᆸ소[15] <原刊
>   捷解1, 2ㄴ>
>   ㄴ. 書契를 내셔돈 보ᄋᆸ새 <原刊捷解1, 16ㄱ>
>   ㄷ. 젼의논 처음으로 보ᄋᆸ고 그지업서 ᄒᆞᆸ데 <原刊捷解3, 4ㄴ>
>   ㄹ. 일뎡 슈고로이 건너시도쇠 <原刊捷解1, 12ㄱ>

(13ㄱ)의 예에는 '-닉, -외'와 '-소'가 함께 쓰이고 있다. '-소'는 이미 16세기부터 언간에 하오체의 종결어미(허웅, 1989 : 172)로 쓰이고 있는 바, '-닉'의 경어법상의 등급이 분명하게 드러난다. 또한 『捷解新語』의 문헌에서는 이러한 종결어미와 함께 2인칭을 나타내는 대명사로 '자네, 자닉' 등이 쓰이고 있는데, 이는 '그대'란 뜻으로 하오체의 대명사로 볼 수 있다.

한편, 같은 유형의 '-습디까?' 구성이 현대국어에서 '합쇼체'로 쓰일 수 없다는 사실도 우리의 논의를 뒷받침해 주는 것이라고 할 수 있다. 현대국어의 '-습디까?' 구성이 '-습니까?'의 구성과 같이 '-습더잇가?'의 구성

---

15) 어말어미 '-소'는 15세기에는 보이지 않던 어미로, 16세기의 언간에 주로 나타난다. 허웅(1989 : 172)에 의하면 '-소'의 이형태로는 '-쇼, -조, 오'가 있는데 이 어미들은 '예사높임'으로 쓰이고 있으며, 이 형태소들은 모두 '-습-'의 변이형태인 '-ᄉ오-, -쇼오-, -조오-'에서 'ᄋ'가 탈락되어 생긴 것으로 추측하기도 하고, 또는 '-ᄉᄫ쇼셔'에서 '-ᄋ쇼셔'가 줄어 생성된 것으로 추측하고 있다.
비록 아ᄆᆞ리 심심혼 이리 이셔도 ᄆᆞᄋᆞᆯ 자바 아ᄆᆞ려나 편히 겨소 <청주북일면순천김씨묘출토간찰, 49번>
거즌말 죄 들어보소 <존설인과곡, 11ㄱ>

에서 굳어진 것이라면, 그래서 '-이-'의 기능이 존재한다면, '-습디까?'는 여전히 '합쇼체'의 위계를 가져야 하는데 그렇지 못한다. 이러한 변화는 '-이-'의 기능 약화에 따른 화자의 심리적 인식 태도의 변화에 기인하는 것으로 볼 수밖에 없을 것이다. 이 연구에서는 현대국어의 '-습니까, -습디까?' 구성에서는 공손법의 선어말어미인 '-이-'가 이미 화석화한 것으로 보고자 한다.

현대국어의 '-습디까?'의 구성이 선어말어미 '-습'과 '-디-(-더-+-이-)' 와 종결어미로 나뉘어져 있다는 견해로 볼 때, 우리는 '-습'의 기능이 상대존대와 결코 무관하지 않다는 사실을 알 수 있다. '-습니까'와 '-습디까?'가 '-ㄴ-'와 '-더-'의 차이밖에 없다면 이 두 구성이 전자는 '합쇼체'에서 쓰이고 후자는 '하오체'에서 쓰이는 이유가 무엇인가?

만일 공손법의 선어말어미 '-이-'를 인정한다면, 그때는 분명히 두 구성 모두를 '합쇼체'로 인정해야만 한다. 그러나 이 방언의 화자들은 공손법의 선어말어미인 '-이-'를 인식하지 못하고 화자겸양의 기능을 가진 '-습'을 사용함으로써 상대를 존대하는 '간접적 상대경어법'을 사용하고 있는 것으로 이해된다.

> (14) ㄱ. 장으 무시 쌉딩겨?
> ㄴ. 장으 무시 쌉디어?
> ㄷ. 장으 무시 쌉디요?

(14)에서 보는 것처럼 6, 70대 화자들이 세 가지의 유형을 다 쓰고 있다. (14ㄱ)은 역사적 잔존형으로 인식하고 있기 때문에 가장 높이는 형식으로 인식하고 있고, (14ㄴ)은 그 다음 높이는 형식으로 인식하고 있는데, 이렇게 인식하는 이유는 역사적 잔존형과는 다르기 때문에 (14ㄱ)

과 비교하여 그렇게 인식하는 듯하다. 무엇보다도 공손법의 선어말어미 '-이-'를 인식하지 못하고 있는 것으로 볼 수 있는 예는 (14ㄷ)이다. 여기서 '-요'는 상대경어법에서 상대를 공손히 대접하는 형태소인데, 여기서 '-이-'를 인식하고 있다면 이러한 형식을 쓸 이유가 없을 것이다.

물론 이러한 견해는 방언에 따라 다를 것이 예상된다.16) '-습디까?'구성이 현대국어 중앙어에서 '하오체'로 쓰이고 있는 것은 문화나 계층에 따른 문법외적인 요인에 의한 것으로 생각된다. 전라방언에서 '-ㅂ디어?' 구성은 60대 이상의 화자들에게는 분명히 '합쇼체'로 쓰이고 있음을 볼 수 있다. 또한 '-습-'의 유무에 의하여 상대경어법의 위계가 달라지고 있는 현상을 볼 수 있다.

전라방언에 나타나는 '-ㅂ디어?' 구성에서 '-습-'은 비록 일부 연령층에서만 사용되고 특수한 환경에서만 사용된다고 할지라도, 현재로서는 확고한 위치를 차지하고 있음을 알 수 있다.

---

16) 이승재(1985)에 의하면 경기지역에서는 '불손한 말투'로 여겨져 사용을 꺼린다고 보고되고 있다. 한편, 함경도 방언에서는 '-ㅂ데?'의 경우는 '하오체'로, '-디?'의 경우는 '해라체'로 쓰이고 있음을 볼 수 있다. 우창현(1992)에서는 제주방언에 '-ㅂ데가?' 구성이 쓰이고 있음이 보고되고 있다. '갑데가?'가 '가던가요?'로 대치되고 있는 것을 보면 '해요체' 정도로 쓰이고 있음을 알 수 있다.

여보게, 정말로 우리집 논에 물이 철철 넘던가? (서울)
이거보오, 정말 우리 논에 물이 철철 넘습데? (명천)(함북방언사전, 525쪽)
이보게, 정말로 우리집 논밭에 물이 철철 넘던가? (경성)
이리보, 참말루 우리 논에 물이 찰찰 넘어납데? (경흥)

그 사람도 같이 가겠다 하더냐? (서울)
그 사람두 같이 가겠다 하디? (성진)(함북방언사전, 522쪽)
그 사람도 같이 가겠다구 하디? (명천)
그 사람도 같이 간다구 합데? (경흥)

가인 집이 갑데가? (그 아이는 집에 가던가요?) (제주)
영흰 양지가 예쁩데가? (영희는 얼굴이 예쁘던가요?) (제주)

(15) ㄱ. 장으 무시 쌉디여/야?
　　　ㄴ. 장으 무시 싸디여/야?
　　　ㄷ. *장으 무시 싸디요?

(16) ㄱ. 설마 나를 때리기사 헐랍디여/야?
　　　ㄴ. 설마 나를 때리기사 헐라디여/야?
　　　ㄷ. *설마 나를 때리기사 헐라디요?

위의 예에서 보는 바와 같이 '-ㅂ디야?'와 '-디야?'는 비록 그 기원은 상당히 다른 구성에서 출발한 것이었지만, 전라방언에서는 '-습-'의 유무에 의해 경어법상의 차이를 보이고 있다.

전라방언에서는 '해라체'인 '-디야?'를 '-요'를 사용하여 '해요체'로 만들 경우, 예를 들면 '*싸디요?'의 경우는 사용하지 않고 있다. '*-(으)ㄹ라디요?'의 경우도 역시 사용하지 않는다. 반면에 '-ㅂ디요?'나 '-(으)ㄹ랍디요?'의 구성은 사용하고 있다. 이 이유는 무엇인가? 이 현상은 이 방언의 화자들이 '-디야?'의 경우와 '-ㅂ디야?'의 경우를 분명하게 변별하고 있기 때문이다. 즉 '-디야?'는 '해라체'로 쓰이기 때문에 이것을 '해요체'인 '*-디요?'로 바꾸지 않고 있고, '-ㅂ디야?'는 '합쇼체'이기 때문에 '-ㅂ디요?'로 교체하여 쓰고 있는 것이다.

이런 현상을 통하여 우리는 '-습-'이 비록 그 구성은 한정되어 있지만, 여전히 역사적으로 기능해온 '화자 겸양'의 기능을 수행하고 있음을 알 수 있다.17) 다만 이 '화자 겸양'의 기능이 결국은 청자와 관련된 것이어서 이 방언의 화자들이 '-습-'의 유무에 따라 간접적으로 '청자'를 존대하고 있음을 알 수 있다. '-습-'을 갖지 않은 '-디야?' 구성이 '*-디요?'가 될

---

17) 임홍빈(1985)에서는 중세국어의 '-습-'과 현대국어의 '-삽-'은 동질적인 것이라고 보고, 그 둘 다는 '수혜자에 대한 화자 겸양'을 나타내는 기능을 하는 것으로 해석하고 있다.

수 없다는 것은 이론상으로 납득되지 않는데, 그것은 '-습'이 화자 겸양의 기능을 수행하고 있으면서 '-디야?'와 '-ㅂ디야?' 구성을 경어법상의 대립구조로 만들고 있기 때문이다.

2) 어미 '-여/야'와 '-요'의 경어법

어미 '-야'가 보여주는 전라방언의 특징 중의 하나는 다음과 같은 현상이다.

> (17) ㄱ. 아이고 야야 저 너한테로 장개 오간디야? <전북 정읍군3, 175>
>   (cf. 오간디?)
>   ㄴ. 우리가 아무리 얻어먹고 빌어먹어도 죽을 디를 뭣허로 가야?
>   <전북 고창군, 351> (cf. 가?)
>   ㄷ. 느그 아버지 여그 있어야. <전북 고창군, 556> (cf. 있어)
>   ㄹ. 바깟이 징허게 춥지야이. <전남> (cf. 춥지)

위 예문에서 문말의 '-야'를 생략해도 완벽한 문장으로 성립한다. 그렇다면 왜 전라방언에서는 굳이 이런 문장에 '-야'를 쓰는 것일까? 그것은 '-야'가 쓰이지 않은 문장일 경우에는, 경우에 따라 '하게체'로도 쓰일 수가 있지만, '-야'를 사용하면 그 상대 경어법의 위계는 '해체' 또는 '해라체'로 분명해지기 때문이다.

이 어미 '-야'는 전라방언에서 '-라우' 또는 '-요'와 경어법상으로 대립되면서 쓰이는 어미로서(이기갑, 1987 : 150), '해요체'에 대비되는 '해체' 또는 는 '해라체'에 해당한다.

한편, 역사적으로 '-ㅂ디여/야?'는 '-ㅂ디겨?'에서 온 것이어서 그 변화 과정을 정확하게 설명할 수가 있는 구성이다. 그러나 '-ㅂ디요?'의 구성은 그 변화 과정을 역사적으로 설명할 방법이 없다. '*-ㅂ디?'구성이 이루어질 수 없고, 또 '-ㅂ디겨?'의 구성에서 '-ㅂ디교＞-ㅂ디요?'가 나왔다고 설명하기가 곤란하기 때문이다.

그렇다면 '-ㅂ디요?' 구성의 배경은 무엇일까? 이 구성은 '-ㅂ디야?'의 '-야'가 전라방언의 해라체의 어미인 '-야'와 같은 꼴을 하고 있고, 50대로부터 '-ㅂ디야?' 구성을 손윗사람들에게 쓰지 않게 되면서, 화자들이 '-ㅂ디야?' 구성의 '-야'를 (17)의 어미 '-야'와 동일한 것으로 유추 해석한 결과, '-요'와 대립형으로 생각하게 된 것으로 이해된다.[18]

이 방언의 화자들이 '-ㅂ디야?' 구성에서 '-여/야'를 그 역사성을 고려하지 않고 위 예문의 '-야'와 동일시하는 근거는 이미 40대 이하에서는 '-ㅂ디어?' 구성을 쓰지 않는 데서 찾을 수 있다. 40대 이하에서 이 구성을 쓰지 않는 이유는 '-ㅂ디어?' 구성의 '-여/야'를 '해체' 또는 '해라체'로 여기기 때문에 쓰지 않는 것이다.

> (18) ㄱ. 그 정자나무 가지가 몇 가지나 됩디요? (전북 부안군, 341)
> 　　　ㄴ. 그 묘가 어떠십디요? (전북 정읍군1, 406)
> 　　　ㄷ. 아 어이 우리 어마이를 엇찌 굉괴이 만나겄읍디요? (전남 함평군, 694)
> 　　　ㄹ. 아 그걸 머어 옷짜(五字) 그 칠짜도 아니고 옷짜 글 잊을랍디요? (전남 함평군, 93)

4, 50대 화자들이 '-ㅂ디여/야?' 구성에서 '-여/야'를 '-ㅂ디겨?'에서 온

---

18) '유추(analogy)'에 의하여 일어나는 언어현상은 방언에 아주 많다. 전라방언에서 선어말어미 '-시-'에 대응하여 쓰이는 '-아 겨-'구성은 그 쓰이는 통사적 구성이 다름에도 불구하고 '-시-'와 '-겨-'가 같다고 유추하여 '-아 겨-'구성의 '겨'를 '시'로 교체하는 현상이 문헌에서 보이고 있다(이태영, 1988 : 71).
'-ㅂ딩겨?'를 쓰는 화자의 경우에서도 '-ㅂ딩교?'와 '-ㅂ디요?'의 쓰임을 허락하고 있는 것은 '해요체'의 확대에 말미암은 것으로 해석된다.

것으로 인식하지 못하고, 전라방언에서 '해라체'로 쓰이는 어미 '-여/야'와 동일한 것으로 유추하여 인식하기 시작하면서 이 구성은 점차 '합쇼체'에서 멀어지게 된다.

이 방언의 화자들은 화자 겸양의 '-습'을 쓰는 구성인 '-ㅂ디여/야?' 구성에서 '해라체'의 어미로 쓰이는 '-여/야'가 쓰이고 있는 것에 경어법 상의 모순을 느끼고, '-ㅂ디여/야?'의 구성에서 '-여/야'를 '-요'로 대치하여 '해요체'의 경어법을 구사하게 된 것이다.

'-ㅂ디여/야?'의 구성이 이 방언의 화자들에게 어떻게 인식되고 있는가 하는 문제는 대단히 중요하다.[19] 우리가 이 구성의 역사적인 변화 과정을 설명하면서 도식적으로 중세국어의 공손법의 선어말어미인 '-이-'를 분석해낼 수가 있다고 해도 이미 이 방언의 30대 이하의 화자들에게는 그 '-이-'가 인식되지 않고 있음을 알 수 있다. 그것은 바로 '-ㅂ디요?'의 구성에서 찾을 수 있다.

30대의 화자가 '-ㅂ디여?'를 쓰지 않고 '-ㅂ디요?'를 쓰는 이유는 전라 방언에서 해라체 어미 '-여/야'를 의식하여 이를 해요체 어미인 '-요'로 바꾸는 것이다.[20]

---

[19] 중앙어의 문법에 대한 이해가 전제된 상태에서, 또는 국어사의 도식적인 언어 변화현상에 익숙해진 상태에서 방언의 문법을 이해하려는 태도는 바람직하지 못하다. 방언의 문법현상에서 자주 보이는 아주 특징적인 현상은 방언은 화자들이 매일 사용하고 있는 살아있는 언어이기 때문에 공시적으로도 변화가 일어나고 있다는 사실이다. 이러한 공시적인 언어변화는 언어 자체의 내부적인 규칙적 변화도 있겠지만 대부분은 화자들의 문법현상에 대한 인식태도에 말미암는 경우가 많다. 한국어의 핵문법을 찾아내는 일이 문법 연구자들의 임무이지만 핵문법에 집착하여 방언의 독특한 현상, 곧 방언 화자가 언어를 인식하는 태도를 간과해서는 안될 것이다.

[20] 필자가 고창에서 만난 30대 후반의 화자는 자기 또래의 경우는 거의 대부분 손윗분에게 '장으 무시 쌉디요?'의 구문을 쓰고 있고, '설마 나를 때리기사 헐랍디요?'의 구문을 많이 쓴다고 말하고 있다. 이 화자는 연령에 따라 이 구성을 쓰는지의 여부를 분명히 인식하고 있었다.
60대 이상의 화자들도 '쌉디여?' 또는 '쌉딩겨'도 쓰지만 '쌉딩교?'도 쓰고 있음을 볼 수 있다. 이 '쌉딩교?'는 '싸-+-ㅂ딩ㄱ요?'로 분석이 되기 때문에 나이가 많은 화자들

3) '-ㅂ디어?' 구성의 세대별 차이

전라방언의 '-ㅂ디어?' 구성은 연령별로 큰 차이를 보인다.

6, 70대 이상의 세대에서는 '-ㅂ딩겨?' 구성은 가장 손윗분에게 하는 경어법으로 인식하고 있다. 이러한 사실은 이 '-ㅂ딩겨?'의 구성이 '-습더잇가?'에서 이루어진 역사적인 잔존형임을 보여주는 것으로 해석된다. 이 세대에서 '-ㅂ디어?, -ㅂ디겨/껴?' 구성은 손윗분과 친구에게 하는 경어법으로 인식하고 있다. 손아랫사람에게는 '-디야?' 구성을 쓰고 '-디?' 구성은 거의 쓰지 않고 있다. 한편 해요체로는 '-(더)ㄴ가요?'를 쓰고, 하게체로는 '-(더)ㄴ가?'를 쓰고 있다. 따라서 이 세대에서는 '쌉딩겨 > 쌉디어 > 싸던가요 > 싸던가 > 싸디야'의 순서로 상대경어법의 위계를 설정하고 있다.

50대의 경우에는 합쇼체로 역사적 잔존형인 '-ㅂ딩겨?'는 쓰지 않고, 주로 '-ㅂ디어?, -ㅂ디겨/껴'만 쓰는 현상을 볼 수 있다. 해요체는 '-(더)ㄴ가요?'를 쓰고, 하게체로는 '-(더)ㄴ가?'를 쓰고 있다. 해라체로는 '-디아?'와 '-디?' 구성을 함께 쓰고 있고, 전남지역에서는 '-드나/냐?' 구성을 쓰고 있다. '-디?' 구성은 '-디아?' 구성보다 낮은 단계로 인식하고 있다.

40대의 경우에는 합쇼체로 '-ㅂ딩겨?'와 '-ㅂ디어?' 구성을 인식하지 못하고 주로 해요체로 인식하고 있는 '-ㅂ디요?'를 사용하고 있다. 그러나 대부분은 해요체인 '-(더)ㄴ가요?'를 합쇼체로 쓰고 있음을 볼 수 있다. 물론 하게체로는 '-(더)ㄴ가?'를 쓰고 있고, 해라체로는 '-디아?'와 '-디?' 구성을 쓰고 있다.

30대의 경우에는 '-디?' 구성과 아울러 '-데?'를 쓰고 있음이 특징적이다.

에게서도 쓰이고 있음을 확인할 수 있다. 이렇게 쓰이는 이유는 이미 노년층에서도 '해요체'를 아주 많이 쓰고 있기 때문으로 이해된다.

30대 미만의 화자들은 '-ㅂ디어?' 구성을 인식하지 못하고 있고, 일반적으로 반말체에 '-요'를 붙이는 해요체를 쓰고 있고, 해라체에서도 '-디/데?' 구성을 주로 쓰고 있음을 볼 수 있다.

이를 요약하면 다음과 같다.

	6, 70대	50대	40대	30대	30대미만
합쇼체	쌉딩겨? 쌉디어? 쌉디요? 쌉디겨?	쌉디어?	쌉디요?	쌉디요?	
해요체	싸던가요? 싸든가요?	싸던가요? 싸든가요?	싸던가요? 싸든가요?	싸요?	싸요?
하게체	싸던가? 싸든가?	싸던가? 싸든가?	싸던가? 싸든가?	싸? 싼가?	싸단가?
해라체	싸디아?	싸디아? 싸디? 싸드냐/나?	싸디아? 싸디?	싸디아? 싸데? 싸디?	싸디? 싸데?

4. '-(으)ㄹ랍디여?' 구성의 수사의문문적 특징

전라방언의 '-ㅂ디여?' 구성과 '-디야?' 구성은 '-(으)ㄹ라' 구성에 연결되면 수사의문문으로 기능하는 특징을 보인다.

(19) ㄱ. 남편 : 조깨 더 둘러 먹으까?

　　　부인 : 뭐 죄로 갈랍뎌? (죄로 가겠습니까?) <전북 부안군, 302>

　　　　(cf. 갈라디여?)

　　ㄴ. 낮으사 죽을랍뎌? (낮에야 죽겠습니까?) <전북 부안군, 326>

　　　　(cf. 죽을라디여?)

ㄷ. 멋허러 갈랍디여? 갈 일 없응께 안 갈라우 <전남 함평군, 799>

(20) ㄱ. 저런 게 뭣을 알라댜? <전북 부안군, 283> (cf.알랍디여?)

ㄴ. 아 이런 말이나 될라디여? <전북 부안군, 362> (cf.될랍디여?)

ㄷ. 우리 주인 농사일을 다 히주고 애쓴 종을 아는디 나야 잡을라
디야? <전북 정읍군1, 248> (cf.잡을랍디야?)

(19)′ ㄱ. *뭐 죄로 갈라(고 하)ㅂ디여?

ㄴ. *낮으사 죽을라(고 하)ㅂ디여?

ㄷ. *멋허러 갈라(고 하)ㅂ디여?

(20)′ ㄱ. *저런 게 뭣을 알라(고 하)디여?

ㄴ. *아 이런 말이나 될라(고 하)디여?

ㄷ. *나야 잡을라(고 하)디야?

남부방언의 '-(으)ㄹ라'의 구성은 서정목(1989)에서 '-(으)리-+-라'의 구성으로 분석되고, '추측, 의도, 가능' 등의 '미정의 양상'을 나타내는 '-(으)리-'와 접속어미 '-아/어'의 이형태 '-라'로 해석된 바 있다. 따라서 이 방언의 '-(으)ㄹ라'구성이 항상 중앙어의 '-겠-'과 일대일로 대응되는 하나의 형태소로 처리해서는 안 된다.

(19)′와 (20)′에서 보는 바와 같이 '-(으)ㄹ라'의 구성과 관련된 '-(으)ㄹ랍디여?' 구성이나 '-(으)ㄹ라디여?' 구성은 '-(으)ㄹ라(고 하)ㅂ디여?'나 '-(으)ㄹ라(고 하)디야?'의 구성에서 '-(고) 하'가 탈락되면서 융합된 구성으로 생각되지만 실제로 '-(고) 하'를 복원시켜보면 문장의 의미가 전혀 달라지거나 비문이 되는 것을 알 수 있다. 따라서 '-(으)ㄹ라+디야?', '-(으)ㄹ라+ㅂ디어?'의 구성은 탈락과 상관없이 곧 바로 연결된 것으로 이해된다.

(21) ㄱ. 죄로 갈랍뎌?

　　　ㄴ. 죄로 가겠습니까?

　　　ㄷ. *죄로 가겠습디까?

(22) ㄱ. 죄로 갈라디야?

　　　ㄴ. ?죄로 가겠더냐?

　이 예문을 검토해 보면 '-(으)ㄹ라+디여/야?'와 '-(으)ㄹ라+ㅂ디어?' 구성이 쓰이는 구문은 반드시 문말의 억양이 올라갔다가 하강하는 특징이 보이면서 수사의문의 기능을 하고 있다. 곧 확인 질문을 하는 것이 아니라 답을 제공하는 自問 또는 反問을 하고 있는 것이다. 이 두 구성은 현대 중앙어로 교체해 보면 '-겠습니까?'로는 교체가 가능해도 '-겠습디까?'로는 교체가 불가능하다.21) '-ㅂ디어?'의 '-디-'가 '-더-'와 관련된 것이어서 현대 중앙어의 '-습디까?'와 교체가 가능할 것 같지만 전혀 교체되지 않고 있다. 이 현상은 '장으 무시 쌉뎌?'와 같은 확인의문문에서 쓰이는 '-ㅂ디어?'가 과거 사실을 확인하는 데에만 쓰이는 것과 매우 다르다.

　이러한 현상은 무엇을 의미하는가? 이것은 '-ㅂ디어?'와 '-디야?' 구성이 '추측, 의도, 가능'의 양태를 포함한 '-(으)ㄹ라' 구성과 결합하여 방언의 50대 이상의 화자의 경우에서 수사의문문으로 굳어진 것으로 해석된다. 이 구성이 30대 화자의 경우에는 '-(으)ㄹ라+디여/야?'와 '-(으)ㄹ라

---

21) 구비문학대계의 자료(5-7)를 살펴 보면 유일하게 전북 정읍군 산내면에서 '-겠-'에 '-ㅂ디어'가 연결된 구성이 쓰이는 예가 두 개 발견된다. 이 현상은 극히 예외적인 현상으로 '-(으)ㄹ라'가 '-겠-'과 유사한 기능을 하는 구문에서 대치된 것이다. 이 구성은 이 방언에서 거의 쓰이지 않는 구성으로 유추에 의한 혼태로 해석된다. 이 발화의 주인공은 홍일남 씨로 85년 조사 당시 71세이고, 면사무소에 근무한 적이 있으며, 한문에도 식견이 있는 분으로 중앙어를 어느 정도 이해하고 있었던 것으로 보인다. 따라서 이런 발화가 가능했던 것으로 보이며, 순수한 전라방언의 발화는 아니다.
　저것이 정승판서 허겠읍뎌? <정읍군 산내면, 709>
　저놈이 부자 살아서 남의 저 밥 주겠읍뎌? <정읍군 산내면, 709>

+ㅂ디요?'로 쓰인다.

이 구문에서 '-(으)ㄹ라'에 '-ㅂ디여?'와 '-디야?'가 연결될 때, 확인의문문은 되지 않고 수사의문문으로만 기능하는 이유가 매우 흥미로운데 현재 필자의 입장에서는 그 이유를 문법적으로 정확히 설명하기가 어렵다.

다만 내용으로 볼 때 화자가 이미 알고 있거나 또는 이미 전제하고 있는 내용을 말하는 것이기 때문에, 과거의 경험과 관련된 '-ㅂ디어?'의 구성을 사용하는 듯하다.

(23) ㄱ. 뭐 죄로 갈랍뎌? (죄로 가겠습니까?) <전북 부안군, 302)
　　　ㄴ. 낮으사 죽을랍댜? (낮에야 죽겠습니까?) <전북 부안군, 326>
　　　ㄷ. 멋허러 갈랍디여? 갈 일 없응께 안 갈라우 <전남 함평군, 799>

위의 발화는 단독으로 존재할 수 없다. 그 이유는 이미 앞에서 어떤 상황이 전제되지 않고는 이와 같은 발화가 생성될 수 없기 때문이다. 그러므로 우리는 이 발화의 수사의문문적 기능을 논하기 위해서는 화용적인 맥락을 고려할 필요가 있다고 생각한다.

최소한 이 발화가 화용상에서 '수사의문문'으로 쓰이면서 화자의 심적 태도인 '가능성' 내지는 '예정'의 의미를 부가하는 방법으로 표현되고 있다면, 우리는 순수한 문장 중심의 문법적 분석을 고려하기보다는 담화 화용상의 기능을 고려하는 태도가 이 발화를 분석하는 데 더 유리하지 않을까 생각한다.

예를 들어, '죄로 갈랍뎌?'의 발화는 그 의미가 '죄로 가지 않는다'는 의미인데, '죄로 간다'는 의미가 '-ㄹ랍디어?'를 만나면서 정반대의 의미를 갖게 된다. 여기서 과거의 사실에 대한 의문에 쓰이던 '-ㅂ디어?'가 어떻게 화자의 미래에 대한 기대나 또는 가능성에 대한 진술에서 쓰일 수 있는가?

'장으 무시 쌉뎌?'에서 '싸다' 또는 '비싸다'의 판단은 화자가 내릴 수가 없다. 이 발화는 반드시 청자에게 판정을 요구하는 판정의문문이기 때문이다. 그러나 '죄로 갈랍뎌?'에서는 '죄로 갈 것이다' 또는 '죄로 안 갈 것이다'에 대한 판단은 이미 화자가 하고 있기 때문에 이미 그 판단은 과거 행위로 인식되고 있는 셈이다. (23ㄴ)의 '낮으사 죽을랍댜?'의 발화에서도 마찬가지다. '낮에 죽을 것이다. 낮에는 죽지 않을 것이다'의 판단은 이미 화자가 하고 있는 것이다. 그래서 '-ㅂ디어?' 구성이 이 발화에서 쓰일 수 있는 것으로 해석된다. 결국, '죄로 갈랍뎌'의 발화는 自問의 형식을 빌어 自答의 내용을 표현하는 발화인 것이다.

민광준(1993 : 14)에서는 '누가 오니?'의 문장을 가지고 설명의문문의 경우에는 문말하강조와 문말상승조로 나누고, 판정의문문의 경우에는 문말상승조로 나누어 컴퓨터로 억양을 측정한 바 있다. 여기서 나온 결과는 문말하강조의 설명의문문일 경우는 문말이 완전히 하강하는 모습이고, 문말상승조의 설명의문문일 경우는 완전히 상승하는 모습이었다. 또한 판정의문문일 경우에도 완전히 문말이 상승하는 모습을 보여주고 있다.

필자는 '장으 무시 쌉뎌?'의 구문과, 수사의문문에서도 '설마 나를 때리기사 헐랍디여?'의 구문과, '무엇허로 갈랍뎌?'의 구문을 연령에 따른 여러 계층의 화자들에게 발화하게 하여 채록한 것을 '음성 시각화 분석 컴퓨터'로 분석하여 보았다.

결과적으로 조사된 억양은 '장으 무시 쌉뎌?'의 구문처럼 확인의문문일 경우에는 문말이 상승되었다. 수사의문문의 경우는 자문과 반문으로 나뉘는데, 자문일 경우에는 문말이 하강하는 특징을 보이고, 반문일 경우에는 문말이 상승하는 특징을 보이고 있다.[22]

5. 결론

이 연구는 현지조사를 통하여 채록한 자료를 중심으로 전라방언에서 나타나는 '-ㅂ디어?'의 구성과 관련된 문장의 상대 경어법을 주로 고찰해 왔다.

이 과정에서 우리는 국어사의 변화과정이 항상 방언의 변화과정과 일치하는 것이 아님을 알 수 있었다. 방언에서는 화자들의 계층에 따라서, 또 화자들이 언어를 인식하는 태도에 따라서 언어현상이 변화를 보이고 있음을 알 수 있다.

이제 이 글에서 논의된 중요한 사항을 요약하면서 결론을 맺기로 한다.

첫째, 전라방언에서는 '-ㅂ디어?' 구성과 관련된 상대경어법 체계는 네 등급으로 구분된다. 합쇼체로는 '-ㅂ딩겨/등거?, -ㅂ디껴/겨?', '-ㅂ디어/아?, -ㅂ뎌/댜?', '-ㅂ디여/야?, -ㅂ디요?' 등이 쓰이고, 해요체로는 '-(더)ㄴ가요?' 구성이 쓰이며, 하게체로는 '-(더)ㄴ가?' 구성이 쓰이고, 해라체로 '-디아/야?, -디/데?, -드냐/나?' 등이 쓰이고 있음을 확인할 수 있었다. 한편, '-(으)ㄹ라-'에 연결되는 경우는 두 등급으로만 나누어 쓰이는데, 합쇼체로는 '-(으)ㄹ랍딩겨?, -(으)ㄹ랍디어?, -(으)ㄹ랍디요?' 등이 쓰이고, 해라체로는 '-(으)라디어?' 구성만이 쓰이고 있다.

둘째, 현대국어의 '-ㅂ니까?'의 구성에서 '-ᄂ-+-이-'가 축약되어 '-디-'

---

22) 이 연구에서 자연발화와 마이크를 대고 조사한 발화에서는 큰 차이를 보였다. 확인 의문문의 경우에는 모두 같은 억양을 보였으나 수사의문문에서 자문일 경우에는 자연발화에서는 문말을 내리는 것이 일반적인데, 인위적인 조사에서는 올리는 경향이 많았다. 이런 현상은 피조사자들이 긴장한 탓도 있고, 상대방이 있으므로 반문의 형식으로 발화한 것으로 이해된다.
한편, 동일한 내용의 수사의문문이 자문이나 반문으로 쓰일 수 있다. 여기서 自問은 답을 가지고 말하는 혼잣말인 경우를 말하고, 反問은 이미 답을 가지고 상대방의 동의를 구하는 듯한 형식의 수사의문문을 말한다.

로 화석화된 것처럼, '-ㅂ디까?'의 구성에서 '-디-'도 '-더-+-이-'가 화석화된 것으로 해석하였다. 경어법의 위계가 '-ㅂ디까?'의 경우에 '하오체' 이하로 떨어진 이유로는 화자의 심리적 요인이 작용하였음을 확인하였다. '-이-'가 축약으로 굳어지면서 방언 화자들은 이 형태소를 인식하지 못하고 오히려 '-습-'의 '화자 겸양'의 기능을 통하여 청자를 존대하는 '간접적 상대 경어법'을 구사하고 있었다. 이것은 '-습디요?'의 구성에서 청자를 존대하기 위하여 '-요'를 사용하는 경우와 아랫사람에게는 '-디/디야?'를 쓰는 경우를 통하여 확인하였다.

셋째, 전라방언의 '-ㅂ디어?' 구성은 연령별로 큰 차이를 보이고 있다. 6, 70대에서 60대 사이에서는 '쌉딩겨?, 쌉디어?, 쌉디요?, 쌉디겨? 싸든가요?, 싸든가?, 싸디아?' 구성이 쓰이고, 50대에서는 '쌉디어?, 싸던가요?, 싸던가?, 싸디아?, 싸디?, 싸드냐?' 구성이 쓰였으며, 40대에서는 '쌉디요?, 싸던가요?, 싸던가?, 싸디아?, 싸디?' 구성이 쓰이고 있다. 30대에서는 '쌉디요?, 싸요?, 싼가?, 싸디아?, 싸디/데?' 구성이 쓰이고 있고, 30대 미만에서는 '싸요?, 싸디/데?' 구성이 쓰이고 있음을 알았다.

넷째, 특이하게도 '쌉디요?'의 구성이 쓰이는데, 이것은 평칭 어미 '-여/야'에 대하여 존칭인 '-요'를 쓰고 있음을 밝혔다. '-ㅂ디요?'의 구성을 3, 40대 화자들이 쓰는 현상은 이 방언의 '-ㅂ디어/여?'의 구성에서 '-여'를 평칭으로 인식한 결과, '해요체'에 익숙한 화자들이 존칭으로 '-요'를 쓰는 것으로 해석하였다. 60대의 경우에도 '-ㅂ디요?, -ㅂ딩교?'의 구성이 쓰이고 있는데, 이 구성 역시 '해요체'의 발달에 말미암는 것이다.

다섯째, 전라방언에서는 '-ㅂ디어?' 구성과 '-디여?' 구성이 경어법상으로 대립 구성을 이루는데 이 관계 안에서 우리는 '-습-'이 여전히 화자 겸양의 기능을 하면서 상대를 높이는 '간접 청자 존대'의 방식으로 쓰이고 있음을 보았다. 이것은 화자의 문법에 대한 인식 변화 과정의 한 면으로 이해된다. 이 두 구성은 각각 그 역사적 출발점은 달랐으나, 전라방언 경어법의 체계 안에서 존대와 비존대의 체계로 자리하면서 '-습-'의 유무에 의해 그 존대의 기준을 삼는 것으로 해석하였다.

여섯째, 전라방언에서는 '-ㅂ디어?'의 구성이 '-(으)ㄹ라'와 결합하면 수사의문문으로 기능하는 특징을 보인다. 이 구성이 수사의문문에서 쓰일 때, 이미 이 방언의 화자들은 '-ㅂ디어?' 구성을 하나의 기능 구성체로 인식하고 있는 듯하다. 화용적 맥락을 고려하여 해석한 결과, 화자는 이미 발화에 대한 판단을 하고 있기 때문에, 그 판단을 과거 행위로 인식하여 '-ㅂ디어?'의 구성을 수사 의문문에서 쓰고 있는 것으로 해석하였다. 이 수사의문문은 자문일 경우는 문말이 하강되고, 반문일 경우에는 문말이 상승되는 특징을 보인다.

참고문헌

김민수 외(1991), 『국어대사전』, 금성출판사.

김웅배(1985), 「전남방언의 이중어미에 관한 연구」, 『어문논총』 7・8.

김중진(1984), 「전북 서남방언의 종결어미」, 『국어문학』 24.

김형규(1955), 『古歌註釋』, 백영사.

남기심・고영근(1993), 『표준 국어문법론(개정판)』, 탑출판사.

민광준(1993), 「한국어 의문문 인토네이션의 음향음성학적 분석과 합성음성을 이용한 지각실험」, 『어학』(전북대) 20.

서정목(1989), 「중부 방언의 '-(으)려(고)'와 남부 방언의 '-(으)ㄹ라(고)'」, 『이정 정연찬선생회갑기념 국어국문학논총』 3.

우창현(1992), 「제주 방언의 경어법에 대한 연구」, 『한국어연구』 24.

윤석민(1994), 「'-요'의 담화 기능」, 『텍스트 언어학』 2.

이기갑(1982), 「전남 북부방언의 상대높임법」, 『언어학』 5.

이기갑(1987), 「미정의 씨끝 '-으리-'와 '-겠-'의 역사적 교체」, 『말』(연세대) 12.

이승재(1985), 「경기지역의 청자경어법 어미에 대하여」, 『방언』 8.

이태영(1991), 「접속어미 {-관디}의 변천과정과 방언의 {-간디}」, 『갈음김석득교수회갑기념논총』.

이필영(1993), 『국어의 인용구문 연구』, 탑출판사.

이현희(1982), 「국어 의문법에 대한 통시적 연구」, 『국어연구』 52.

임홍빈(1984), 「문 종결의 논리와 수행 억양」, 『말』 9.

임홍빈(1985), 「현대의 {-삽-}과 예사높임의 '-오-'에 대하여」, 『선오당김형기선생팔질기념국어학논총』.

허 웅(1975), 『우리 옛말본』, 샘문화사.

황문환(1993), 「晋州河氏墓 한글 편지에 나타난 敬語法」, 『성균어문연구』 29.

제17장 ▌전북 방언의 특수조사에 대하여

1. 서론

이 글은 전라북도 방언을 대상으로 특수조사의 의미한정 기능을 규명하는 데에 목적이 있다. 현대국어 특수조사의 의미한정 기능을 파악하는 일은 중세국어에서부터 현대국어에 이르는 변천과정을 정밀하게 정리하고, 또한 여러 방언을 대상으로 연구하여 종합할 때에야 비로소 가능하리라 생각된다. 그러나 그러한 작업은 요원한 일이며 그러한 과정의 한 가지로 일부 방언을 대상으로 삼고자 한다. 따라서 이 글에서는 주로 체언에 연결되는 특수조사를 중심으로 고찰하여 보기로 한다.[1]

우리 국어의 특수조사들 대부분은 그 기원을 밝힐 수 없는 것을 제외하고는 대체로 실사에서 문법화한 결과로 생성된다. 이것은 우리 국어의 특수조사가 특징적으로 '의미'와 관련되어 있음을 나타내는 사적인 변화인 것이다. 이러한 이유로 특수조사의 연구에서 기원을 밝혀 그 기원에

---

1) 이 글에서 다루는 예문은 전라북도 완주군, 진안군, 임실군에 거주하는 60세 이상의 화자들의 자연발화가 대부분이다.

치우친 의미한정 기능을 파악하는 경향이 있는데 실사가 문법화하여 쓰일 때는 이미 그 기능의 변이가 수반되는 것이기 때문에 특수조사의 의미기능을 그 기원에만 의존하여 파악하려는 태도는 바람직하다고 할 수 없다. 인간의 언어가 발달하면 할수록 형태소의 기능이 확대되기 때문에 특수조사의 의미기능 또한 확대되어 사용되고 있음을 가정할 수 있다. 따라서 이 글은 전북 방언에서 특수조사들이 가지는 기본적인 의미한정 기능은 물론 의미기능까지를 살펴보고, 유사한 의미기능을 가지는 형태 간의 비교를 통하여 각각의 특수조사가 갖는 의미한정 기능(이하 의미기능)을 더욱 분명히 하고자 한다.[2]

2. 특수조사의 의미한정 기능

이 연구에서 다루고자 하는 특수조사는 '-허고, -랑', '-만치, -만, -보다', '-가치, -맹이로', '-부터, -까지', '-서, -다(가)', '-도', '-만, -나, -배끼', '-마다, -씩', '-은/는', '-야/사, -가(서)' 등이 있다.

1) '-허고'와 '-랑'

중앙어에서 공동격을 표시하는 '-와/과' 대신에 이 방언에서는 '-허고'가 그 기능을 대신하며 '-랑'이 '-허고'와 유사한 기능을 가진다. 그러나 이 두 형태는 문장구조와 그들이 쓰이는 위치와 의미기능에서 차이를 보

---

2) 특수조사에 대한 공통어의 연구로는 G. J. Ramstedt(1939), 최현배(1946), 양인석(1972), 고영근(1976), 채완(1977), 홍사만(1984), 이근용(1982) 등이 있고, 중세국어의 연구로는 서종학(1983)이 있으며, 방언에서의 연구로는 홍윤표(1978), 최명옥(1980) 등이 있다.

인다.

'-허고1'은 비교를 나타내는 구문, 즉 'NP1이 NP2허고 VP'나 'NP허고 NP허고 NP이 VP'의 구성을 이루면서 '비교의 대상'을 표시한다.

> (1) ㄱ. (x가) 장기판허고 같은 거여
>   ㄴ. (x가) 그것허고는 틀린 것이고
> (2) ㄱ. 경상도허고 여그허고 말이 달러
>   ㄴ. 말이 경상도허고 달러
> (3) ㄱ. 여그허고 이리허고 토질이 달코
>   ㄴ. 토질이 이리허고 달코

'-허고1'이 관여하는 비교구문에서 'NP1이 NP2허고 VP'의 문장이 변형되어 'NP허고 NP허고 NP이/가 VP'의 구조를 갖게 된다. (2ㄱ)은 비교의 대상이 둘 다 문장에 나타날 때 쓰이나, (2ㄴ)은 비교의 대상 중 하나가 전제되고 있기 때문에 생략된 문장이다. (3)에서도 마찬가지인데 '-허고1'이 관여하는 문장에서 비교의 대상이든 비교의 기준이든 화자나 청자가 알고 있는 구정보는 생략된다. '-허고1'이 관여하는 비교구문은 반드시 VP가 '같다, 다르다, 닮다' 등의 의미를 가져야만 한다는 점에서 다른 비교구문과 차이가 있다.

'-허고2'는 '공동'의 의미를 나타낸다. 이때 '-허고' 뒤에는 '함께'라는 부사가 나와 '-허고'의 기능을 명백히 해주고 있다. '-허고2'가 가지는 '공동'의 의미를 '-랑'도 역시 가진다.

> (4) ㄱ. 어린 것들허고{ㄴ. 이랑} 어뜨케 살얼라고리여?
> (5) ㄱ. 돈이 없는 사람들허고(ㄴ. 이랑} 함께 갈라머는

(4, 5)에서 ㄱ, ㄴ은 의미상의 차이가 전혀 없는 듯하다. 그러나 이와는 달리 비교구문이나 '열거'를 표시하는 구문에서는 '-허고'가 '-랑'으로 교체될 수 없다.

'-허고3'는 'NP허고 NP허고……'구성으로 '열거'를 표시한다. 이때 나열되는 NP들은 대부분 서로 동질적인 관계에 있다.

(6) 부모 삼년상허고 제앙(＝제사)허고 세번 가먼 끝난다고 그려

한편 '-허고2'와 '공동'의 같은 의미를 갖는 '-랑'은 '-허고'와 상당한 차이를 보인다.

(7) 새끼{ㄱ. 랑, ㄴ. 허고} 주서 먹고
(8) 운이한티{ㄱ. 랑은, ㄴ. *허고는} 누가 기별혀?
(9) 여그 이빨{ㄱ. 이랑, ㄴ. *허고} 있잔여

(7)에서는 '공동'의 의미를 같이 가지기 때문에 ㄱ과 ㄴ의 교체가 가능하다. 그러나 (8, 9)에서는 ㄱ과 ㄴ이 교체되지 않는다. '-허고'는 선행체언이 반드시 명사이어야 하나 '-랑'은 특수조사도 지배하는 것을 보여준다. (8, 9)에서 '-랑'은 '공동'의 의미가 아니라 최종적인 NP를 '포함'하는 의미한정 기능을 가진다. (8ㄱ)은 앞에 몇 명의 사람이 전제되고 또 '운이한티'는 누가 기별하느냐는 의미이고, (9ㄱ)은 앞에 몇 개의 NP가 전제되고 또 '이빨'이 있다는 의미로 '포함'의 의미를 가진다.

2) '-만치', '-만'과 '-보다'

비교란 둘 이상의 대상물 사이에서 일어나는 것으로 사물의 성질 및

모양 그리고 그 사물 상호간의 관계의 다양한 등급을 표시하기 위해 성립되는 것이다. 따라서 어떤 하나의 대상물의 상태나 조건 또는 성질을 기술하는 경우에는 비교의 영역에서 제외를 시켜야 할 것이다(홍윤표, 1976 : 201). 이 방언에서 '-마치/만치', '-만, -만도, -만이나', 그리고 '-보다/보담/보단' 등은 비교구문에서 쓰이는 특수조사로 '비교의 대상'을 표시한다.3)

(1) -마치/-만치

이 형태들은 '비교의 대상'을 표시하는 데 쓰이나(10ㄱ, ㄴ), 때로는 부사 등에 연결되어 상태·정도를 나타내는 구문에서도 쓰인다(10ㄷ).

> (10) ㄱ. 씨기는 그전마치 덜 써도
> ㄴ. 우리는 바다에서 사는 사람만치 모르닝게
> ㄷ. 사람이 없는 경우에 쪼고만치(=조금만치) 찔라먼 여그다 쩌

(10ㄱ, ㄴ)에서와 같이 '-마치/만치'는 반드시 열세 비교구문에서만 쓰인다. 이때 (10ㄱ)에서 비교의 기준은 '씨기(=쓰기)'가 되고 비교의 대상은 '그전'과 '지금'이 된다. (10ㄴ)에서는 비교의 기준이 화자와 청자가 알고 있는 구정보이기 때문에 생략이 되었고 비교의 대상만이 나타난다.

(2) -만, -만도, -만이나

본래 '-만'은 '한정'의 기능을 하는 특수조사인데 비교구문에서 '비교의 대상'을 표시한다. 이때 '-만'에 '-도'나 '-이나'가 붙어 약간 의미를 달리한다.

---

3) '-가치', '-맹이로(모냥으로)'가 비교표시의 특수조사로 처리되어 왔으나, 이것들은 두 개의 비교의 대상을 가지지 못하기 때문에 비교표시 특수조사로 처리되어서는 안된다. 본고에서는 이들을 '유사'표시 특수조사로 처리한다.

(11) ㄱ. 그것은 고추농사만 못혀
　　　ㄴ. 키가 저놈만(이나) 헐 꺼여
　　　ㄷ. 짐승만도 못헌 사람이 있어

　(11ㄴ)에서처럼 '-만'은 단독으로 쓰여 同等의 정도를 나타내는 구문에 쓰이고, (11ㄱ)에서처럼 열세의 정도를 나타내는 구문에서도 쓰인다. 그러나 '-이나'가 첨가되어 '-만이나'로 쓰일 때는 반드시 동등비교에만 쓰이고, '-만도'가 쓰일 때는 뒤에 부정 서술어, 즉 '못하다'는 VP가 나오면서 열세비교를 표시한다.

(3) -보다

　'비교의 대상'을 표시하는 '-보다'에는 '-ㅁ'이나 '-는', '-도'가 첨가되기도 한다. 이 '-보다'는 모두 차등비교구문에서 쓰이는데 우세비교일 때만 사용된다.

(12) ㄱ. 지금은 엘로(오히려) 논농사보단 이문이 있다고
　　　ㄴ. 그전으 부잣집은 뒤안이 앞으보다 널뤘어
　　　ㄷ. 혼사 이루어지는 것이 요새보단 삼 배나 더 거시기 헐 껏이여

　'-보다'가 쓰이는 구문은 'NP이 Np보다 VP'의 구조인데 이때 'NP1'은 비교의 기준이 오거나 비교의 대상이 온다. 그러나 보통 화자나 청자가 알고 있는 기준이나 대상 중의 하나는 생략된다. 'NP2'는 반드시 비교의 대상 중의 하나이다. 이 '-보다'구문이 열세비교에서도 사용되는 것으로 생각하기 쉬우나 이것은 젊은 층에서 주로 쓰이는 것으로 공통어의 영향이나 비교영역의 확대에 말미암은 듯하다.

(4) -허고

2절 1)에서 살펴본 바와 같이 '-허고'는 비교구문에서 사용되는데 이때 VP는 '같다, 다르다, 틀리다' 등이 온다. VP에 '다르다'가 쓰일 때는 주로 'NP허고 NP허고 NP이 VP' 구성이 쓰이고, '같다'일 때는 'NP1이 NP2 허고 VP'가 쓰인다. 이러한 구문상의 차이는 VP가 '다르다'일 때는 화자와 청자간에 전제되는 것이 막연한 데 비하여, '같다'일 때는 전제되는 비교의 기준이나 비교의 대상이 명백하기 때문에 이러한 구문상의 차이가 있는 듯하다.

3) '-가치'[4)]와 '-맹이로'

'-가치'와 '-맹이로'는 이 방언에서 '유사'를 나타내는 특수조사로 쓰이며, 공통어의 '-처럼'과 비슷한 기능을 하는 특수조사로 비교구문에서는 쓰이지 않는다. '-가치'는 상태동사 '같다'에서 문법화한 특수조사로 '같다(동일)'의 의미가 약화되면서 '유사'의 의미를 나타내는 듯하다. '-맹이로' 또는 '-모냥으로'는 '명사 '모양'＋조격조사 '으로''의 구성으로 이루어져 특수조사가 된 것이다. '맹이네, 맹이다'로도 쓰이는 것으로 보면 '맹(모양)'은 명사임을 알 수 있다.

> (13) ㄱ. 납을 엽쩐가치 {ㄴ. 맹이로, ㄷ. 처럼} 맹글어가꼬서
> (14) ㄱ. 전주가치 {ㄴ. 맹이로, ㄷ. 처럼} 기후가 다순 디는
> (15) ㄱ. 여그가 콩알맹이로 {ㄴ. 가치, ㄷ. 처럼} 톡 불키드래야
> (16) ㄱ. 산이다가 목장맹이로 {ㄴ. 가치, ㄷ. 처럼} 키야지

---

4) G. J. Ramstedt(1939 : 153)은 'similar to', 'as', 'like'로 보고 있다.

'-가치'와 '-맹이로'는 서로 교체해도 의미차이가 생기지 않는다. '-처럼'으로 교체해도 마찬가지이다. 이 두 형태는 개화기 소설에서 많이 발견된다.

    (17) ㄱ. 모시치마 적오리에 머리도 녀학싱모양으로 쪽졌다(무정,20)
          ㄴ. 십여년전 일이 활동샤진모양으로 휙휙 싱각이 난다(무정,31)

이 '-맹이로'는 전북 일부 지방에서 '-맹키로, -맨치로' 등으로 쓰이는데 이것은 '-가치'와 '-맹이로'가 서로 혼태되어 쓰인 것으로 생각된다. 전남과 접촉지역인 고창이나 정읍지역에서는 '-가치로'와 같은 혼태형이 발견된다.

4) '-부터'와 '-까지'

(1) -부터[5]

'-부터'는 '-부텀/부톰'으로도 실현되며 '행위 또는 상태가 시작되는 기점'을 표시하는 '-부터1'(18ㄱ, ㄴ)과 '상태나 행위의 영향을 가장 먼저 받는 대상'을 가리키는 '-부터2'(18ㄷ, ㄹ)로 구별된다.

    (18) ㄱ. 작년부톰 어른들이 와서 놀아요
          ㄴ. 앞으서부톰 잡아 댕기가꼬
          ㄷ. 망건부톰 씨고 갓 씨고

---

5) 최현배(1971 : 640)은 '시작', Ramstedt(1939 : 157)은 'passing through', 'via', 'from', 'starting from', 'counted from', 양인석(1972 : 59)은 'starting from', 성광수(1978 : 181)는 '시작' 등으로 보아 거의 대부분의 rus해는 '시작'으로 압축된다. 그러나 홍윤표(1978 : 55)는 '출발점' 표시의 특수조사로 보았다. '시작'과 '출발점'의 의미가 거의 유사한 것으로 느껴질지 모르나 '출발점'이란 '행위 또는 상태가 시작되는 기점'이란 의미이기 때문에 단순히 '시작'이란 의미와는 전혀 다르다.

ㄹ. 전주부터 가가꼬

'-부터1'은 대부분 시간이나 장소명사에 붙어 기능하고 '-부터2'는 대부분 구체명사에 붙어 기능한다. 공통어에서 '-부터'가 '시작'을 나타내는 것으로 보고 있으나, '-부터'를 단순히 '시작'이란 의미한정 기능으로 보는 것은 무리이다.

   (19) ㄱ. 욱이서부톰 그런 문제가 나왔을 쩍으
       ㄴ. 저 밑에 산밑이서부톰 저 우여 면사무소 우여까지 있었어

'-부터'가 처소명사에 연결되어 'NP에서부터'의 구성을 이루어 '-부터1'의 기능을 수행한다. 이때 '-에서'의 기능 중 소위 탈격의 기능으로 보면 그때의 '-서'는 '상태나 행위가 시작되는 처소'를 표시하는 형태로 볼 수 있다. 이것은 곧 '-서'가 '시작'의 의미한정 기능을 하는 것으로 이해된다. 따라서 '-부터'는 '출발의 기점'을 나타내게 된다.

한편 시간명사에 붙는 '-부터'는 '-NP부터서'의 구성을 이루는 경우가 많다.

   (20) ㄱ. 보름날부터서 스무날까장 놀고
       ㄴ. 작년부터서 여물가마니를 몽땅 쓸어가지고

이때의 '-서'는 '-에서'의 '-서'와는 그 기능이 다른 듯하다. 왜냐하면 용언에서 문법화한 특수조사는 대부분 뒤에 '-서'가 연결되는데(형님보고서, 어린 것들허고서 등) 이것은 활용어미인 '-서'가 연결된 것으로 보인다.

(2) -까지6)

'-부터'와 정반대의 의미한정 기능을 하는 '-까지'는 '-까장/까정'으로도 실현된다. 중세국어의 'ㆆ, 장(ㄱ장)(極, 限, 邊)'에서 변천된 형태로 '-부터'와 마찬가지로 선행체언의 의미자질에 따라 그 기능을 달리 한다.

> (21) ㄱ. 볼 일이 있어 삼례까장 가따 온게
>   ㄴ. 일곱시까장은 춥도 않고 더웁도 않고

'-까지1'은 장소나 시간을 나타내는 NP에 붙어 '행위나 상태가 끝나는 착점'을 표시한다. 그러나 다음과 같은 구체명사일 경우에는 '-까지1'의 의미한정 기능으로는 설명되지 않는다.

> (22) ㄱ. 시한에 책까장 {ㄴ. 도} 한 권씩 보내준담선
> (23) ㄱ. 아이 근디 담배까지 {ㄴ. 도} 대야건네

이때 '-까지2'의 기능은 '상태나 행위가 최종적으로 미치는 대상'을 표시한다. 이러한 '-까지2'의 기능은 '-부터2'와는 정반대가 되는 것으로, 우리는 '-부터'와 '-까지'가 한 문장에서 사용되는 예를 통하여 그 의미한정 기능이 정반대가 됨을 쉽게 알 수 있다. (19ㄴ)과 (20ㄱ)에서 기점과 착점이 명확히 나타난다.

'-까지2'가 마치 '-도'의 기능을 하는 것처럼 보이는 경우는 (22, 23)의 예인데 사실상 '-도'와 '-까지'의 기능에는 분명한 차이가 있다. (22ㄱ)의

---

6) 최현배(1971 : 641)는 '도급', Ramstedt(1939 : 153)은 'up to', 'until and including', 'till', 양인석(1972 : 59)은 'even', 'including', 채완(1977 : 52)은 '역시', '일어날 가능성이 가장 적은 극단적인 예라고 화자가 판단함', 성광수(1978 : 182)는 '한도', 홍윤표(1978 : 55)는 '도착점' 표시 특수조사로 보고 있다. 이 글은 '도착점'의 견해와 일치한다. 한편 '-까지' 와 유사한 기능으로 '-한지라'가 쓰이는데 이것은 주로 여자들이 사용하는 형태로 보인다. 이 형태는 주로 구체적인 보통 명사에 연결되어 쓰인다.

문장은 '책'이 최종적으로 선택된 것이나, (23ㄴ)의 문장은 '책'이 마지막이 아니며, 책 이외에 어떤 다른 것이 또 선택될 수 있는 것이다. (23)의 문에서도 ㄱ은 최종적이지만 ㄴ의 '-도'는 담배도 대고 또 무엇을 댈 여지가 있음을 보여준다.

'-까지2'가 수표시어에 연결되어 최종적인 수치를 표시하는 것으로도 '-까지2'의 기능은 명백해진다.

(24) 잘 파는 사람은 삼백원까장 받았어

5) '-서'와 '-다'

(1) -서

특수조사 '-서'의 의미한정 기능은 그 분포가 매우 다양하기 때문에 기원만을 고려하여 해석하려 한다면 결론을 얻지 못하리라 생각된다. 현대 국어에서 '-서'의 기능은 그 기능이 확대되었음을 가정할 수 있고 따라서 통사구성에 따라 그 기능이 새로이 조명될 수 있다고 믿는다. 그러나 이러한 작업은 기본적으로 통시적인 고찰이 선행되어야 하기 때문에 차후로 미루고 본고에서는 환경을 국한시켜 부분만을 다루고자 한다.

전북 방언에서 처격을 나타내는 조사로는 '-에', '-에서', '-에다', '-에가' 등이 있다. 이때 '-에서'와 '-에다'는 문구성에서 대조되는 차이를 보이는데 '-에서'나 '-기서'의 '-서'는 '시발성'을. '-에다'나 '-기다'의 '-다'는 '도달성'을 나타낸다.7) 종래의 견해대로 모든 '-서'를 기원을 좇아 '있다'의 의

---

7) 박양규(1972 : 40)는 '-서'의 의미를 '있다'로, 이숭녕(1976), 성광수(1978 : 194)도 '있다'의 의미로 보았다. 그러나 서종학(1983 : 59)은 15세기 국어에서 '-셔'는 의미의 확대로 '출발적 처소'를, '-다가'는 '도달적 처소'를 나타낸다고 보았다. 필자는 중세·근대국어에서 '-꾀셔', '-의게셔', '-에서', '-로셔' 등의 '-셔'가 동일하게 설명될 수 있으리라는

미로 본다면 '-서'의 기능은 '존재 전제'를 나타내는데 '농부가 논에서 모를 심는다.'에서 굳이 이 문장을 '농부가 논에 있어 모를 심는다.'로 분석하여 농부가 있는 처소를 전제해야만 하는 필연적인 이유가 있는가? '농부가 논에 있어 모를 심는다.'의 문장이 공통어의 화자들에게 무리없이 받아들여질 수 있는 문장인지는 의심스럽다. 필자가 살펴본 바로는 이러한 문구성은 통시적인 연구에서 살펴볼 때 중세국어나 근대국어에서는 가능했던 문장이지만 적어도 현대국어에서는 그러한 통사구성이 변화를 일으켰음을 알 수 있다.

처소는 그것이 인간의 행위, 그리고 자연의 상태와 관련되는 한, 단일하게 '존재'의 의미만을 가지면서 쓰일 수는 없다.[8] 상태가 이루어지고 있는 존재성을 가진 처소가 있는 반면, 행위가 시작되는 처소와 행위가 미치는 처소, 그리고 행위의 방향성을 띤 처소도 있을 수 있는 것이다. 그러한 연유로 처격조사 '-에'에는 '-서', '-다', '-로' 등이 연결될 수 있는 것이다. 따라서 이 글에서는 '-에서', '-기서'의 '-서'를 '시발'의 의미를 갖는 특수조사로 처리한다.

(2) -다(가)

'-다가'는 방언에서 '-로다가', '-에다(가)' 등에서 나타난다. 이것은 역사적으로 '-을다가'의 구성에서 '-로다가'로 격지배 변동이 되고, 이 '-다가'가 문법형태소로 기능하면서 '-에다가'의 구성이 이루어진 것이다. '-다가'는 중국어의 '把(將, 拿)'의 번역시 사용된 것으로 중국어의 '把'의 기능은 목적어를 강조하는 데 있었기 때문에 우리 국어에서도 그대로 '강조'

생각을 갖고 있다. 이 점은 차후로 미루어 고찰해 보고자 한다.

8) '존재'를 나타내는 문장은 중세국어와 근대국어 문헌을 검토해 보면 그 통사론적 구성의 변화를 쉽게 알 수 있다. 따라서 '-서'에 대한 연구도 이러한 '존재'를 나타내는 통사구성의 사적 검토가 선행되어야 할 것이다.

의 기능을 한 것으로 보인다.

> (25) ㄱ. 연필로다가 그림을 그려라
> ㄴ. 논에다가 거름을 주는디

'-에다(가)'는 '-에다'로 줄여져 쓰이는 것이 일반적인데, '-로다가'와는 달리 '-에다'는 공시적으로 하나의 기능을 수행하는 형태소로 기능하기 때문에 '-에서'를 하나의 형태소로 보려 한다면 '-에다'도 '도달적 처소'를 나타내는 하나의 형태소로 처리해야 한다. 그것은 구어에서 모든 화자들이 '-에'보다는 '-에다'를 쓰고 있기 때문이다. 20세기 초기 문학 작품에서도 '-에' 대신에 '-에다'가 거의 대부분 쓰이고 있음은 '-에다'가 하나의 형태소로 처리될 수 있음을 보여준다고 하겠다.

6) '-도'

'-도'는 가장 기본적인 의미로 '역시', '극단표시'의 의미기능을 가진다.[9]

> (26) ㄱ. 시내도 두부 있잖아(농촌과 마찬가지로 시내 역시)
> ㄴ. 오늘도 비오게 생겼어(어제와 마찬가지로 오늘 역시)
> ㄷ. 우리도 그 내력을 모른다고(다른 사람과 마찬가지로 우리 역시)

문구성이 'NP도＋부정의 VP'의 구성을 이루는 경우가 있다. 이때 NP는 수표시어인 경우인데 이때의 '-도'는 '극단'을 나타낸다. 이때 문 전체의 의미는 '극단의 부정'을 뜻한다.[10]

---

9) 최현배(1971 : 639)는 '동일', 양인석(1972 : 59)는 Ramstedt와 같이 'also, too, even'을 나타낸다고 보고, 채완(1977 : 39)은 '역시, 극단적인 요소표시, 강조'로, 성광수(1978 : 171)는 '포함'으로 보고 있다.

> (27) ㄱ. 낚씨질을 한 번도 못가고
> ㄴ. 하나도 없다
> ㄷ. 아홉시도 다 못 되었고만

동일한 문구성에서 NP가 수표시어가 아닌 명사일 때 '-도'는 공통어의 '-조차'와 같은 기능을 하는 듯하다. 이때 '-조차'가 대부분 부정의 서술어와 어울린다는 점도 이 '-도'와 일치한다(채완, 1977 : 47).

> (28) ㄱ. 신 삼을 쫑(=줄)도 모른 이 쌨고
> ㄴ. 꼬뚜래도 없이 매놨어
> ㄷ. 그 뒤는 나물도 못쑤어 먹었지

7) '-만', '-나', '-배끼'

(1) -만[11]

'-만'은 어떠한 NP에 붙든지 그 성분을 강하게 '한정'해주는 기능을 일차적으로 가지는데, 이것은 다른 특수조사가 갖는 '강조'나 '한정'의 의미와는 의미의 차이가 크다.

'-만'은 일차적인 기능으로 '한정'의 의미를 가지나 선행 NP와 문맥에 따라 이차적인 기능으로 '단독'이나 'exactly(꼭)'의 기능을 설정할 수 있다.

> (29) ㄱ. 대문만 잠그면 안나가닝게
> ㄴ. 출장비는 고만 두고 재료비만 주쇼

---

10) 홍사만(1974 : 136)은 '-도'가 '극단의 부정'을 나타내는 경우를 들고 있으나 이것은 '-도'가 가지는 의미가 아니라 문전체에서 생긴 의미이다.

11) 최현배(1971 : 639)는 '단독', 양인석(1972 : 59)은 'only, exactly, limitation', 채완(1977 : 30)은 '적극적 선택에 의한 단독', 홍윤표(1978 : 54)는 '단독, 한정, 정도'로, 성광수(1978 : 186)는 '제한'으로 그 의미기능을 파악하고 있다.

여기서 '-만'은 '단독'의 의미기능을 하는 것으로 볼 수 있다. 그러나 NP가 수표시어일 때는 '단독'의 의미는 전혀 없다.

> (30) ㄱ. 암놈 하나 숫놈 하나 두 마리만 있이면
>   ㄴ. 까지 다섯푀기만 심거노면

여기서 '-만'은 오직 'exactly'의 의미가 있을 뿐이다. 이 '-만'의 'exactly' 의 기능은 뒤에서 '-나'의 의미기능과 대조된다.

NP가 시간이나 기간을 나타낼 때는 강한 '한정'의 의미를 분명히 가진다. 이때 '-만' 뒤에 처격조사 '-에'가 붙는 경우가 많다.

> (31) ㄱ. 심군 오십일만에 먹는다고 쉬나리
>   ㄴ. 이틀 저녁을 자고 사흘만에 돌아와
>   ㄷ. 우리 장가갈 쩍에만 히도

(31ㄱ, ㄴ)은 'exactly'의 의미가 아주 강하나 ㄷ에서는 '우리 장개갈 때'가 '단독'이나 'exactly'의 NP로서는 부적절함을 알 수 있다. '한정'의 NP로서만 적절할 뿐이다. 따라서 '-만'의 일차적인 의미기능은 '적극적 한정'을 들 수 있으며, '단독'이나 'exactly'는 선행 NP나 문맥에서 오는 이차적인 의미기능으로 볼 수 있다.

(2) -나[12)

유사한 기능을 하는 형태는 상호비교를 통하여 기능을 더욱 분명하게 파악하는 것이 이상적인 방법임에 틀림 없으나, 비교에 우선하여 각기

---

12) 최현배(1971 : 642)는 '선택, 개산'을, 채완(1977 : 34)은 '단독, 소극적 선택, 부정적 평가 (나1)', '강조(나2)'로 보고 있다.

형태의 기능이 보다 깊게 이해되어야 한다. 대부분의 특수조사가 대조되는 대상의 형태가 있는 것처럼 이 '-나'도 '-만', '-배끼'와 대조된다. 우선 이 '-나'가 가지는 기능을 살펴보기로 한다.

'-나'는 문장에서 과거시제와는 관계하지 못하고 현재나 미래시제와만 관계하는 특징이 있다. 과거시제가 쓰이는 경우에는 반드시 추측을 나타내는 문장이어야 한다. 그러나 '대략, 비교구문에서 대상표시, 병렬'의 기능을 가진 '-나'는 시제와는 무관하다.

'-나1'의 일차적인 의미기능으로는 '소극적 한정'을 나타낸다. 이때는 대개 현재시제와 미래시제와만 관계하고 과거시제일 경우에는 반드시 추측문이 된다.

> (32) ㄱ. 사과나 좀 사고 종오때기나 가꼬가서
> ㄴ. 점심이나 먹드라고

'-나2'는 정도를 나타낼 때 쓰이는데, 이때는 '대략'의 의미를 갖는다. 이때 NP는 반드시 수표시어가 와야만 한다. '-나1'에서 '소극적'이란 의미는 이 '대략'이란 의미와 일치하는 듯하다. 대개 문장에서 '대략'의 의미를 나타내는 부사가 공기한다.

> (33) ㄱ. 궁게 차이가 건장 한자나 다섯치 이상 된단 말여
> ㄴ. 똑 엠병 한 삼년이나 치른 사람 같어단 말여

앞에서 NP가 수표시어일 때 '-만'의 기능으로 'exactly'를 들었는데 이것은 '-나2'의 '대략'이란 의미와 대조가 된다.

'-나3'는 비교구문에서 '비교의 대상'을 표시한다.

(34) ㄱ. 써리나 비슷헌 것이고만
　　ㄴ. 요새 같으면 봄이나 한 가지여

‘-나3’는 ‘-허고’와 교체가 가능하나 의미기능면에서나 구문 상에서 차이가 있다. 즉 ‘-나3’는 ‘소극적, 대략적’인 의미가 있으나 ‘-허고’는 그런 의미가 없고 ‘-허고’구문은 ‘NP허고 NP허고 NP이 VP’의 구성을 이루나 ‘-나3’는 그렇지 못하다.

‘-나4’는 ‘NP나 NP’의 구성으로 ‘선택적 병렬’을 나타낸다.

(35) ㄱ. 함팔로 보통 둘이나 서이 오도만
　　ㄴ. 막걸리나 소주만 먹어서

‘-나5’는 수표시어에 붙어 일정한 기준치를 ‘초과’했다는 의미를 가진다.

(36) ㄱ. 내가 두 번이나 갔어
　　ㄴ. 설탕물을 두 그륵이나 먹었어

‘-나’는 문맥에 따라 ‘대략, 비교의 대상 표시, 선택적 병렬, 초과’의 의미기능을 가지지만, 그 기저의 일차적인 의미로는 ‘소극적 한정’의 의미가 있다.

(3) -배끼

‘-배끼’는 ‘-밖에’에서 변화된 형태로 ‘-빼끼’로도 실현된다. 이 ‘-배끼’는 문에서 서술어가 부정의 의미를 가진다. 그러나 문의 의미는 긍정이다.

(37) ㄱ. 짝은 괴기배끼 못잡거든
　　ㄴ. 한 잔배끼 안먹었어

여기서 '-배끼'는 '최소'의 의미기능을 갖는다. 이제 NP가 수표시어일 때 '-만', '-나', '-배끼'는 어떻게 대조될 수 있는가를 알아보기로 한다.

(38) ㄱ. 다섯 개만 먹어라

　　　ㄴ. 다섯 개배끼 못먹었다.

　　　ㄷ. 다섯 개나 먹었다

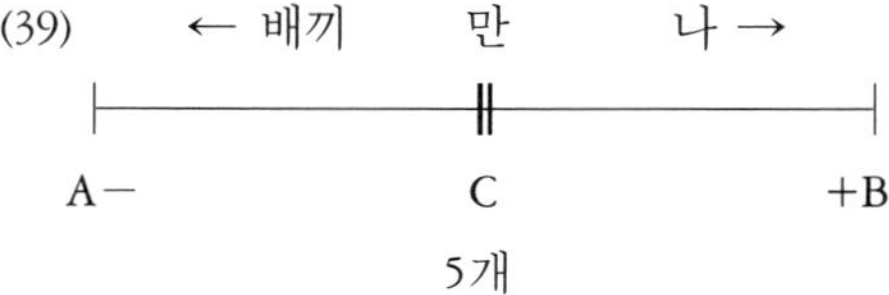

　　　A−B : 화자의 인식 영역

　　　A−C : '-배끼'의 영역

　　　C−B : '-이나'의 영역

　　　C : '-만'의 영역(이때 C는 화자의 목표점)

(39)에서처럼 C가 일정한 기준치라면 A−C인 '-배끼'는 '최소'의 의미를 가지고, C−B인 '-이나'는 '초과'를, C인 '-만'은 'exactly'의 의미기능을 나타낸다.

8) '-마다'와 '-씩'

(1) −마다[13]

'-마다'는 대개 '-마도'로 실현되고 한자어로는 '齊'으로 표시된다. 대부

---

13) 최현배(1971 : 640)는 '일양(一樣)'으로, 양인석(1972 : 59)은 'each, every'로, 최명옥(1980 : 62)은 '공평 표시'로 보고 있다.

분 선행 NP가 〔+place〕나 〔+time〕의 자질을 가지는 듯하며 이 자질에 따라 의미기능은 달라진다.

> (40) ㄱ. 시방은 집집마도 하나씩 다 있어
>   ㄴ. 농촌은 지금도 호호당 하나썩 다 있어

NP가 처소명사일 때는 '개별'의 의미기능을 가진다. 그러나 시간을 나타내는 명사일 때는 '반복'의 의미기능이 있다.

> (41) ㄱ. 저녁마다 찾아와 가꼬
>   ㄴ. 일헐 때마도 히양게

(2) -씩[14)

'-씩'은 '-썩/쓱'으로도 실현되며, 선행 NP는 반드시 수표시어가 와야만 한다.

> (42) ㄱ. 한 오천원씩 내놓기로 말허면
>   ㄴ. 한 그륵썩 먹고 말어

'-마다'와 '-씩'이 동일한 의미기능을 수행하는 것으로 보는 견해가 많으나 이 두 형태는 문장 구성이나 의미기능에 있어서 현격한 차이를 보인다.

우선 '-마다'는 선행 NP가 장소명사나 시간명사인 데 반하여, '-씩'은 반드시 수표시어가 와야 한다. (40ㄱ, ㄴ)에서 한 문장에 '-마다'와 '-씩'이 함께 나오는데 이때 두 형태의 의미차는 명백해진다. 즉 'A라는 집에

---

14) 최현배(1971 : 640)는 '일양'으로, 최명옥(1980 : 62)은 '공평 표시'로 보고 있다.

도 하나 B라는 집에도 똑같이 하나'라는 뜻을 가진다. 따라서 '-씩'은 '공평'을 표시한다.

9) '-는'15)

공통어의 연구에 있어서 '-는'은 대개 '주제(topic)' 또는 '대조'를 나타내는 것으로 알려져 왔다. 그러나 이 방언에서 60세 이상의 화자의 발화에서는 'NP는'이 항상 문두에 위치하는 특징을 보이기 때문에 '주제(topic)'를 나타내는 것으로 해석된다.

    (43) ㄱ. 이것은 지금도 많이 씨는디
         ㄴ. 들녁으서는 이걸로 논을 골라

따라서 이 방언의 60세 이상의 화자가 (44ㄱ)의 문을 청취했다면 즉시 거부감을 갖게 될 것이다. 그러나 (44ㄴ)는 자연스러운 문장이 된다.

    (44) ㄱ. ?산이 한국에는 많다
         ㄴ. 한국에는 산이 많다

LI & Thompson(1976 : 461-466)은 우리 국어를 주어 및 주제가 현저한 언어라고 규정하고 주어와 주제의 차이를 설명하면서 "주제는 문두에서 실현되나 주어는 그렇지 않을 수도 있다. 정보전달의 선적 구성에서 주제는 먼저 소개되어야 하지만 주어는 그렇지 않기 때문이다."라는 견

---

15) 최현배(1971 : 638)는 '상이', 이숭녕(1961 : 150)은 '주제격'이라 하고, '이야기의 주체가 되는 것'을 표시한다고 보았다. 임홍빈(1972)은 '주제(topic)', 채완(1977)은 '화제(topic)', '대조'로, 성광수(1980 : 167)는 '지적'으로 해석하고 있다.

해를 보이고 있다. 이 견해에 따라 '주제'를 나타내는 형태를 이 방언에서 찾는다면 그것은 '-는'이 분명하다.

'-는'이 '대조'의 의미기능을 가진 것으로 공통어에서는 보고 있으나 이 방언에서 '-는'은 공통어와는 달리 뚜렷한 '대조'의 의미를 갖지 못한다. 다만 그 '대조'의 개념은 '주제'의 개념 속에 포함되어 있을 뿐이다.[16]

두개의 대상을 비교 또는 대조하고자 할 때는 다음과 같은 구조를 이루는 것이 일반적이다.

> (45) ㄱ. 밭호무는 쬐깐허고 논호무는 크고
>   ㄴ. 쓰기는 그전마치 덜 써도 있기는 다 있어

(45)의 문장은 문장과 문장의 대조 또는 비교이지 NP의 비교나 대조가 아니다. '대조'의 개념은 문구성에서 느껴지는 개념일 뿐이다. 이때도 역시 '-는'은 '주제'를 표시한다.

10) '-야/사'와 '-가(서)'

(1) -야/사

이 형태는 중세 및 근대국어에서 '강조'를 나타내던 형태이다. 이 방언에서는 '-사'가 훨씬 우세하게 쓰이고 있는데, 이 '-야/사'는 '당위적 강조'의 의미기능을 수행한다.

---

16) 임홍빈(1972 : 7)은 '주제(topic)'란 술어는 '대립, 배제, 강조' 등의 기능을 포괄할 수 있을 뿐만 아니라, 부사 및 부동사 뒤에 연결되는 {-은/는}의 기능도 포괄할 수 있으며, {-은/는} 속에 암시적으로 함축되는 '한정'의 기능까지도 포괄할 수 있다고 말하고 있다.

(46) ㄱ. 괴기만 먹음사 좋지

　　　ㄴ. 씨기야 여러 가지로 쓰이지

그러나 시간을 나타내는 성분에 연결되는 '-야/사'는 '이미 때가 늦었음'을 '강조'한다.

(47) ㄱ. 인자사 나와가꼬 어뜨케 헐라고려?

　　　ㄴ. 다 먹은 뒤에사 불르먼 멋혀?

(2) -가(서)

전북 방언에서 '-가(서)'의 형태는 '-이가(서)', '-에가(서)', '-기가(서)', '-한테가(서)', '-에다가(서)', '-기다가(서)', '-한테다가(서)', '-로가서, 을가서' 등에서 살펴볼 수 있다. 이 '-가(서)'는 동사 '가다'의 부동사형이 문법화한 것으로 본도 방언뿐만 아니라 우리나라 거의 모든 방언에서 살필 수 있다. 이 형태에 대해서는 이미 이태영(1984)에서 언급한 바 있으므로 여기서는 간략한 설명으로 그치고자 한다.17)

이 형태가 관여하는 예문을 제시하면 다음과 같다.

(48) ㄱ. 값이가 많이 나가

　　　ㄴ. 총각이가서 농사를 지로 들로 감서(cf.총각이가 농사를 ……)

　　　ㄷ. 요 욱으가 대발이 죽 깔렸어

　　　ㄹ. 우리 성님기가 딸내미가 하나 있는디

　　　ㅁ. 논에다가 모를 심구는디

　　　ㅂ. 지 애비기다가 욕을 허고

　　　ㅅ. (x가) 나무를가서 싹 뽑아버렸어(cf.나무를가 싹 뽑아……)

---

17) '-가(서)'의 문법화에 대한 자세한 것은 이태영(1984) 참조. 또한 주격조사 '-가'와의 관련성에 대한 논의는 이태영(1985) 참조.

ㅇ. (x가) 조리로가서 쌀을 이는디(cf.조리로가 쌀을 이는디)

이 '-가(서)'는 '지시(혹은 지정)적 강조'의 의미한정 기능을 가진다. 이 형태의 생성 이유는 '-야/사'만으로 부담시킬 수 없는 '강조'의 기능을 '-가(서)'에 그 기능을 부담시킨 것으로 이해된다.

3. 결론

이 글은 전북 방언에서 보이는 특수조사의 의미한정 기능을 규명하고자 노력해 왔다. 이제 앞에서 살펴본 내용을 요약하여 결론을 대신하려고 한다.

1) '-허고'와 '-랑' : 공통어에서 공동격을 나타내는 '-와/과'대신에 이 방언에서는 '-허고'가 그 기능을 대신하며, '-랑'이 '-허고'와 유사한 기능을 가진다. '-허고1'은 '비교의 대상'을 표시한다. '-허고2'는 '공동'의 의미를 나타낸다. '-허고3'은 '열거'를 나타내는 기능을 한다.
'-랑'은 '공동'의 의미와 최종적인 NP를 '포함'하는 의미한정 기능을 갖는다.
2) '-만치', '-만', '-보다' : '-마치/만치'는 반드시 열세비교 구문에서만 쓰인다. '-만'은 비교구문에서 '비교의 대상'을 표시하는데, 동등의 정도를 나타내는 구문이나 열세의 정도를 나타내는 구문에 쓰인다. 그러나 '-만이나'로 쓰일 때는 반드시 동등비교에만 쓰이고, '-만도'가 쓰일 때는 뒤에 부정서술어가 나오면서 열세비교를 하게 된다.
'-보다'는 차등비교 구문에서 쓰이는데 우세비교일 때만 사용된다. 이

‘-보다’가 쓰이는 구문이 열세비교에도 사용되는 것으로 생각하기 쉬우나 이것은 젊은 층에서 주로 쓰이는 것으로 공통어의 영향이나 비교영역의 확대에 말미암은 것이다.

3) ‘-가치’와 ‘-맹이로’ : 이 두 형태는 ‘유사’를 나타내며 공통어의 ‘-처럼’과 비슷한 기능을 하는데 비교구문에서는 쓰이지 않는다.

4) ‘-부터’와 ‘-까지’ : ‘-부터1’은 ‘행위나 상태가 시작되는 기점’을 표시하고, ‘-부터2’는 ‘행위나 상태가 가장 먼저 미치는 대상’을 표시한다. ‘-까지1’은 ‘행위나 상태가 끝나는 착점’을 표시하고, ‘-까지2’는 ‘행위나 상태가 최종적으로 미치는 대상’을 표시한다.

5) ‘-서’와 ‘-다’ : ‘-에서’, ‘-기서’의 ‘-서’는 ‘시발’의 의미기능을 갖고, ‘-로다가’의 ‘-다가’는 ‘수단’으로, ‘-에다가’의 ‘-다가’는 ‘도달’의 의미를 나타낸다.

6) ‘-도’ : ‘-도’는 ‘역시’, ‘극단표시’의 의미기능을 가진다.

7) ‘-만’, ‘-나’, ‘-배끼’ : ‘-만’은 일차적인 기능으로 ‘적극적 한정’을 들 수 있으며, 이차적인 기능으로는 ‘단독’이나 ‘exactly’를 들 수 있다. ‘-나’는 일차적인 기능으로 ‘소극적 한정’을 나타내고 또한 비교구문에서 ‘대상표시’, ‘대략’, ‘선택적 병렬’, ‘초과’의 의미기능을 가진다. 한편 ‘-배끼’는 ‘최소’의 의미기능을 나타낸다. 이 세 형태는 선행 NP가 수표시어일 때에 대조되는데, ‘-만’은 ‘exactly’를, ‘-배끼’는 ‘최소’를, ‘-나’는 ‘초과’를 나타낸다.

8) ‘-마다’와 ‘-씩’ : ‘-마다’는 NP가 처소명사일 때는 ‘개별’의 의미기능을, 시간명사일 때는 ‘반복’의 의미기능을 나타낸다. ‘-씩’은 선행 NP가 반드시 수표시어이어야 하고 ‘공평’의 의미기능을 나타낸다.

9) ‘-는’ : 본 방언에서 ‘-는’이 붙는 성분은 항상 문두에 위치하기 때문에 ‘주제(topic)’를 나타낸다.

10) '-야/사'와 '-가(서)' : '-야/사'는 중세 및 근대국어에서부터 쓰이던 형태로 '당위적 강조'를 나타내고 '-가(서)'는 근대국어에서부터 쓰이던 형태로 '지시적(지정적) 강조'를 나타낸다.

참고문헌

고영근(1976), 「특수조사의 의미분석-'-까지, -마저, -조차'를 중심으로」, 『문법연구』 3.
박양규(1972), 「국어의 처격에 대한 연구」, 『국어연구』(서울대) 27.
성광수(1978), 『국어 조사의 연구』, 형설출판사.
서종학(1983), 「15세기 국어의 후치사 연구」, 『국어연구』(서울대) 53.
안병희(1967), 「문법사」(한국어 발달사 중), 『한국문화사대계』 5, 고대민족문화연구소.
양인석(1972), 『Korean Syntax : Markers, Delimiters, Conmplementation, and Relativization』,
　　　　백합출판사.
유창돈(1964), 『이조 국어사 연구』, 이우출판사.
이근용(1982), 『국어 특수조사 연구』, 석사학위논문(국민대).
이기문(1972), 『개정 국어사 개설』, 민중서관.
이숭녕(1976), 「15세기 국어의 쌍형어 '잇다, 시다'의 발달에 대하여」, 『국어학』 4.
이승욱(1957), 「국어의 Postposition에 대하여」, 『일석이희승선생송수기념논총』.
이승욱(1981), 「부동사의 허사화」, 『진단학보』 51.
이태영(1983), 「전북방언의 격조사 연구」, 『국어문학연구』(전북대) 14.
이태영(1984), 「동사 '가다'의 문법화에 대하여-특수조사 '-가(서)'의 설정을 위하여-」,
　　　　『국어국문학』 92.
이태영(1985), 「주격조사 '-가'의 변화기제에 대하여」, 『국어문학』 25.
임홍빈(1972), 「국어의 주제화 연구」, 『국어연구』(서울대) 28.
채　완(1977), 「현대국어 특수조사의 연구」, 『국어연구』(서울대) 39.
최명옥(1980), 『경북 동해안 방언연구』, 영남대학교 민족문화연구소.
최현배(1946, 1971), 『우리말본』, 정음사.
홍사만(1974), 「조사 '-는/은'과 '-도'의 의미기능 대비」, 『동양문화연구』(경북대) 1.
홍사만(1983), 『국어 특수조사론』, 학문사.
홍윤표(1975), 「주격어미 '-가'에 대하여」, 『국어학』 3.
홍윤표(1976), 「비교구문에서의 격어미와 후치사」, 『학술원 논문집』 15.
홍윤표(1978), 「전주방언의 격연구」, 『어학』(전북대) 5집.
Ramstedt, G, J.(1939), 『Korean Grammar』, Helsinki.
Samuels, M, L.(1972), 『Linguistic Evolution』, cambridge University Press.

찾아보기

저자 소개

이태영

전북 전주 출생
전북대학교 인문대학 국어국문학과 졸업
전북대학교 인문대학 국어국문학과 교수
전라북도 문화재 위원
문화체육관광부 국어심의회 심의위원
문화체육관광부 『한국어지식대사전』 편찬위원
한국방언학회, 국어사학회 부회장
한국언어문학회, 한국어문정보학회 회장

대표 논저
『역주 첩해신어』, 『전라도 방언과 문화 이야기』, 『문학 속의 전라 방언』 외 다수.

전라북도 방언 연구

초판 인쇄 2011년 2월 18일
초판 발행 2011년 2월 28일

지은이 이태영
펴낸이 이대현
편　집 이소희
펴낸곳 도서출판 역락
　　　　서울 서초구 반포4동 577-25 문창빌딩 2층
　　　　전화 02-3409-2058(영업부), 2060(편집부)
　　　　팩시밀리 02-3409-2059
　　　　이메일 youkrack@hanmail.net
　　　　등록 1999년 4월 19일 제303-2002-000014호

ISBN　978-89-5556-892-9 93710
정　가　37,000원

* 잘못된 책은 교환해 드립니다.